JUAN MUÑOZ, CONVERSATION PIECE / KONVERSATIONSSTÜCK, Installation, Irish Museum of Modern Art, Dublin, 6 July–4 September 1994. (PHOTO: IRISH MUSEUM OF MODERN ART)

Breath

Breath as a braid, a tugging
squared circle, "steam, vapour—
an odorous exhalation,"
breaks the heart when it
stops. It is the living, the
moment, sound's curious
complement to *breadth,*
brethren, "akin to BREED..."
And what see, feel, know as
"the air inhaled and exhaled
in respiration," in substantial
particulars—as a horse?

Not language paints,
pants, patient, a pattern.
A horse (here *horses*) is
seen. Archaic in fact,
the word alone
presumes a world,
comes willynilly thus back
to where it had all begun.
These horses *are,* they reflect
on us, their seeming ease
a gift to all that lives,
and looks and breathes.

Robert Creeley 1995

Atem

Atem, wie ein Haarzopf, ein gezerrter
quadratischer Kreis, «Dampf, Dunst –
ein wohlriechender Hauch»,
bricht das Herz, wenn er
aufhört. Es ist der lebendige, der
Augenblick, die merkwürdige
Lautnachbarschaft zu *allem,*
Atom, «verwandt mit Seele, Rauch...»
Und was sehn, fühlen, wissen wie
«die im Atemvorgang eingezogene und
ausgestossene Luft», in substantiellen
Einzelheiten – wie ein Pferd?

Nicht Sprache malt,
malmt, mählich, ein Muster.
Ein Pferd (hier *Pferde)* –
sichtbar. Eigentlich archaisch
unterstellt das Wort
allein eine Welt,
kommt wohl oder übel dahin
zurück, wo alles begann.
Die Pferde da *sind,* sie bedenken
uns, ihr Anschein
ein Geschenk – allem was lebt,
schaut, atmet.

Robert Creeley, 1995
(Deutsch: Klaus Reichert)

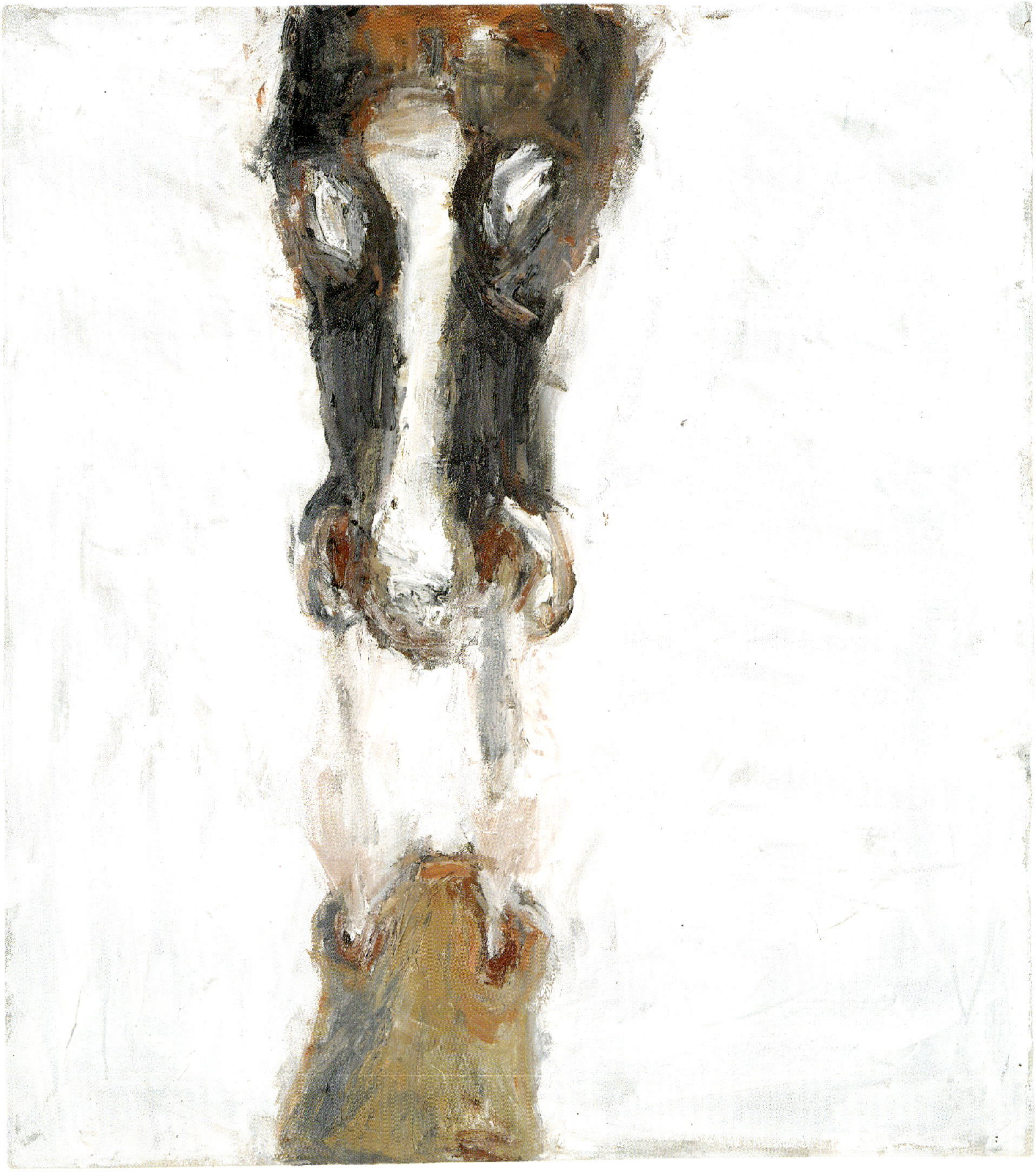

SUSAN ROTHENBERG, BREATH, 1993, oil on canvas, 27¼ x 25" / ATEM, Öl auf Leinwand, 69,2 x 63,5 cm.

DIE PARKETT-REIHE MIT GEGENWARTSKÜNSTLERN
THE PARKETT SERIES WITH CONTEMPORARY ARTISTS

PARKETT NR. 44/45 ENTSTEHT IN COLLABORATION MIT
■ **LOTHAR BAUMGARTEN & VIJA CELMINS & ANDREAS GURSKY & RIKRIT TIRAVANIJA** ■
WILL BE COLLABORATING ON PARKETT NO. 44/45

Jede Nummer der Zeitschrift entsteht mit Künstlern oder Künstlerinnen, die eigens für die Leser von PARKETT einen Originalbeitrag gestalten. Diese Werke sind in der gesamten Auflage abgebildet und zusätzlich in einer limitierten und signierten Vorzugsausgabe erhältlich.

Each issue of the magazine is created in collaboration with artists, who contribute an original work specially made for the readers of PARKETT. The works are reproduced in the regular edition and available in a signed and limited Special Edition.

PARKETT – Zürich – New York – Frankfurt

Buchreihe mit Gegenwartskünstlern in deutscher und englischer Sprache, erscheint vierteljährlich. Der Parkett-Verlag gibt auch Bücher heraus.
Book series with contemporary artists in English and German, published quarterly. As an international publication, Parkett chooses to retain its authors' stylistic variations. Parkett also publishes books.

Herausgeber / Publishers
Jacqueline Burckhardt · Bice Curiger · Dieter von Graffenried
Walter Keller · Peter Blum
Satz, Litho, Druck · Zürichsee Druckereien AG (Stäfa) · Copy, Printing, Color Separations

JAHRESABONNEMENT (VIER NUMMERN)/ANNUAL SUBSCRIPTION (FOUR ISSUES)
SFR. 98.– (SCHWEIZ), DM 108,– (BRD), SFR. 115.– (ÜBRIGES EUROPA), US$ 75.– (USA AND CANADA ONLY)

PARKETT-VERLAG AG, QUELLENSTRASSE 27, CH-8005 ZÜRICH, TEL. 41-1-271 81 40, FAX 41-1-272 43 01
PARKETT, 636 BROADWAY, NEW YORK, N.Y. 10012, PHONE (212) 673-2660, FAX (212) 673-2887
PARKETT-VERLAG AG, ROSSERTSTRASSE 16, D-60323 FRANKFURT A. M., TEL. (069) 17 27 79, FAX (069) 17 27 70

 PRINTED IN SWITZERLAND **ISBN 3-907509-93-5, ISSN 0256-0917**

INHALT / CONTENTS

HEFTRÜCKEN/SPINE NO. 42–45: CHRISTIAN MARCLAY

Umschlag / Cover: Susan Rothenberg, MAGGIE'S PONYTAIL (1993–94) & Juan Muñoz, BACK DRAWINGS (1993)

EDITORIAL Man könnte ein «Verlangen nach anthropologischer Neuformulierung» – wie es Michelle Nicol in ihrem Text zu Carsten Höller als wichtiges Gefühl der 90er Jahre beschreibt – auch in dem von Robert Smithson 1972 gehaltenen Diavortrag HOTEL PALENQUE ausmachen. Smithsons Darbietung vor den verblüfften Architekturstudenten der Universität Utah (der Vortrag erfährt im Insert dieser PARKETT-Ausgabe erstmals seine vollständige Publikation) dokumentiert nichts weniger als einen anderen Blick auf die Welt.

Der Impuls hinter Smithsons Vorschlag, Energien und Reichtum an unerwarteten Orten und Objekten zu sehen, mag mit jener Idee von Fabrice Hybert vergleichbar sein, eine gigantische Seife in einem Lastwagen von Supermarkt zu Supermarkt zu fahren und die ganze Aktion TRADUCTION (Übersetzung) zu nennen.

Angesprochen ist eine Wahrnehmung mit neu eingestelltem Fokus: Smithson verleiht einem in Zerfall begriffenen Hotel die Aura der alten Maya-Architektur, Hybert hat seinen Blick auf eine Art psycho-ökonomischer Ströme gerichtet, und Carsten Höller analysiert sozio-, bio- und physiologische Abläufe der Conditio humana, etwa am Beispiel von sich durch ihr Wachstum selbst strangulierenden Blumen.

Auch die Collaboration-Künstler umgarnen Betrachter und Betrachterin subtil mit einer auf kulturelle Weitsicht bedachten Wahrnehmung.

Susan Rothenberg erzählt in einem Gespräch mit Joan Simon scherzhaft vom «Gehen und Sehen» als ihrem aktuellen Grundprinzip. Davon ausgehend fliessen Energien in einem Wechselspiel von ungebremster und gezügelter Übertragung in ihre Malerei ein, die Mark Stevens in seinem Text «Das existentielle Zaudern» ebenso mit der Höhlenmalerei wie mit Alberto Giacometti und Philip Guston in Verbindung sieht.

Für Juan Muñoz ist die Anonymität eine Quelle für szenische Bilder, in welchen die Zuschauer selber zu Teilnehmern am Geschehen werden. So werden sie in mentale Räume hineingezogen, die sich immer weiter in ungeahnte Bereiche verästeln. Für die Leser und Leserinnen von PARKETT hat Juan Muñoz ein Objekt geschaffen, ein Stück Glas, das nur beim Anhauchen für wenige Sekunden eine Zeichnung zu erkennen gibt. Und Susan Rothenberg überrascht mit der Haut eines erlegten Bären – nicht eine gemalte, aber eine miniaturisierte Imitation in Latex.

E D I T O R I A L

The "demand for anthropological re-formulation"—described by Michelle Nicol in her essay on Carsten Höller as an important feature of the nineties—also surfaces in Robert Smithson's slide presentation on HOTEL PALENQUE, given over twenty years ago. For the astonished architecture students at the University of Utah, Smithson documents nothing short of a different view of the world. His slide lecture is published here as our Insert for the first time in its entirety.

The impulse underlying Smithsons's suggestion to read unexpected places and objects as a rich source of energy may be compared to Fabrice Hybert's idea of transporting a truck-sized cake of soap from supermarket to supermarket and calling it TRADUCTION (Translation). This is perception with a new focus: Smithson invests a dilapidated hotel with the aura of ancient Mayan architecture, Hybert swims upstream in psycho-economic currents, and Carsten Höller analyzes the social, biological, and physiological processes of the human condition in the form, for instance, of self-strangulating flowers.

The Collaboration artists also weave nets of subtly far-sighted cultural perceptions around their viewers. In her conversation with Joan Simon, Susan Rothenberg humorously defines the principle currently directing her art as "walking and working." The resulting energy flows, unbridled, in and out of her painting, and is linked by Mark Stevens in his essay "Essential Hesitations" to such contrasting phenomena as cave painting, Alberto Giacometti, and Philip Guston. For Juan Muñoz, anonymity is a spring of scenic images in which the viewers become participants in the action. They are drawn into mental spaces that branch out into undreamed-of regions. Juan Muñoz has created an object for the readers of PARKETT, a piece of glass on which one has to breath to make a drawing appear for a few seconds. And Susan Rothenberg has come up with a startling bear skin—not a painted one, but a miniature latex imitation.

Bice Curiger

MICHELLE NICOL

CARSTEN HÖLLER – Auf dem Boden der Tatsachen

Carsten Höller amüsiert es in höchstem Masse, die typisch humanen Lüste und Ausschweifungen des täglichen Menschenlebens als Signale eines soziobiologischen, physiologisch gesteuerten Mechanismus zu lesen – wo das menschliche Enigma von hinten herum, kühl und nüchtern angegangen wird und wo sich die Strukturen zu einer schlüssigen Beweisführung zusammenfügen, um sich dann in einer kleinen simplen Logik aufzulösen. Carsten Höller liebt diese kleine Logik.

Carsten Höller habilitierte 1994 in Kiel als Phytopathologe auf dem Gebiet der Geruchskommunikation zwischen Insekten. Als ausgewiesener Naturwissenschaftler brach er bereits 1987 den szientifischen Mikrokosmos auf, um seine Arbeit in den Kontext der Kunst zu stellen und damit zu diversifizieren. Ausgangspunkt seiner jüngsten Installation ist die «schönste Liebesgeschichte der Welt», und die geht so: Im 18. Jahrhundert lässt der süddeutsche Schlossherr von Rosenau sämtliche Jung-Dompfaffen seines Gutes in den Keller bringen. Hier lehrt er die Finken in vorübergehender Gefangenschaft eine Liebesmelodie pfeifen, welche seine ihn abweisende Angebetete als die ihrige erkennen soll. Auf einem Spaziergang erkennt die junge Schöne gerührt das Bemühen des Barons und fällt ob diesem Zartgefühl unweigerlich in tiefe Liebe. Noch heute, ein Vierteljahrhundert später, zwitschern die im Garten des Gutes von Rosenau lebenden Dompfaffen Fragmente dieser Liebesmelodie.

Carsten Höllers Installation LOVERFINCHES (Liebesfinken) in der Galerie Ars Futura in Zürich (1994) funktionierte den Ausstellungsraum zum vogelfreundlichen Volierenghetto mit Würzelchen und Beeren um. Die zehn «ausgestellten» Dompfaffen wussten je ein Liedlein zu pfeifen: die italienische Partisanenschnulze «Ciao Bella Ciao»,

MICHELLE NICOL ist Kunstkritikerin und freie Ausstellungsmacherin. Sie lebt in Zürich.

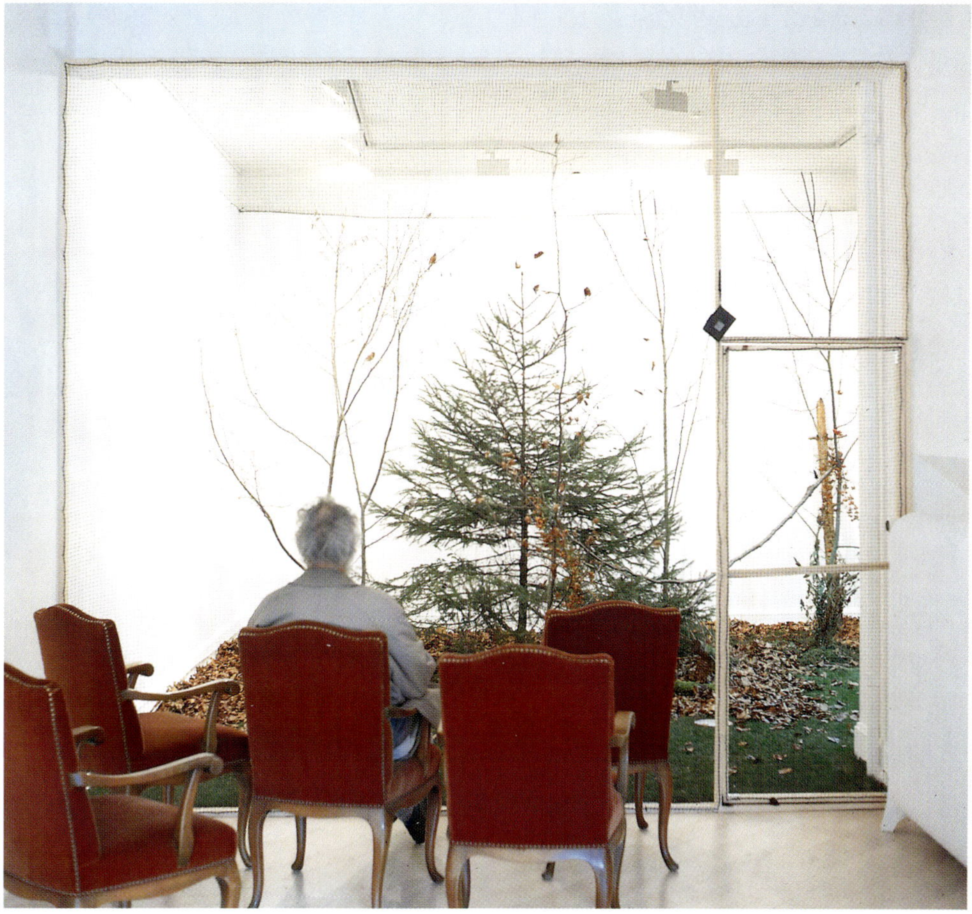

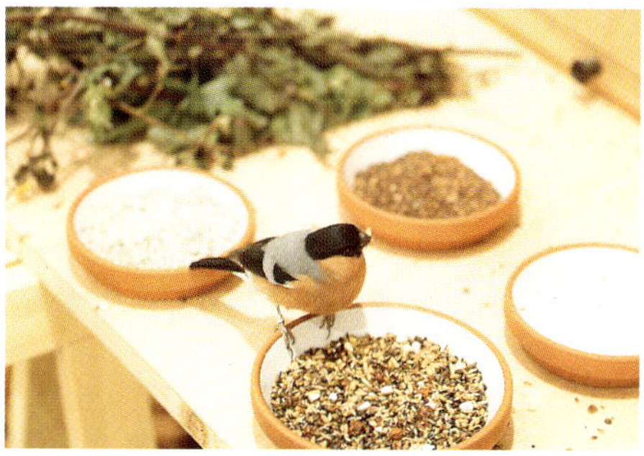

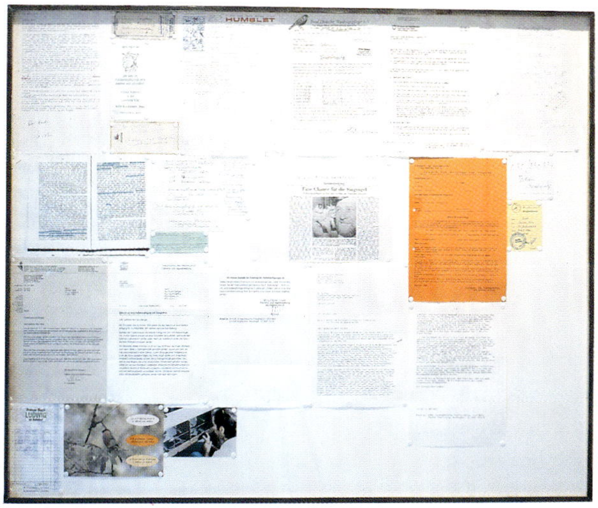

CARSTEN HÖLLER, LOVERFINCHES, 1994,
installation and documentation at the Ars Futura Gallery, Zürich /
LIEBESFINKEN, Installation und Dokumentation in
der Ars Futura Galerie, Zürich. (PHOTOS: ARS FUTURA)

«Indian Summer» von Joe Dassin oder die Titelmelodie von *Gremlins.* Vor dem Volierengitter luden fünf antike Stühle zum Studium dieser ornithologischen Sensation ein. Um Besuchern und Vögeln gleichermassen auf die Sprünge zu helfen, gab ein Minirecorder sporadisch die drei Melodien von sich, und jeder Besucher spürte etwas von der Rührung der Geliebten. Das «Dr. No»-Moment dieser subtilen Manipulation und Autoritätseinschreibung offenbart sich erst auf den zweiten Blick, wenn überhaupt. Die (höchstwahrscheinlich) bewusstseinslosen, nicht um ihre Existenz wissenden Finken glauben sich, auf die äusseren und inneren Reize reagierend, im überfliessenden Paradies. Sie pfeifen Lieder, die sie zwar als die ihrigen identifizieren, die ihnen aber – als willenlosen Geschöpfen – im eigentlichen Sinne aufdoktriniert wurden. Vielleicht haben sie gar keine Lust, ein Partisanenlied zu pfeifen oder «Indian Summer», nur weil Höller glaubt, sich beim Hören dieses Liedes zum ersten Mal verliebt zu haben. Eher anekdotischer Natur ist das Argument, dass die Männchen, zurück in der freien Natur, mit ihrem untypischen Gimpelgesang keine Weibchen werden anlocken können und also ungepaart von dieser Welt gehen werden. Schliesslich ist aber auch die «schönste Liebesgeschichte der Welt» im Ansatz nichts anderes als die manipulative Ausnutzung eines biologischen Mechanismus, des Mechanismus der Paarung.

In seinen deskriptiven Analogien setzt Höller nicht nur Finken an die Stelle von Menschen, auch Blumen, Kaninchen und Schimpansen müssen herhalten. Und er kann sehr, sehr böse sein. In der Installation SUMMERGARDEN (1994) wuchs eine Kamikaze-Blume ihrem eigenen Tod durch Strangulation entgegen. Ihre Schwestern ruhten sich unter Sonnenschirmen aus, die ihnen das lebensnotwendige Licht stahlen, und ein ganz verwegenes Exemplar floristischer Selbstdestruktion verharrte abschussbereit an eine Rakete geschnallt auf der Startrampe. Eine andersgerichtete Strategie verfolgen die Child-Buster-Arbeiten, die Titel tragen wie KILLING CHILDREN I–III (1993/94) oder PEST CONTROL (1993). Das Video JENNY (1993) leitet in neun erfrischenden Methoden zum kreativen Kinderfang und Kindermord an. Carsten Höller mimt in Anzug und Krawatte den grossen Unbekannten gleich selbst und gräbt Quallenfallen am Strand, die er mit einem lustigen Windrad dekoriert, oder präpariert Kinderschnuller mit Fliegenpilz. Das Kinderzimmer wird unter seiner Ägide zum trickreichen Raum mit perfiden Konstellationen, und mit dem Pest-Control Landrover, der auch an der letzten «Aperto» in Venedig zu sehen war, geht es endgültig daran, die kleinen Racker einzufangen. Die einfache Frage, die Höller stellt, ist, warum Menschen, ihren Genen und den damit zusammenhängenden Mechanismen folgend, dem unbedingten Wunsch nach Reproduktion so bereitwillig verfallen. Die solchermassen produzierten kleinen Monster fressen nicht nur die parentalen Ressourcen auf, sondern angesichts einer überbevölkerten Welt auch die ökonomischen Ressourcen aller. Frühere Arbeiten wie der Verkauf von Warnwesten (AUF WIEDERSEHEN, 1988) oder die Verteilung von «Future»-Schokolade durch Hostessen (1990) verfolgten eine ähnliche Strategie. Mit ihrem affirmativen Werbe-Charakter waren sie aber längst nicht so effizient.

Eine mehr aufklärerische Strategie verfolgt Carsten Höller in Arbeiten wie DU YOU (1994): Der Ausstellungsraum präsentierte sich als Labor mit Anleitung zum Selbstversuch, wobei Besucherin und Besucher stets damit rechnen mussten, vom Experimentator unverhofft zum Versuchsobjekt entautorisiert zu werden. Nach einem Ausritt auf Pferdefuss-Stelzen mit dazugehörigem Rock – die Füsse wurden der Irritation zuliebe verdeckt – stand es frei, im Wassertank Zeit und Raum entgleiten zu lassen oder sich auf Stahl Stenslies «Sensocouch» mittels interaktivem Computerprogramm in die vierte Dimension stimulieren zu lassen. Eher passiven Naturen wurde ein Sniff euphorisierender körpereigener Duftstoffe angeboten. So oder so – DU YOU war als Ort des geistigen Work-Out konstruiert, wo Wahrnehmungsstrukturen entblösst und biotechnische Möglichkeiten für ein Sich-Besser-Fühlen aufgezeigt wurden. In JENNY HAPPY (1993) schaukelte ein teilnahmsloses junges Mädchen mit roten Augen (Linsen!) vor einem stöhnenden Pornofilm hin und her, während im Schaufenster die Karnickel sich zu vermehren suchten. Im PEALOVE ROOM (1994) hingegen wurde der Rezipient wieder selbst zum Akteur,

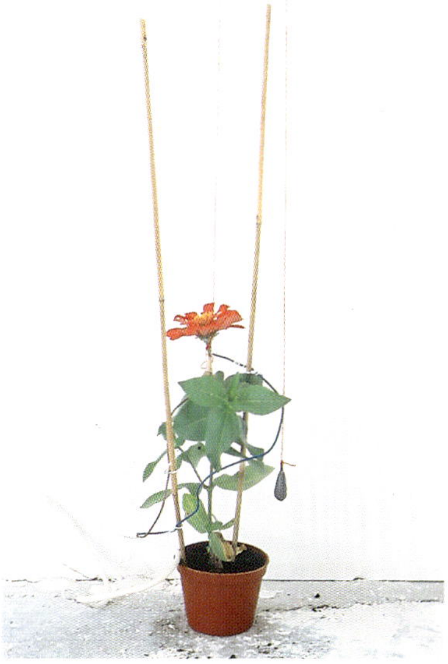

CARSTEN HÖLLER, SUMMERGARDEN, 1994,
installation (with Lily van der Stokker) at the exhibition
"Air de Paris", Nice / SOMMERGARTEN,
Installation (mit Lily van der Stokker) anlässlich der Ausstellung
«Air de Paris» in Nizza. (PHOTO: AIR DE PARIS)

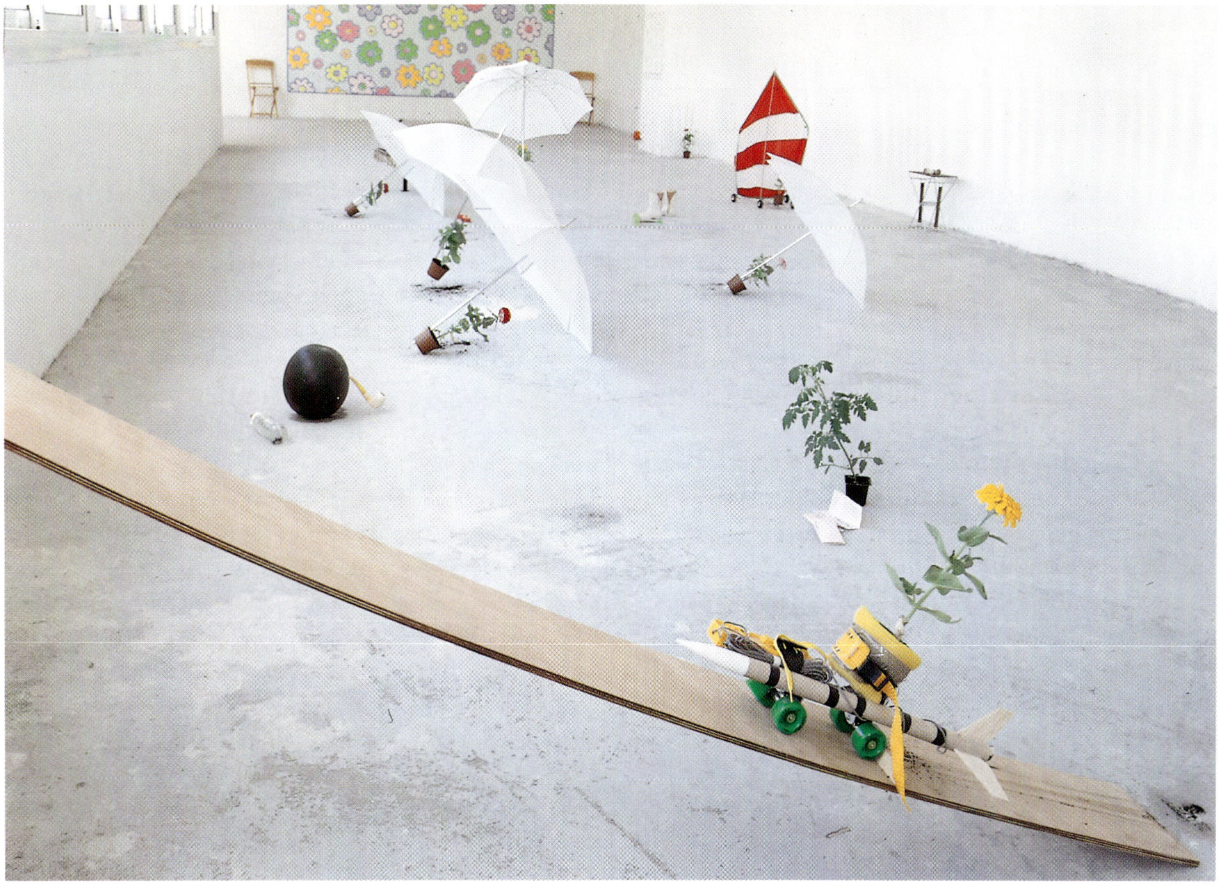

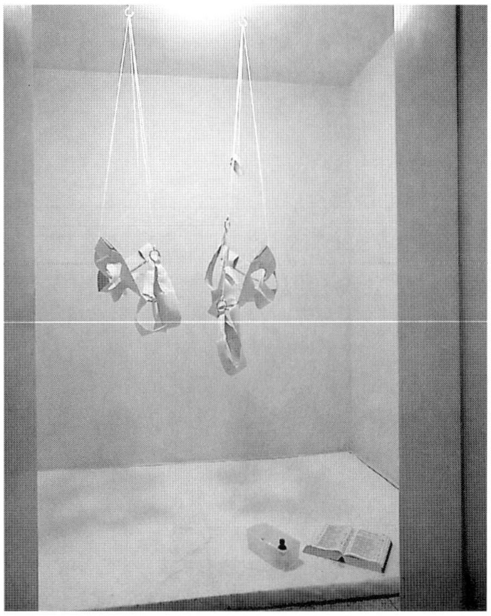

CARSTEN HÖLLER, PEALOVE ROOM, 1994.

schnupperte am PEA (Phenylethylamin) und warf sich dann in die von der Decke hängenden Sexgurte – mit oder ohne Partner. In diesen laborartigen Räumen verschiebt sich das Interesse Carsten Höllers von der Reproduktion zur Sexualität, von der Wirkung zur Ursache. Verspielt spitzbübischer Natur sind dann wieder neueste Skulpturen, die Grenzsituationen der Wahrnehmung thematisieren: der glitzernde, sich um die eigene Achse drehende Fliegenpilz, den Carsten Höller am Waldwegrand plaziert, oder der lebensgrosse Schwertfisch, dessen langbewimperte Menschenaugen zwischen Traum und Tag zu blinzeln scheinen und einfach vergnüglich anzuschauen sind.

Als Künstler, der Kunst als metaphorisch operatives Konzept in einen reellen Zusammenhang stellt, ist Carsten Höller zusammen mit Mark Dion, Peter Fend oder Rikrit Tiravanija unser Mann der neunziger Jahre und erfüllt die drei determinierenden Faktoren des «Context Kunstlers»: der Wunsch, zu deabstrahieren, der Wunsch, sich präzisen Themen zu widmen, und das Verlangen nach anthropologischer Neu-Formulierung.[1] Da ist nichts zu spüren von Lähmung oder Ridikülisierung im Angesicht postmoderner Zustände und eines Stammes (Tribus) von narzisstischen Subjekten. Quentin Tarantino's *Pulp Fiction* findet statt, und die Kunst verlangt nach analytischen Antworten und reellen Utopien an Stelle weinerlicher Statements. Was Carsten Höller am Ende des Tages interessiert, ist, warum wir bestimmte Verhaltensmuster befolgen, Dinge tun. «Warum wir lachen» zum Beispiel (evoziert man es gemäss Darwin durch ein Kitzeln des Hirns, oder ist es nach Daniel Dennett ein Spasmus, der durch einen kulturell gebilligten Missbrauch des Hirns, sprich Intellekt, hervorgerufen wird?[2]) oder «Warum wir rauchen» («Für mich ist Rauchen ein Signalisieren an potentielle Partner, dass ich bei guter Gesundheit bin, so dass ich mir ein wirklich stupides Verhalten leisten kann.»[3]) oder zentraler noch «Was ist Liebe?». Wenn wir Liebe, Eifersucht und Machismo als physiologische Vorgänge einer evolutionsbedingten Reproduktionsstrategie begreifen, dann muss die sich selbst genügende Lust, etwas zu tun, nach dieser Erkenntnis hinterfragt werden.

Carsten Höller operiert multimedial und zuweilen interaktiv mit einem explizit auf den Menschen applizierten evolutionstheoretischen Welterklärungsmodell. Das in seiner Arbeit enthaltene Vorschlagsmoment kommuniziert er formal leichtfüssig und mit einer hintersinnig ästhetischen Fröhlichkeit, ohne aber je ins Doktrinäre oder Parawissenschaftliche abzugleiten. Wenn Glücksgefühl also ein rein mechanischer, physiologischer Prozess ist, dann sollte es möglich sein, diesen einen bewussten Glücks-Bio-Trigger zu finden und entsprechend zu stimulieren. Carsten Höller forscht bereits in Selbstversuchen nach dem ultimativen Neuro-Stimulator. Ein Stoff, den er bereits gefunden haben will, macht so glücklich, dass man unweigerlich einschläft. Für einen luziden Wechsel ins 21. Jahrhundert wären aber Mittel gefragt, welche den Neuronenaustausch im Gehirn beschleunigen – schneller leben und schneller denken.

1) Liam Gillick, «Context Kunstlers», in *Art Monthly*, Juni 1994.
2) Daniel C. Dennett (Philosoph und Autor von *Consciousness Explained*, Boston 1991) und Carsten Höller, «Why we laugh», in *Documents sur Art*, 6/94.
3) Carsten Höller in einem Gespräch mit Mark Dion, in *documents*, 5/94.

MICHELLE NICOL

CARSTEN HÖLLER — Getting Real

Now let us sport us while we may,
And now, like amorous birds of prey,
Rather at once our time devour...
To His Coy Mistress, Andrew Marvell (1621–78)

Carsten Höller takes the greatest delight in reading the typical pleasures and perversions that mark the daily life of humankind as signs of a socio-biologically, physiologically controlled mechanism. The human enigma is approached from behind with cool detachment, and structures meld into compelling evidence only to be repudiated again with a bit of irrefutable logic. Höller loves these bits of logic.

Phytopathologist Carsten Höller wrote his post-doctoral dissertation in Kiel in 1994 on the olfactory communication of insects. An accomplished scientist, he had already cracked the scientific microcosm in 1987 in order to shift his work to the context of art and thus diversify it. His latest installation was inspired by the "most beautiful love story in the world." It goes like this: In the eighteenth century the Baron of Rosenau in southern Germany had all the young bullfinches on his estate captured and brought down to his cellar. There, in temporary confinement, he taught them to sing a love song in honor of "his coy mistress." While taking a stroll, the beautiful damsel heard the baron's eloquent overture and, inevitably, fell in love. Today, a quarter of a millennium later, the bullfinches in the gardens of the Rosenau estate still chirp fragments of this love song.

In his installation LOVERFINCHES at the Ars Futura Gallery in Zurich, 1994, Carsten Höller converted the exhibition space into an aviary ghetto, a friendly habitat full of little roots and berries. The ten finches that were "on view" each knew how to sing a song: the sentimental Italian partisan's song "Ciao Bella Ciao," "Indian Summer" by Joe Dassin, or the theme song of *Gremlins*. In front of the cage, five antique chairs invited viewers to stop and study this ornithological sensation. Both viewers and birds were prompted by a minirecorder that sporadically played the three songs, and visitors could not help but sense the beloved's depth of feeling. The "Dr. No" aspect of this subtle manipulation and dictatorial authority only becomes apparent, if at all, on second sight. The finches, most probably insensible to their own existence, stimulated from within and without, think they are in a bountiful paradise. They chirp songs that they identify as their own but, as creatures without a will, they have effectually been

MICHELLE NICOL is an art critic and freelance curator who lives in Zurich.

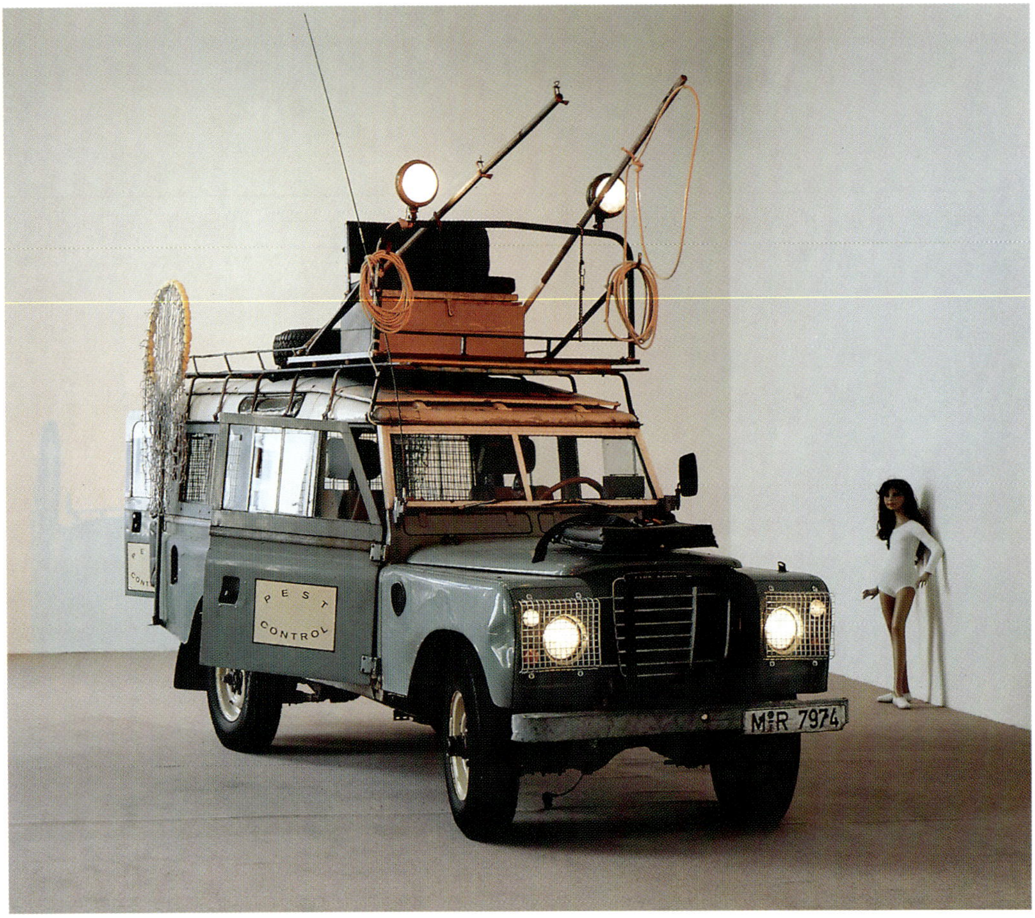

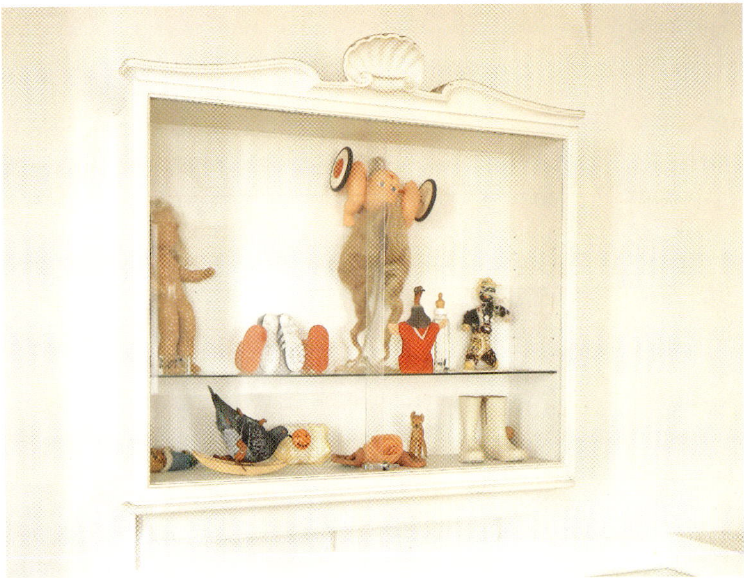

CARSTEN HÖLLER, PEST CONTROL, 1993. Installation.

(PHOTO: MOSEL & TSCHECHOW, MÜNCHEN)

indoctrinated. Perhaps they do not feel like chirping a partisan's ditty or "Indian Summer," simply because Carsten Höller thinks that he first fell in love on hearing this song. More anecdotal in nature is the argument that the males, once they are released again, will no longer be able to lure females with their atypical musical achievement and will thus depart from this world without ever having mated. But in the final analysis, the "most beautiful love story in the world" is also nothing but the manipulative exploitation of a biological mechanism, the mechanism of mating.

In his descriptive analogies, Carsten Höller uses not only finches as surrogate people but also flowers, rabbits, and chimpanzees. And he can be very, very nasty. In the installation SUMMERGARDEN (1994), a kamikaze flower grew towards inexorable self-strangulation. Its sisters were relaxing under parasols that deprived them of life-giving light, and an extremely daring specimen of floral self-destruction was attached to a rocket on a launching pad ready for take-off. A differently oriented strategy is pursued in the child-buster works with such titles as KILLING CHILDREN I–III (1993/94) or PEST CONTROL (1993). The video JENNY (1993) offers instruction on nine creatively refreshing methods of catching and murdering children. Carsten Höller, decked out in suit and tie, mimes the great mystery man himself and buries jellyfish traps at the beach, decorated with cute little pinwheels, or "sweetens" pacifiers with a fly agaric. Under his aegis, the children's room turns into a pernicious bag of tricks, and with his pest-control Landrover, seen at the last "Aperto" in Venice, the round-up of the little rascals can finally be conducted in earnest. The simple question Carsten Höller poses is why people, given their genes and related mechanisms, so willingly succumb to the unconditional desire for reproduction. The little monsters that result not only devour all of their parental resources, but also—in view of our overpopulated planet—everyone else's as well. Earlier works like the sale of safety vests (AUF WIEDERSEHEN, 1988) or handouts of "future" chocolate by hostesses (1990) pursued a similar strategy. But affirmative advertising of this kind was not half as efficient.

A more educational strategy underlies works like DU YOU (1994). There, Carsten Höller transformed the exhibition space into a laboratory with instructions for self-testing, although visitors had to run the risk of suddenly being deauthorized into becoming the experimenter's test subjects instead. After a walk on cloven-hoofed stilts with fitted fringe—feet covered to add to the confusion—visitors could choose to let time and space slip through their fingers in a flotation tank or be catapulted via interactive computer program into the fourth dimension on Stahl Stenslie's "Sensocouch." More passive visitors were offered a whiff of humankind's euphoriant body odors. Whatever the choice that was made, DU YOU provided a mental work-out with its exposé of perceptual structures and "mood-stabilizing" biotechnical devices. In JENNY HAPPY (1993) an apathetic young lady with red eyes (contacts!) swung back and forth in front of a grunting and groaning porno flick, while coneys did their best to reproduce in a shop window. In PEALOVE ROOM (1994), however, the recipient became the actor again, sniffed at some PEA (phenylethylamin), and made a beeline for the sex harnesses hanging from the ceiling—with or without a partner. In these laboratory-like rooms, Carsten Höller's interest shifts from reproduction to sexuality, from effect to cause.

Returning to a playfully mischievous vein, the most recent sculptures address the borderlines of perception: the glittering fly agaric, placed by the forest wayside and there revolving on its own axis, or the life-sized swordfish, whose long-lashed human eyes seem to be blinking between dream and day and are just plain fun to gaze at.

As an artist who places art as a metaphorically operative concept in a real context, Carsten Höller (along with Mark Dion, Peter Fend, or Rikrit Tiravanija) is our man of the nineties and satisfies the three conditions that go into the making of a "context artist": the desire to de-abstract, the desire to deal with precise subject matters, and the demand for anthropological re-formulation.[1)] There is not the slightest hint of paralysis or ridicule in the face of the postmodern state and what the artist calls a *tribus* (tribe) of narcissist subjects. Quentin Tarantino's *Pulp Fiction* is showing, and art demands analytic answers

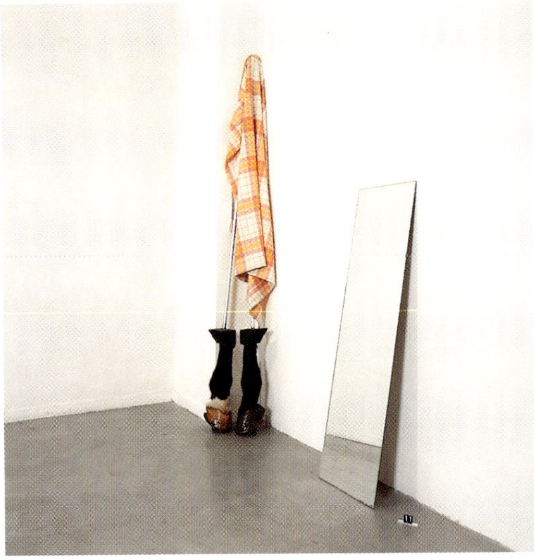

CARSTEN HÖLLER, MY BEAST, part of the installation DU YOU, 1994, mixed media, 78¾" high / Teil der Installation DU YOU, Höhe 200 cm.
(PHOTO: LOTHAR SCHNEPF)

CARSTEN HÖLLER, DU YOU, 1994, installation view at Esther Schipper and Michael Krome Gallery, Cologne / Installation in der Galerie von Esther Schipper und Michael Krome, Köln.

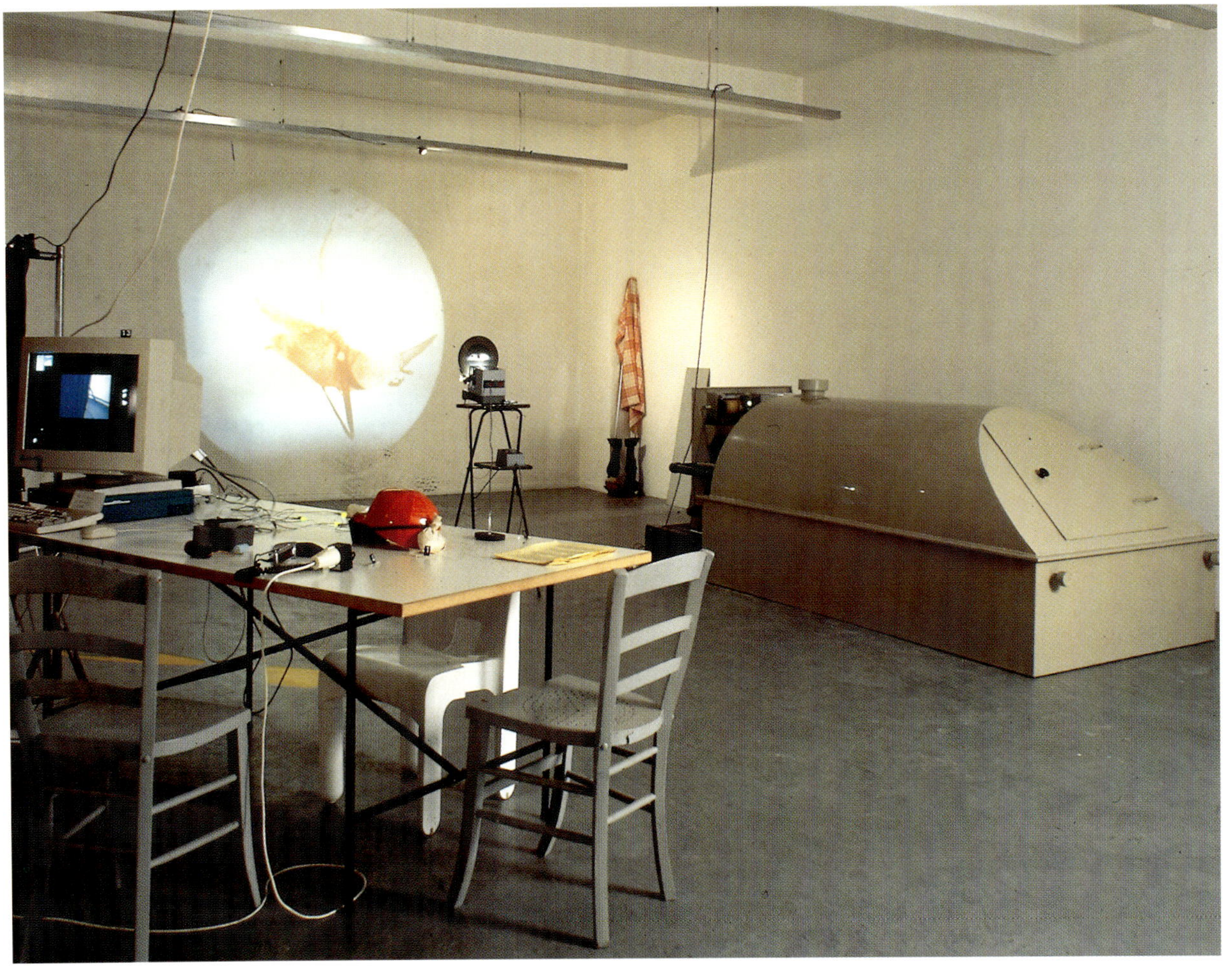

and real utopias instead of lachrymose statements. Basically, Carsten Höller simply wants to know why we follow certain patterns of behavior, why we do certain things. What makes us laugh, for example? Is laughter evoked, à la Darwin, by tickling the brain or is it, as Daniel Dennett claims, a spasm caused by culturally approved abuse of the brain, viz the intellect?[2)] Or why do we smoke? ("For me smoking is like signaling to potential partners that I have a very good health, so that I can afford a very stupid behavior."[3)]) Or getting down to basics: What is love? The moment we define love, jealousy, and machismo as physiological processes in an evolutionary strategy of reproduction, we call into question the self-contained, self-sufficient desire to do something.

Using multimedial and at times interactive devices, Carsten Höller operates on the basis of an evolutionary paradigm, applied explicitly to human beings. The recommendations implicit in his work are communicated with a formal agility and a sly aesthetic cheeriness that never risk a brush with dogmatism or parascientific claims. If the feeling of happiness is a purely mechanical, physiological process, it should be possible to find the one conscious bio-trigger to spark it off. Carsten Höller is currently his own guinea pig in experiments to find the ultimate neural stimulator. One substance that he already claims to have discovered is so inductive to happiness that he inevitably falls asleep. But a lucid transition to the twenty-first century is going to require substances that will accelerate the exchange of neurons in the brain—for faster living and faster thinking.

(Translation: Catherine Schelbert)

1) Liam Gillick, "Context Kunstlers," in *Art Monthly*, June 1994.
2) Daniel C. Dennett (philosopher and author of *Consciousness Explained*, Boston, 1991) and C. Höller, "Why we laugh," in *Documents sur Art*, 6/94.
3) Carsten Höller in conversation with Mark Dion, in *documents*, 5/94.

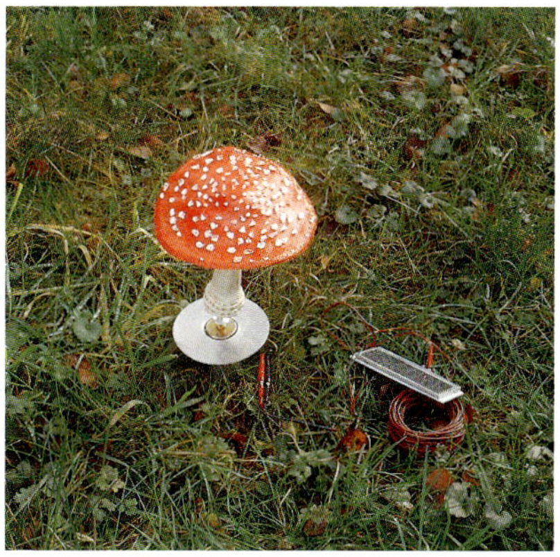

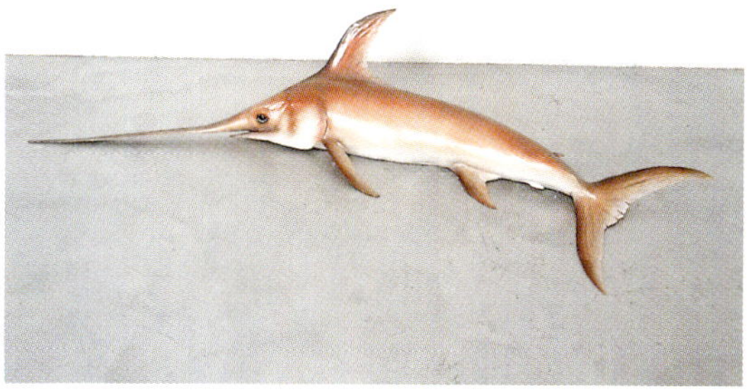

CARSTEN HÖLLER, pacifier with fly agaric, one of nine ways to kill children presented in the video JENNY, 1993 / Schnuller mit Fliegenpilz, eine der neun im Video JENNY präsentierten Kinderkiller-Methoden.
(PHOTO: LOTHAR SCHNEPF/SCHIPPER & KROME, KÖLN)

CARSTEN HÖLLER, SCHWERTFISCH / SWORDFISH, 1994.(PHOTO: LOTHAR SCHNEPF)

Juan Muñoz

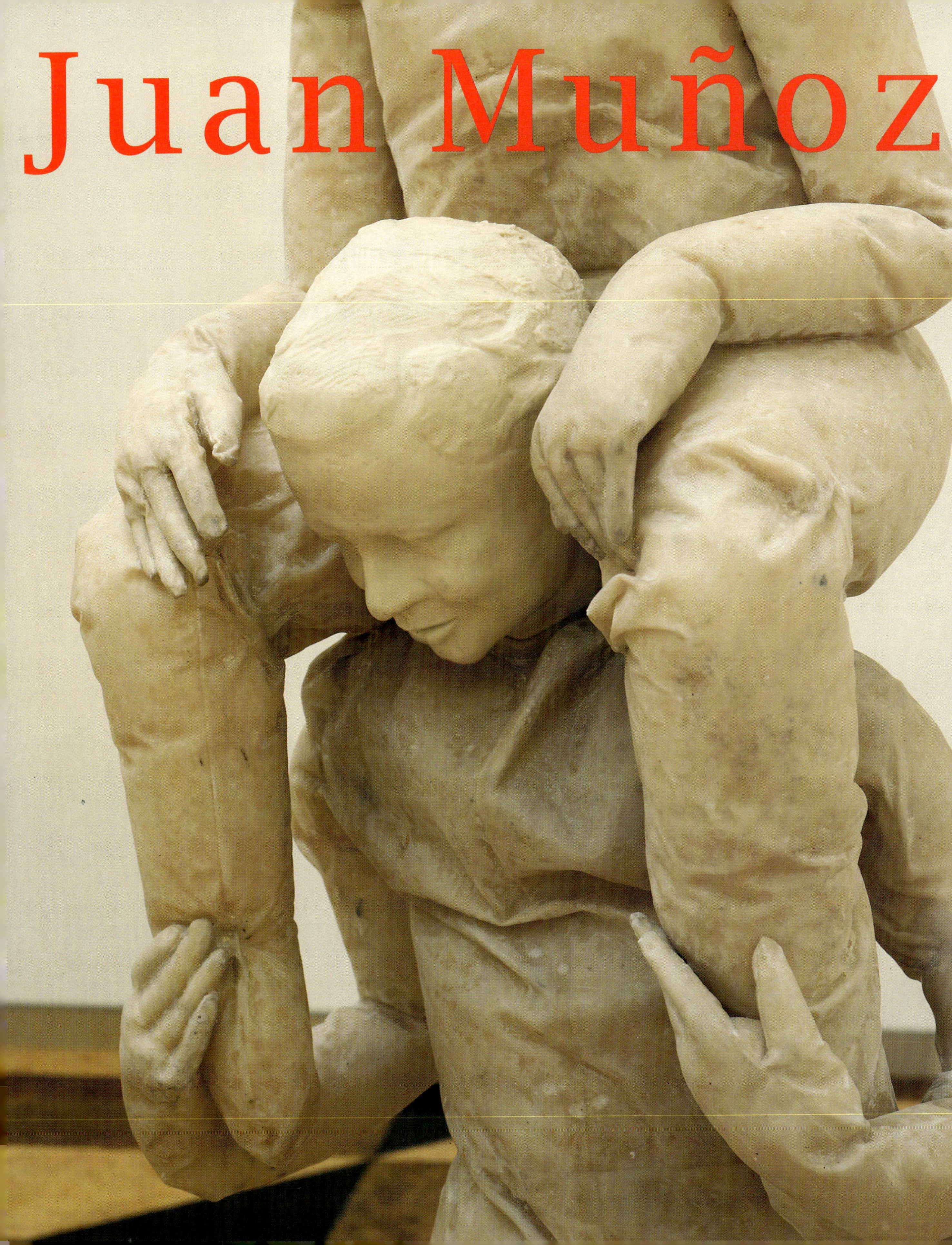

JUAN MUÑOZ, WINTERREISE, 1994 (detail), silicone, resin, electric motor / Silikon, Harz, Elektromotor.

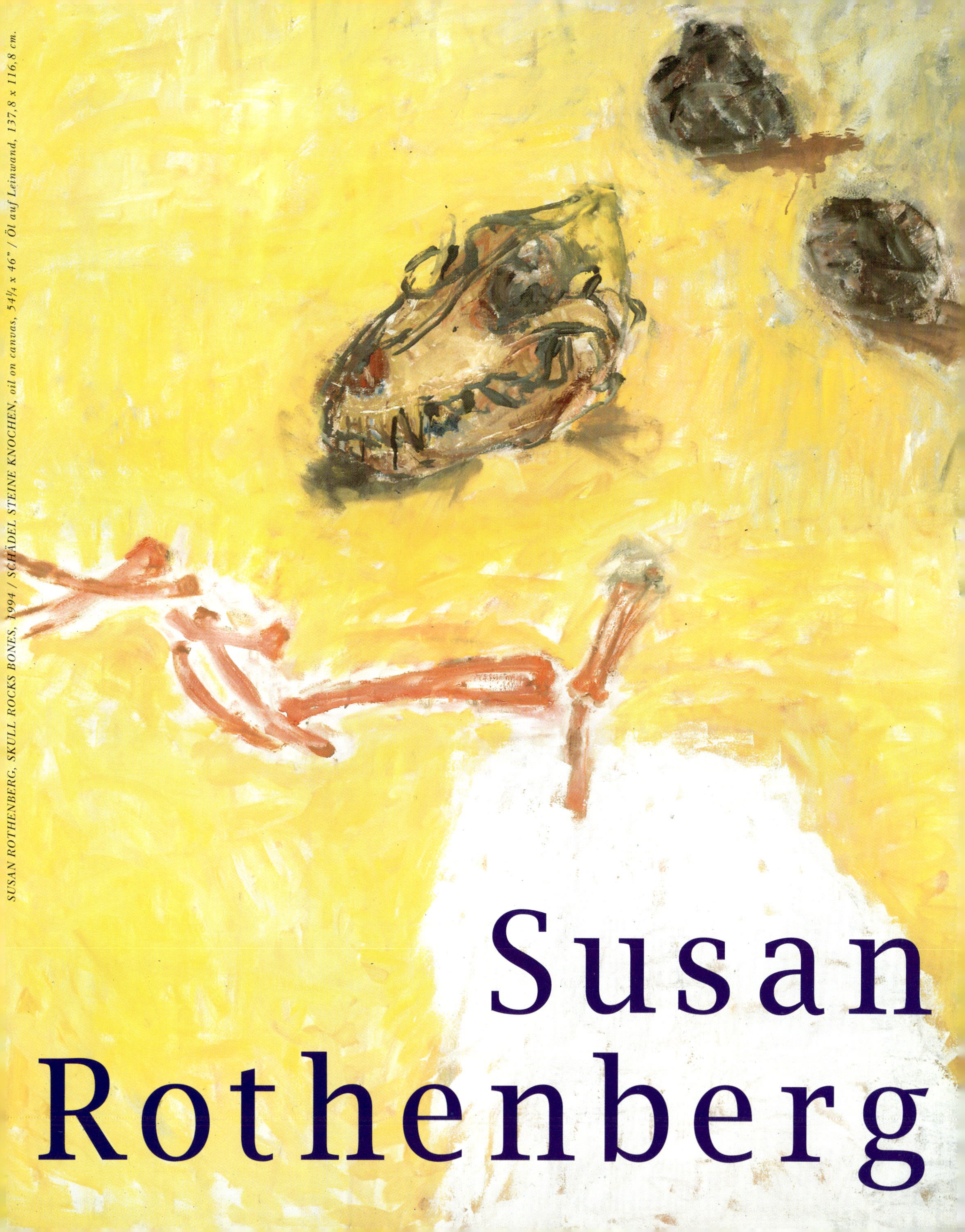

SUSAN ROTHENBERG, SKULL ROCKS BONES, 1994 / SCHÄDEL STEINE KNOCHEN, oil on canvas, 54¼ x 46" / Öl auf Leinwand, 137,8 x 116,8 cm.

Susan Rothenberg

JUAN MUÑOZ AND THE SPECULARITY OF THE DIVIDED SELF

Following a moment of silence, he once again spoke up. "For the short while during which I enjoyed the pleasure of your proximity, I was struck several times—please permit me to remark upon it—with inexpressible admiration for the lovely, lovely shadow you cast, that shadow you fling to the ground with a certain noble disdain and without the least notice, that lovely shadow lying even now at your feet. Forgive the admitted audacity of such a bold presumption. I wonder if you might possibly consider parting with it—I mean, selling it to me." ...He shook my hand and without delay crouched down before me, and I watched as with startling skill he peeled and lifted my shadow from head to foot off the grass, rolled it up and folded it, and stuffed it in his pocket.[1)]

LYNNE COOKE

Juan Muñoz once expressed a wish to make not an autonomous sculpture but an anonymous statue. Such a figure would be unanchored, untethered, independent of site: No longer inescapably embedded in the world, it could presumably be divested even of its shadow. Some time after fecklessly relinquishing his shadow, the now distressed Schlemihl sold his soul in order to retrieve it. The question whether autonomy would doom Muñoz's statue to a related fate might be dependent on whether, in investing his creative offspring with independence, Muñoz himself trafficked with the devil.

LYNNE COOKE is a writer, and is curator at Dia Center for the Arts, New York.

Muñoz has described himself as a storyteller, a role that is well borne out not only in his sculpture but in his published texts and broadcast works: Amongst his memorable tales, some involve sleight-of-hand, another faux-anthropological research, while another charts the changing but fictitious fortunes of an antique goddess. In addition, he has revealed a long-held fascination with those social misfits who were once vouchsafed a special relationship with the truth—notably, dwarves, mannequins, and ventriloquist's dummies. Under the cover of aberration, marginality, disenfranchisement, and, above all, jest, the dwarf—like the fool and the dummy—could speak of what was otherwise not permitted. Yet Muñoz's dummies are mute. Like

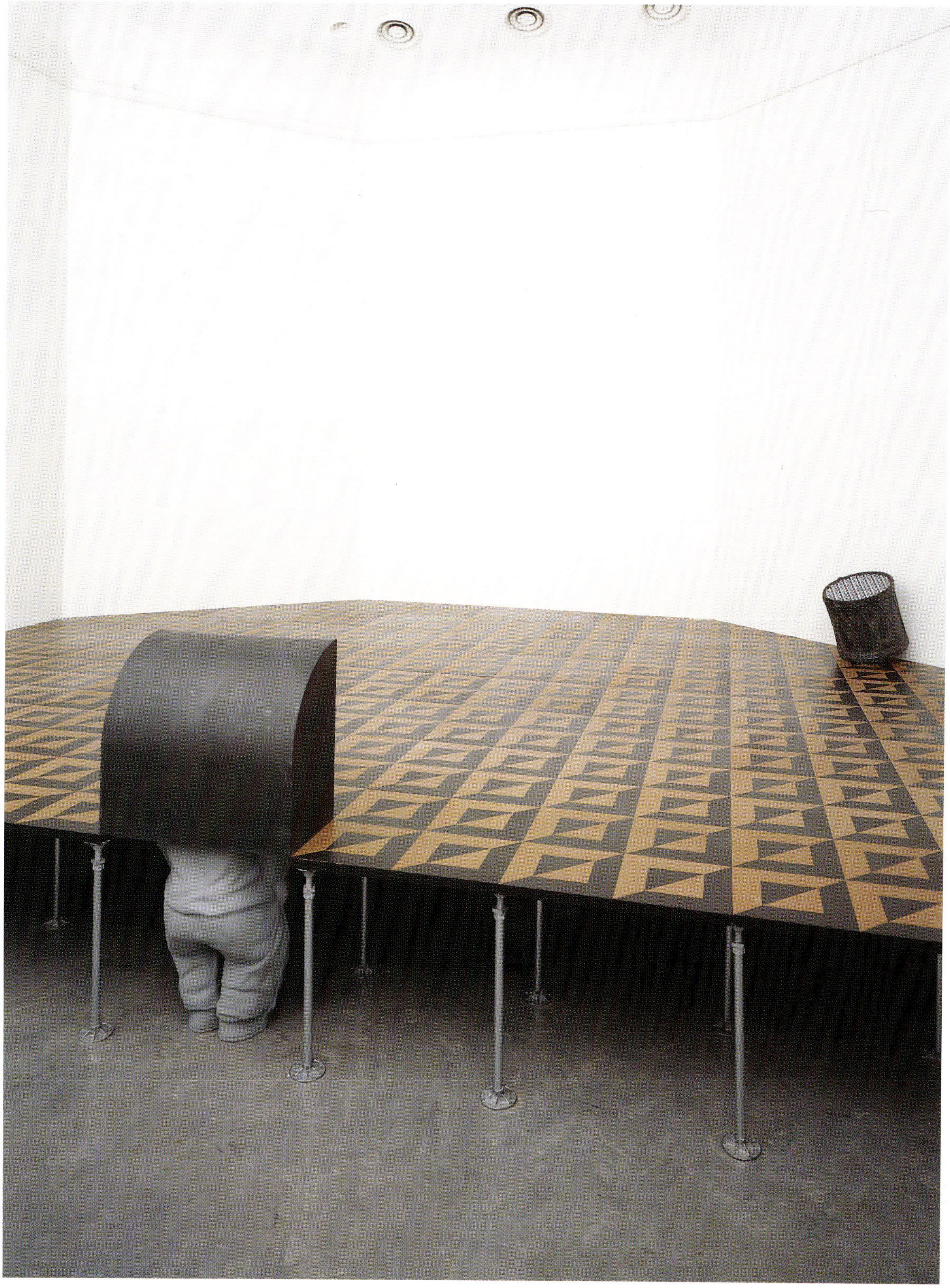

JUAN MUÑOZ, THE PROMPTER, 1988, cast bronze, papier-mâché, wood and paint, dimensions variable / DER SOUFFLEUR, Bronze, Pappmaché, Holz und Farbe, Masse variabel. (PHOTO: PETER COX)

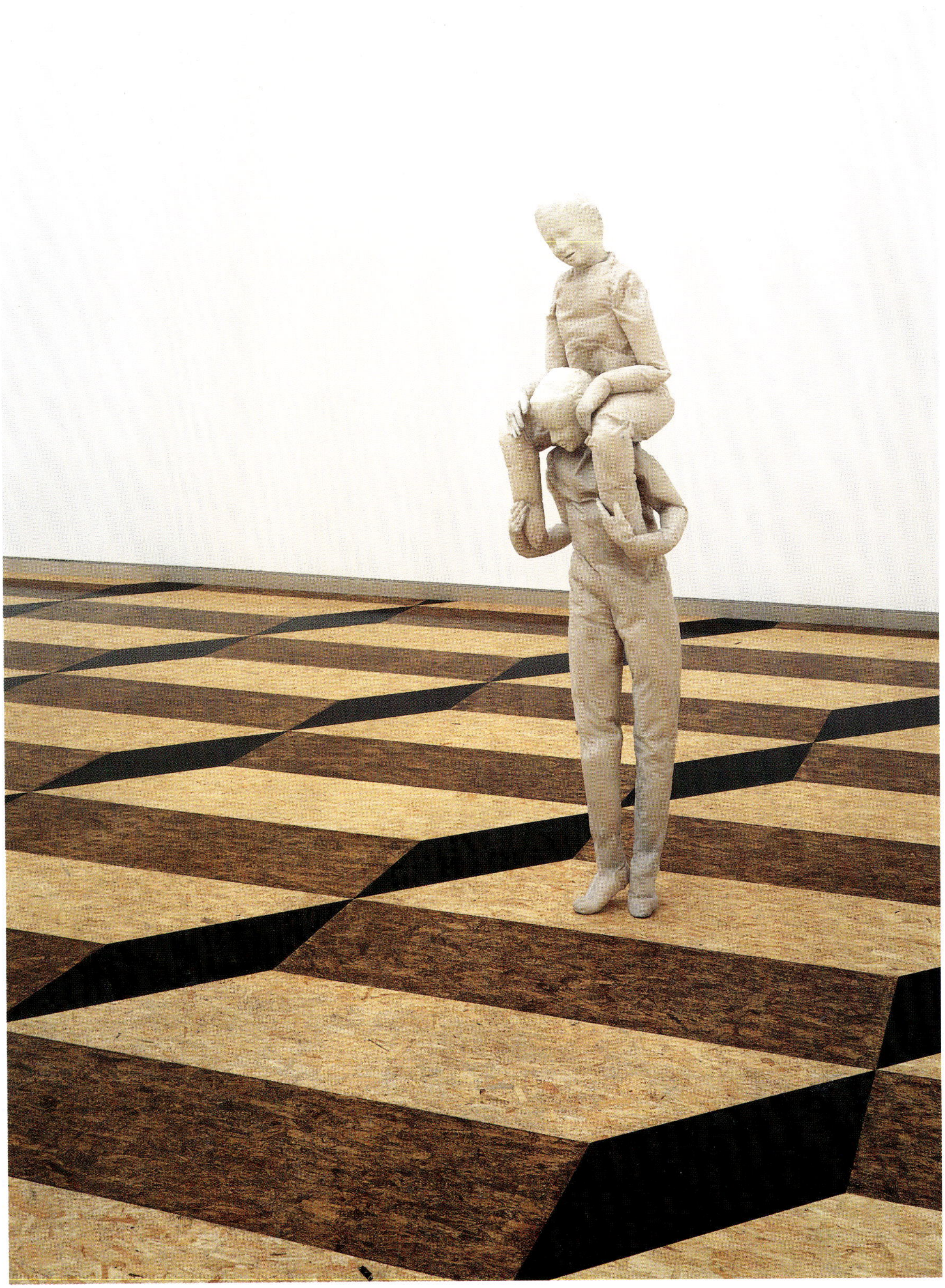

JUAN MUÑOZ, WINTERREISE, 1994, silicone, resin, electric motor, wood (floor) / Silikon, Harz, Elektromotor, Holz (Boden).

his prompter facing an empty stage, they wait in silence. Not only are his figures surrogates, they all are vestigial and dependent. In Muñoz's oeuvre, for a figure to speak for itself, and hence to attain a voice of its own, it would need an unprecedented autonomy.

Generally, Muñoz's dwarves have been accompanied by props—architectural elements and illusionistically patterned floors—which displaces them, distancing them without taking them literally outside the spectator's space. The disturbingly designed floors, the dislocation set up by the truncated columns, or the sequestering of the midget within the prompter's box in front of an empty stage, at once serves to establish a site and set it apart. On entering these disorienting spaces, the spectator becomes an uneasy participant. In turning bystanders into actors, the artist deftly turns the tables on his audience, making them the players in the drama. Caught centre stage, alone and vulnerable, the spectator is exposed not to the gaze of another—Muñoz's figures are typically withdrawn, absorbed or otherwise distracted—but, rather, he or she becomes subject to a specularity of the divided self.

Alongside these social margins, in the late 1980s Muñoz introduced into his oeuvre a troupe of delicately modeled male and female figures. Generic rather than personalized, their features as much as their dress are reminiscent of another era. Positioned in what have been termed, following eighteenth century pictorial precedents, CONVERSATION PIECES, and transfixed in mid-gesture, these protagonists incline and turn with balletic grace in a slow mime of attenuated discourse. Drawn in as if to eavesdrop, the onlooker cannot, however, bridge the inalienable distance that their diminutive proportions and their silence entail. All exchange is prohibited. Spun by subtly modulated gestures and expressions, their narratives eddy and flow around the beholder, who remains deaf to their content if not to the allure of their cadences.

WINTERREISE (1994) marks a new moment in this dislocated dialogue between spectator and artwork, in that it invites the viewer to cross a hitherto barred threshold. Alone in a vast room, whose floor is again covered with an elaborate Moorish-inspired *trompe l'oeil* pattern, a young boy straddles the shoulders of his slightly older companion: Whether they are playing a game, whether one is a burden to the other, is not clear from a distance. Approaching, the viewer suddenly notices that the lips of the bearer move: The figure speaks, stops, then recommences its silent litany. With Muñoz's earlier ventriloquist's dummies and prompters, any potential for communication could never be realized, given that such figures have no voices of their own. In the case of the CONVERSATION PIECES, speech was subordinated to, and superseded by, gesture and expression. In WINTERREISE, by contrast, the standing figure is no dummy, and gesture and expression appear now to be in the service of speech. Yet communication is once again upstaged.

Fascination with speaking statues is far from new. According to Kenneth Gross, it permeates not only many past cultures, but our most primitive dreams and fantasies.[2] Yet by its very animation, the "living" sculpture raises the question of what is lost or gained, transgressed or restored, in the abandonment of stillness and silence. Whether the product of human subterfuge or demonic illusion, the figure by gaining a voice becomes the site of demonic encounter. Unlike artists who figure in myths and legends, Muñoz has not made a female image, the ideal of his dreams, the figure of his desire, but something which might be described as a product of himself, an offspring, a younger man. This delicate youth, communing with himself as he bears on his back an inanimate variant of himself, metaphorically enacts the relationship of the artist cumbered with his own work. Isolated in a vast, shifting plain whose spatial coordinates are elusive, ambiguous, and fluctuating, this "autonomous statue" poignantly embodies the solipsistic separateness that for Muñoz characterizes the modern artist, perpetually subject to the agon of self-fashioning.

1) Adelbert von Chamisso, *Peter Schlemihl, the Man Who Sold His Shadow* (New York: Fromm International, 1993). Originally published in German in 1814.

2) Kenneth Gross, *The Dream of the Moving Statue* (Ithaca and London: Cornell University Press, 1992).

JUAN MUÑOZ UND DIE SPIEGELUNGEN DES GETEILTEN SELBST

Er nahm nach einem Augenblick des Schweigens wieder das Wort: «Während der kurzen Zeit, wo ich das Glück genoss, mich in Ihrer Nähe zu befinden, hab ich, mein Herr, einigemal – erlauben Sie, dass ich es Ihnen sage – wirklich mit unaussprechlicher Bewunderung den schönen, schönen Schatten betrachten können, den Sie in der Sonne und gleichsam mit einer gewissen edlen Verachtung, ohne selbst darauf zu merken, von sich werfen, den herrlichen Schatten da zu Ihren Füssen. Verzeihen Sie mir die freilich kühne Zumutung. Sollten Sie sich wohl nicht abgeneigt finden, mir diesen Ihren Schatten zu überlassen?» (...) Er schlug ein, kniete dann ungesäumt vor mir nieder, und mit einer bewundernswürdigen Geschicklichkeit sah ich ihn meinen Schatten, vom Kopf bis zu meinen Füssen, leise von dem Grase lösen, aufheben, zusammenrollen und falten und zuletzt einstecken.[1]

LYNNE COOKE

Juan Muñoz hat einmal gesagt, er wolle keine autonome Skulptur schaffen, sondern eine anonyme Statue. Eine solche Figur wäre nicht im Boden verankert, unbefestigt und unabhängig von ihrer Umgebung; derart nicht mehr eingebettet in die Welt, könnte man sie wahrscheinlich auch noch ihres Schattens berauben. In Chamissos Erzählung gerät Schlemihl, nachdem er seinen Schatten so leichthin hergegeben hat, in Verzweiflung darüber und verkauft sogar seine Seele, um ihn zurückzugewinnen. Ob sich die Autonomie für Muñoz' Statue ähnlich verhängnisvoll auswirkt, hängt wohl davon ab, ob er für die Unabhängigkeit seines Geschöpfs auch einen Pakt mit dem Teufel geschlossen hat.

Muñoz hat sich selbst als Geschichtenerzähler bezeichnet, eine Rolle, die nicht nur in seinen Skulpturen, sondern auch in seinen Textveröffentlichungen und Radiosendungen zum Tragen kommt. Seine denkwürdigen Geschichten befassen sich sowohl mit Taschenspielertricks als auch mit pseudoanthropologischen Untersuchungen, während wieder eine andere das wechselnde, aber durchaus fiktive Geschick einer antiken Göttin erzählt. Darüber hinaus verhehlt er nicht, dass er von jenen Aussenseitern fasziniert ist, denen man einst eine besondere Beziehung zur Wahrheit nachsagte: Zwerge, Marionetten und Bauchrednerpuppen. Unter dem Deckmantel

LYNNE COOKE ist Autorin und Kuratorin am Dia Center for the Arts, New York.

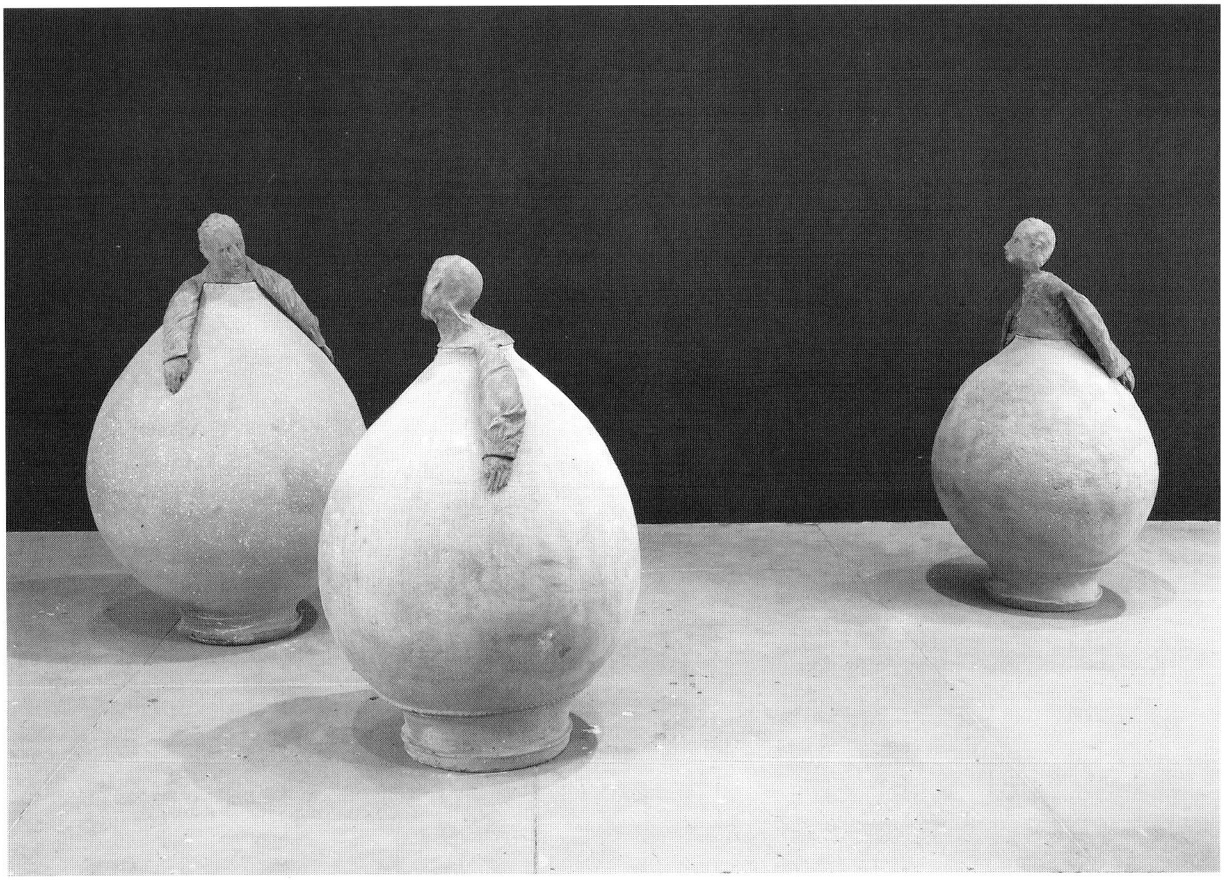

JUAN MUÑOZ, CONVERSATION PIECE N.Y. (1–3), 1993, bronze, terracotta, 3 figures, each 23 x 15 x 15" /
KONVERSATIONSSTÜCK N. Y. (1–3), Bronze, Terracotta, 3 Figuren, je 58 x 38 x 38 cm.

des Anomalen, des Marginalen, des Vogelfreien und vor allem des Scherzhaften konnte der Zwerg – wie auch der Narr und die Puppe – sagen, was sonst verboten war. Aber Muñoz' Puppen sind stumm. Wie sein SOUFFLEUR vor leerer Bühne warten sie schweigend. Dabei haben seine Figuren nicht nur stellvertretende Funktion, sie sind auch verkümmert und abhängig. Damit eine Figur von Muñoz selbst sprechen, und das heisst eine eigene Stimme erlangen würde, bedürfte sie einer noch nie dagewesenen Autonomie.

Im allgemeinen werden Muñoz' Zwerge von Requisiten begleitet – Architekturelemente oder illusionistisch gemusterte Böden –, die sie entrücken, distanzieren, ohne sie tatsächlich aus der Welt des Betrachters herauszulösen. Die irritierend gemusterten Böden, die Entrückung durch gestutzte Sockel oder die Isolation des Liliputaners im Soufflierkasten vor der leeren Bühne schaffen eine Situation und demontieren sie zugleich wieder. Wenn der Betrachter diese verwirrenden Räume betritt, wird er zu einem verlegenen Teilnehmer. Aus blossen Zuschauern werden Mitwirkende: So dreht der Künstler geschickt den Spiess um und macht sein Publikum zu Darstellern in seinem Drama. Mitten auf der Bühne gefangen, allein, verletzlich, ist der Betrachter oder die Betrachterin nicht etwa dem Blick eines anderen ausgeliefert – Muñoz' Figuren sind meist zurückgezogen, in sich versunken oder anderweitig abgelenkt –, sondern er oder sie wird zum Gegenstand einer Spiegelung des geteilten Selbst.

Neben den gesellschaftlichen Randfiguren hat Muñoz Ende der 80er Jahre auch eine Truppe sorgsam modellierter Figuren in sein Werk eingeführt. Eher Allgemeines denn Persönliches repräsentierend, erinnern sie in Ausdruck und Kleidung an ferne Zeiten. Aufgestellt in CONVERSATION PIECES – Konversationsstücke nannte man solche Bilder im 18. Jahrhundert – und angehalten mitten in irgendeiner Geste, drehen und wenden sich die Protagonisten mit balletthafter Grazie in der Langsamkeit eines verzögerten Diskurses. Auch wenn der Betrachter innehält, als würde er lauschen, so kann er doch jene unerbittliche Distanz nicht überwinden, die ihre verkleinerten Proportionen und ihr Schweigen schaffen. Jeder Austausch ist untersagt. Ihre Geschichten, gesponnen von subtil geformter Gestik und Mimik, umgarnen den Betrachter, die Redefiguren verführen ihn, trotz der Unhörbarkeit ihrer Inhalte.

WINTERREISE (1994) markiert ein neues Moment in diesem ver-rückten Dialog zwischen Betrachter und Kunstwerk, weil es ihn auffordert, eine bisher unpassierbare Schwelle zu überschreiten. Allein in einem weiten Raum, dessen Fussboden wieder mit einem komplizierten, maurisch anmutenden *Trompe-l'œil*-Muster überzogen ist, sitzt ein kleiner Junge auf den Schultern seines nur wenig älteren Kameraden. Ob sie spielen und ob der eine dem anderen

JUAN MUÑOZ, CONVERSATION PIECE, 1991 / KONVERSATIONSSTÜCK, Carnegie International, Pittsburgh. (PHOTO: RICHARD STONER)

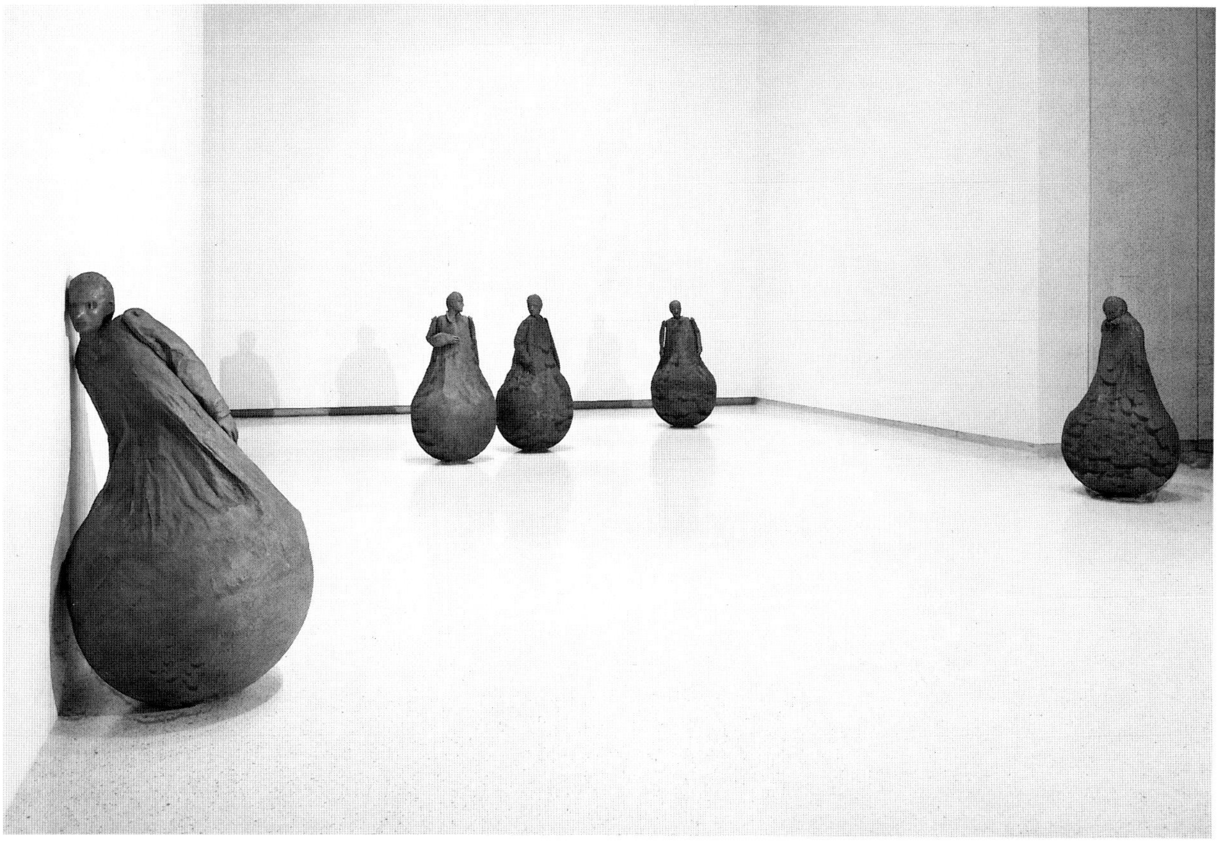

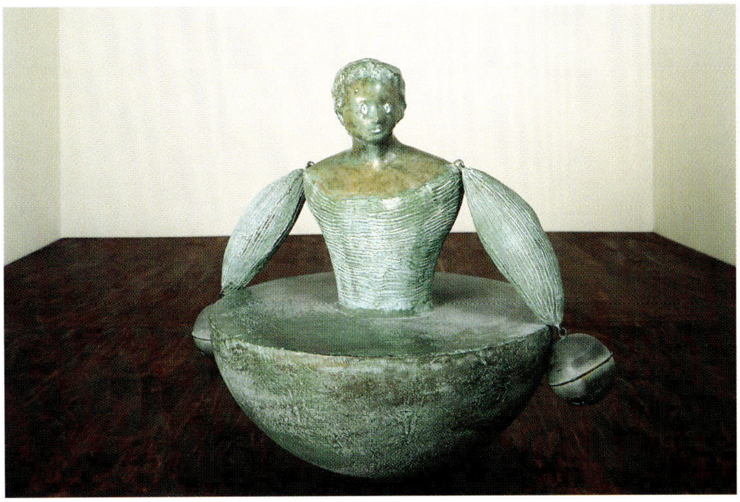

JUAN MUÑOZ, BALLERINA, 1990, bronze, 24 x 24 x 24" / 60 x 60 x 60 cm.

eine Last ist, lässt sich auf die Distanz nicht ausmachen. Kommt man näher, stellt man plötzlich fest, dass sich die Lippen des am Boden stehenden Jungen bewegen: die Figur spricht, hält inne und beginnt dann wieder mit ihrer stummen Litanei. Bei Muñoz' früheren Bauchrednerpuppen und Souffleuren war jede Art der Kommunikation von vornherein ausgeschlossen, weil solche Figuren ohnehin nicht über eine eigene Stimme verfügen. Bei den CONVERSATION PIECES war die Sprache der Gebärde und der Mimik untergeordnet und von diesen überlagert. In WINTERREISE hingegen ist die stehende Figur keine reglose Puppe; Gestik und Mimik scheinen nun im Dienst der Sprache zu stehen. Doch auch hier bleibt die Kommunikation im Hintergrund.

Sprechende Statuen sind von jeher faszinierend. Nach Kenneth Gross taucht diese Faszination nicht nur in vielen alten Kulturen auf, sondern auch in unseren ursprünglichsten Träumen und Phantasien.[2] Doch gerade durch ihre «Belebung» wirft die «lebendige» Skulptur die Frage auf, was gewonnen oder verloren, überschritten oder wiederhergestellt wird, wenn man Regungslosigkeit und Stille aufgibt. Ob es sich nun um menschliche List oder teuflische Illusion handelt, sobald die Figur eine Stimme bekommt, beschwört sie eine dämonische Begegnung herauf. Im Gegensatz zu anderen Künstlern, die mit Mythen und Legenden arbeiten, hat Muñoz nicht das Bild einer Frau gewählt, das Ideal seiner Träume, die Figur seines Begehrens, sondern etwas, das man als Produkt seiner selbst, als seinen eigenen Sprössling bezeichnen könnte, einen jungen Mann. Der zarte Junge, der da mit sich selbst Zwiesprache hält, trägt auf dem Rücken die unbelebte Variante seiner selbst und versinnbildlicht damit die Beziehung des Künstlers, der schwer an seinem eigenen Werk trägt. Die «autonome Statue», allein auf weiter, ungewisser Flur, mit kaum fassbaren, ebenso vieldeutigen wie fliessenden Raumkoordinaten, verkörpert mit unerbittlicher Schärfe die solipsistische Vereinzelung. Diese ist in Muñoz' Augen das typische Merkmal des modernen Künstlers, der dem tödlichen Zwang ausgesetzt ist, sich selbst unentwegt Gestalt zu verleihen.

(Übersetzung: Nansen)

1) Adelbert von Chamisso, *Peter Schlemihls wundersame Geschichte* (1814), Stuttgart 1971.
2) Kenneth Gross, *The Dream of the Moving Statue,* Cornell University Press, Ithaca und London 1992.

DIE KUNST DER KONVERSATION

ALEXANDRE MELO

ERSTARRTE CHOREOGRAPHIE

Ein weiter Raum unter freiem Himmel, umrandet von den vier Flügeln eines dreistöckigen Gebäudes. Der Boden bedeckt mit hellfarbenem Kies. Eine sechzig Quadratmeter grosse Fläche, auf zwei Seiten von Arkaden begrenzt und auf den beiden anderen von Wänden, die von grossen Fenstern durchbrochen sind. In diesen Hof gelangt man nur durch einige wenige Bogendurchgänge. Ein offener, gleichzeitig aber klar begrenzter Raum: offen und geschlossen, innen und aussen zugleich. Wände und Himmel: ein Raum, der zwar die Bewegungsfreiheit einschränkt, aber dem Blick oder aufsteigenden Tönen keine Grenzen setzt. Kurz, ein Raum wie die Welt.

Aus weiter Entfernung, von oben herabblickend, würde man, verstreut über den Boden des ummauerten Bezirks, zweiundzwanzig freistehende Figuren von offenbar menschlichen Proportionen und menschlichem Aussehen erkennen. Auf den ersten Blick lässt sich schwer sagen, was sie dort treiben oder in welcher Art von Beziehung sie zueinander stehen. Vielleicht sind es einfach Passanten, die ihre Rückkehr zur Monotonie hinausschieben. Sie könnten aber auch unerbittliche Verschwörer sein, die Intrigen aushecken, Privilegien austeilen, Urteile flüstern oder Massaker anordnen.

Betrachten wir die Gruppe von sechs Figuren, die am engsten zusammenstehen, aufgeschreckt durch eine Störung: Was genau könnte es sein, was sie beeinflusst und ihre Anordnung prägt? Was bewegt diese – eher reservierte – Figur, deren Gedanken verborgen bleiben? Und jene – eher verstörte – Figur dort drüben? Hat sie das Geschehen ausgelöst? Welche hat die Waffe, welche schreibt das Gesetz, welche verabreicht das Gift? Die beiden entfernten und scheinbar ruhigeren Figuren: Sind sie vielleicht Seelenhirten oder verirrte Schafe? Die isoliert stehende Figur ist eine, die als geisteskrank gilt, weil sie in die Monotonie der Tage abgesunken ist, bis sie die

ALEXANDRE MELO ist Kunstkritiker und lehrt Kultursoziologie an der Universität von Lissabon. Sein neuestes Buch *Velocidades Contemporaneas* wird noch in diesem Jahr bei Assírio & Alvim erscheinen.

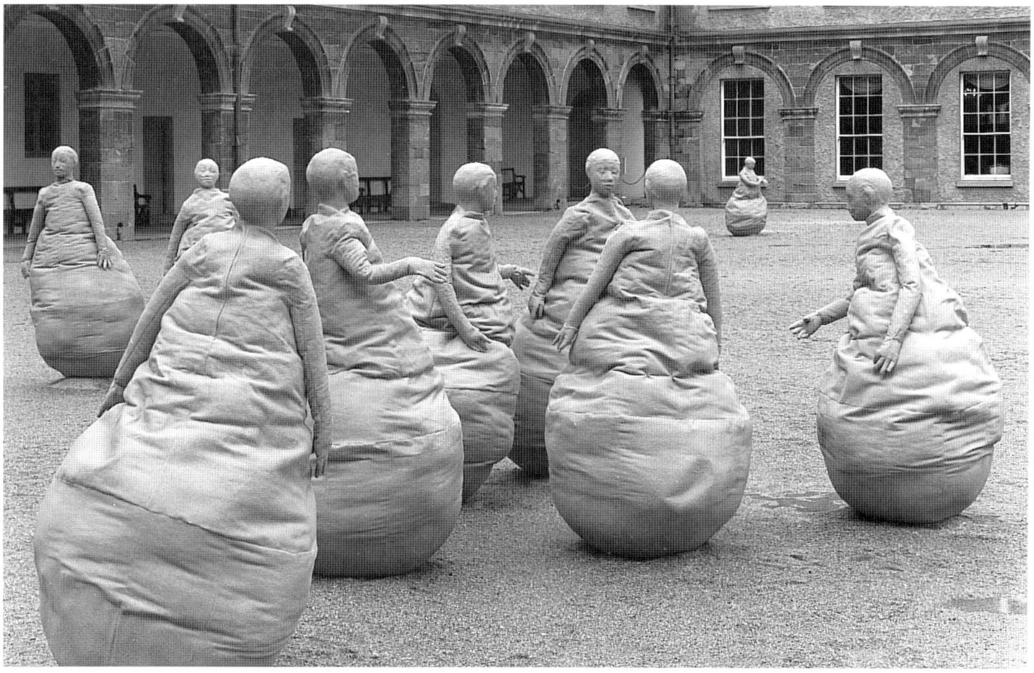

JUAN MUÑOZ, CONVERSATION PIECE, 1994 (detail), resin, sand, cloth, each figure 55 x 27½ x 27½" / KONVERSATIONSSTÜCK, 1994 (Ausschnitt), Harz, Sand, Stoff, jede Figur 140 x 70 x 70 cm. (PHOTO: KRISTIEN DAEM)

Zweckdienlichkeit der menschlichen Gesellschaft und die Regeln des guten Benehmens vergessen hat. Vielleicht ist sie auch nur ein Mensch, der durch Leidenschaft gezeichnet ist, heimgesucht von Eifersucht oder Verrat, besessen von Begierde oder Neid. Oder ein von den weltlichen Geschicken der Macht Auserschener: der nächste König oder das nächste Opfer.

In dieser Art werden wir über die Installation CONVERSATION PIECE (Konversationsstück) sprechen, die Juan Muñoz 1994 für das *Irish Museum of Modern Art* in Dublin gemacht hat. Diese Installation zwingt – wie jedes Werk von Muñoz – dem Betrachter eine bestimmte Betrachtungsweise auf. Eine unterkühlte intellektuelle Analyse oder eine schlichte historische oder soziale Betrachtungsweise wären gleichermassen unbefriedigend und unzulänglich. Sie würden eines der wesentlichen Erkennungsmerkmale der Werke dieses Künstlers verfehlen: die Emotion, die durch die Störung der gewohnten Erfahrung hervorgerufen wird. In diesem Fall die Erfahrung menschlicher Interaktion in einem bestimmten Raum, die Erfahrung der Gesellschaft oder, wenn wir so wollen, die Kunst der Konversation.

DIE KUNST DER KONVERSATION

Eine Installation wie CONVERSATION PIECE setzt einen Prozess der emotionalen Einfühlung in Gang, weil sie uns in eine Interaktionserfahrung verwickelt, die uns vertraut ist. Dabei entsteht diese Erfahrung freilich unter aussergewöhnlichen Umständen. Der Effekt der Verfremdung oder Distanzierung unterläuft jede primitive Psychologie oder Verklärung und verunmöglicht das Erkennen einer vollständigen, in jeder Einzelheit verständlichen Erzählung oder Geschichte. Der Rückgriff auf gängige psychologische und narrative Konventionen bleibt uns verwehrt, weil wir mit Zuständen wie Zweifel und Erwartung, Argwohn und Furcht, Schweigen und Gewalt zu tun haben. Nachdem nun unser Zugang geklärt ist, können wir näher an die Figuren heranrücken und eine Konversation skizzieren.

Die Figuren haben etwas Verlassenes an sich: herabhängende Arme, die nur mit Mühe imstande sind zu gestikulieren, der Kopf auf den Schultern starr emporgereckt, Augen und Mund versiegelt in hoffnungsloser Leere, die Gestalten in heikler Balance auf Sockeln, schwer und unbeweglich wie Säcke. Ihre Posen vermitteln die Intention von Bewegung und Gespräch, doch Gestalt und Gewicht fixieren sie an dem Ort und in der Stellung, in der wir sie antreffen. Sie sind Elemente einer erstarrten Choreographie und sie pflegen eine Kunst der Konversation, die durch eine momentan ausser Kraft gesetzte Komplizenschaft genährt wird; ähnlich der Komplizenschaft parallellaufender Geraden, die erst in der Unendlichkeit zusammentreffen, in derselben Unendlichkeit, in der diese Figuren den Reichtum ihrer Empfindungen offenbaren und die Euphorie ihrer gegenseitigen Preisgabe feiern würden.

Dieselbe Komplizenschaft, welche die Figuren miteinander verbindet, schafft auch die Verbindung mit uns, den auf sie zugehenden Betrachtern. Diese Komplizenschaft ist letztlich die gleiche, die Künstler und Kritiker verbindet, Urheber paralleler Werke, die vielleicht eines Tages in der Unendlichkeit zusammentreffen werden, Sachwalter einer Kunst der Konversation, die mit den etablierten Regeln vermeintlich transparenter Kommunikation gebrochen hat, um zu reiner Spannung, zu unerfüllt bleibendem Verlangen zu werden. Was wir sagen wollen, muss durch das hindurchgehen, was sich nicht sagen lässt. Was stattfinden muss, geschieht mittels dessen, was bisher nicht stattfinden konnte. Wir lassen uns vom blinden Schicksal führen. Schweigen ist die Bedingung des Sprechens und der Kommunikation.

JUAN MUÑOZ, BALCONY ON THE CEILING OF A BASEMENT, 1986, steel, installation view / BALKON AN EINER KELLERDECKE, Stahl, Installation. (PHOTO: GALERIA MARGA PAZ, MADRID)

JUAN MUÑOZ, HOTEL DECLERCQ, 1986, iron, 39 x 27½ x 8" / Eisen, 100 x 70 x 20 cm.

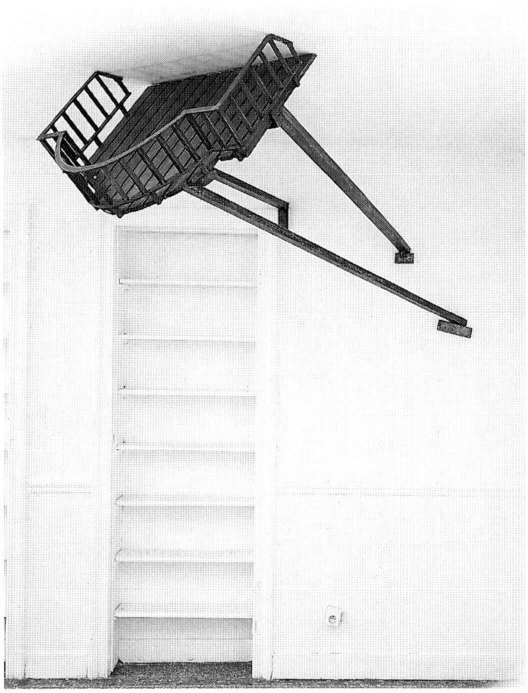

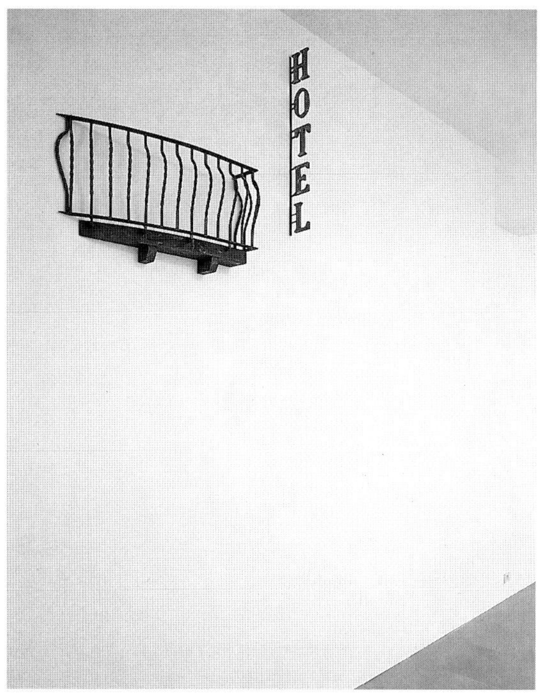

Kommunikation durchläuft Inkommunikabilität. Oder anders gesagt: Inkommunikabilität ist der wahre, innerste Inhalt der Kommunikation.

Die Sackfiguren treten im Werk von Juan Muñoz zutage als unmittelbare Abkömmlinge eines Geschlechts, zu dem auch andere Figurenserien (Zwerge, Bauchrednerpuppen, Schattenrisse, Ballerinen, Automaten) gehören. Alle antworten mit demselben Unbehagen auf die Problematisierung der Darstellung der menschlichen Figur in der Kunst. Die Krise des Subjekts in den heutigen Gesellschaften, die in der Schwierigkeit zum Ausdruck kommt, eine gefällige und beruhigende Darstellung der menschlichen Figur zu postulieren, ist Pflichtthema im zeitgenössischen kulturellen Diskurs. Muñoz setzt sich unmittelbar mit diesem Problem auseinander, nicht auf der Ebene der Soziologie, sondern auf der Ebene des plastischen Schaffens, der bildhauerischen Konstruktion, der räumlichen Bestimmung.

Die Skulpturen von Muñoz sind lebensunfähige, unvollständige, verkümmerte Körper, die nicht länger eine menschliche, unversehrte und selbstbestimmte Pose einnehmen. Sie sind in einem halb-, schein- oder posthumanen Zustand, in dem der Ort des Körpers sich weniger aus einem Willen, einer Individualität oder einem Bedürfnis ergibt als vielmehr aus einem System räumlicher Beziehungen und externer Bestimmungen. Die Einschränkung der Beweglichkeit, die die Figuren buchstäblich zu Gefangenen ihrer Anordnung im Raum macht, geht häufig einher mit der erbarmungslosen Einschränkung des Sehens oder der Blockierung des Hörens oder Sprechens. Die individuelle Autorität einer Stimme zieht sich zurück in die beunruhigenden Schattenrisse scheinbar menschlicher Körper. Ein neuer Massstab für die menschliche Figur wird im Bereich der Abweichung und des Schattens gesucht. Vor unseren Augen erheben sich die falschen Substitute und Simulakren einer menschlichen Natur, die entweder bereits nicht mehr menschlich ist oder im Begriff ist, ihre Menschlichkeit zu verlieren.

Alle Figuren bei Muñoz sind Beispiele der Darstellung von Abweichendem. Sie zeigen Subjekte in der Krise, die aufgehört haben, zentraler Brennpunkt der Macht und Organisation zu sein. Statt dessen werden sie zu Objekten, Trägern oder Vehikeln für ein Spiel der räumlichen Bestimmungen, Elemente einer schicksalhaften Choreographie, welche die jeweiligen Positionen, Entfernungen, Rituale und Bedeutungen bestimmt.

Kartographie des Überlebens

Ging es in den CONVERSATION PIECES um die Aufstellung einer Gruppe von Figuren in einem gegebenen Raum, so werden wir bei den optischen Bodenarbeiten von Juan Muñoz konfrontiert mit der exakt symmetrischen Konstruktion eines Territoriums, eines Raums, einer Verbindung von Koordinaten und räumlichen Bezugspunkten, die dafür eingerichtet sind, eine menschliche Gestalt aufzunehmen, ins Blickfeld zu rücken, zu bestimmen, zu lenken oder auszurichten, sei diese Gestalt eine plastische Darstellung oder der Betrachter selbst.

THE WASTED LAND (Das verwüstete Land, 1986) weckt in uns das Gefühl des Verlusts, das sich mit der Vorstellung von Dahintreiben und Verderben verbindet. Die Bauchrednerpuppe, die träge auf einem Brett vor einer ausgedehnten, labyrinthisch gemusterten Fläche sitzt, ruft ein ähnliches Gefühl der Trägheit auch im Betrachter hervor; er zögert, ist unschlüssig, wie er sich verhalten soll, angesichts eines derart bestimmt durchgestalteten Raumes. Diese Wirkung wird bis zum Äussersten ausgereizt in der Bodenarbeit I.M.M.A. FLOOR PIECE (1994), bei der die optische Illusion den Eindruck erweckt, man trete auf Löcher, in die man jederzeit hineinfallen könne, derweil Fleischerhaken ein schreckliches Schicksal für unsere eigenen gefährdeten Körper oder Seelen anzudeuten scheinen.

Die Bestimmung von Raum und Territorium erweist sich also als abhängig von unserer jeweiligen Sehweise, als eine Folge der Manipulation und Organisation des Blickes, das heisst als Prozess der Konstruktion eines Blickpunktes. Bereits in der ersten

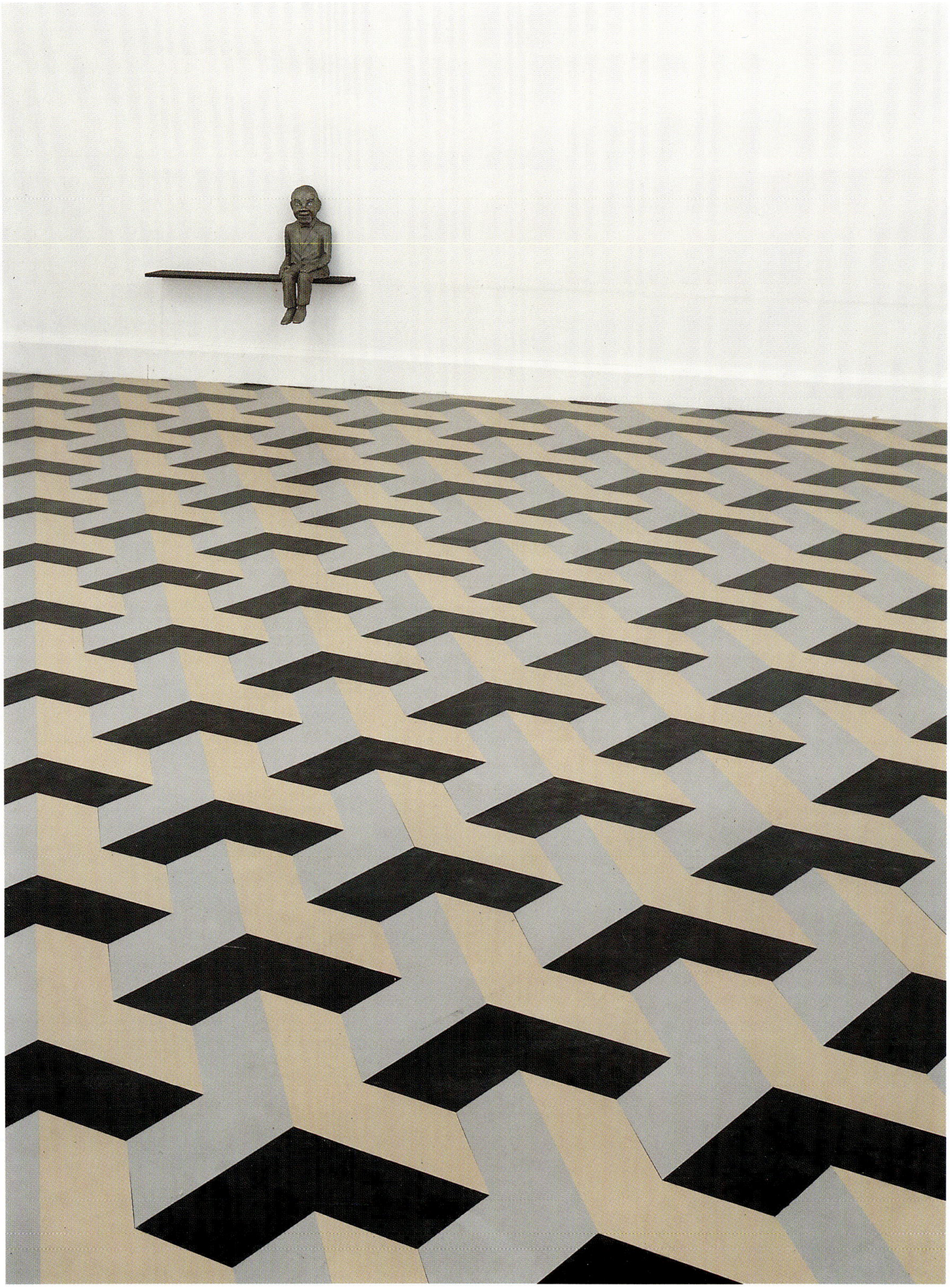

JUAN MUÑOZ, THE WASTED LAND, 1986, papier-mâché, paint, rubber, steel, wood /
DAS VERWÜSTETE LAND, Pappmaché, Farbe, Gummi, Stahl, Holz. (PHOTO: PETER COX)

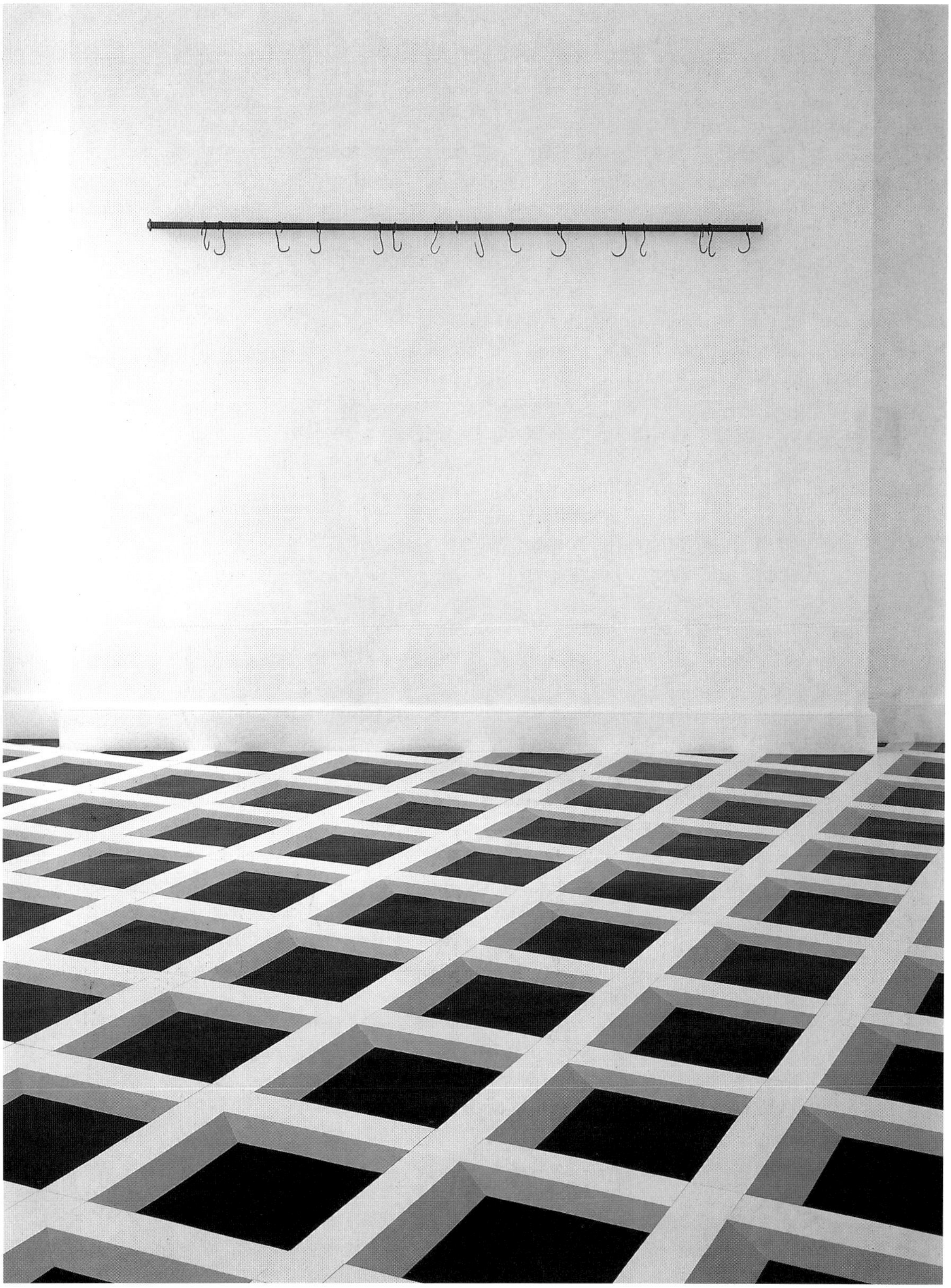

JUAN MUÑOZ, FLOOR PIECE, 1994, installation, mixed media / verschiedene Materialien. (PHOTO: KRISTIEN DAEM)

Einzelausstellung des Künstlers in der Galerie Fernando Vijande in Madrid (1984) verkörperte die Skulptur THE GENERAL MIAJA LOOKING FOR THE GUADIANA RIVER (Der General Miaja auf der Suche nach dem Guadiana-Fluss) eine auf Blickpunkte gestützte organisatorische Logik. Vier Balkone waren an den Pfeilern der Galerie aufgehängt und in Kontrast gesetzt zu einer Reihe über den Raum verteilter Türme und Minarette. Kein weiteres Wort mehr über General Miaja, Muñoz ist unermüdlich weitergegangen, weit über die Ufer des Guadiana-Flusses hinaus. Inzwischen erahnen wir auf dem Weg, der an BALCONY ON THE CEILING OF A BASEMENT (Balkon an einer Kellerdecke, 1986) vorbei- oder quer durch die Balkone des HOTEL DECLERCQ (1987) hindurchführt, die stumme Angst und unerschütterliche Hoffnung des Generals, der am Horizont nach Anzeichen für das Heranrücken des Feindes Ausschau hält und zu erraten sucht, welche der in die Erde eingeritzten Linien ihm die Zielrichtung der nächsten Manöver anzeigen wird.

JUAN MUÑOZ, FIRST BANNISTER, 1987, wood, knife, 79 x 3 x 2¾" / ERSTES GELÄNDER, Holz, Messer, 200 x 8 x 7 cm.

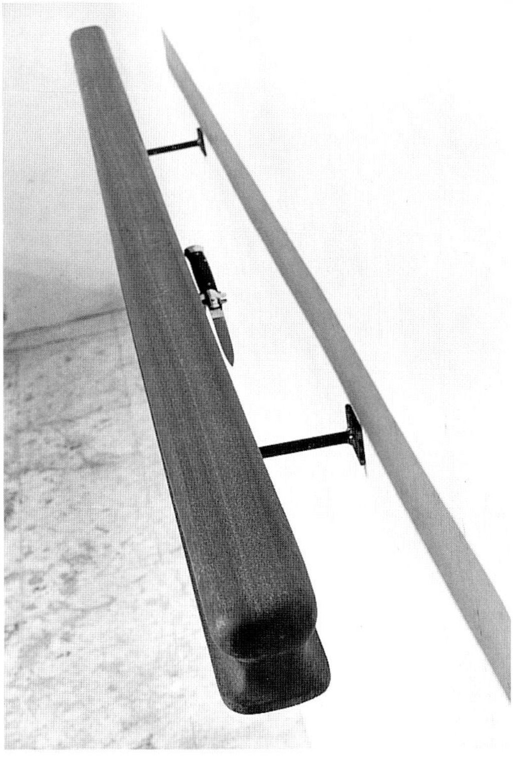

Diese Balkone und Türme sind nicht dazu bestimmt, die banale Funktion ihrer architektonischen Pendants zu erfüllen und uns zu ermöglichen, zu sehen oder gesehen zu werden oder – in luftiger Abgeschiedenheit – den Freuden der Kontemplation zu huldigen. Sie sind überhaupt nicht für einen zweckmässigen Gebrauch konstruiert. Im Gegenteil, sie hängen zu nahe an der Decke oder sind so stark geneigt, dass sie nicht ohne Gefahr begehbar sind. Dann wieder erscheinen sie deformiert oder an einer Wand zerschmettert und verstreut über die unwahrscheinlichsten Nischen und Spalten, wo sie höchst unerwartete und verstörende Perspektiven bieten. Diese Balkone sind die unmöglichen, undenkbaren Stellen, von denen aus wir vielleicht erblicken könnten, was sich jenseits des Sichtbaren befindet: Flüsse jenseits des Horizonts, unterirdische Armeen, die unter unseren Füssen marschieren. Es sind die Stätten, wohin wir uns zurückziehen können, um all das zu sehen, was fehlt, und alles, was bleibt; von hier aus können wir in den leeren Raum zwischen den Dingen sehen – in das leere Zentrum der Welt.

Die Leere in den Zwischenräumen wäre auch eine treffende Beschreibung für das, was sich in einer Vielzahl der sogenannten RAINCOAT DRAWINGS (Regenmantel-Zeichnungen) abspielt: Interieurs, die nur von Möbeln – Stühlen, Tischen, Sofas – bevölkert und von offenen, geschlossenen und angelehnten Türen eingerahmt werden und aus merkwürdigen, oft gar nicht nachvollziehbaren Perspektiven eingerichtet sind. Der Komfort des scheinbar einladenden Interieurs offenbart ein Ausmass an Desorientierung und Trostlosigkeit, das dieselbe erstickende Atmosphäre der Beziehungslosigkeit wachruft, die den meisten der bereits erwähnten Inszenierungen anhaftet.

Ein letzter Raum – ein extremer Ort der Abwesenheit und der Hoffnung – ist ein dunkler, leerer Saal im Museum in Eindhoven, erhellt nur durch das Licht, das aus einem kleinen Mauseloch in der Wand dringt, hinter der wir die Titelmusik von *Tom und Jerry* hören (WAITING FOR JERRY, 1991). Das Mäusezimmer.

DAS SCHWEIGEN DER LÄMMER

Abschliessend nehme ich auf eine Kindheitserinnerung Bezug. Ein halbwüchsiger Junge sieht im Spiegel beim Friseur, umrahmt von den ernsten Gesichtern älterer, zeitunglesender Männer, wie sich das Rasiermesser in der Hand des Friseurs langsam und unaufhaltsam seinem Hals nähert, und er spürt, wie die kalte Klinge die Spannkraft seiner Haut erregt. Die Klinge wird ihm fortan zum vertrauten Gegenstand. Zumindest in seinen Träumen.

Die Klinge ist eine Komplizin der Hand, die sie birgt, verhüllt und liebkost. Die Klinge kennt bald jede einzelne Linie der Hand, die sie umschliesst, um sich auf ihre eigene Kraft zu konzentrieren. In einer Arbeit wie FIRST BANNISTER (Erstes Geländer, 1987) jedoch kann das Stellmesser auch sein eigenes Spiel spielen, versteckt auf der Rückseite des Geländers, geöffnet und bereit, in eine unachtsame Hand die Blutlinien eines neuen Schicksals einzuritzen. Der Künstler muss danach wieder zurück zum Anfang, muss Hand und Schicksal neu erschaffen, indem er etwa ein Netz von Geländerstangen konstruiert, welches das Muster der Linien seiner eigenen Hand nachbildet, THE LINES OF MY HAND (1990). Der Künstler muss immer zurück zum Anfang. Jedesmal.

«Beim Betreten und Verlassen des Ateliers tilge ich meine Fussspuren», sagt Muñoz. Das Stellmesser auf der Treppe von JACK PALANCE À LA MADELEINE (1986). Das an den Fusssohlen befestigte Messer in POINT (Punkt, 1985): Der Künstler benutzt das Messer, um aus der Sohle seines Schuhs oder seines Fusses das Klümpchen Erde zu entfernen, das sich dort festgesetzt hat und ihn dazu verdammen könnte, immer wieder die gleichen Schritte zu wiederholen (um seine Spuren zu tilgen). Hingegen könnten ein paar Blutstropfen seine Schritte authentisch und lebendig machen.

Der Künstler rasiert seine Augen, seinen Mund und seine Ohren. Das Messer wird zum Komplizen der Hand und schnellt empor, um eine gefährliche Handbewegung in die Luft zu zeichnen. Mit all seinen Sinnen auf Schrecken und Stille konzentriert, sammelt der Künstler Kraft, um seinen eigenen Weg abzustecken.

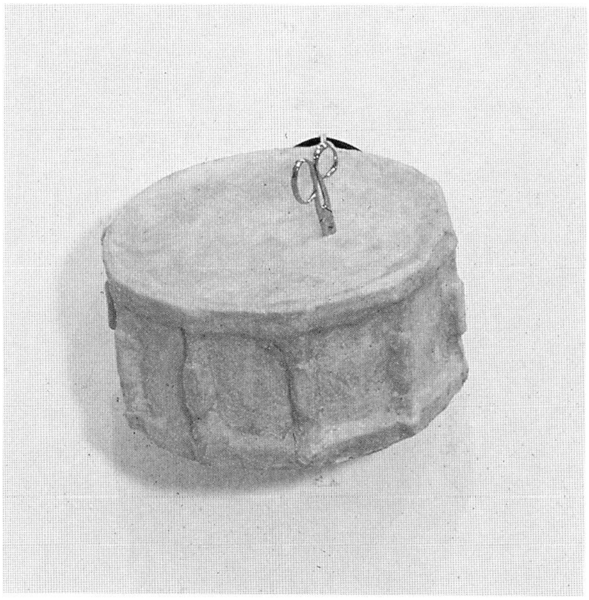

JUAN MUÑOZ, WAX DRUM, 1988,
metal, wax, scissors, 15¾ x 15¾ x 11⅞" / WACHSTROMMEL,
Metall, Wachs, Schere, 40 x 40 x 30 cm.

Vielleicht könnte er seinen Weg finden, indem er dem Schlagen einer Trommel folgt, einer Zirkus- oder Kriegstrommel, irgendeiner vergessenen Trommel aus einem Winkel seiner Kindheit. Doch die Trommel sucht ihre Zuflucht auf der Bühne eines verlassenen Theaters, THE PROMPTER (Der Souffleur, 1988); die Trommel wird von einer Schere durchstossen, WAX DRUM (Wachstrommel, 1988); die Trommel versteckt sich hinter einem undurchdringlichen Wandschirm, so dass sie zum Trugbild wird, FIVE DRUMS (Fünf Trommeln, 1994). Es ist nicht mehr möglich, den wunderbaren Klang der Trommel zu vernehmen.

«É sempre fácil caminhar em cima das águas, mas é impossível fazè-lo milagrosamente.»[1)]

(Übersetzung: Magda Moses, Bram Opstelten)

1) «Es ist immer leicht, auf dem Wasser zu gehen, aber es ist unmöglich, es als Wunder zu vollbringen.» Herberto Helder, *Photomaton & Vox,* Assírio & Alvim, Lissabon, 1979.

THE ART OF CONVERSATION

ALEXANDRE MELO

FROZEN CHOREOGRAPHY

A vast space open to the heavens, bounded by the four wings of a three-story building. The ground is covered with light-colored gravel. An expanse sixty meters square defined by arcades on two sides and walls pierced by large windows on the other two. To enter this space, one must pass through the building, but this is possible only at a few points broken by archways. An open but simultaneously circumscribed space: open and closed, interior and exterior at the same time. Walls and sky. A space in which motion is limited but where vision or the sounds that rise up have no limits. A space, therefore, like the world.

If we were to look from far above, we would see scattered over the ground of the enclosed space twenty-two free-standing figures of virtually human proportions and appearance. At first sight it is not easy to determine just what business they're involved in or how they are related to each other. Perhaps they are simply passersby delaying their return to tedium. But they might also be implacable conspirators organizing intrigues, granting exclusive rights, whispering sentences, or ordering massacres.

Take the group of six figures that stand closest to each other, aroused by a common disturbance: What might it be that influences them and shapes the gesture of order? What stirs this figure, more reserved, hiding the intimacy of his thought? Is it that one there, more perturbed, who unleashes the action? Which one holds the weapon, writes the law, administers the poison? The two remote and apparently calmer figures: Could they be shepherds of souls or stray sheep? The isolated figure is someone said to be insane because he sank into the monotony of days, forgetting the expedience of human society and the rules of conduct. Or perhaps he's just a man singled out by passion, plagued by jealousy or betrayal, fought over by desire or envy. Or an object elected by the mundane destinies of power to be the next king or the next victim.

ALEXANDRE MELO is an art critic and teaches sociology of culture at the University of Lisbon. His new book, *Velocidades Contemporaneas,* will be published by Assírio & Alvim later this year.

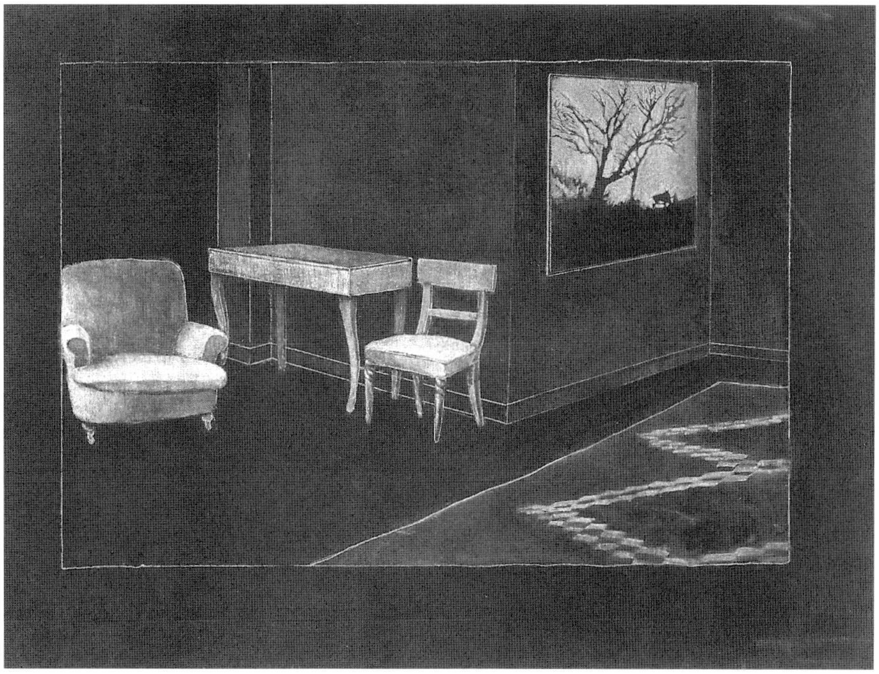

JUAN MUÑOZ, RAINCOAT DRAWING, 1993, chalk and oil on canvas, 59 x 47" / REGENMANTEL-ZEICHNUNG, Kreide und Öl auf Leinwand, 150 x 120 cm.

That's how we'll talk about CONVERSATION PIECE, an installation created by Juan Muñoz in 1994 for the Irish Museum of Modern Art in Dublin. This installation—like all of Muñoz's work—demands a special approach. Cold intellectual analysis or simple historical or social recognition would be unsatisfactory, insufficient, and would probably miss what is essential. We discover one of the basic, defining traits of the artist's work: the affect caused by the displacement of familiar experience. In this case, the experience of human interaction in a determined space, the human experience of society or, if we like, the art of conversation.

The Art of Conversation

An installation like CONVERSATION PIECE motivates a process of emotional empathy because it implicates us in an experience of interaction that echoes our own experience of human society. This experience, however, is somewhat removed from how a set of ordinary circumstances would be presented in daily life. This affect of displacement, or distancing, obviates vulgar psychology or lyricism and prevents the definition of a complete and fully comprehensible narrative or story. We can no longer rely on prevailing psychological and narrative conventions, for we must deal with qualities like doubt and expectation, suspicion and fear, silence and violence. With our approach thus revealed, we can now draw closer to the figures and outline a conversation.

The figures convey a sense of abandonment; their hanging arms can only gesture with difficulty; their heads sit rigidly erect on shoulders; eyes and mouths are sealed in a void without recourse; they are precariously balanced on bases as heavy and immobile as sacks. Their stances transmit the intention of movement and conversation, but morphology and weight fix them in the places and positions in which we find them. They are elements in a frozen choreography, cultivating an art of conversation nourished by suspended complicities, like the complicity between parallel lines that only meet in infinity—in that same infinity where these figures would reveal the plenitude of their feelings and celebrate the euphoria of their mutual surrender.

The complicity that links these figures is the same that links them to us, the approaching observers. And, ultimately, the same complicity links the artist and the critic, authors of parallel works that will perhaps someday meet in infinity, cultivators of an art of conversation that has broken the established rules of supposedly transparent communication to become pure tension, suspended desire. What we want to say has to pass through what cannot be said. What has to happen, does so by means of what did not. We follow destiny, that blind mother. Silence is the condition of speech and communication. Communication passes through incommunicability. Or, alternatively, incommunicability is the true, deep content of communication.

Juan Muñoz's sack figures are direct descendants of a lineage that includes different series of other figures—dwarfs, ventriloquist's dummies, silhouettes, ballerinas, automatons. They all respond with the same kind of uneasiness to the aesthetic problematization of the human figure in art. The crisis of the subject in contemporary societies, expressed in the difficulty of achieving a placid and reassuring representation of the human figure, is an obligatory theme in contemporary cultural debate, and Muñoz deals directly with it, not on the level of sociology but on the level of plastic creation, of sculptural construction, of spatial definition.

Muñoz's sculptures are inviable, incomplete, restricted bodies that no longer define a human, integral, and self-determined posture, but rather a semi-, pseudo-, or post-human condition in which the place of the body is less the result of the positive affirmation of a will, an individuality, or a desire than the result of a system of external spatial relations and determinations. The restriction of mobility, which renders the figures prisoners of their placement in space, is frequently accompanied by restriction of vision, cruelly erased, or the blocking of hearing or speech. The individual authority of a voice retreats into the disturbing silhouettes of quasi-human bodies. A new standard for the human figure is sought on the side of deviation and shadow. Before our eyes arise the surrogates and simulacra for a human nature which has either already ceased to be, or is in the process of ceasing to be human.

All Muñoz's figures are examples of deviated figurations. They represent subjects in crisis, subjects that have ceased to be central foci for the affirmation of power and organization, becoming instead the objects, supports, or vehicles for a play of spatial determinations, pieces in a fatal choreography that dictates their positions and relative distances and determines their rites and meanings.

The Cartography of Survival

In the CONVERSATION PIECES a group of figures is installed in a given space, but in Muñoz's optical floor pieces, we are face to face with the perfectly symmetrical act of creating a territory, a space, a combination of coordinates and spatial references responsive to receiving, welcoming, focusing, determining, guiding, or orienting a human presence, whether that presence be a sculptural figure or the human observer.

THE WASTED LAND (1986) suggests to us the sense of loss associated with the idea of drifting and perdition. The presence of the inert ventriloquist's dummy, sitting on a ledge with an immense, visually labyrinthine expanse before him, produces a similar sense of inertia in the observer, who hesitates, unsure as to how to behave when faced with a territory laid out so explicitly. This effect is brought to its most extreme consequences in the I.M.M.A. FLOOR PIECE (1994), where the optical illusion gives the impression that we are stepping on holes that may engulf us, while on the walls, meat-hooks indicate a terrible fate for our own menaced bodies or souls.

The matter of defining space and territory is thus revealed to be dependent upon our ways of seeing, to be an effect of the manipulation and organization of vision, that is, a process of constructing a point of view. In the artist's first solo exhibition at the Galeria Fernando Vijande (Madrid, 1984), THE GENERAL MIAJA LOOKING FOR THE GUADIANA RIVER already enacted an organizational logic based on such points of view. Four balconies were hung on the columns of the gallery and played off against a group of towers and minarets distributed throughout the space. We never hear another word about General Miaja, and Muñoz has continued to travel unflaggingly far beyond the banks of the Guadiana River. In the meantime, along the road that passes by the BALCONY ON THE CEILING OF A BASEMENT (1986) or through the balconies of the HOTEL DECLERCQ (1987), we can sense the silent anguish and irrepressible hope of the General as he searches the horizon for signs of the enemy's approach and tries to guess which lines scratched in the earth will tell him the direction of the next maneuvers.

These balconies and towers are not designed to fulfill the banal function of their architectural equivalents: to see or be seen on the social, worldly stage or to exercise the lyric or scientific pleasures of con-

JUAN MUÑOZ, THE GENERAL MIAJA LOOKING FOR THE GUADIANA RIVER, 1984, steel, installation / DER GENERAL MIAJA AUF DER SUCHE NACH DEM FLUSS GUADIANA, Stahl, Installation, Galeria Fernando Viande, Madrid.

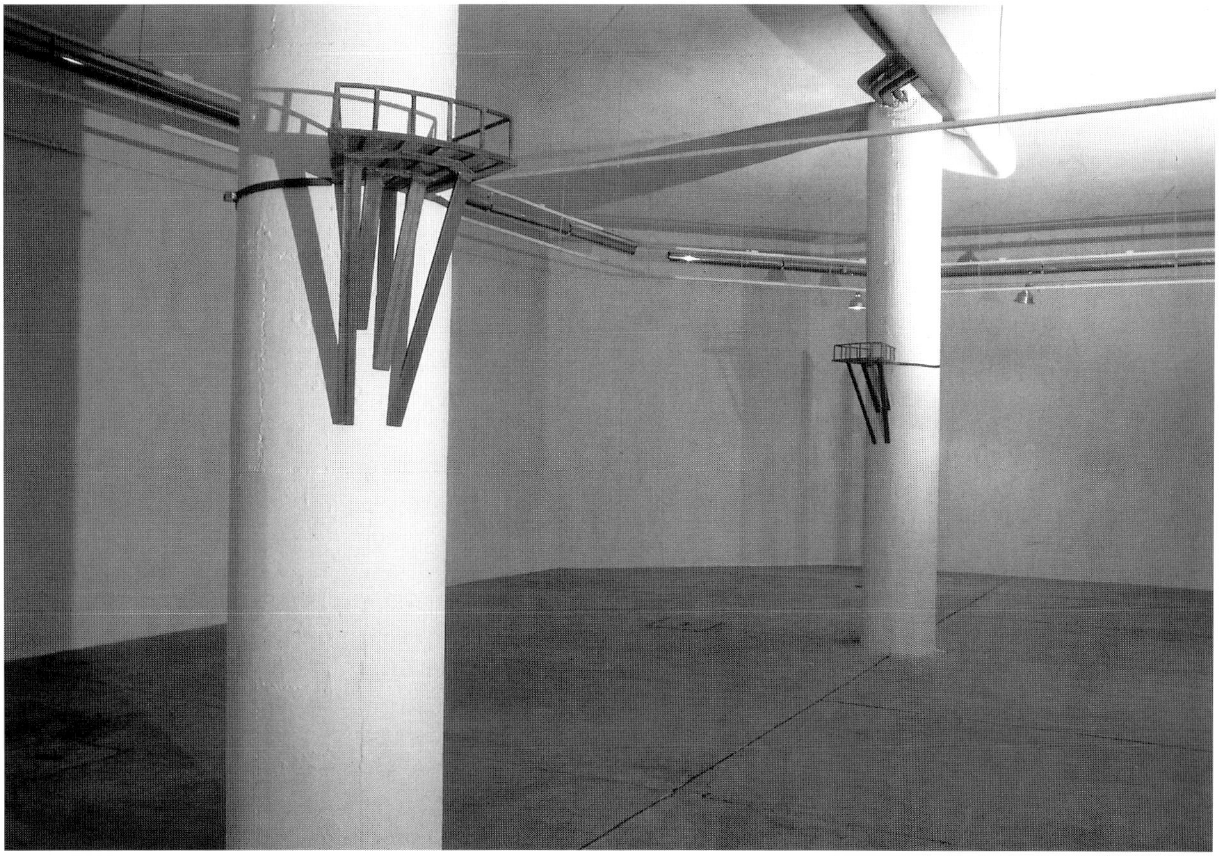

templation. Nor are they constructed for functional use. To the contrary, they appear before us suspended too near the ceiling, or tilted too sharply to provide a safe footing. At other times, they appear deformed or smashed against walls and scattered in the most unexpected nooks and crannies, providing the least conceivable, most disturbing perspectives. These balconies are the impossible places from which we might be able to see what is on the other side of the visible: the rivers that flow on the other side of the horizon, the subterranean armies that run under our feet. They are the places where we can take refuge in order to see everything that is missing and everything that remains, where we can see the void in the crack between things—the empty heart of the world.

The void in the crack between things would also be a good description for what is at play in many of the so-called RAINCOAT DRAWINGS: interiors populated only by furniture—chairs, tables, sofas—framed by doors—open, closed, ajar—and organized from odd or improbable perspectives. The apparent comfort of a welcoming interior reveals a depth of disorientation and desolation that echoes the atmosphere of asphyxiating incommunicability linking many of the stagings of figures discussed earlier.

A final space—an extreme place of absence and hope—is a dark, empty hall in the museum in Eindhoven, illuminated only by light emanating from a small mouse hole in the wall behind which we can hear the theme music of *Tom and Jerry* (WAITING FOR JERRY, 1991). The mouse's room.

The Silence of the Lambs

In conclusion, allow me to refer to a childhood memory. A boy growing up sees, in the barber-shop mirror, framed by the serious faces of older men reading the newspaper, the razor held by the barber coming slowly and inexorably closer to his neck, and he feels the cold blade titillating the tautness of his skin. From that moment on, the blade becomes an intimate object. At least in his dreams.

The blade is the accomplice of the hand that hides, dissimulates, and caresses it. The blade learns to read each one of the lines on the hand that closes over it, to concentrate on its own force. But in a piece like FIRST BANNISTER (1987), the switchblade can also play its own game, hidden on the other side of a handrail, open to cut on to a careless hand the bloodlines of a new destiny. The artist then has to go back to the beginning, remake the hand and the destiny, constructing, for example, a network of handrails that reproduces the pattern of lines of his own palm (THE LINES OF MY HAND, 1990). The artist always has to go back to the beginning. Every time.

"On entering and leaving the studio, I erase my steps" (Muñoz). The switchblade on the stair of JACK PALANCE À LA MADELEINE (1986); the knife attached to the soles of the feet of POINT (1985); the artist uses the knife to gouge out of the sole of his shoe or his foot the tiny piece of grit that might lodge there, condemning him to forever take the same steps, to follow the same tracks. Perhaps a few drops of blood will now make all his footsteps alive and unique.

The artist shaves his eyes, his mouth, his ears. The knife becomes the accomplice of the hand and leaps to trace in the air the danger of a gesture. With all his senses concentrated on terror and silence, the artist gathers strength to mark out his own route.

Perhaps he could find his way following the sound of a drum, a circus or war drum, some forgotten drum from a corner of his childhood. But the drum takes refuge on the stage of an abandoned theater (THE PROMPTER, 1988); the drum is stabbed by scissors (WAX DRUM, 1988); the drum hides behind a screen so dense that it becomes a mirage (FIVE DRUMS, 1994). Now it's impossible to hear the miraculous sound of the drum.

"É sempre fácil caminhar em cima das águas, mas é impossível fazè-lo milagrosamente."[1)]

(Translation from the Portuguese: Alfred MacAdam)

1) "It's always easy to walk on water, but it's impossible to do it miraculously." Herberto Helder, *Photomaton & Vox* (Lisbon: Assírio & Alvim, 1979).

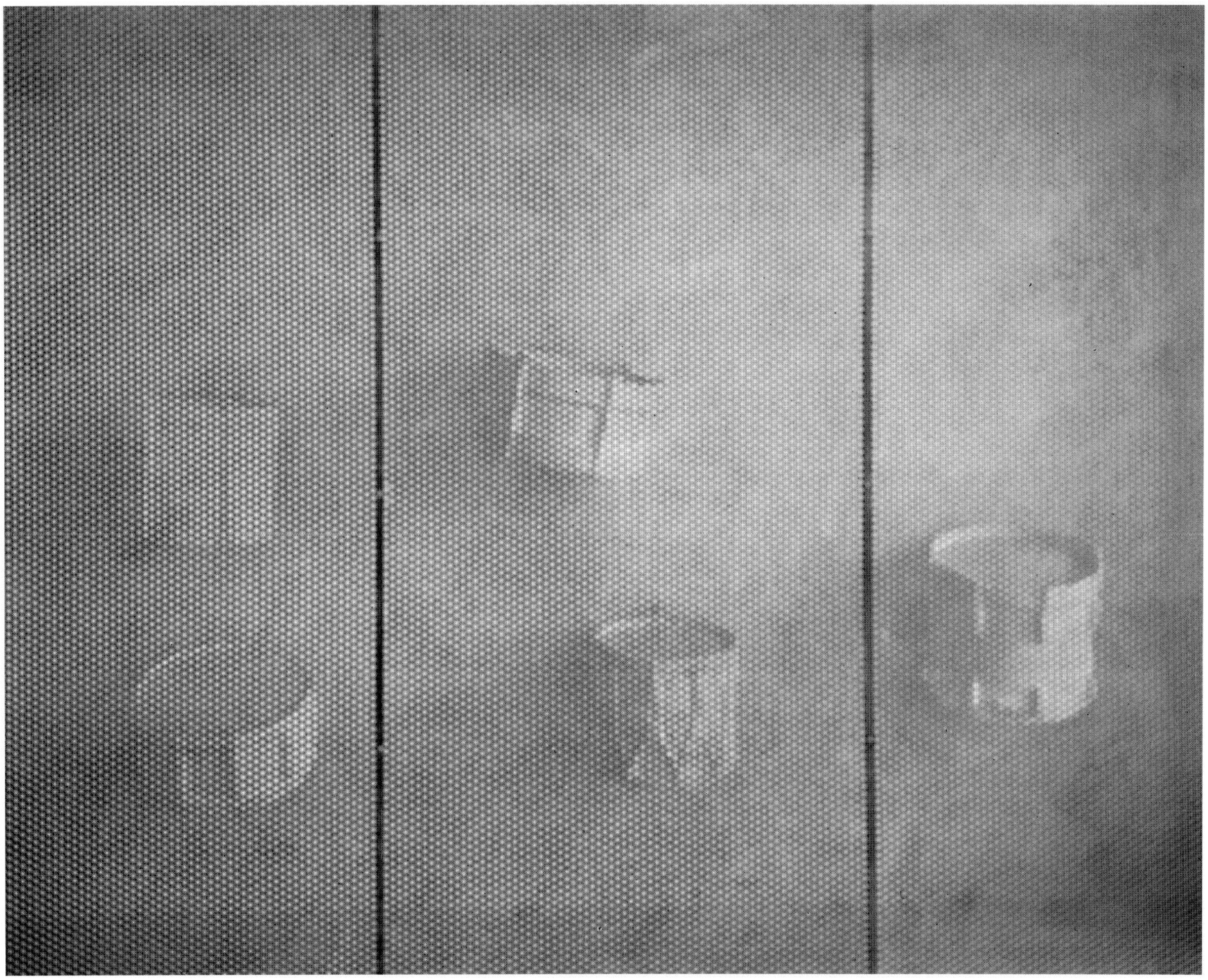

JUAN MUÑOZ, FIVE DRUMS, 1994, plaster, steel, 79 x 118" /
FÜNF TROMMELN, Gips und Stahl, 200 x 300 cm. (PHOTO: KRISTIEN DAEM)

A Conversation

New York, 22 January 1995

JUAN MUÑOZ · JAMES LINGWOOD

Tell me about your interest in the experience of stillness, this kind of condensation of experience.

In Seurat's drawings each figure seems to be standing still, standing in its own space. Seurat creates the quiet of the very early morning or very late at night. Everything is frozen. The figures are detained. Sometimes I would like to achieve that.

It's like the idea of a frieze, a frozen moment which has the stability of architecture. The courtyard CONVERSATION PIECE you made in Dublin was like this. We talked about there being perhaps one sound, a sudden noise which animated the whole arena of the work. Either the figures were turned towards it, or they were indifferent to it. The courtyard piece made time three-dimensional. There was a suspense to the work.

What do you mean when you use the word suspense?

The normal passage of time is held up, or as you say, detained. It enables you to create a certain tension, the kind of tension that you might get in a Hitchcock film. Somehow the stillness of your sculpture seems to me to be a stillness from the century of film, the century of movement.

JAMES LINGWOOD is a curator and writer, and co-director of the London-based *Artangel Trust*. His projects with Juan Muñoz include the Artangel commissions, the UNTITLED monument (1992) and A MAN IN A ROOM, GAMBLING (with Gavin Bryars, 1992), and a major exhibition of the artist's work at the *Irish Museum of Modern Art* in Dublin in 1994.

This fiction of a noise in the courtyard was a device to organise the figures in space, given that there was not really a subject matter, nothing being discussed between the figures. A non-existent sound became the reference point. We used something invisible to organise what was not possible to see.

Your sculptures might be about things you can't see.

Perhaps the more successful things I have made have always been about something other than what you're actually looking at. And this other, this reference, this impossibility of representation that you try to describe is a boundary which confronts the sculpture. The limit that is pointed to by the object. When I made the dwarf, I was not so interested in the physical presence of the dwarf. It was more a reference to the question of strangeness than the problem of size.

So the subject becomes the person who's looking at it as much as the dwarf who's being looked at?

It's also the sense of being uncomfortable. When I meet a dwarf I feel uncomfortable. I don't know why because it's not my fault. But I feel strange.

So you want your work to engender this feeling of discomfort?

I build these works to explain to myself things that I cannot understand otherwise. The work should somehow remain enigmatic to me.

It should resist attempts to contain it.

It should also remain separate from you. So no matter how much you look at it, it's still outside of you. You like to talk about my work in relation to theatre. I'm not so sure about that. But if I have to use your terminology, maybe what's interesting in theatre is that you cannot answer. You're watching what's taking place, it's in front of you, but you cannot answer back. And then the curtains close and you leave. You cannot collaborate on it. A piece should have that capacity, that you cannot answer back to it.

Why I use the analogy of theatre is not because I think your works are theatrical per se. I'm more interested in a very specific tradition of theatre which is exemplified by Beckett. It's concerned with the spaces between things, the pauses between efforts at communication, the gaps. And I think your work creates an incredible charge in those spaces. It's not that they look like theatre, it's that they dramatise the act of looking.

I can agree with some of that. The work is involved in a dramatic relationship with whatever is outside of it. I like to believe that the best work can exist without a spectator. If it's anything to do with theatre, it's more to do with the rehearsal than the performance. It's happening between the players, it has nothing to do with the audience.

And if there's just one figure…

It's a monologue in a room. One continuous monologue. I think that the experience of the artist in the studio is like one unrecorded monologue.

A kind of interior landscape.

Yes, but a very flat one. With one figure, nothing

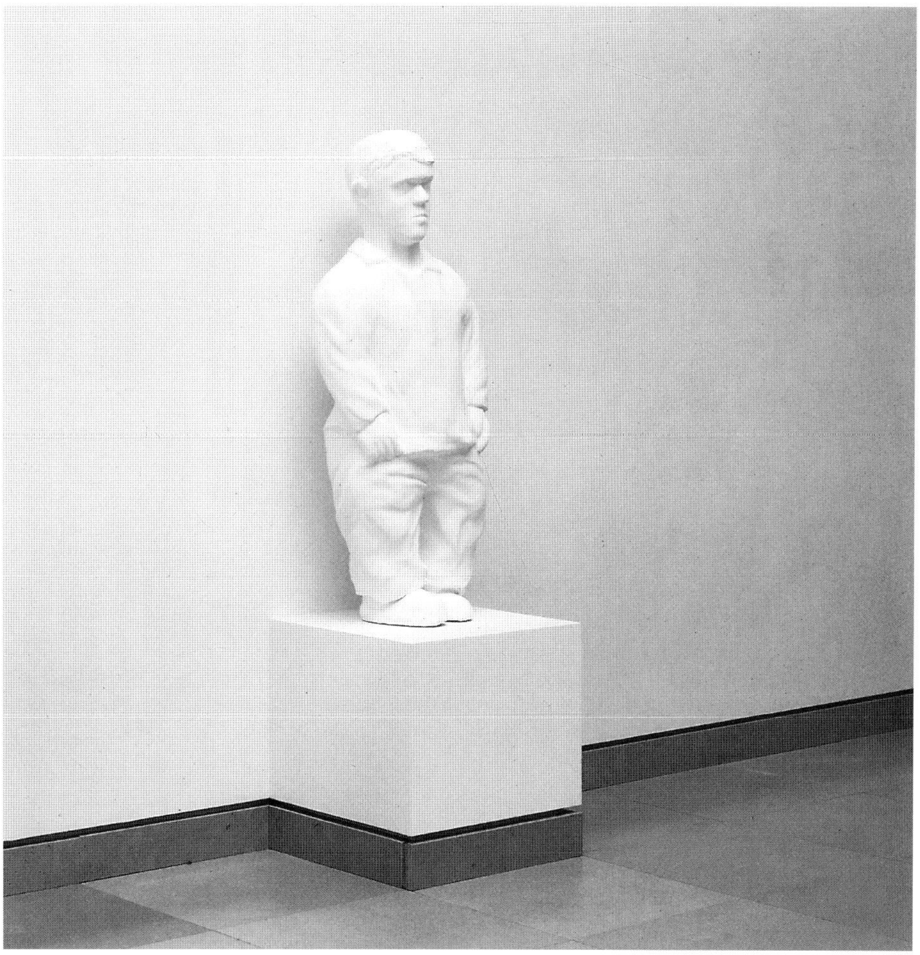

JUAN MUÑOZ, DWARF, 1994, papier-mâché, paint, wood, $42\frac{1}{2}$ x 35 x $17\frac{3}{8}$" / ZWERG, Pappmaché, Farbe, Holz, 108 x 88 x 44 cm, Musée de Nîmes.

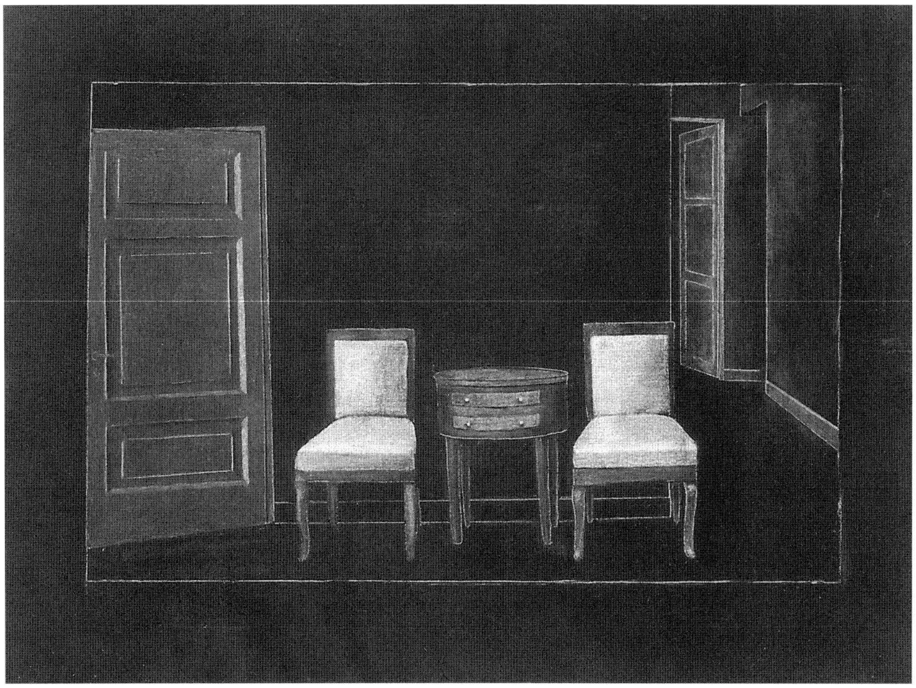

JUAN MUÑOZ, RAINCOAT DRAWING III, 1989, chalk and oil on canvas, 79 x 59" / REGENMANTEL-ZEICHNUNG, Kreide und Öl auf Leinwand, 200 x 150 cm.

much is happening because nothing much can happen, and there's nowhere to go. Time is moving, and then at a moment, it stands still. The figures are like statues, not sculptures. It's always about a position: the statuesque.

Was the figure always there from the beginning?

No, at the very beginning it was more about its absence. The empty balconies.

You felt that somebody had been there and had gone. The balconies are not empty in the same way that an empty container is.

The image was implicit in the empty balcony, so it was unnecessary to put the figures there.

Quite a lot of your work seems to exist in a state where once it had been complete, and then something departed. The drum is separated from the drummer so there's no sound anymore. You don't hear the laughter of the laughing figure.

That's a beautiful image, that something has departed. If you remove meaning, you are left with a fragment of a totality that never existed. The drum as a sculpture is an object which has left its reason behind.

Something has to depart so that space is created for it to communicate in a different way.

If you remove the furniture from a room, the room is loaded with that emptiness. It's not an empty room, it's a room which is no longer occupied with what used to be there before. That's a quality you cannot build from zero. You have first to build the house, then furnish the room, then take the things away.

You can't imagine there being a person pictured in one of the rooms in your RAINCOAT DRAWINGS?

If the drawings succeed in conveying an emotion, it's because they might give the sense that something has happened or is going to happen. Either you're too early or too late. It's always the wrong moment. A normal room is very interesting. I find the normal very suggestive. You can build stories from a very normal situation. Any normal situation is ready for something to happen. I think Surrealist painting is boring because the story is always forced on you.

So if you took the sleeping figures out of Delvaux…

If you took all the figures, and all the beds, and everything out of Delvaux, you might end up with something.

I'll tell you something that might help to explain the RAINCOAT DRAWINGS: When I was a kid living at home, I used to come back to the house every day. Occasionally—I don't know why—my mother changed the furniture around between the rooms. So you came in and opened the door of your room and found that your room was no longer your room—it was your brother's. And a different room somewhere up the hall was now your room, with all your stuff in it, your posters on the wall. Then you grew used to it—until the rooms were changed again. So I grew up with this experience of dislocation. You feel uncomfortable yet it's extremely normal. I suppose that this relationship between the normal and the discomforting is part of the territory of the work.

Most artists prefer to use the word "space," but you always talk about the "room." Why's that?

The subject for so many years has been the room, this place where you are on your own. It's probably the condition of every artist, that you spend most of your time alone in a room. And that's where the action takes place, in the many hours where nothing happens. So if ever there was a subject, it's exactly that experience.

So your rooms are like the studio?

The studio can be an ordinary room with tables, or a hotel room, which is like a temporary studio. The city might change, and the view from the window, but the experience is the same from one to another. It's about the absurdity of it, and the impossibility of getting away from it.

So, if the room is your room, is the figure in some way a reflection of your condition?

I must say, I really feel uncomfortable about this conversation. I think I should ask the questions. Why do you think my work is about silence?

I could return to the stillness of Seurat that you mentioned. Silence is more than an absence of noise. I think your works condense the absence of noise so as to render the silence palpable. They seem to slow things down, so that you become intensely aware of the condition of the sculpture and the condition of yourself looking at it. And that condition is being alone. That's why I see your work in existential terms. It's about the figure alone… But the only lone standing figure you have done, so far, is the dwarf. That's really the only time you have dealt with this essential question of stability, of the foot on the ground. Then you made the figures with the rounded bases, who were very aware of their inability to move. They were stilled in their position in the tableau, going nowhere. And then you had figures against the wall. Or a figure sitting on a plinth, laughing. And now you have figures with someone on their back, like an incubus. You're circling around this ultimate problem of how the human being stands in space alone.

What is your obsession that all these characters are going nowhere?

They seem to be fairly mired in their condition. Or waiting for something. The ballerinas can't dance anymore. They would like to believe in the possibility of movement, of transformation, but they're not sure they do. And that is an expression of our time, which is a fairly skeptical one.

Is that why you talk about Beckett in relation to my work?

As Beckett said, "I can't go on, I'll go on!" Beckett's landscape is one in which there are so many spaces, silences, stops and starts, attempts at communication. It's absurd and it's human, this effort to find some common ground, to bridge the separateness of people. Your sculptures attract, take you in, and then don't let you in any further. They can make you feel very tentative about trespassing on their space, not because they are confronting you but because they are so very distant. It makes you feel like a hesitant actor, very worried about your lines.

They don't take that frontal position that demands a response. Maybe we are all tired of having to answer back all the time to things that are displayed in front of us. It's getting more and more difficult to get anything back, to have a return for our emotions.

And sometimes the figures aren't there at all because you take them away. Like the last room in the exhibition at the Irish Museum of Modern Art: You took the figures out of the room, leaving the viewer in there alone. Just a big patterned floor and some meat-hooks on the walls. That was very hard. You made the viewer into the standing figure.

(Muñoz laughs) It was important for me to have a non-figurative conclusion. To have one gigantic illusion so that there was nothing to look at but the illusion itself.

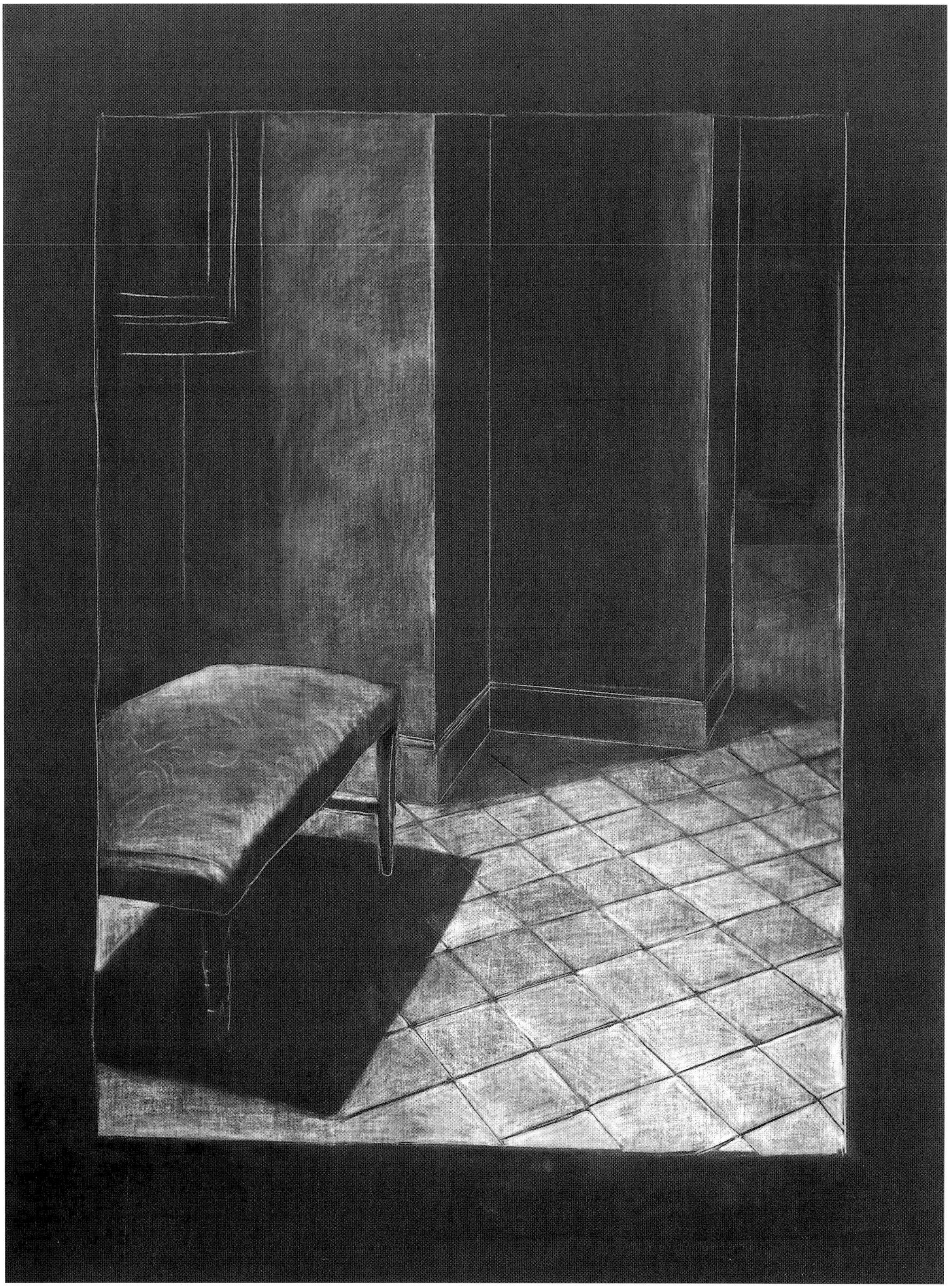

JUAN MUÑOZ, RAINCOAT DRAWING IV, 1989, chalk and oil on canvas, 79 x 59" /
REGENMANTEL-ZEICHNUNG IV, Kreide und Öl auf Leinwand, 200 x 150 cm. (PHOTO: GARETH WINTERS)

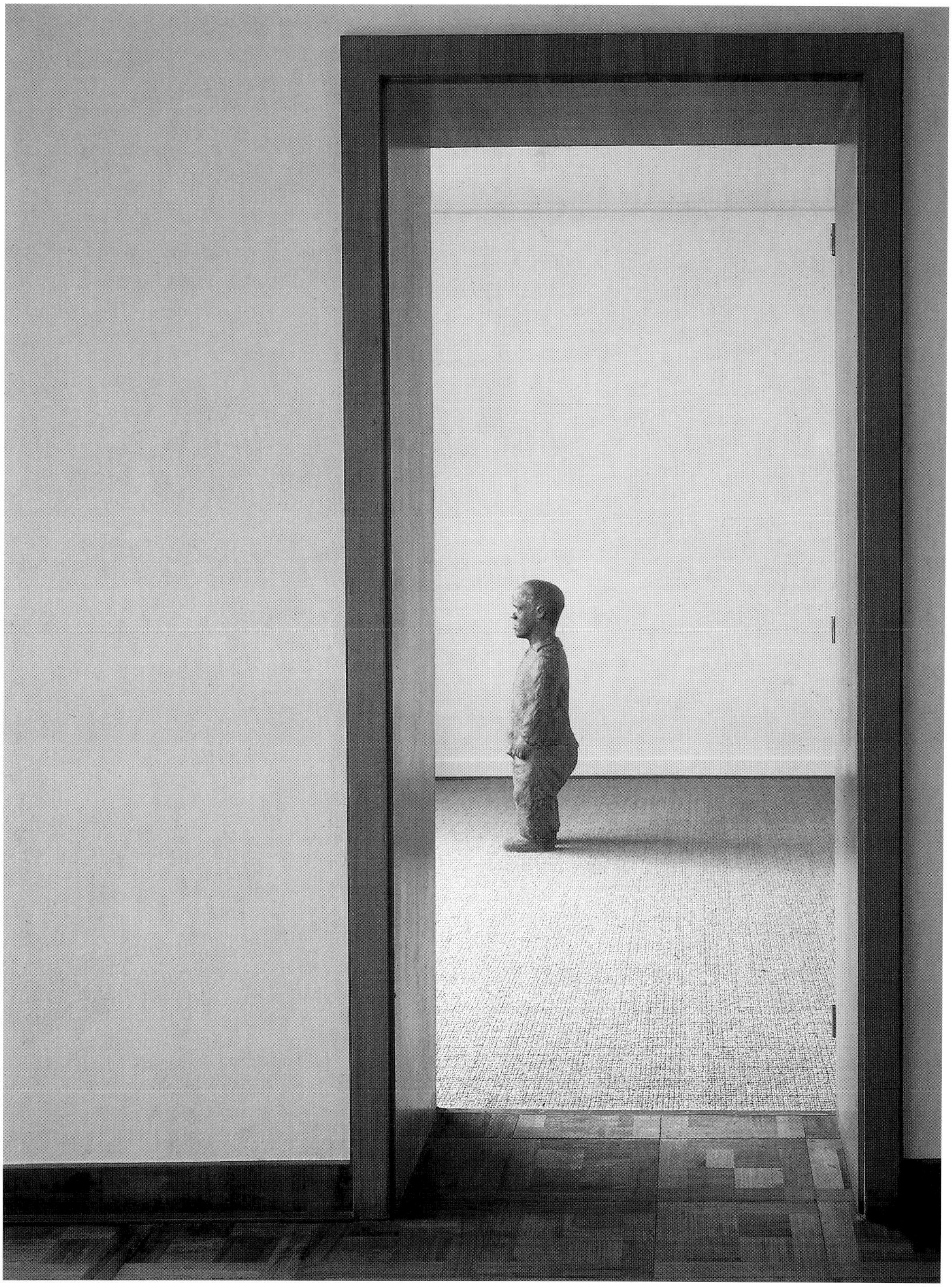

JUAN MUÑOZ, DWARF, 1991, bronze, 33½ x 17⅞" / ZWERG, Bronze, 85 x 44 cm.

Ein Gespräch

New York, 22. Januar 1995

JUAN MUÑOZ · JAMES LINGWOOD

Kannst du mir etwas über deine Vorliebe für den Zustand der Reglosigkeit, diese, wenn man so will, Verdichtung der Erfahrung sagen?

In den Zeichnungen von Seurat scheint jede Figur stillzustehen, jede sich in ihrem eigenen Raum aufzuhalten. Seurat zeichnet die Ruhe des sehr frühen Morgens oder des sehr späten Abends. Alles ist erstarrt. Die Figuren sind festgehalten. Manchmal möchte ich das auch schaffen.

Es ist gleichsam das Prinzip eines Frieses, ein eingefrorener Augenblick, der die Stabilität von Architektur hat. Deine Arbeit CONVERSATION PIECE (Konversationsstück), die du für einen Innenhof in Dublin gemacht hast, hatte diese Qualität. Wir sprachen davon, dass ein einziger Laut denkbar wäre, ein plötzliches Geräusch, das die gesamte Arena des Werkes beseelte. Entweder waren die Figuren darauf ausgerichtet oder es war ihnen gleichgültig. Die Innenhofarbeit machte aus der Zeit etwas Dreidimensionales. Von ihr ging eine gewisse Spannung aus.

JAMES LINGWOOD ist Ausstellungsorganisator und Schriftsteller sowie Co-Direktor des in London ansässigen *Artangel Trust*. Zu den Projekten, die er zusammen mit Juan Muñoz durchgeführt hat, gehören zwei von *Artangel Trust* in Auftrag gegebene Arbeiten, das Denkmal UNTITLED und A MAN IN A ROOM, GAMBLING (mit Gavin Bryars, 1992) sowie eine grosse Ausstellung über das Werk des Künstlers im *Irish Museum of Modern Art* in Dublin, 1994.

Was verstehst du in diesem Zusammenhang unter dem Wort Spannung?

Der normale Zeitablauf ist angehalten oder, wie du sagst, festgehalten. Das gibt dir die Möglichkeit, eine bestimmte Spannung zu erzeugen, die Art von Spannung, die man etwa in einem Hitchcock-Film findet. Irgendwie kommt mir die Reglosigkeit deiner Skulpturen so vor, als wäre sie die Reglosigkeit des Jahrhunderts des Films, des Jahrhunderts der Bewegung.

Die Fiktion eines Geräusches im Innenhof war ein Kunstgriff, um die Figuren im Raum anzuordnen, da es im Grunde kein Thema gab, nichts, worüber die Figuren hätten reden können. Ein nichtexistentes Geräusch wurde zum Bezugspunkt. Wir benutzten etwas Unsichtbares, um eine Ordnung in etwas zu bringen, was nicht zu sehen war.

Vielleicht sind gerade Dinge, die nicht zu sehen sind, das Thema deiner Skulpturen.

Vielleicht ging es bei den Sachen, die mir am besten gelungen sind, immer um etwas anderes als das, was man tatsächlich sieht. Und dieses andere, diese Bezugnahme, diese Unmöglichkeit der Darstellung, die du zu beschreiben versuchst, ist eine Grenze, an die die Skulptur stösst. Die Grenze, auf die das Objekt verweist. Als ich den Zwerg machte, interessierte mich weniger die physische Erscheinung des Zwerges. Mich interessierte die Fremdheit, es war keine Frage der Körpergrösse.

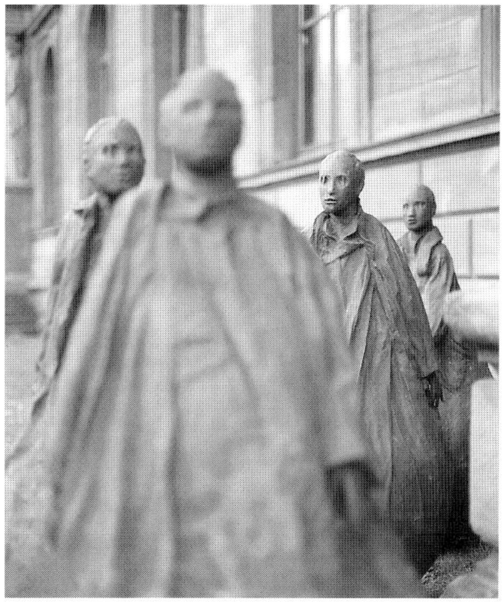

JUAN MUÑOZ, CONVERSATION PIECE, 1992 / KONVERSATIONSSTÜCK, Documenta 9, Kassel.

Der Betrachter wird also ebenso zum Gegenstand des Werkes wie der Zwerg, der betrachtet wird?
Es geht auch um das Gefühl des Unbehagens. Wenn ich einem Zwerg begegne, bin ich unangenehm berührt. Ich weiss nicht warum, denn ich kann nichts dafür. Aber mir ist seltsam zumute.
Dir geht es also darum, dass dein Werk dieses unbehagliche Gefühl hervorruft?
Ich mache diese Arbeiten, um mir selbst Dinge zu erklären, die ich nicht verstehe. Das Werk soll auch für mich ein Stück Rätselhaftigkeit bewahren.
Es soll dem Versuch, es ganz zu erfassen, widerstehen.
Es soll auch vom Betrachter getrennt bleiben. So dass es, egal wie lange du es betrachtest, immer noch etwas ausserhalb von dir ist. Du sprichst im Zusammenhang mit meinem Werk gerne vom Theater. Da bin ich mir nicht so sicher. Aber wenn ich schon deine Begrifflichkeit verwenden soll: das Interessante am Theater ist vielleicht, dass man nicht darauf antworten kann. Man schaut zu, was sich – direkt vor einem – abspielt, aber man kann nichts dagegenhalten. Schliesslich fällt der Vorhang, und man geht hinaus. Es gibt keine Möglichkeit mitzuwirken. Eine Skulptur sollte auch so sein, dass man ihr nichts entgegnen kann.
Ich verwende den Vergleich mit dem Theater nicht, weil ich deine Arbeiten als solche für bühnenmässig angelegt halte. Mich interessiert vielmehr eine ganz bestimmte Tradition des Theaters, für die Beckett steht. Dabei geht es um die Lücken, also um die Räume zwischen den Dingen, um die Pausen zwischen den Versuchen zur Kommunikation. Und dein Werk erzeugt, glaube ich, eine unglaubliche Spannung genau in diesen Räumen. Der Punkt ist nicht der, dass sie wie Theater wirken, sondern dass sie den Akt des Zuschauens dramatisieren.
Dem kann ich zum Teil zustimmen. Das Werk ist in eine dramatische Beziehung zu allem, was ausserhalb seiner ist, verwickelt. Ich stelle mir aber gern vor, dass ein wirklich gelungenes Werk ohne Betrachter auskommen kann. Wenn es etwas mit dem Theater zu tun hat, dann eher mit den Proben als mit der Aufführung selbst. Es geht um das Geschehen zwischen den Schauspielern, nicht um das Publikum.
Und wenn nur eine einzige Figur da ist…
Dann ist es ein Monolog in einem Raum. Ein einziger kontinuierlicher Monolog. Ich glaube, die Erfahrung des Künstlers im Atelier ist wie ein einziger nicht aufgezeichneter Monolog.
Eine Art innerer Landschaft.
Ja, aber eine eintönige. Bei einer einzigen Figur geschieht nicht viel, weil gar nicht viel geschehen kann, und sie geht nirgendwohin. Die Zeit läuft, und dann plötzlich steht sie still. Die Figuren sind wie Statuen, keine Skulpturen. Es geht stets um ihre Stellung: das Statuenhafte.
War die Figur immer da, von Anfang an?

Nein, ganz am Anfang ging es eher um ihre Abwesenheit. Die leeren Balkone.

Man hatte das Gefühl, als wäre jemand dagewesen und dann weggegangen. Die Balkone sind nicht in der gleichen Weise leer wie etwa ein Behälter.

Das Motiv war durch den leeren Balkon angedeutet, also war es nicht notwendig, die Figuren hinzuzufügen.

Ziemlich viele deiner Werke befinden sich in einem Zustand, als seien sie zuvor vollständig gewesen, bevor sich etwas von ihnen abgesetzt hat. Die Trommel ist vom Trommler getrennt, so dass es keinen Ton mehr gibt. Das Lachen der lachenden Figur ist nicht zu hören.

Das ist ein schönes Bild. Wenn man Bedeutung wegnimmt, bleibt ein Fragment eines Ganzen zurück, das es niemals gegeben hat. Die Trommel als Skulptur ist ein Objekt, das seine Rechtfertigung hinter sich gelassen hat.

Etwas muss weg, damit das Werk Raum erhält, um auf andere Weise zu kommunizieren.

Wenn man aus einem Zimmer die Möbel entfernt, wird das Zimmer mit dieser Leere aufgeladen sein. Es ist kein leeres Zimmer, sondern eines, das nicht länger besetzt ist von dem, was bisher darin war. Das ist eine Qualität, die sich nicht aus dem Nichts herstellen lässt. Man muss zuerst das Haus bauen, dann das Zimmer einrichten und dann die Sachen wieder entfernen.

Ist es für dich denkbar, dass in deinen RAINCOAT DRAWINGS in einem der Zimmer eine Person dargestellt wäre?

Wenn es den Zeichnungen gelingt, eine Emotion zu vermitteln, dann weil sie den Eindruck erwecken, dass etwas geschehen ist oder geschehen wird. Entweder ist man zu früh oder zu spät. Es ist immer der falsche Augenblick. Ein normales Zimmer ist sehr interessant. Ich empfinde das Normale als höchst suggestiv. Man kann von einer ganz normalen Situation ausgehend Geschichten konstruieren. Jede normale Situation steht kurz davor, dass etwas geschieht. Surrealistische Malerei ist in meinen Augen langweilig, weil einem die Geschichte immer aufgedrängt wird. – Ich werde dir etwas erzählen, das die RAINCOAT DRAWINGS vielleicht erklären hilft: Es hat mit meiner Kindheit zu tun und wie ich jeden Tag zurück nach Hause kam. Manchmal – ich weiss nicht warum – verschob meine Mutter die Möbel von einem Zimmer zum anderen. Ich kam also ins Haus, öffnete die Tür meines Zimmers und stellte fest, dass mein Zimmer nicht länger mein Zimmer war, sondern das meines Bruders. Und ein anderes Zimmer irgendwo weiter hinten im Flur war jetzt mein Zimmer mit meinem ganzen Kram drin und meinen Plakaten an der Wand. Dann gewöhnte man sich an das neue Zimmer – bis zum nächsten Wechsel. So wuchs ich auf mit dieser Erfahrung der Desorientierung. Man fühlt sich nie recht wohl, und doch ist alles ganz normal. Ich nehme an, dass diese Beziehung zwischen dem Normalen und dem Beunruhigenden zum Themenkreis des Werkes gehört.

Viele Künstler verwenden lieber das Wort «Raum», du sprichst immer von «Zimmer», weshalb?

Das Zimmer ist schon seit vielen Jahren mein Thema. Dieser Ort, wo man allein ist. Es geht vermutlich jedem Künstler so, dass er die meiste Zeit allein in einem Raum verbringt. Und genau da spielt sich alles ab, in den vielen Stunden, in denen nichts passiert. Wenn es also ein naheliegendes Thema gibt, so ist es diese Erfahrung.

Deine Zimmer sind also wie dein Atelier?

Das Atelier kann ein gewöhnliches Zimmer sein, mit Tischen, oder ein Hotelzimmer, eine Art Atelier auf Zeit. Die Stadt kann eine andere sein, ebenso der Blick aus dem Fenster, aber die Erfahrung ist die gleiche. Es geht um die Absurdität der Situation und um die Unmöglichkeit, davon loszukommen.

Wenn also das Zimmer dein Zimmer ist, widerspiegelt die Figur in gewisser Weise deinen Zustand?

Ich muss sagen, ich fühle mich gar nicht wohl bei diesem Gespräch. Ich glaube, ich sollte die Fragen stellen: Weshalb bist du der Meinung, dass mein Werk von der Stille handelt?

Ich könnte auf die Stille bei Seurat zurückkommen, von der du gesprochen hast. Stille ist mehr als nur das Fehlen von Lärm. Ich habe das Gefühl, deine Werke verdichten das Fehlen von Lärm, um Stille greifbar zu machen. Es ist, als sei alles verlangsamt, so dass man sich des Zustandes der Skulptur als solcher und seines eigenen Zustandes als Betrachter bewusst wird. Dieser Zustand ist aber das Alleinsein. Deshalb verstehe ich dein Werk in einem existentialistischen Sinn. Doch die einzige für sich stehende Einzelfigur, die du bisher gemacht hast, ist der Zwerg. Das ist tatsächlich das einzige Mal, wo du dich mit der wesent-

lichen Frage der Standfestigkeit auseinandergesetzt hast. Danach hast du die Figuren mit der gerundeten Basis gemacht, die sich ihrer Bewegungsunfähigkeit in hohem Masse bewusst waren. Sie waren wie eingefroren in ihrer Position im Tableau, gingen nirgendwohin. Dann gab es die gegen die Wand gelehnten Figuren. Oder eine Figur, die auf einem Sockel sass und lachte. Und jetzt hast du Figuren, die jemanden auf dem Rücken tragen, wie einen Inkubus. Du umkreist letztlich diese Grundfrage, wie der Mensch allein im Raum steht.

Wieso bist du so darauf fixiert, dass all diese Figuren nirgendwohin gehen?

Sie scheinen ziemlich festgenagelt in ihrer Situation. Oder sie warten auf etwas. Die Ballerinen können nicht mehr tanzen. Sie würden gerne an die Möglichkeit der Bewegung, der Verwandlung glauben, doch sie sind sich nicht sicher, dass sie es tun. Und das ist ein Ausdruck unserer Zeit, die ziemlich skeptisch ist.

Sprichst du deshalb von Beckett im Zusammenhang mit meinem Werk?

Wie Beckett sagte, «Ich kann nicht weitermachen, ich werde weitermachen!» Becketts Landschaft ist eine, in der es zahlreiche Räume und immer wieder Stille, Innehalten und Wiederanfangen, Versuche zur Kommunikation gibt. Es ist absurd und zugleich menschlich, dieses Bemühen, irgendeine gemeinsame Grundlage zu finden, das Auf-sich-allein-gestellt-Sein der Menschen zu überwinden. Deine Skulpturen locken an, nehmen für sich ein, um dann jedes weitere Eindringen zu verwehren. Sie können einen ganz schön verunsichern, als würde man unerlaubt ihren Raum betreten, nicht weil sie sich einem entgegenstellen, sondern weil sie so abweisend sind. Man fühlt sich dann wie ein Schauspieler, der zögert und sich schwertut mit seinem Text. Und manchmal sind die Figuren überhaupt gar nicht da, weil du sie entfernt hast. Wie bei dem letzten Raum in der Ausstellung im Irish Museum of Modern Art: Du hast die Figuren aus dem Raum genommen, so dass der Betrachter dort allein blieb. Nichts als ein grosszügig gemusterter Fussboden und einige Fleischerhaken an den Wänden. Das war ganz schön hart. Du hast den Betrachter zur stehenden Figur gemacht.

(Muñoz lacht) Es war mir wichtig, mit etwas Ungegenständlichem abzuschliessen. Mit einer einzigen gigantischen Illusion, so dass es nichts zu sehen gab ausser der Illusion selbst.

(Übersetzung: Magda Moses, Bram Opstelten)

JUAN MUÑOZ, LAUGHING FIGURE, 1994, terracotta, 14 x 14 x 39" / LACHENDE FIGUR, Terracotta, 35 x 35 x 100 cm. (PHOTO: KRISTIEN DAEM)

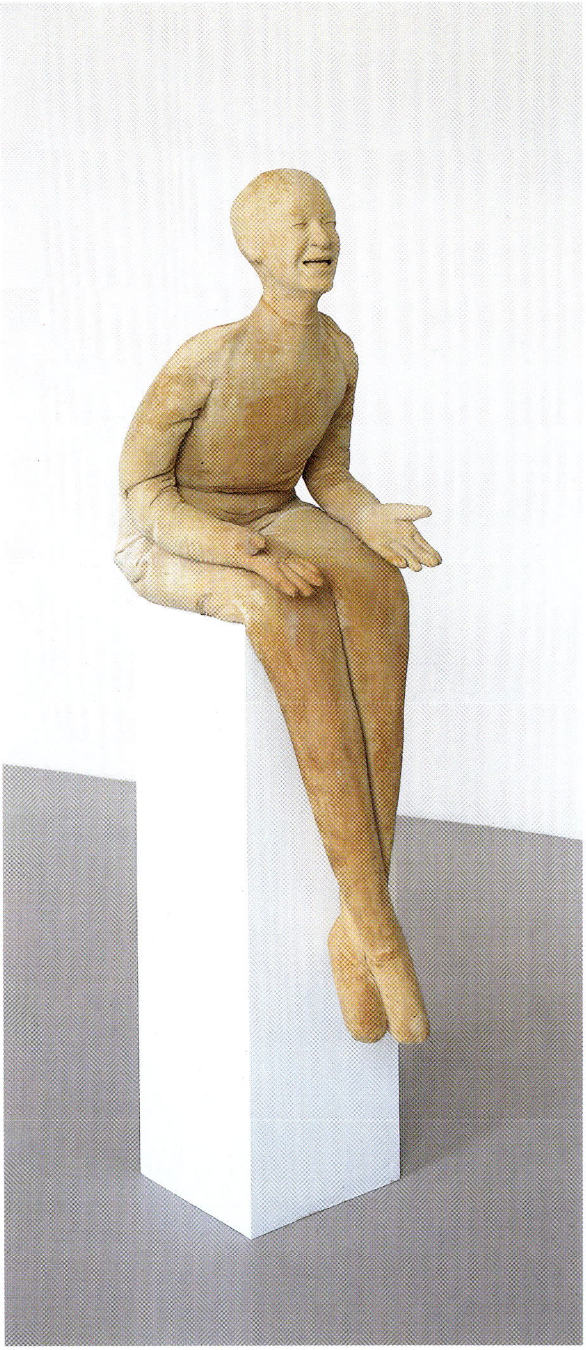

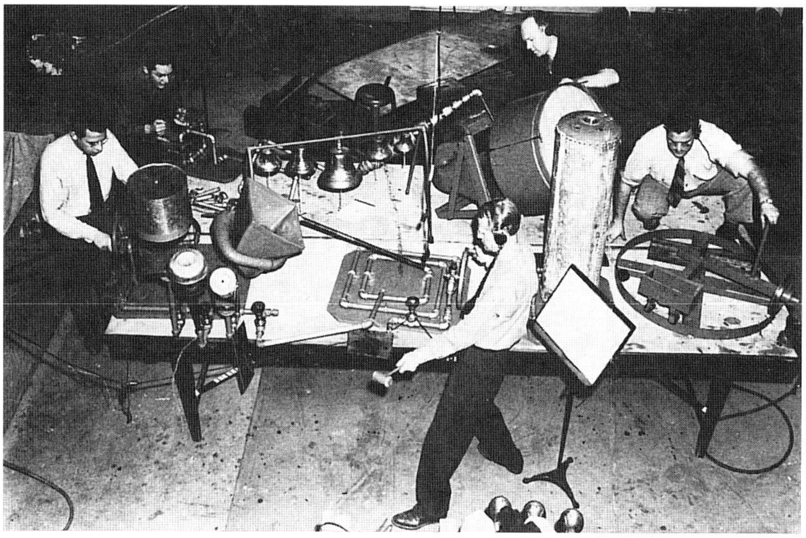

SOUND EFFECTS PRODUCTION / GERÄUSCHPRODUKTION (PHOTO: ORIGIN UNKNOWN/UNBEKANNT)

A MAN IN A ROOM, GAMBLING

GAVIN BRYARS

Each day, at precise moments throughout the day and night, the BBC broadcasts its Shipping Forecast on National Radio 4. It happens at 00.33, 05.55, 13.55 and 17.50. In this forecast, what the attentive listener—that is, the professional or amateur sailor—hears is information relevant to his geographical location within certain named regions. But given that these are broadcast without discrimination on national radio, they are also heard by many casual listeners and form part of a dimly-perceived auditory experience out of which each radio listener attempts to visualise an intensely dramatic world, with its wind speeds ("Severe Gale Force 9[1] immanent"[2]), its weather conditions and visibility ("Visibility Poor"[3]), and so on. The list of the maritime regions read out in sequence forms a kind of litany. It is always recited in the same order, going around the British Isles in a clockwise direction, from Viking in the extreme North North East through to SE Iceland (with the addition of Trafalgar at 00.33 only) in the North North West. Those who listen with marginal alertness give some attention to their preferred region. For myself, I occasionally give some care to the sequence from Tyne, through Dogger, Fisher, German Bight, Humber and Thames to Dover, since that coincides with the area of the North East to South East coast which forms the bulk of my maritime interest and

---

GAVIN BRYARS is a composer. His numerous recordings include *Jesus' Blood Never Failed Me Yet, The Sinking of the Titanic,* and *Vita Nova,* as well as many collaborations for theatre, dance, and film.

experience.[4] But this is a very limited form of focus, and, almost always, the experience of hearing the Shipping Forecast (with additional reports from "coastal stations") is a consequence rather of having turned in early for the National News which follows immediately afterwards, and therefore being obliged to sit through the preceding brief programme. Nevertheless this experience gives virtually every listener in the British Isles a hazy impression of what is at times a quite dramatic activity taking place in areas whose precise locations are only vaguely sensed, and the vague sense of continually unfolding meteorological phenomena. In a very real way, these five minutes generate an emotionally powerful imaginary space...

In 1992 the Artangel Trust in London asked me to speak with Juan Muñoz about a possible collaboration that he had suggested. He was in England for the exhibition "Doubletake" at the Hayward Gallery and, simultaneously, he was undertaking projects outside the gallery confines, this being Artangel's principle area of interest. One of the projects he realised was his UNTITLED monument on the South Bank of the Thames, which gives the sense of being some kind of memorial but, in reality, (like many "monuments") is a bogus testament to nothing at all. As such it provides the kind of double-take that was so much the key to many Fluxus pieces from the 1950s onwards (though I suppose a monument can hardly be said to be in "flux"). This particular piece performed a similar function to Juan's spurious anthropology of the *"posa"* in the elegant little book entitled *Segment*.[5]

The project which we developed, however, was for a sound piece, and I was initially curious that a sculptor should be interested in working with a musician, especially on a project for radio. We met and found inevitably that we had many things in common: He had studied at Croydon Art College with Bruce Maclean at about the time I was teaching in the Environmental Design department; there were details in his iconography which mirrored my passion for David Lynch's *Twin Peaks* (the recurring dwarf, the patterned floors and so on[6]). The idea that Juan had in mind for our collaboration was to create a series of pieces for radio. Naturally, the idea of working with a sculptor in a non-visual medium was interesting and challenging, especially when it emerged that what we would be dealing with was the idea of describing actions which themselves produce visual illusion and trickery, and placing them in some kind of broadcasting framework.

Our discussion about radio resurrected my longstanding interest in the work of Glenn Gould, whose highly original approach to recording techniques in record production was paralleled by a vision of radio as a creative medium.[7] Gould's device of constructing verbal material within, for example, the constraints of baroque counterpoint was particularly stimulating. Equally, his subtle awareness of the balance between foreground and background in aural space is extraordinarily acute. At the end of Gould's *The Idea of North*,[8] after about 50 minutes of skillfully constructed imaginary dialogue, there is a poetic soliloquy in which the narrator (imposed, as such, by Gould's editing) Wally Maclean muses on the relationship between the philosophy of William James and "the idea of north." This final sequence is accompanied by the last few minutes of Sibelius's Fifth Symphony, with the final staccato brass chords perfectly placed to underline the closing cadence of the narrator's emphatic verbal statement. It would appear that Gould had lined up the end of Sibelius's music with the last phrases of the voice, and he seems to have accepted the consequence therefore of where the musical extract should begin. For the listener, however, the effect is the reverse. The listener gasps at the beauty of this accumulated tension with its apparently nonchalant release. In reality it is a virtuosic artifice, with the music being manipulated, with the lengths of spoken phrases being lengthened, and with the final cadence given an enormous boost in its dynamic level.

Radio is a beautiful medium for many reasons. It stimulates the visual imagination; the listener can move between casual and attentive modes of listening; it moves inexorably through time, as well as being used as a way of measuring clock time (from timing an egg to the duration of a medium news bulletin). It can also function as ambiance, and indeed, for a great deal of the time, this is the preferred mode of attention for the "listeners" of radio. On the other hand, everyday life can equally serve as an unfocused (ambient) activity while the radio itself is playing—the preparation of a meal during a radio play, for example. In the visual arts, a relatively recent equivalent might be found within Fluxus, and especially in the work of George Brecht. The question of whether there is any artwork there or not is often answered by the viewer's double-take, like a response to Brecht's "Silence" notice, for example. This almost immeasurable element between the work's existing or not resembles Duchamp's concept of "infra-mince" where a series of imponderable spatial measurements is postulated (for example, quantifying the difference in the volume of air displaced by a shirt washed but not ironed, and the same shirt ironed).

For our project, which was called eventually A MAN IN A ROOM, GAMBLING, Juan wrote ten texts, each one describing the manipulation of playing cards—dealing from the bottom of the pack, avoiding failure in the Three-Card Trick, how to "palm" a card, and so on. Some of this material was culled from the writings of the extraordinary Canadian S.W. Erdnase, and especially from his book *The Expert at the Card Table*[9] which contains some of the most perfectly constructed sleights of hand. We decided that each would last exactly 5 minutes and would be aired before the last News of the evening on the radio so that the programme would be encountered, in Britain at least, in the same way as our encounters with the Shipping Forecast. For his part, Juan imagined a listener driving along a motorway at night being bemused by this fleeting, and perhaps enigmatic, curiosity, in fact precisely the way in which most listeners encounter the Shipping Forecast.

In recording the speaking voice, of course, Juan read each of the texts at his own pace, and each one lasted a different length of time, varying in length from 3 minutes to 4 minutes 30 seconds. Each text therefore had to be manipulated, both to make it fit the 5 minute format in terms of the overall duration and to establish the conventions whereby 4 seconds after the start of the programme, Juan would be heard to say "good evening," and at precisely 4 minutes 52 seconds he would say "thank you and good night." In addition, and perhaps crucially, each of the ten 5 minute texts was accompanied by a string quartet, playing at exactly the same tempo for each piece, giving an overall unifying texture to each 5 minute piece and to the sequence of programmes. The music too uses quasi-Wagnerian leitmotif techniques: Like an apparently strict musical form, it breaks the 5 minute whole into its structural parts—a descriptive preamble, the action of taking the cards, the development of the cards' manipulation and the revelation of what has been achieved. Various codes are established, for example, the coincidence of the word "now" in the phrase "now take your cards" with a string *pizzicato*. The presence of the music also serves the additional function of intensifying the trickster's duplicity.

When a focused listener is trying to follow the instructions given by the speaker (given that his obviously "foreign" Spanish accent reinforces the xenophobe's feeling of distrust), he may encounter an occasional attractive passing melodic phrase in the music of the string quartet which takes his attention away from the description for a moment, and once this happens he is immediately lost. In addition, within certain programmes (especially the fifth, seventh, ninth and tenth) there are additional textual phrases in the form of brief repetitions of individual words by a Japanese speaker—who takes the implied role of an innocent bystander trying to practise the trick as the speaker describes it.[10] Periodically these words are hopelessly wrong, as when the Japanese speaker repeats each key word of a sentence,

"Little finger."
"Little finger."
"Ring finger."
"Ring finger,"

but occasionally

"Thumb."
"Little finger,"

adding to the sense of spatial and conceptual dislocation. In addition, in the ninth programme, which is presented in an apparently improvisational way, the speaker claims to have lost his prepared text and offers another explanation of the Mexican Three-Card Trick, which has, in fact, been already described more formally in the second programme.

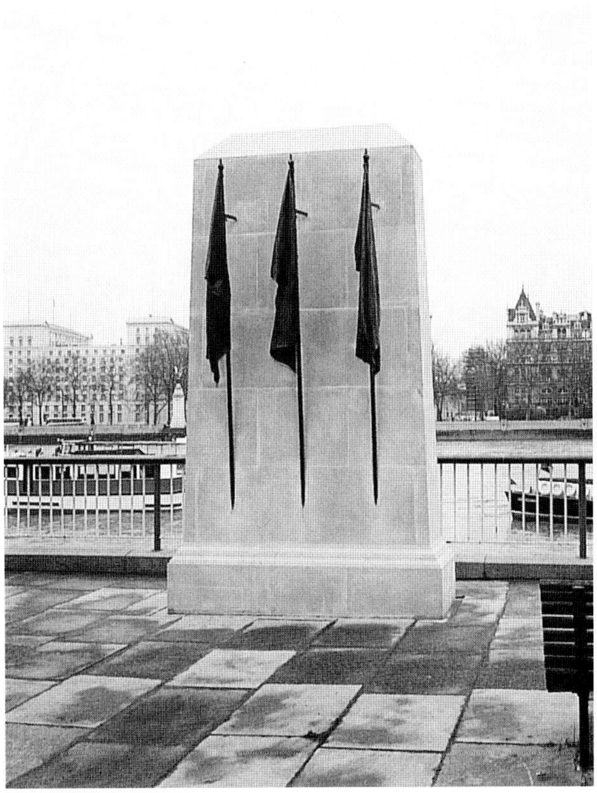

JUAN MUÑOZ, UNTITLED, 1992, monument for the exhibition "Doubletake" / OHNE TITEL, Monument für die Ausstellung «Doubletake», Hayward Gallery, London. *(PHOTO: LISA HARTY FOR ARTANGEL/SOUTH BANK CENTRE)*

In the ninth programme, however, the ambiance is changed further with the addition of environmental sounds (the street outside the tapas bars near Seville Cathedral) as though the trick is, in reality, being performed in its habitual location, viz. the street, as well as being reflected in the bafflement of the superimposed Japanese participant.

On occasion these pieces have been broadcast within the spirit of the collaborators' intentions—in Canada (twice) and in Austria. The use of such public broadcast facilities widens the impact of Juan Muñoz's work in fields which have hardly been investigated as legitimate media for visual expression. The impact of such broadcasts is, of course, minimal and constitutes little more than a gentle prod. But then this is the essential nature of work in an ambient framework. In 1920, Satie rushed round the Galerie Barbazanges[11] urging the interval audience to carry on talking and to ignore his *musique d'ameublement.* Much later, Cage stressed the importance of being alive to sounds around us, of accepting so-called incidental sounds, and of waking up to the very life we are living. A MAN IN A ROOM, GAMBLING attempts to bring together these varying approaches to musical focus, and to create something where in its very ambiguity resides its most appreciable strength.

1) Severe Gale = winds of Beaufort force 9 (41–47 knots) or gusts reaching 52–60 knots.
2) Imminent = expected within 6 hours of the time of issue.
3) Visibility poor = Visibility between 1000 metres and 2 nautical miles.
4) My elder brother went to sea when I was a schoolboy, and I would look regularly in Goole Public Library at the journal, *Lloyd's List,* which published precise details of the whereabouts of all merchant shipping on a daily basis.
5) Juan Muñoz, *Segment,* (Chicago: The Renaissance Society and Geneva: The Centre d'Art Contemporain, 1990).
6) Coincidentally, in 1992, I found myself devising a project for the Chateau d'Oiron in France only to find that Juan had a piece in a collective work already installed there, the *Jardin Bestiarum*—EL APUNTADOR (the theatrical prompter), yet another example of the dwarf—and in the same year we both contributed to the exhibition "Los Ultimos Dias" (Sala de Arenal, Seville) designed as a counterbalance to the millennium celebrations already in the offing.
7) See Glenn Gould, "Radio as Music," reprinted in *The Glenn Gould Reader,* ed. Tim Page (New York: Alfred A. Knopf, 1984).
8) Glenn Gould, *The Idea of North,* CBC Records, 1967.
9) Reprinted as Daniel Ortiz, *The Annotated Erdnase* (Pasadena, CA: 1991).
10) The tenth and final programme is the only one in which the principal speaker, Juan, mentions S.W. Erdnase by name. When it happens it is reinforced excessively by the Japanese voice and by an overwhelming reverberation in the sound. The Japanese voice, acting as a quasi-chorus, also interjects "good night S.W. Erdnase" before Juan's "good night" at the end of programme 7.
11) The first example of "furniture music" was written by Satie in 1920 for the interval of a play by Maxime Jacob, during which Satie desperately tried to prevent people listening to the music rather than carry on their normal interval drinking.

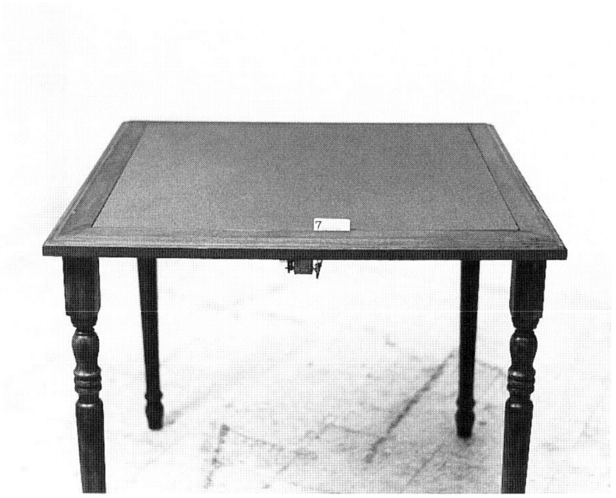

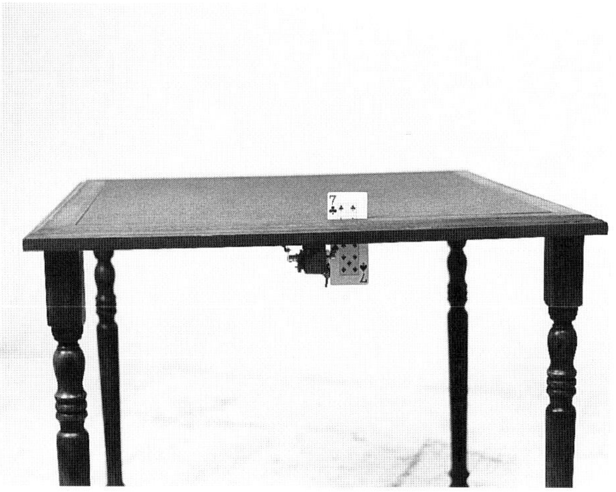

EIN MANN IN EINEM ZIMMER BEIM KARTENSPIEL

GAVIN BRYARS

Täglich sendet die BBC zu festen Zeitpunkten rund um die Uhr ihren Seewetterbericht auf dem Rundfunkkanal «National Radio 4». Die Sendezeiten sind 00.33, 05.55, 13.55 und 17.50 Uhr. Dem interessierten Hörer (sprich: dem Berufs- oder Hobbyseefahrer) bietet dieser Wetterbericht Informationen, die, entsprechend seinem jeweiligen geographischen Aufenthaltsort in bestimmten, namentlich aufgeführten Gebieten, von Bedeutung sind. Da sie aber im landesweiten Rundfunk gesendet werden, finden diese Berichte auch zahlreiche eher zufällige Hörer, für die sie Teil einer undeutlich wahrgenommenen Hörerfahrung bilden, an Hand derer sich der einzelne das Bild einer hochdramatischen Welt mit ihren Windgeschwindigkeiten – *«Severe Gale Force 9 imminent»: Sturm der Windstärke 9 auf der Beaufortskala, 41–47 Knoten, oder Windstösse bis zu 52–60 Knoten, erwartet binnen 6 Stunden nach Bekanntgabe* – ihren Wetterbedingungen, Sichtverhältnissen – *«Visibility*

GAVIN BRYARS ist Komponist und Leiter des gleichnamigen internationalen Ensembles. Sein Repertoire umfasst die Mitarbeit an zahlreichen Theater-, Tanz- und Filmprojekten, aber auch Werke für Orchester und Ensemble, wie etwa *Jesus' Blood Never Failed Me Yet* and *The Sinking of the Titanic,* von denen 1994 Neuaufnahmen bei Point Music erschienen sind.

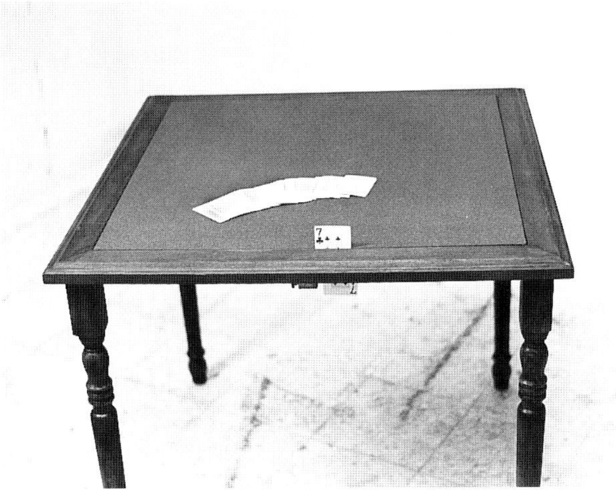

JUAN MUÑOZ, TABLE WITH HOLD-OUT, 1994, wood, mechanism and cloth, 35 x 35 x 31½" / TISCH MIT TRICKMECHANIK, Holz, Mechanik und Stoffbezug, 90 x 90 x 80 cm. (PHOTO: JUAN MUÑOZ)

Poor»: Sichtweite zwischen 1000 Metern und 2 Seemeilen – und dergleichen mehr auszumalen versucht. Die der Reihe nach aufgezählten Seegebiete bilden so etwas wie eine Litanei. Sie werden immer in der gleichen Reihenfolge vorgelesen, und zwar im Uhrzeigersinn um die Britischen Inseln herum, angefangen mit *Viking* im äussersten Nordnordosten bis hin zu *SE. Iceland* (nur um 00.33 Uhr unter Hinzufügung von *Trafalgar*) im Nordnordwesten. Wer nur am Rande interessiert ist, schenkt vor allem seinem bevorzugten Gebiet eine gewisse Beachtung. Ich persönlich verfolge gelegentlich mit einiger Aufmerksamkeit die Reihe von *Tyne* über *Dogger, Fisher, German Bight* und *Thames* bis *Dover,* da sie dem Gebiet von der Nordost- bis zur Südostküste Englands entspricht, auf das sich mein maritimes Interesse und meine Erfahrung des Meeres im wesentlichen erstrecken.[1] Das ist jedoch ein sehr begrenzter Interessenbereich, und in der Regel hört man nur deshalb den Seewetterbericht (mit zusätzlichen Berichten von «Küstenstationen»), weil das Radio frühzeitig für die landesweiten Nachrichten eingeschaltet wurde, die unmittelbar im Anschluss folgen. So ist man gezwungen, die vorausgehende kurze Sendung über sich ergehen zu lassen. Gleichwohl vermittelt dieses Hörerlebnis praktisch jedem Zuhörer im Bereich der Britischen Inseln einen verschwommenen Eindruck von dem gelegentlich durchaus dramatischen Geschehen, das sich in Gegenden abspielt, deren genaue Lage man nur vage erahnt, und lässt ein unbestimmtes Gefühl sich unentwegt abspielender meteorologischer Ereignisse entstehen. In einem überaus konkreten Sinn lassen diese fünf Minuten einen eindringlich empfundenen imaginären Raum entstehen…

1992 bat mich der Artangel Trust in London, auf Anregung von Juan Muñoz, mit ihm über eine mögliche Zusammenarbeit zu sprechen. Er hielt sich für die Ausstellung «Doubletake» in der Hayward Galerie in England auf, in deren Rahmen er ausserhalb der musealen Grenzen angesiedelte Projekte ausführte, was dem Hauptinteresse des Artangel Trust entspricht. Eines der Projekte, die Muñoz in Zusammenarbeit mit Artangel realisierte, war sein Monument OHNE TITEL am Südufer der Themse, das den Eindruck einer Art Denkmal erweckt, tatsächlich aber (wie so viele «Denkmäler») ein völlig inhaltsleeres Bekenntnis darstellt. Als solches zeitigt es die Art von *double-take (zweimaliges Hinsehen, im Sinne eines verzögert einsetzenden Verstehens),* die ein Schlüssel zu zahlreichen Fluxus-Arbeiten seit den 50er Jahren war (obgleich sich von einem Denkmal wohl schwerlich sagen lässt, es befinde sich «im Fluss»). Diese besondere Arbeit erfüllte eine ähnliche Funktion im Rahmen von Muñoz' Pseudoanthropologie mit seinen *«posa»*, die in der elegant gestalteten Broschüre mit dem Titel *Segment* dargestellt ist.[2)]

Bei dem Projekt, das wir entwickelten, handelte es sich jedoch um ein *sound piece (Hörstück)*, und ich war zunächst neugierig, weshalb ein Bildhauer an einer Zusammenarbeit mit einem Musiker interessiert sein sollte, insbesondere bei einem Projekt für den Rundfunk. Wir lernten uns kennen und stellten, wie hätte es anders sein sollen, zahlreiche Gemeinsamkeiten fest: Er hatte am Croydon Art College bei Bruce Maclean studiert, als ich dort gerade am *Department for Environmental Design* unterrichtete, und es gab in seiner Ikonographie Einzelheiten, die meine Schwäche für David Lynchs *Twin Peaks* widerspiegelten (der regelmässig wiederkehrende Zwerg, die gemusterten Fussböden und dergleichen mehr[3)]). Die Idee, die Juan Muñoz für unsere Gemeinschaftsarbeit im Sinn hatte, war die, eine Reihe von Stücken für den Rundfunk zu machen. Natürlich war die Vorstellung, mit einem Bildhauer in einem nichtvisuellen Medium zusammenzuarbeiten, interessant und reizvoll, insbesondere als sich herauskristallisierte, dass wir uns konkret damit befassen wollten, Handlungen zu beschreiben, die ihrerseits auf optische Illusionen und Täuschung abzielen, und diese irgendwie in den Kontext einer Rundfunksendung zu übertragen.

Unsere Diskussion über den Rundfunk liess mein altes Interesse für das Werk Glenn Goulds wieder aufleben, dessen hochoriginelle Einstellung zu Aufnahmetechniken bei der Plattenproduktion ihre Entsprechung in einem Verständnis des Rundfunks als schöpferischem Medium fand.[4)] Besonders anregend war zum Beispiel Goulds Methode, sprachliches Material im eng gefassten Rahmen des barocken Kontrapunkts zu arrangieren. Ausserordentlich scharfsinnig war auch seine Erkenntnis, dass zwischen Vorder- und Hintergrund im auditiven Raum ein Gleichgewicht besteht. Am Schluss von Goulds *The Idea of North (Die Idee des Nordens)*[5)] setzt nach einem etwa 50 Minuten währenden, kunstfertig konstruierten Phantasiedialog ein poetisches Selbstgespräch ein, in dem der Erzähler Wally Maclean (dessen Stimme von Gould hineingeschnitten wurde) über die Beziehung zwischen der Philosophie von William James und der *Idea of North* sinniert. Diese Schluss-Sequenz ist unterlegt mit den letzten Minuten der *Fünften Symphonie* von Sibelius, wobei das Stakkato der – perfekt gesetzten – letzten Bläserakkorde die Schlusskadenz der emphatischen verbalen Ausführungen des Erzählers unterstreicht. Man könnte meinen, Gould habe den Schluss von Sibelius' Musikstück mit den letzten gesprochenen Sätzen synchronisiert und sich der Konsequenz eines dadurch festgelegten Einsatzpunktes der Musik gefügt. Für den Hörer jedoch ist die Wirkung genau umgekehrt. Dem Zuhörer verschlägt es ob der Schönheit dieser akkumulierten Spannung mit ihrer scheinbar nonchalanten Auflösung förmlich den Atem. In Wirklichkeit wurde mit virtuoser Kunstfertigkeit die Musik manipuliert, die Länge der gesprochenen Sätze gedehnt und die Schlusskadenz in ihrer Dynamik gewaltig gesteigert.

Der Rundfunk ist aus vielen Gründen ein wunderbares Medium. Er regt die visuelle Vorstellungskraft an; der Hörer kann zwischen beiläufigem und aufmerksamem Zuhören hin und her wechseln; er schreitet unerbittlich in der Zeit fort, so dass er sich sogar als Orientierungsmassstab für die Uhrzeit verwenden lässt (etwa indem man das Kochen eines Eies auf die Dauer einer Nachrichtensendung von durchschnittlicher Länge abstimmt). Zudem kann er die Funktion eines atmosphärischen Umfelds erfüllen, und tatsächlich ist dies der bevorzugte Wahrnehmungsmodus des Rundfunkhörers. Andererseits kann das tägliche Leben in gleicher Weise zu einem Neben- oder Hintergrundgeschehen werden, während das Radio läuft – so etwa die Zubereitung einer Mahlzeit während eines Hörspiels. In der neueren bildenden Kunst findet sich Vergleichbares innerhalb des *Fluxus*, insbesondere im Werk von George Brecht. Die Frage, ob es sich dabei überhaupt um Kunst handle, findet ihre Antwort oftmals im *double-take*, dem nochmaligen Hinsehen des Zuschauers – wie etwa in der Reaktion auf Brechts Hinweis *Silence*. Dieses nahezu unmessbare Etwas zwischen Existenz und Nichtexistenz eines Werkes ähnelt Duchamps Konzept des *«infra-mince»*, bei dem eine Reihe praktisch undurchführbarer räumlicher Messungen postuliert werden (etwa die Quantifizierung des Unterschieds der Luftmenge, die ein gewaschenes, aber nicht gebügeltes Hemd und das gleiche Hemd gebügelt verdrängen).

Für unser Projekt, das schliesslich den Titel A MAN IN A ROOM GAMBLING *(Ein Mann in einem Zimmer beim Kartenspiel)* erhielt, verfasste Juan Muñoz zehn Texte, die jeweils die Manipulation von Spielkarten beschrieben: wie man Karten von der Unterseite des Stapels gibt, wie man Fehler beim Drei-Karten-Trick vermeidet, wie man eine Karte in der Hand verschwinden lässt und dergleichen mehr. Ein Teil des Materials war den Schriften des bemerkenswerten Kanadiers S.W. Erdnase entlehnt, insbesondere seinem Buch *The Expert at the Card Table*, in dem sich einige der am perfektesten ausgeklügelten Kniffe und Tricks finden.[6] Wir entschieden, dass jeder Text genau fünf Minuten dauern und vor den letzten Spätnachrichten im Rundfunk gesendet werden sollte, so dass die Sendung, zumindest in Gross-

JUAN MUÑOZ, THE DOORS OF MY HOUSE, 1994, 4 speakers and recorded sound / DIE TÜREN MEINES HAUSES, 4 Lautsprecher und Geräusche ab Tonband, Irish Museum of Modern Art, Dublin. (PHOTO: KRISTIEN DAEM)

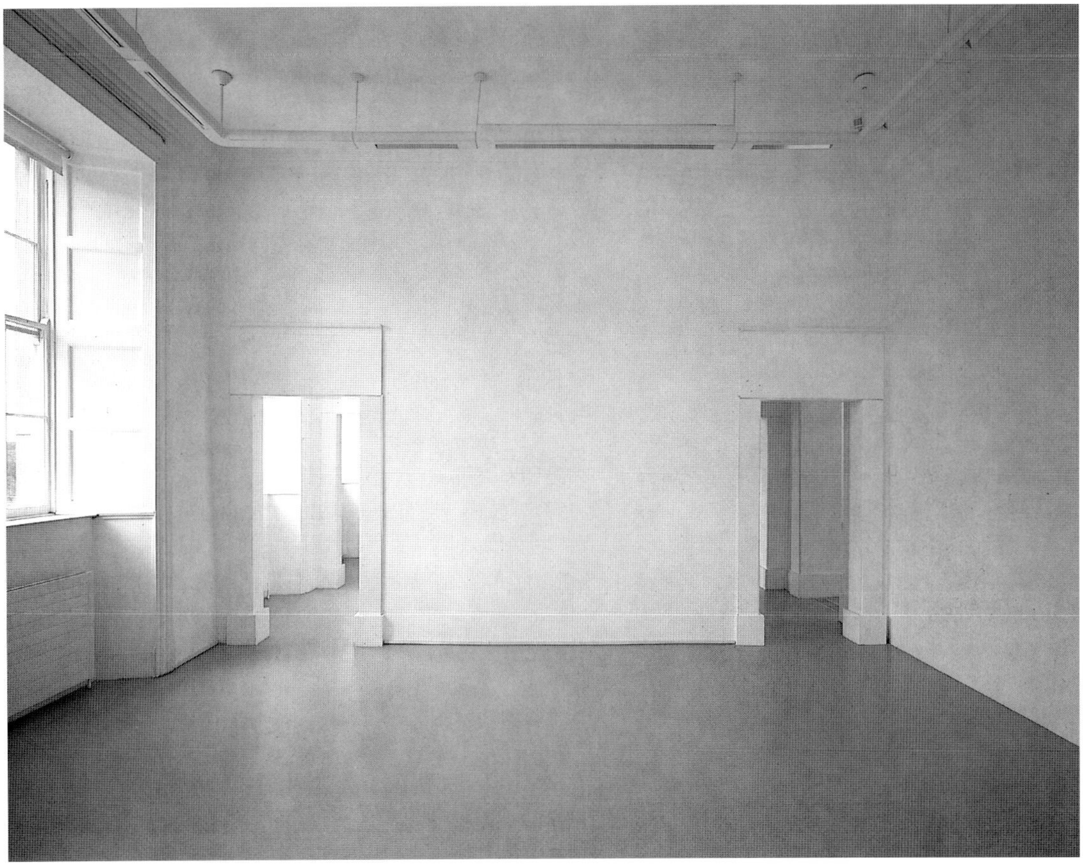

britannien, in ähnlicher Weise erlebt würde wie der Seewetterbericht. Juan für seinen Teil stellte sich einen Hörer vor, der nachts auf der Autobahn fährt und von dieser ephemeren, vielleicht sogar geheimnisvollen Kuriosität tatsächlich genauso in den Bann gezogen wird wie die meisten Hörerinnen und Hörer vom Seewetterbericht.

Beim Aufzeichnen der gesprochenen Stimme las Juan die einzelnen Texte natürlich in seinem eigenen Tempo vor, so dass sie jeweils eine unterschiedliche Dauer aufwiesen, die zwischen drei und viereinhalb Minuten variierte. Die Texte mussten daher manipuliert werden, einmal, um sie von der Gesamtdauer her in das Fünf-Minuten-Schema einzupassen, und zum anderen, um sie dergestalt zu normieren, dass vier Sekunden nach Beginn der Sendung die Stimme Juans mit den Worten «Guten Abend» zu vernehmen wäre und nach genau 4 Minuten und 52 Sekunden die Worte «Vielen Dank und gute Nacht» zu hören sein würden. Ausserdem, und das war vielleicht das Wichtigste, wurde jeder der zehn Fünf-Minuten-Texte von einem Streichquartett untermalt, das zu jedem Stück in exakt dem gleichen Tempo abgespielt wurde, was den einzelnen Texten wie auch der Folge der zehn Sendungen eine einheitliche Struktur verlieh. Die Musik bedient sich ebenfalls gleichsam Wagnerianischer Leitmotivtechniken: Wie eine scheinbar strenge musikalische Form zergliedert sie das fünfminütige Ganze in seine Bestandteile – eine beschreibende Einleitung, der Akt des Aufnehmens der Karten, das Ausführen des Kartentricks und die Aufdeckung des erreichten Resultats. Verschiedene Codes werden eingeführt, etwa das zeitliche Zusammenfallen des Wortes *«Jetzt»* in dem Satz *«Jetzt nehmen Sie bitte Ihre Karten»* mit einem Pizzikato der Streicher. Die Musik dient ausserdem dazu, die Hinterlistigkeit des Trickspielers zu unterstreichen.

Wenn ein aufmerksamer Zuhörer versucht, den Anweisungen des Sprechers (Muñoz) zu folgen (welcher in Anbetracht seines unüberhörbar «fremdländischen» spanischen Akzents den Argwohn des Xenophoben noch steigert), kann es passieren, dass eine reizvolle melodische Phrase in der Musik des Streichquartetts seine Aufmerksamkeit für einen Augenblick von den Ausführungen ablenkt, und sobald dies geschieht, ist er verloren. In einzelnen Sendungen (insbesondere in der fünften, siebten, neunten und zehnten[7]) gibt es darüber hinaus Textwendungen in Form kurzer Wiederholungen einzelner Wörter durch einen japanischen Sprecher – dieser schlüpft in die angedeutete Rolle eines unbeteiligten Zuschauers, der den vom Sprecher erläuterten Trick einzuüben versucht. Dabei schleichen sich immer wieder eklatante Fehler ein, etwa wenn der japanische Sprecher jedes Schlüsselwort eines Satzes wiederholt:

«kleiner Finger»
«kleiner Finger»
«Ringfinger»
«Ringfinger»,

gelegentlich aber falsch

«Daumen»
«kleiner Finger».

So verstärkt sich das Gefühl der räumlichen und geistigen Desorientierung. Ausserdem behauptet der Sprecher in der neunten Sendung, die wie improvisiert wirken soll, er habe seinen vorbereiteten Text verloren und bietet eine andere Erklärung des mexikanischen Drei-Karten-Tricks, die tatsächlich bereits in aller Ausführlichkeit in der zweiten Sendung beschrieben wurde. In der neunten Sendung erfährt allerdings die Atmosphäre eine zusätzliche Veränderung durch das Hinzufügen von Hintergrundgeräuschen (die Strasse vor den *tapasbars* unweit der Kathedrale von Sevilla), als werde der Trick tatsächlich an seinem gewohnten Schauplatz, nämlich in dieser Strasse, vorgeführt und als widerspiegle er sich in der Verwirrung des – auf Tonband hineingeschnittenen – japanischen Zuschauers.

Diese Stücke sind einige Male im Sinne der Intentionen ihrer beiden Schöpfer im Rundfunk gesendet worden, so in Kanada (zweimal) und in Österreich. Die Benutzung der Möglichkeiten öffentlicher Rundfunkanstalten erweitert den Wirkungskreis von Juan Muñoz' Arbeit in Bereichen, die als legitime Mittel des bildlichen Ausdrucks praktisch noch unerforscht sind. Die Wirkung solcher Sendungen ist natürlich minimal, kaum mehr als ein sanfter Anstoss. Andererseits besteht aber eben darin der Grundcharakter einer mit dem Ambiente spielenden Arbeit. Im Jahr 1920 rannte Erik Satie durch die

JUAN MUÑOZ, WAITING FOR JERRY, 1991, hole, light and recording of "Tom and Jerry" theme song, installation / WARTEN AUF JERRY, Mauseloch, Licht und Titelmelodie der «Tom und Jerry»-Filme ab Tonband, Installation, Stedelijk Van Abbemuseum, Eindhoven.

Räume der Galerie Barbazanges mit der Aufforderung an das Pausenpublikum, weiterzureden und über seine *musique d'ameublement* hinwegzuhören.[8] Viel später unterstrich John Cage, wie wichtig es sei, für die Geräusche um uns herum empfänglich zu sein, sogenannte Zufallsgeräusche zu ihrem Recht kommen zu lassen und sich des Lebens, das wir tatsächlich leben, bewusst zu werden. A MAN IN A ROOM GAMBLING versucht diese unterschiedlichen Methoden der musikalischen Wahrnehmung miteinander zu vereinen und etwas zu schaffen, dessen grösste Stärke sich gerade in seiner Uneindeutigkeit zeigt.

(Übersetzung: Magda Moses, Bram Opstelten)

1) Als ich noch zur Schule ging, fuhr mein älterer Bruder zur See, und ich schaute mir in der öffentlichen Bibliothek von Goole regelmässig die Zeitung *Lloyds' List* an, die täglich genaue Angaben über den Aufenthaltsort sämtlicher Handelsschiffe veröffentlichte.

2) Juan Muñoz, *Segment*, The Renaissance Society, Chicago, und Centre d'art contemporain, Genf 1990.

3) Zufällig traf es sich, dass ich 1992 ein Projekt für das Château d'Oiron in Frankreich entwickelte, nur um festzustellen, dass Juan bereits mit einer Arbeit in einem dort installierten Gemeinschaftswerk, dem *Jardin Bestiarum*, vertreten war, nämlich mit seinem APUNTADOR (Souffleur), einem weiteren Beispiel des Zwergmotivs. Im gleichen Jahr beteiligten wir uns beide an der Ausstellung «Los Ultimos Dias» (Sala de Arenal, Sevilla), die als Gegenveranstaltung zu den bevorstehenden 1000-Jahr-Feiern der Stadt gedacht war.

4) Siehe Glenn Gould, «Radio as Music», wiederabgedruckt in *The Glenn Gould Reader*, hrsg. v. Tim Page, Knopf, New York 1984.

5) Glenn Gould, *The Idea of North*, CBC Records 1967.

6) Wiederabgedruckt in *The Annotated Erdnase*, hrsg. v. Daniel Ortiz, Pasadena, 1991.

7) Die zehnte und letzte Folge ist die einzige, in der Juan als Sprecher den Namen S.W. Erdnase nennt. In dem Moment, da dies geschieht, wird er mit Nachdruck verstärkt durch die japanische Stimme und einen überwältigenden Widerhall. In der siebten Folge ruft ausserdem die japanische Stimme, «Gute Nacht S.W. Erdnase», bevor Juan sich mit seinem «Gute Nacht» verabschiedet.

8) Das erste Beispiel von Erik Saties *Musique d'ameublement* entstand 1920 als Pausenmusik zu einem Stück von Maxime Jacob: In der Pause versuchte Satie verzweifelt, die Leute davon abzuhalten, seiner Musik zuzuhören, und sie dazu zu bringen, sich wie gewohnt ihren Getränken und Gesprächen zu widmen.

EDITION FOR PARKETT

Juan Muñoz

Augenblick (Glimpse), 1995

Hand-etched glass
4 3/4 x 3 1/2 x 1/8"
Edition of 70, signed and numbered
The image becomes momentarily visible
by breathing on the glass.

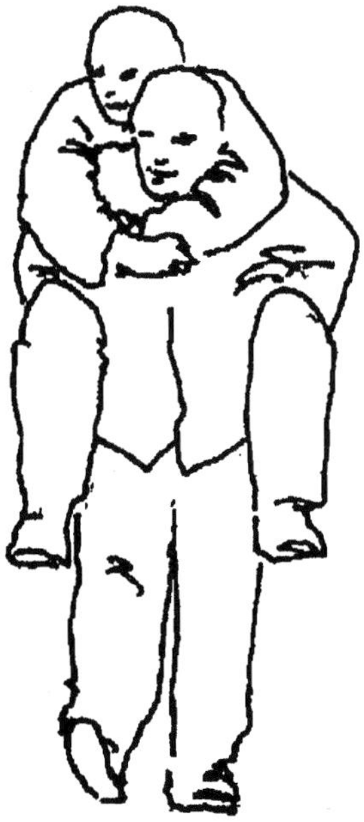

Augenblick, 1995

Hand-Radierung auf Glas
12 x 9 x 0,3 cm
Auflage: 70, signiert und numeriert
Das Bild wird sichtbar durch
Anhauchen des Glases.

PHOTOS: MANCIA/BODMER

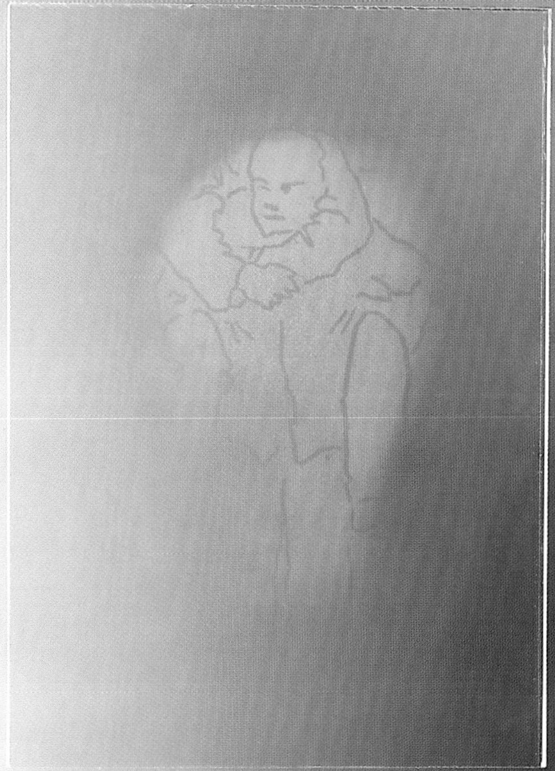

INGRID SCHAFFNER

The Evolution of the Horse

When history begins, the horse is so much a matter of fact that no comment is made as to its origin.

Frederic Loomis, 1926[1)]

Living in New York, in 1974, looking for the freedom to paint within minimalism's restrictive climes, Susan Rothenberg drew a horse. She pulled it unexpectedly out of a scribble on a scrap, to which she later attributed her art's entire evolution: "Little doodles, on and on: on a torn envelope, on the back of a Con Ed bill... All of those horse paintings developed out of drawings in which I asked myself, 'What if it was like this? What if I did this? What would happen?'"[2)] This sort of unconscious conjuring might be seen as mental mapping, automatism, or an evocation of desire. For example, when children draw horses, as they are apt to obsessively and devotionally do, it speaks of the desire to own or ride one. But as Rothenberg's own intense involvement with this image suggests, these drawings are also expressive of the determination to make a good picture.

INGRID SCHAFFNER is a writer who lives in New York.

On an abraded remnant of unstretched canvas, FIRST HORSE (1974) is something of a Veronica: a tracery silhouette on a stained piece of fabric, both a classical emblem and cultural mystery. It's a primal image, flickering in the lamplight at Lascaux. Going back to Plato's cave, one might say that the horse embodies the act of representation itself. Certainly Rothenberg's first horse is the origin of her art. Conceived again and again out of buckets of paint, the image carried her work through minimalism—where critics hailed it as an ideogram and abstraction, a painterly construct and surrogate self—and into neo-expressionism, where the artist supplanted it by the human figure. Returning to her most recent work, this time as an explicit and experiential subject, the image of the horse poses all over again the kinds of questions paleontologists ask about origins.

Let us reconsider the Veronica. Besides the veil, it is also a term used in bullfighting to describe that

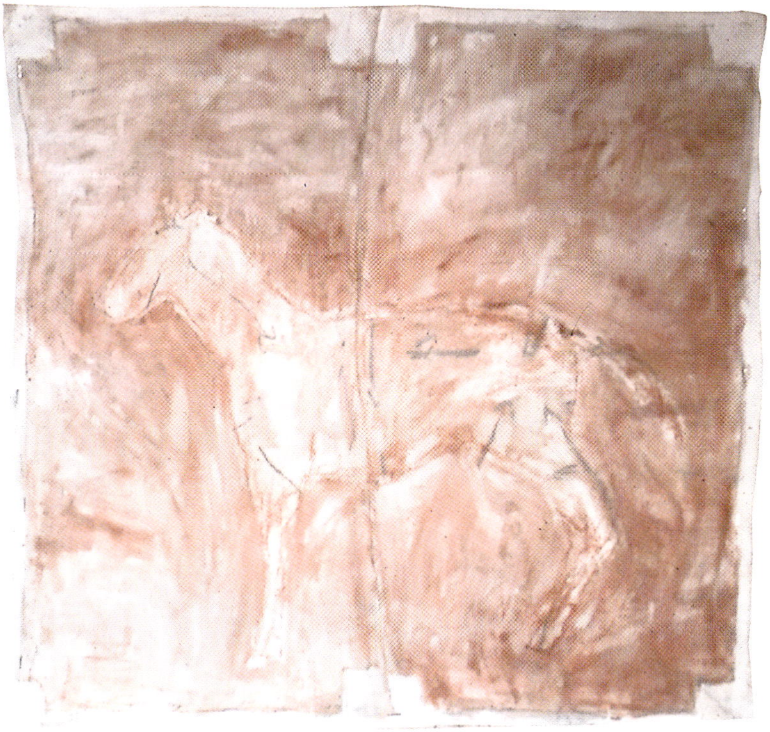

SUSAN ROTHENBERG, FIRST HORSE, 1974, tempera, matte, flashe, pencil, and gesso on unstretched canvas, 26 x 28" / ERSTES PFERD, Tempera und Mischtechnik auf Leinwand, 66 x 71 cm.

passage when the cape is swung slowly away from the charging animal, while the matador keeps his feet firmly in the same position. Painting the oldest icon in the art history book, Rothenberg, like the man in the ring waving a sign of provocation, planted herself against the forward-rush of an avant-garde adverse to figuration. In the context of a minimalist discourse based on monuments (things which don't move) and objectivity (not even enough to flag down a passing reference), horses not only look conspicuously pictorial, but also extremely kinetic. Rothenberg's choice in representing them appears as a bid for her own freedom to paint as she pleases, but not, it seems, without a certain level of denial.[3)]

In DOUBLE MEASURE (1977), the big rumped, hod-hoofed, first horse appears bisected, crossed-out, and tabulated by a linear scaffolding drawn across the canvas. The palette is monochromatic. When color does appear in the work of the period, it's in broad swathes, as if cut from sheets of toned paper. Even the brushstrokes refer back to drawing, so that, besides scale, there is little difference between Rothenberg's handling of works on paper and canvas. As a formal device, the lines that ride over the image are working hard to suppress illusion, negate narrative, and reinforce the picture plane. In view of these restraints, one might say that the painting is not a painting – not in any traditional, retinally joyous and illusory sense. Likewise, the horse is not a horse: Rothenberg called it a figure. At one point she even studied her subject by taking photographs of herself in profile, nude, bent, and crouching in equine poses.[4)] Observing the connection between these images and Rothenberg's involvement with contemporary performance art, Joan Simon renders from Rothenberg's horses a form of body art and oblique self-portraiture.[5)]

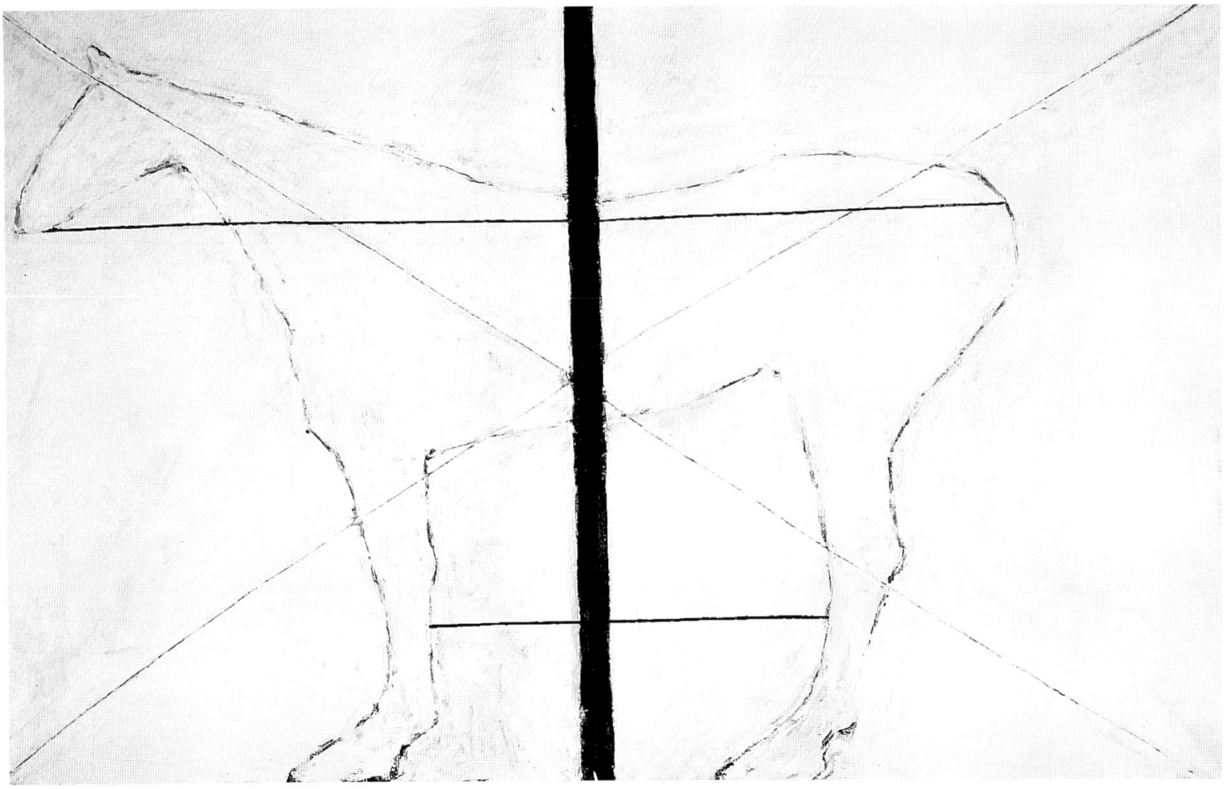

SUSAN ROTHENBERG, DOUBLE MEASURE, 1977, acrylic and tempera on canvas, 6¼ x 10" / DOPPELTES MASS, Acryl und Tempera auf Leinwand, 15,9 x 25,4 cm. (PHOTO: ZINDMAN/FREMONT, INC.)

Scaled to human proportions, these paintings readily admit the figure of the artist, like mirrors in a dance studio. What shows up in this reflection is a storm of activity. Rothenberg lays her imagery down hard, often repeatedly, as if only by sheer weight will the picture pin to the surface. Nor is the painting anonymous. Working back into and around the initial drawing, Rothenberg's brush-work breaks aggressively across and penetrates deep into the surface. The distinct physiognomy of her painting brings up short the extent to which these works, even equipped with self-imposed restraints and rationales, might seem to conform to an anti-pictorial doctrine. Making the horse her double, Rothenberg moved bodily against the systemic strictures of minimalist painting.

A construct of self-identification, the double has an allure that entails the impossibility of ever reconciling one's own self with the elusive other. It's the pantomime of two vaudevillians—clutching one another, inside of a claustrophobic horse costume, trying to act as a single body. Their pose, as Rothenberg's nude photographs suggest, is an erotic one. But in the eternal battle over who plays the head to whose hindquarters, the performance inevitably ends with the animal splitting apart on stage, as head and body run off into opposite wings. A similar sort of anatomical diaspora begins to take place in Rothenberg's paintings of the late seventies when the static and archaic image gives way to motion and fragmentation. In SQUEEZE (1978–79), a disembodied horse's head appears shoved between the thighs of two splayed legs, all pressing together like parts in a perverse puzzle. The system of struts and supports which used to cover the foreground has already come tumbling down. The tangs in TUNING FORK (1980) quiver between horse and human silhouettes. When the horse disappears from Rothenberg's art, the human figure that assumes its place is a third identity. Separate from both the artist and her animal, it's someone to paint.

As a vehicle into painting, Rothenberg's horse is not unlike Mondrian's tree that he depicted repeatedly, gradually stripping away the particulars of leaves, bark, and branches to get at the roots of more formal issues.[6] However, while Mondrian made the modernist move out of the landscape and into the studio, away from nature's romantic and real expanses into a cipher-filled den of abstraction, Rothenberg appears to have gone the opposite direction. Starting in the early nineties, the horse returned to her art, now as a living vehicle into experience. The imagery continues to be fragmentary, but the conceptual distance appears bridged by the presence and perceptions of a rider.

"The motion of the horse and fresh draughts of pure, elastic air are the best, perhaps the only means to recruit and exhilarate the exhausted spirits, relieve the aching head, and enliven the imaginations of studious and sedentary men..."[7]

On horseback, one loses the measure of one's own body. From above, things take on an abstract, often vertiginous aspect. In Rothenberg's recent paintings, it's sometimes difficult to recognize what's going on without some direction from the titles. Grounded from above by a horse's legs, the picture of a three-way skirmish snaps into focus as a murderous scene in DOGS KILLING RABBIT (1991–92). As we look down at the ground from a horse, the fragmentary nature of perception and its blind spots grow more distinct. Horses themselves don't see well and, at that, only peripherally; they shy of sudden movement, take off in dangerous flight, stampede, kick, rear, bite, bolt. In HOLDING REINS (1993–94), everything surrounding the rider's tenuous conduit of communication and control vanishes. The brute strength and unknowable nature of the horse inform the on-going series of ACCIDENT paintings, in which horse and human scramble haphazardly in arenas of broken limbs and flying bodies.

Oddly enough, out of this chaos comes a feeling of control. Horses are extremely sensitive. They have an unusual capacity for taking commands, making

SUSAN ROTHENBERG, MARY II, 1974, acrylic and tempera, 46 x 78" /
Acryl und Tempera, 116,8 x 198 cm. (PHOTO: DOROTHY ZEIDMAN/SPERONE WESTWATER)

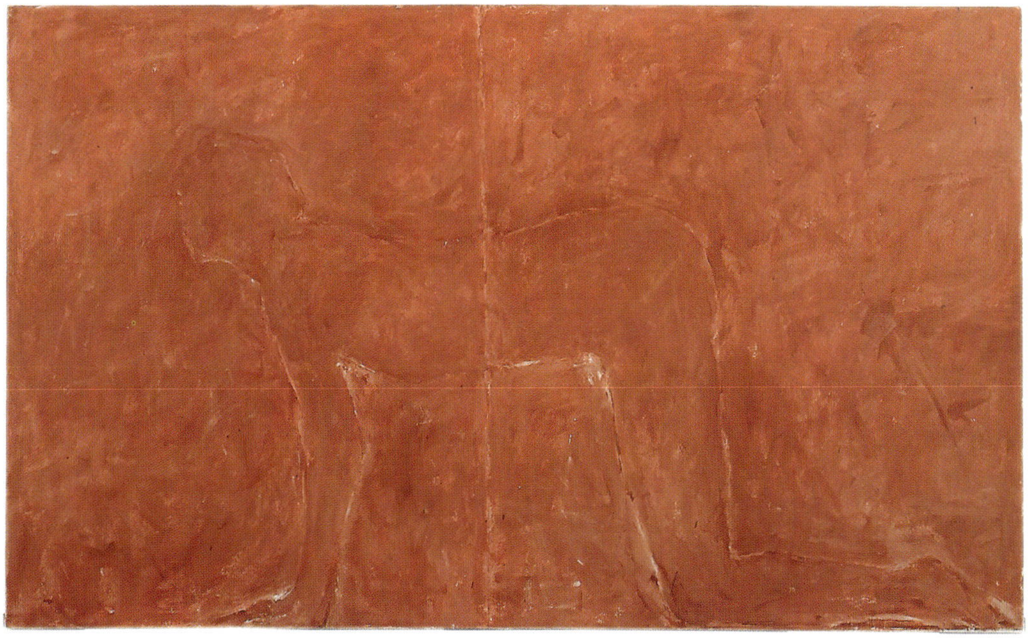

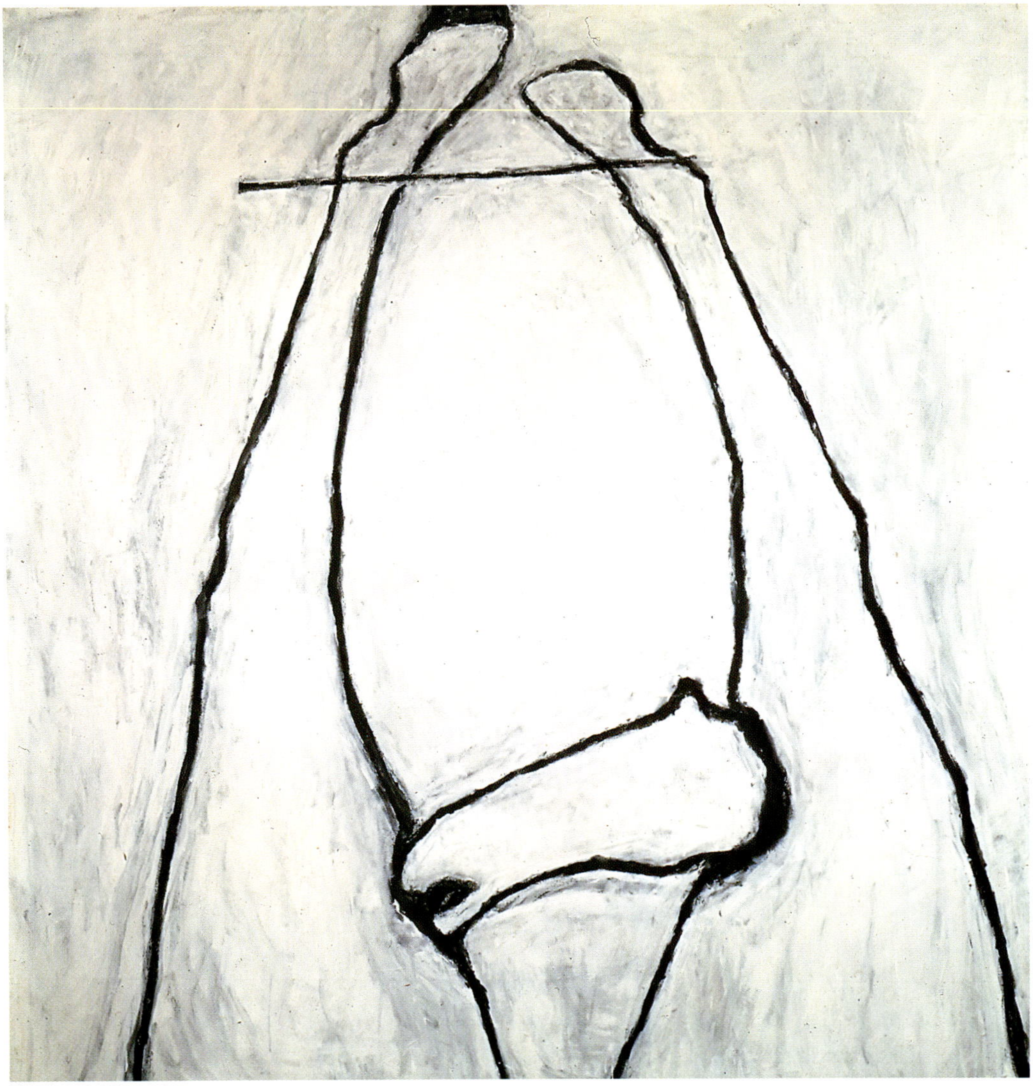

SUSAN ROTHENBERG, SQUEEZE, 1978–79, acrylic and flashe on canvas, 92 x 87" / PRESSEN, Acryl auf Leinwand, 234 x 221 cm.

them seem paradoxically docile for their size. At the same time, they can also sense and resist the person whom they feel is afraid or unsure. Riding is thus a precarious negotiation of wills. The bridled nose, encircling reins, and steady hands in UNTITLED (1994) form a ring of harmony between horse and rider. This calm assurance is transmuted into the interactions between people as well. Despite their spectral appearance, the ghostly hands braiding MAGGIE'S PONYTAIL (1993–94) perform with a deft certainty of purpose. Compared to the spastic fly-away motion generated by a dancer, who is just barely HOLDING THE FLOOR (1985), these current works, even at their most enigmatic, are strongly composed.

Seeing has become a physical act concentrated in the figure of the horse. There's a glimpse of violence in a reddened stump on the ground during an ACCIDENT (1991–92) too painful to discern, except for the pair of bucking legs which stick the eye to the scene. Going beyond the picture plane, the connection between the painter and her practice is palpably pleasurable throughout these works, whose subjects (besides horses) include goats, dogs, bones, masks, a mother's eyes, birds, and rabbits, fulfilling the potential outlined in Rothenberg's very first horse. The eros and aggression that formerly roiled about the surface is now integrated into Rothenberg's art. Making a hot departure from an earlier palette of bruisey black, blues and reds, the color is sensual—blinking pink and yellow—as eccentric as any Ensor masquerade. The handling is a liberated hybrid of drawing and painting, studied, but sure and free. The horse is no longer a target being held at bay by external modes of address. It's an integral part of these pictures, which are wholly personal in their conception, more intimate than an abstraction, more equine than not.

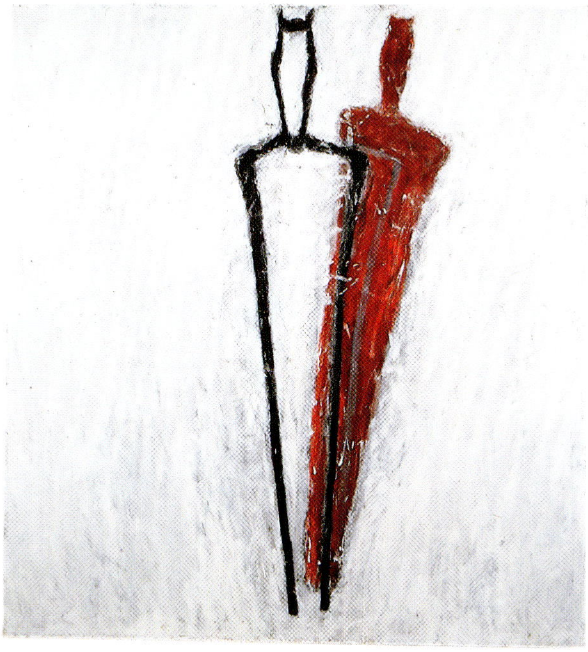

SUSAN ROTHENBERG, TUNING FORK, 1980, acrylic and flashe on canvas, 83 x 79" / STIMMGABEL, Acryl auf Leinwand, 211 x 201 cm.

1) Frederic Brewster Loomis, *The Evolution of the Horse* (Boston: Marshall Jones, Co., 1926), 194.
2) The artist in an interview with Michael Auping, in *Susan Rothenberg: Paintings and Drawings* (New York: Rizzoli in association with Albright-Knox Art Gallery, Buffalo, 1992), 50. In this same discussion, Auping asks the artist if she has considered the relationship between the earlier and most recent horse imagery in her work, to which she responded she had not, 60.
3) Operating within the wake of minimalism's anti-pictorial doctrine simultaneously with Rothenberg, artists such as Gary Stephen and Elizabeth Murray were also exploring ways of establishing a more personal frame of reference within the realm of abstract painting.
4) Rothenberg says, "The horse was a way of not doing people, yet it was a symbol of people, a self-portrait, really." Quoted in Grace Glueck, "Susan Rothenberg: New Outlook for a Visionary Artist," *The New York Times Magazine*, 22 July 1984, 20.
5) cf. Joan Simon, *Susan Rothenberg* (New York: Harry N. Abrams, Inc., 1991), 30–35.
6) Rothenberg's identification with Mondrian goes beyond artistic problem-solving. During the mid-eighties, she made a series of paintings including the wonderfully unlikely-sounding MONDRIAN DANCING (1984–85), which finds the father of neoplasticism leading his female partner into the recesses of a shimmering darkness full of shattered perpendiculars—the edgy line of Mondrian's art made into a matrix of painterly light. Rothenberg describes the genesis of this series in terms akin to the start of the horse paintings: "I came into the studio and said to myself, 'Damn it, do one drawing,' and within 30 seconds Mondrian's face emerged... It was like a Ouija board." Glueck, op. cit. p. 16.
7) John Lawrence, *A Philosophical and Practical Treatise on Horses and on the Moral Duties of Man Towards the Brute Creation* (London: H. D. Symonds, 1802), 278–79.

INGRID SCHAFFNER

Die Entwicklung des Pferdes

Am Anfang der Geschichte ist das Pferd eine derartige Selbstverständlichkeit, dass über seinen Ursprung kein Wort verloren wird.

Frederic Loomis, 1926[1]

Susan Rothenberg lebte in New York und suchte innerhalb der engen Grenzen der Minimal Art nach der Freiheit zur Malerei, als sie 1974 ein Pferd zeichnete. Es entstand ganz unvermutet aus ein paar auf einen Papierfetzen gekritzelten Schnörkeln, auf die sie später die ganze Entwicklung ihrer Kunst zurückführte: «Kleine Kritzeleien, noch und noch: auf zerrissenen Briefumschlägen, auf der Rückseite von Gas- und Elektrisch-Rechnungen... Alle Pferdebilder haben sich aus Zeichnungen entwickelt, in denen ich mich fragte: ‹Was, wenn es so wäre? Was wäre wohl, wenn ich das täte? Was würde geschehen?›»[2] Diese Art des unbewussten Heraufbeschwörens könnte als geistiges Mapping, als Automatismus oder als Wachrufen eines Wunsches verstanden werden. So spricht zum Beispiel aus den Pferdezeichnungen, die Kinder mit wahrer Besessenheit und Hingabe anfertigen, der Wunsch, ein solches Tier zu besitzen oder zu reiten. Wie jedoch aus Rothenbergs intensiver Auseinandersetzung mit dem Motiv deutlich wird, zeugen diese Zeichnungen auch vom Willen, ein gutes Bild zu schaffen.

Das 1974 auf einem abgeschabten Rest nicht aufgespannter Leinwand entstandene FIRST HORSE (Erstes Pferd) ist eine Art Veronikabild: eine filigrane Silhouette auf einem fleckigen Stück Stoff, ein klassisches Symbol und ein kulturelles Geheimnis zugleich. Es ist ein Urbild, das im flackernden Lampenschein in der Höhle von Lascaux aufscheinen könnte. Geht man auf Platons Höhlengleichnis zurück, könnte man sagen, dass das Pferd den Akt der Darstellung an sich verkörpert. Ganz bestimmt ist Rothenbergs erstes Pferd der Keim ihres künstlerischen Schaffens. Das stets von neuem aus Farbtöpfen geschöpfte Bild führte ihre Malerei durch die Mini-

INGRID SCHAFFNER ist Publizistin und Ausstellungsmacherin. Sie lebt in New York.

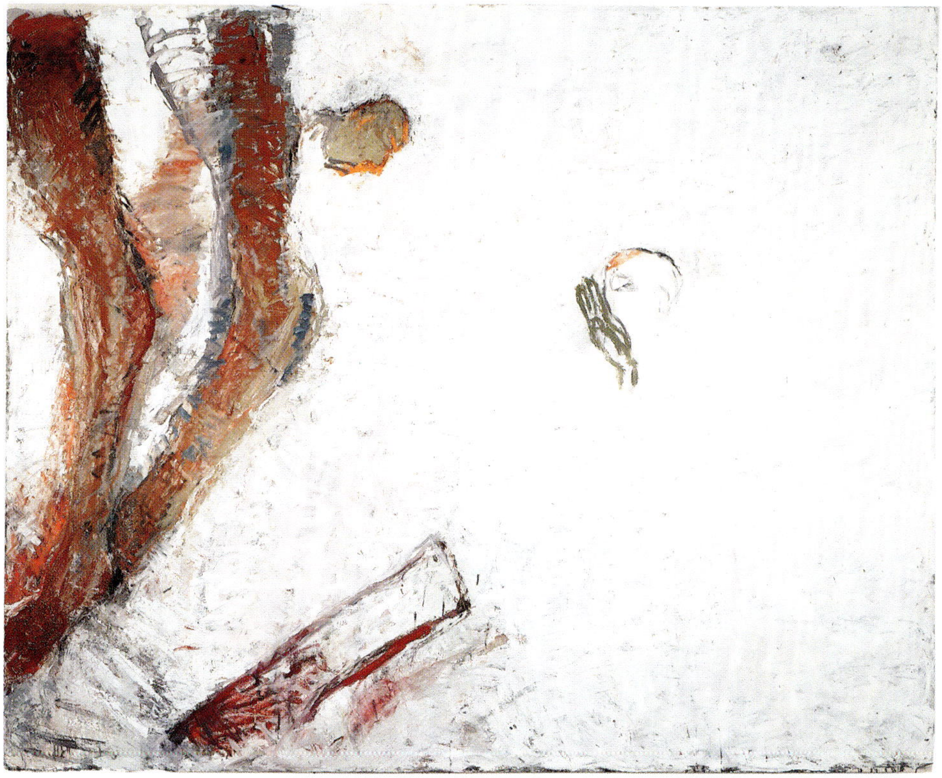

SUSAN ROTHENBERG, ACCIDENT, 1991–92, oil on canvas, 90 x 112" / UNFALL, Öl auf Leinwand, 229 x 285 cm.

mal Art – wo es von der Kritik als Ideogramm und Abstraktion, als malerisches Konstrukt und Ersatz-Ich gepriesen wurde – bis zum Neoexpressionismus, wo die Künstlerin es dann durch die menschliche Gestalt ersetzte. In ihren jüngsten Arbeiten wirft das Bild des Pferdes, diesmal als explizites und von Erfahrung geprägtes Motiv, wiederum all jene Fragen auf, die Paläontologen über die Entstehungsgeschichte ihrer Gegenstände zu stellen pflegen.

Kommen wir noch einmal auf das Veronikabild zurück: Neben dem heiligen Schweisstuch bezeichnet dieser Name auch einen Begriff im Stierkampf. Er beschreibt das Manöver, bei dem der Matador seinen roten Mantel langsam vom angreifenden Stier wegbewegt, während er selbst mit beiden Füssen reglos auf dem Boden stehenbleibt. Indem Rothenberg die älteste Ikone der Kunstgeschichte malte, stellte sie sich wie der Torero, der in der Arena seine *capa* schwenkt, dem Vormarsch einer der Gegenständlichkeit feindlich gesinnten Avantgarde entgegen. Im Kontext eines minimalistischen Diskurses, der auf Monumenten (unbeweglichen Dingen) und Objektivität (nicht einmal genug, um einen flüchtigen Hinweis festzuhalten) basiert, wirken Pferde nicht nur ausgesprochen bildhaft, sondern auch sehr kinetisch. Die Art, wie Rothenberg sie abbildet, erscheint als Versuch, ihre eigene malerische Freiheit zu finden, wobei auch eine Spur von Verweigerung mitschwingt.[3)]

In DOUBLE MEASURE (Doppeltes Mass, 1977) scheint das breithintrige, schwerhufige erste Pferd durch ein quer über die Leinwand gelegtes Liniengerüst entzweigeschnitten, durchgestrichen und unterteilt zu sein. Die Palette ist monochrom. Wenn in den zu jener Zeit entstandenen Arbeiten Farbe auftaucht, dann in breiten Streifen, die aussehen, als seien sie aus getöntem Papier ausgeschnitten. Selbst die Pinselstriche haben etwas Zeichnerisches an sich, so dass, abgesehen von der Grösse, kaum Unterschiede bestehen zwischen Rothenbergs Arbeiten auf Papier und auf Leinwand. Auf formaler Ebene wirken die über das Bild laufenden Linien stark darauf hin, die Illusion zu unterdrücken, das Narrative auszuschalten und der Bildebene mehr Gewicht zu verleihen. Angesichts dieser Einschränkungen könnte man sagen, dass dieses Bild eigentlich gar keines ist – zumindest nicht im traditionellen, das Auge erfreuenden, illusorischen Sinn. Ebensowenig ist das Pferd einfach ein Pferd: Rothenberg hat es als Gestalt bezeichnet. Einmal ging sie beim Studieren ihres Motivs sogar so weit, sich selbst im Profil nackt auf dem Boden kauernd in Pferdeposen zu photographieren.[4)] Joan Simon, die diese Bilder mit Rothenbergs Verbundenheit mit der zeitgenössischen Performancekunst in Zusammenhang brachte, entdeckte in ihren Pferden eine Form von Body Art und indirekter Selbstdarstellung.[5)]

Die menschengrossen Bilder nehmen die Gestalt der Künstlerin so bereitwillig auf wie Spiegel in

SUSAN ROTHENBERG, UNTITLED, 1974, oil on canvas, 73 x 89¼" /
OHNE TITEL, Öl auf Leinwand, 185 x 227 cm.

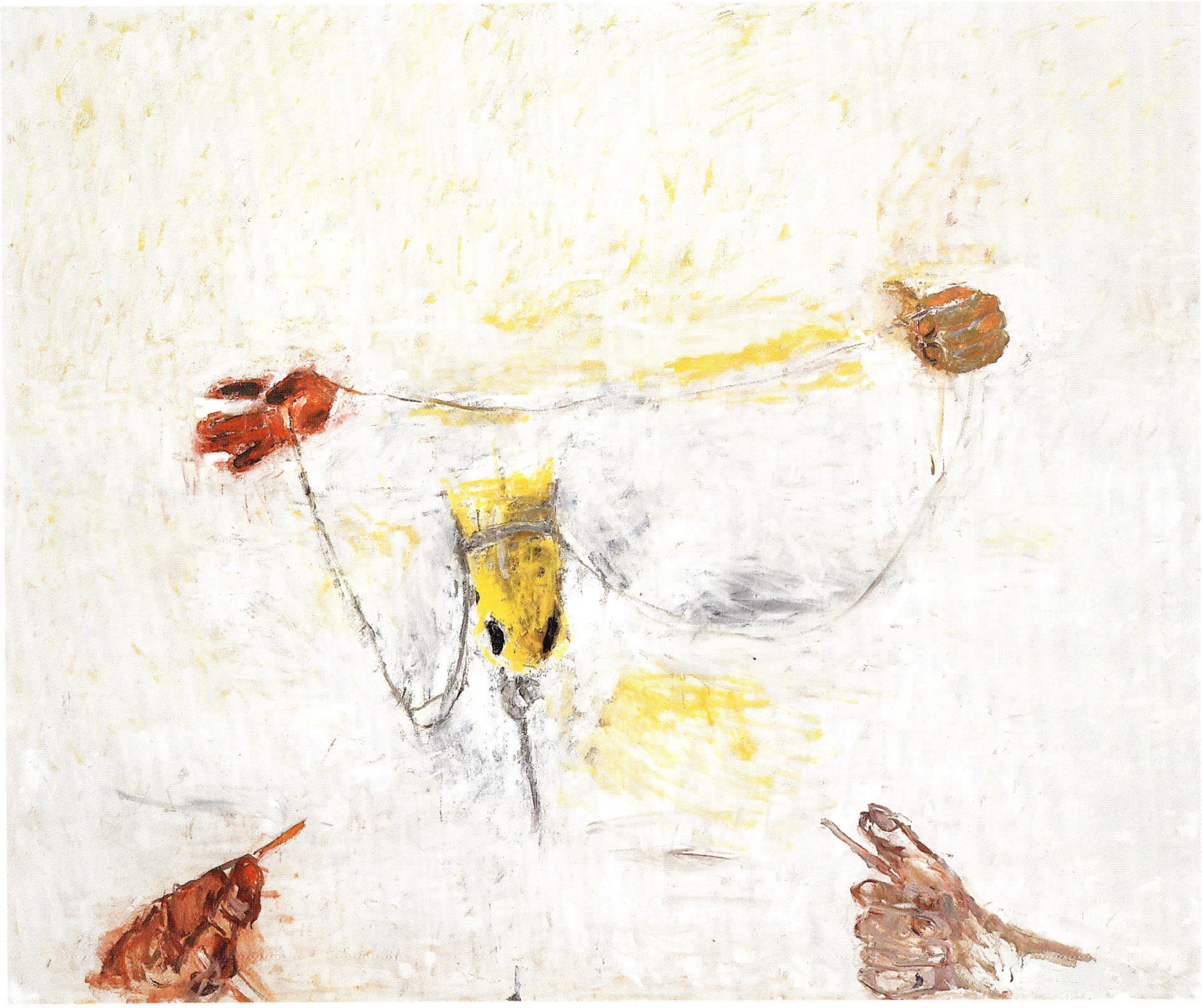

einem Tanzstudio. Was diese Spiegelbilder zeigen, ist ein Sturm von Aktivität. Rothenberg setzt ihre bildlichen Vorstellungen mit grosser Vehemenz auf die Leinwand, oft mehrere Male hintereinander, als ob das Bild nur durch schiere Wucht auf der Oberfläche befestigt werden könnte. Ihre Malerei ist auch nicht anonym. Rothenbergs Pinselführung, die oft die ursprüngliche Zeichnung überarbeitet, bricht aggressiv durch und dringt tief unter die Bildoberfläche. Die klare Physiognomie ihrer Malerei zeigt deutlich, wie wenig ihre Werke, sogar wenn sie selbstauferlegten Beschränkungen und Grundprinzipien unterliegen, einer anti-gegenständlichen Doktrin entsprechen. Indem sie das Pferd zu ihrem Doppelgänger machte, stemmte sich Rothenberg auch physisch der systemimmanenten Strenge der Minimal Art entgegen.

Als Konstrukt der Selbstidentifikation bringt der Zauber des Doppelgängertums die Unmöglichkeit mit sich, das eigene Ich mit dem schwer fassbaren anderen in Einklang zu bringen. Es ist die Pantomime zweier zusammen in einem klaustrophobischen Pferdekostüm steckender Varietékünstler, die versuchen, sich wie ein einziger Körper zu bewegen. Ihre Pose ist, wie Rothenbergs Aktphotos andeuten, eine erotische. Doch im ewigen Streit darüber, wer den Kopf und wer die Hinterbeine spielen darf, endet die Darbietung unweigerlich damit, dass sich das Tier auf der Bühne spaltet und Kopf und Körper in entgegengesetzten Richtungen hinter den Kulissen verschwinden. Eine ähnliche Art anatomischer Diaspora entsteht auch in Rothenbergs Werken der späten 70er Jahre, wo das statische, archaische Bild zunehmend von Bewegung und Fragmentierung abgelöst wird. In SQUEEZE (Pressen, 1978–79) ist der Kopf eines körperlosen Pferdes zwischen die Schenkel gespreizter Beine geklemmt; alles ist zusammengepresst wie die Teile eines perversen Puzzles. Das Gerüst aus Streben und Stützen, das in früheren Bildern oft den Vordergrund dominierte, ist bereits eingestürzt. Die Zange im Werk TUNING FORK (Stimmgabel, 1980) bewegt sich irgendwo zwischen der Silhouette eines Pferdes und der eines Menschen. Sobald das Pferd aus Rothenbergs Werken verschwindet, wird die menschliche Gestalt, die seinen Platz einnimmt, zu einer dritten Identität. Abgetrennt von der Künstlerin und ihrem Tier, ist sie einfach eine Person, die gemalt wird.

Als Vehikel, das sie zur Malerei führte, hat Rothenbergs Pferd eine ähnliche Funktion wie der Baum, den Mondrian immer wieder malte und dabei nach und nach alle Einzelheiten wie Blätter, Rinde und Äste wegliess, um wesentlicheren Fragen auf den Grund zu gehen.[6] Während jedoch Mondrian den modernistischen Schritt aus der Landschaft hinein ins Atelier vollzog, weg von den romantischen und wirklichen Weiten der Natur in eine mit Chiffren gefüllte Höhle der Abstraktion, scheint sich Rothenberg in entgegengesetzter Richtung bewegt zu haben. Zu Beginn der 90er Jahre ist das Pferd in ihre Werke zurückgekehrt, diesmal als lebendige Vermittlung von Erfahrung. Die Bildersprache ist nach wie vor fragmentarisch, doch scheint die konzeptuelle Distanz durch die Gegenwart und Wahrnehmungen eines Reiters überbrückt worden zu sein.

«Die Bewegung des Pferdes und das freie Strömen der reinen, frischen Luft sind die besten, ja vielleicht die einzigen Mittel, um die erschöpften Lebensgeister der sitzend tätigen Gelehrten wieder zu wecken, ihre Kopfschmerzen zu lindern und ihre Vorstellungskraft zu beleben.»[7]

Auf dem Rücken eines Pferdes verliert man das Mass des eigenen Körpers. Von oben betrachtet nehmen die Dinge ein abstraktes, oft schwindelerregendes Aussehen an. Bei Rothenbergs neuesten Bildern ist es ohne die Anleitung der Titel mitunter schwierig zu erkennen, was sich darin abspielt. Was in DOGS KILLING RABBIT (Hunde töten Hasen, 1991–92) nach einer Rangelei mit drei Beteiligten neben ein paar Pferdebeinen aussieht, erweist sich bei näherem Hinsehen als blutrünstige Szene. Blickt man von einem Pferderücken zu Boden, treten die fragmentarische Natur der Wahrnehmung und ihre blinden Flecke deutlicher zutage. Pferde sehen schlecht und haben ein enges Blickfeld; bei abrupten Bewegungen scheuen sie und stürmen panikartig davon, gehen durch, schlagen aus, bäumen sich auf, beissen, nehmen Reissaus. Richtet man den Blick auf die Hände in HOLDING REINS (Die Zügel haltend, 1993–94), verschwindet alles ausser den fei-

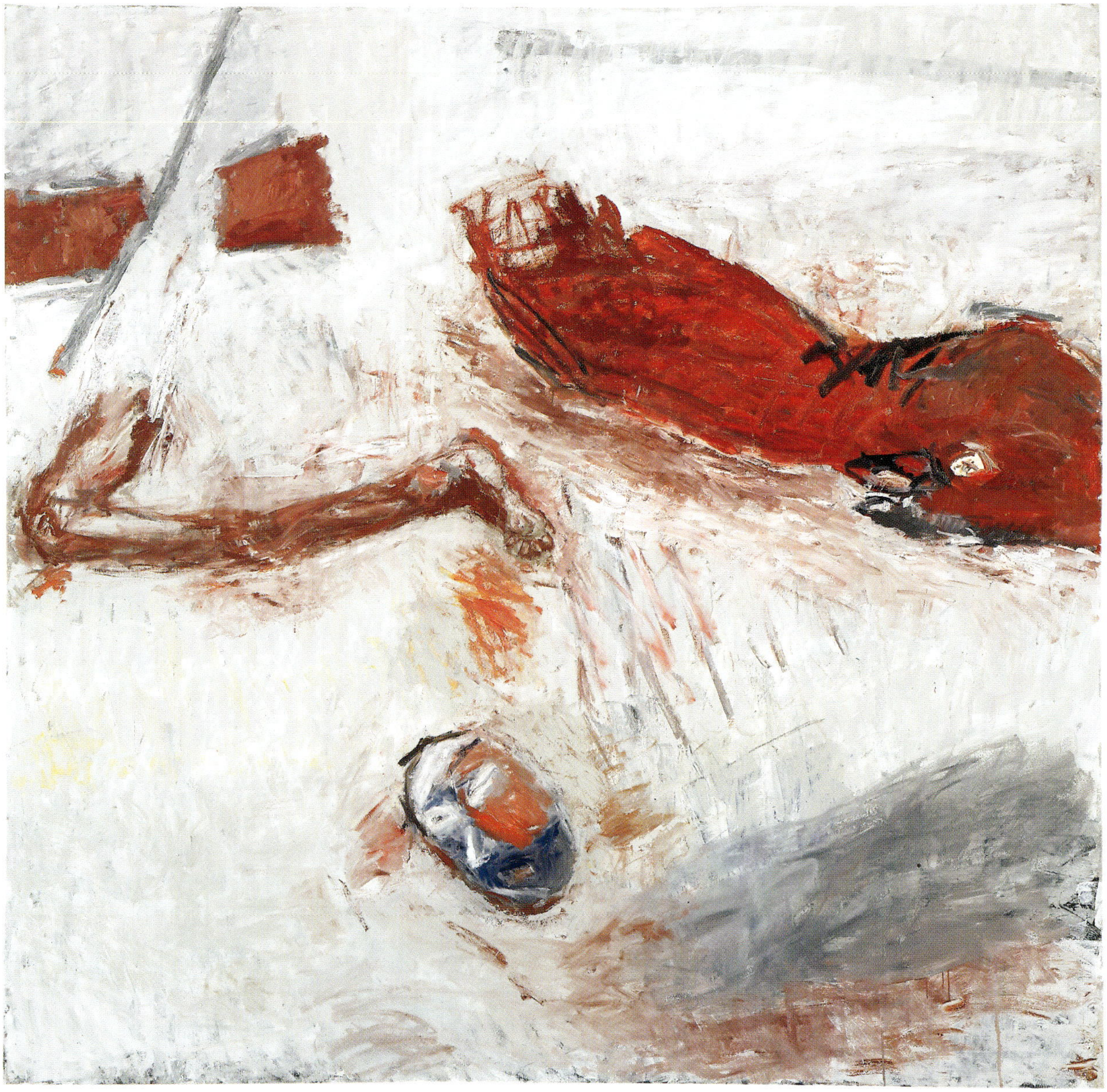

SUSAN ROTHENBERG, ACCIDENT No. 3, 1994, oil on canvas, 87 x 91" /
UNFALL Nr. 3, Öl auf Leinwand, 221 x 231 cm. (PHOTO: SPERONE WESTWATER)

nen Zügeln, durch die der Reiter Kommunikation und Kontrolle aufrechterhält. Die rohe Kraft und das unberechenbare Wesen des Pferdes stehen im Mittelpunkt der unter dem Titel ACCIDENT (Unfall) laufenden Serie von Bildern, in denen Pferd und Mensch unbeholfen inmitten gebrochener Glieder und umherfliegender Körperteile dahinstolpern.

Merkwürdigerweise erwächst aus diesem Chaos ein Gefühl der Beherrschung. Pferde sind äusserst sensibel. Sie reagieren ungewöhnlich gut auf Befehle, was sie für ihre Grösse erstaunlich fügsam erscheinen lässt. Gleichzeitig spüren sie aber auch, wenn eine Person ängstlich oder unsicher ist, und können sich ihr widersetzen. Das Reiten ist daher immer auch ein heikles Verhandeln zwischen dem Willen des Menschen und jenem des Tieres. Die gezäumten Nüstern, die umschliessenden Zügel und die ruhigen Hände in UNTITLED (Ohne Titel, 1994) bilden einen harmonischen Kreis zwischen Pferd und Reiter. Dieses ruhige Gefühl von Sicherheit wird auch auf die zwischenmenschlichen Interaktionen übertragen. Trotz ihres gespenstischen Aussehens legen die geisterhaften Hände, die MAGGIE'S PONYTAIL (Maggies Pferdeschwanz, 1993–94) flechten, eine flinke Entschlossenheit an den Tag. Vergleicht man sie mit den spastischen, fliegenden Bewegungen des kaum noch den Boden berührenden Tänzers in HOLDING THE FLOOR (Den Boden berühren, 1985), so sind diese neuesten Arbeiten selbst in ihrer rätselhaftesten Form sehr streng komponiert.

Das Sehen ist zu einem körperlichen Akt geworden, der sich in der Gestalt des Pferdes konzentriert. In ACCIDENT (Unfall, 1991–92) vermittelt ein auf dem Boden liegender roter Stumpf einen flüchtigen Eindruck von Gewalt; der Vorgang ist zu schmerzhaft, um ausführlich festgehalten zu werden, einzig zwei verrenkte Beine nageln den Blick auf der Szene fest. Die Beziehung zwischen der Malerin und ihrer Arbeit ist in diesen Werken – deren Motive nebst Pferden auch Ziegen, Hunde, Knochen, Masken, die Augen einer Mutter, Vögel und Hasen umfassen – jenseits der reinen Bildebene eine eindeutig vergnügliche und bringt das bereits in Rothenbergs allererstem Pferd erkennbare Potential zur Entfaltung. Eros und Aggression, die früher nur an der Oberfläche für Unruhe sorgten, sind jetzt in Rothenbergs Kunst integriert. In radikaler Abkehr von der früher bevorzugten Farbpalette – Schwarz-, Blau- und Rottöne, die an Blutergüsse erinnern – wählt die Künstlerin nun sinnliche Farben – leuchtendes Rosa und Gelb –, die ebenso exzentrisch sind wie jene in Ensors Maskeraden. Die Technik ist eine befreite Mischform aus Zeichnen und Malen, ausgefeilt, aber sicher und grosszügig. Das Pferd ist nicht länger ein Ziel, das durch Annäherung von aussen in Schach gehalten wird, sondern es ist nun ein integraler Bestandteil der Bilder, die in ihrer Konzeption durch und durch persönlich sind, intimer als eine Abstraktion, pferdehafter auch.

(Übersetzung: Irene Aeberli)

1) Frederic Brewster Loomis, *The Evolution of the Horse*, Marshall Jones Co., Boston 1926, S. 194.

2) Die Künstlerin in einem Interview mit Michael Auping, im Ausstellungskatalog *Susan Rothenberg: Paintings and Drawings*, Rizzoli (in Zusammenarbeit mit Albright-Knox Art Gallery, Buffalo), New York 1992, S. 50. Ausserdem fragt Auping die Künstlerin auch, ob sie sich über das Verhältnis zwischen ihren frühen und ihren jüngsten Pferdebildern Rechenschaft abgelegt habe, was sie verneint (S. 60).

3) Im Gefolge der bilderfeindlichen Doktrin des Minimalismus haben auch Künstler wie etwa Gary Stephen oder Elizabeth Murray Mittel und Wege gesucht, um im Bereich der abstrakten Malerei einen persönlicheren Bezugsrahmen herzustellen.

4) Susan Rothenberg sagt: «Ich malte Pferde, um keine Menschen malen zu müssen, aber das Pferd war auch ein Symbol des Menschen, eigentlich ein Selbstporträt.» Zitiert in: Grace Glueck, «Susan Rothenberg: New Outlook for a Visionary Artist», in *The New York Times Magazine*, 22. Juli 1984, S. 20.

5) Siehe Joan Simon, *Susan Rothenberg*, Harry N. Abrams Inc., New York 1991, S. 30–35.

6) Rothenbergs Identifikation mit Mondrian geht über die Lösung rein künstlerischer Probleme hinaus. Mitte der 80er Jahre malte sie eine Serie von Bildern, darunter auch eines mit dem unwahrscheinlich klingenden Titel MONDRIAN DANCING (1984–85), das den Vater des Neoplastizismus dabei zeigt, wie er seine Partnerin in die Tiefen einer schimmernden Dunkelheit führt, welche angefüllt ist mit gebrochenen Vertikalen – die scharfkantigen Linien Mondrians verwandelt in eine Lichtquelle der Malerei. Rothenberg beschreibt die Entstehung dieser Serie in ähnlichen Worten wie die Entstehung ihrer ersten Pferdebilder: «Ich kam ins Atelier und sagte mir, ‹verdammt, mach jetzt eine Zeichnung›, und innert 30 Sekunden erschien Mondrians Gesicht... Es war wie eine Art spiritistisches, automatisches Schreiben bzw. Zeichnen», siehe Glueck, ibid., S. 16.

7) John Lawrence, *A Philosophical and Practical Treatise on Horses and on the Moral Duties of Man Towards the Brute Creation,* H. D. Symonds, London 1802, S. 278–79.

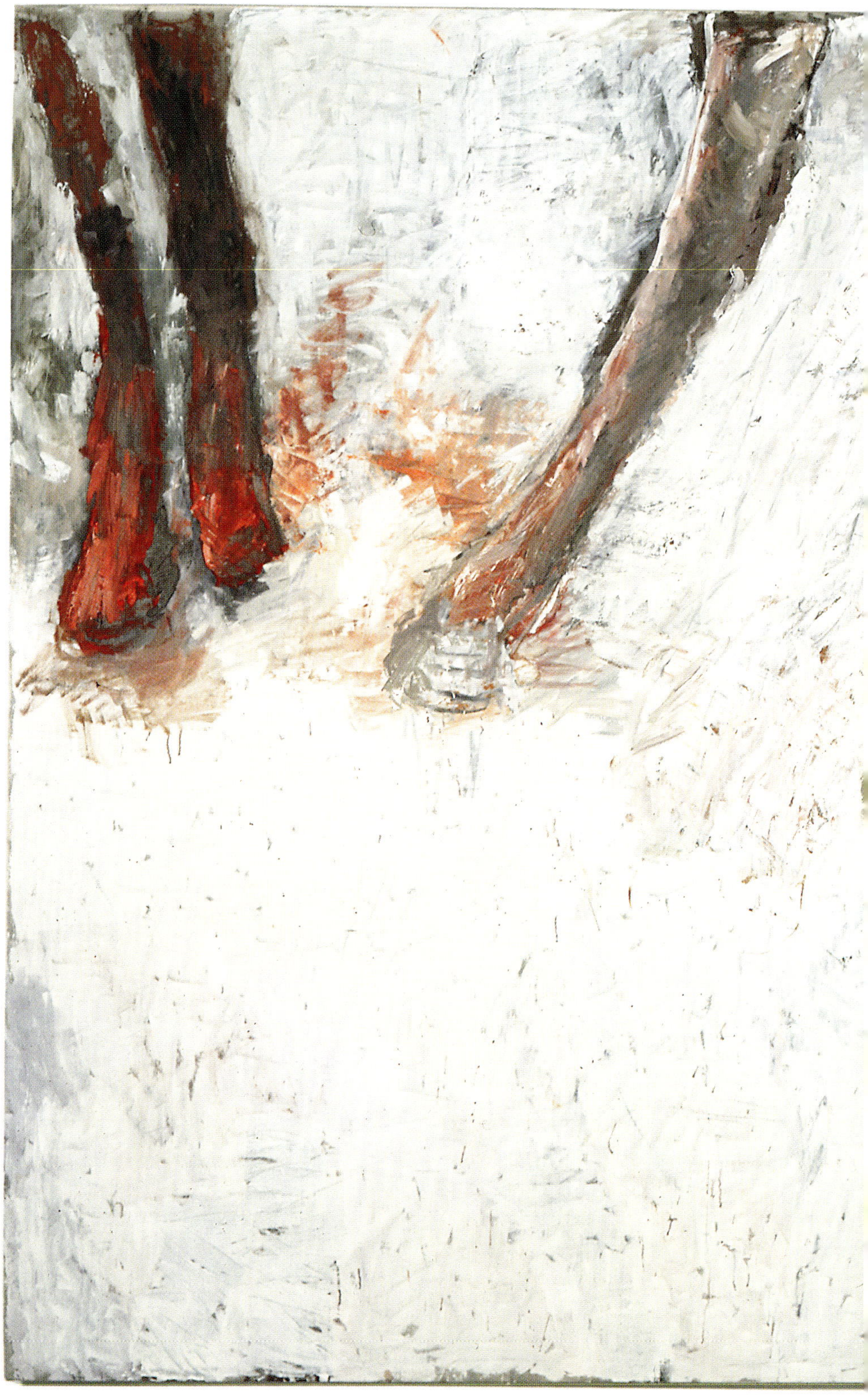

SUSAN ROTHENBERG, DOGS KILLING RABBIT, 1991–92, oil on canvas, 87 x 140½" /
HUNDE TÖTEN HASEN, Öl auf Leinwand, 221 x 356 cm. (PHOTO: SPERONE WESTWATER)

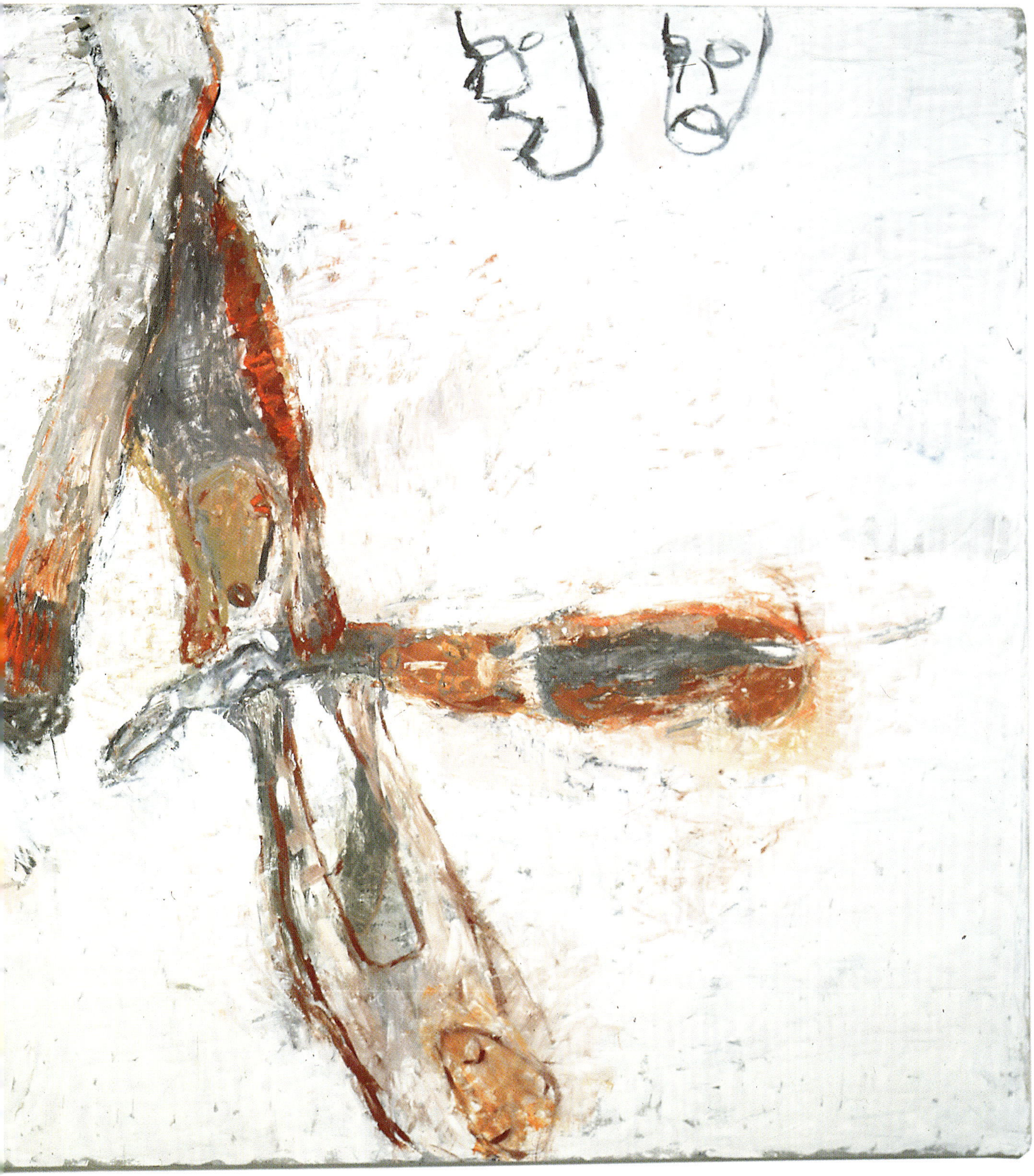

MALEREI ALS IMMENSES GEFÜHL

JEAN-CHRISTOPHE AMMANN

Als ich Susan Rothenberg zum erstenmal begegnete, ich glaube, es war 1978, spürte ich ihre Kraft, ihre Ausstrahlung, ihre Sinnlichkeit. 1981, im Rahmen einer Ausstellung in der Kunsthalle Basel, mit Werken von Robert Moskowitz, Julian Schnabel und Susan Rothenberg, zeigte ich eine grössere Werkgruppe von ihr. Wie immer war die Einrichtungszeit mit Spannung und Entspannung verbunden. Noch Wochen nach der Eröffnung hörte ich in ihren drei Räumen ihr wunderbares Lachen. Es war von grosser erotischer Herzlichkeit. 16 Jahre später stehe ich eines Morgens in der Sperone Westwater Galerie in New York vor einem Bild namens GHOST RUG (Geisterteppich, 1994). Ich liebte dieses Bild auf den ersten Blick. Die Augen, die wie in einer Achterbahn über einen «fliegenden Teppich» huschen und kreisen, schauen und auf sich selbst gerichtet sind, die ihren Weg suchen und der Spur der anderen Augen folgen, erscheinen mir wie ein Tanz, der manchmal auch ein wenig ins Schlingern gerät, dann, wenn man glücklich ist, beschwingt, und Emotion durch Bewegung Ausdruck erhält. Dieses Schlingern gleicht dem eines Schiffes, das der Kapitän konzentriert und frohen Mutes, manchmal auch etwas überrascht, auf Kurs hält. Es sind schlingernde Augen, die schimmern. Sie sind ganz in die Malerei eingebunden. Ja, es ist so, als wären sie die Augen der Malerei, als hätte Susan Rothenberg dem malerischen Gestus, dem bewegten, wogenden Rhythmus der rosarötlichen, weiss durchmischten Farbe Augenlichter verliehen. Das weissliche Rechteck inmitten des Bildes, als Teppich bezeichnet, könnte auch ein Bett und Floss zugleich sein: Ruhepunkt und Bewegung in einem; ein stabilisierendes Moment, vielleicht auch eine Tanzfläche. Vielleicht ist es aber auch das Bild, das die Künstlerin malt, während die Augen der Malerei sie wie die Delphine im Kielwasser des Schiffes begleiten. Es könnte ja auch sein, dass die Malerei sich im Kielwasser der schauenden Delphine bewegt.

Woran hält sich die Malerei? Davon spricht das Bild HOLDING REINS (Die Zügel halten, 1993/94). Die Malerei ist ihr Gegenstand selbst. Die Malerei ist ein immenses Gefühl. Deshalb gibt es heute so

JEAN-CHRISTOPHE AMMANN ist Direktor des Museums für moderne Kunst in Frankfurt a. M.

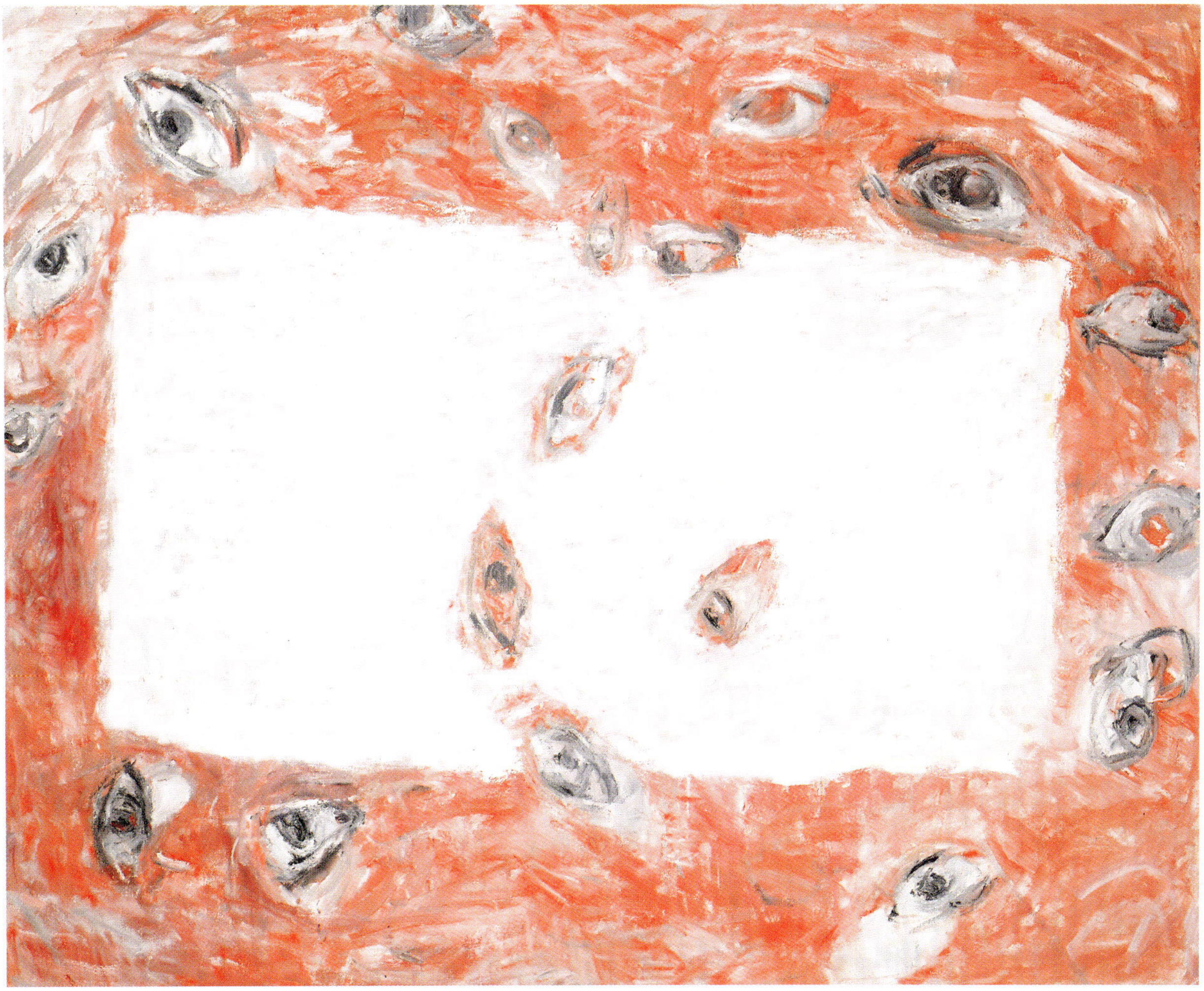

SUSAN ROTHENBERG, GHOSTRUG, 1994, oil on canvas, 54¼ x 67¼" / GEISTERTEPPICH, Öl auf Leinwand, 138 x 171 cm.

wenig Malerei, weil dieses immense Gefühl nicht eingelöst werden kann, weil viele Menschen heute nicht mehr bereit sind, zu verzweifeln ob diesem Gefühl. Sie weichen ihm aus, denn der Gegenstand der Malerei ist das Selbst. Die Malerei ist das Schwierigste. Sie ist sinnlicher Transfer, ganz unmittelbar, und gerade deshalb braucht sie einen Halt.

Das Bild HOLDING REINS zeigt zwei kraftvolle, violettblaue, in ein monochromes Umfeld gemalte Arme, welche freischwebende Zügel halten. Die Arme und Fäuste halten die Zügel eines Pferdes, das längst am Horizont entschwunden ist. Der Halt ist ein verzweifelter, denn er ist immer nur der Anlass, der sich im Laufe des Bildes verflüchtigt. Der «Halt» ist der Beginn ins Ungewisse. Wenn die Zügel reissen, die Achsen brechen, die Pferde davoneilen, bin ich die Einsamkeit selbst inmitten der Einsamkeit. Der Halt in der Malerei ist ihr Gegenstand, an dem man sich nicht halten kann und der dennoch notwendig ist, weil das Selbst nicht ergründbar ist, weil es sich nur im Akt des Malens definiert, der den Halt sukzessive wieder auflöst und in die Erinnerung dessen, was er war, überführt.

Es gab noch ein drittes Werk in der Ausstellung, das mich sehr bewegt hat. Es heisst BREATH (Atem, 1993). Zwei Pferdeköpfe schnauben sich in der Bildvertikalen gegenseitig an. Sie atmen sich gegenseitig ein. Wir sprachen vom Augenlicht der Malerei, vom Halt in der Malerei als deren Gegenstand. Jetzt kommen wir zum Atem der Malerei, zum Pulsieren dieses sinnlichen Transfers von Körper, Farbe, Pinsel auf Leinwand. Und wieder sucht Susan Rothenberg nach dem Halt, der diesem Gefühl Ausdruck gibt. Pferdebilder haben ab Mitte der siebziger Jahre ihr Schaffen geprägt. Sie waren stets Partitur, um jenem immensen Gefühl ein Bild, eine Form und eine Struktur zu verleihen.

Susan Rothenberg hat die Emotion stets konturiert, strukturiert, isoliert. Sie hat den Resonanzkörper der Malerei in einen Klangkörper gewandelt. In BREATH beschreibt sie den Weg, der diesen Resonanzkörper in einen Klangkörper verwandelt, und die Erfahrung dieses Weges. Das gegenseitige, malerisch wie beiläufig aufgefangene Schnauben wird zur Brücke. So wie die Künstlerin einst das «Dampfen» der Tierleiber malte, wird das Sich-entgegen-Schnauben zum befruchtenden Akt: die Nüstern atmen, die Poren atmen, der Körper atmet, das Bewusstsein atmet, die Malerei atmet. Das Atmen wird bildhaft aus der Malerei heraus in den Gegenstand überführt. Die Malerei ist Verdichtung im Gegenstand, aber der Gegenstand ist nicht Verursacher der Malerei. Der Gegenstand trifft sich mit und in der Malerei, in der Verbindung von Idee, immensem Gefühl und Notwendigkeit von Malerei.

Das Eindringen und Durchdringen ist ein vierter Aspekt, den ich im Werk von Susan Rothenberg hervorheben möchte. Um 1978 tauchen erste solcher Arbeiten auf. In UNTITLED (1978) erbricht der Mund eines Profils einen schwarzen Strom, der sich krümmt und von hinten wiederum in denselben Kopf eindringt, auch innerhalb des Kopfes als verblasste Spur sichtbar. BLUEBIRD WINGS (1989) zeigt eine bläulichnachtschwarze Keilform, die tief in die brandrot gemalte Farbsubstanz eingedrungen ist. Bluebird ist laut Wörterbuch «eine dem Rotkehlchen verwandte Drossel». Der Titel ist eine Beschreibung des Bildes, denn die Keilform steht anstelle der Flügel des Vogels. Die ursprünglichen Flügel liegen unterhalb des eingedrungenen Keils, ein in hellem Blau gemaltes, wie achtlos gekrümmtes, flattriges Überbleibsel. Lust und Schmerz prägen den Körper, der malt, prägen dessen Gedächtnis. Der Halt, dieses Moment, das bewirkt, dass nur dieses und kein anderes Bild entstehen kann, ist jenes starke Gefühl, das die Kindheit nie vergisst, auch wenn sie unwiederbringlich ist. BLUEBIRD WINGS ist ein dramatisches Bild. Es gleicht einem Ausschnitt aus einer weiten Landschaft. Dreifach ist der ockerfarbene Himmel, regnerisch und trüb, unterteilt. Aus einer tiefroten horizontalen Zone stösst der dunkle Keil wie ein träger Blitzschlag in das aufgewühlte helle Rot im unteren Bildteil.

Wie spricht man über Malerei? Da die Malerei selten geworden ist, haben wir uns daran gewöhnt, mehr über Ideen zu sprechen. Über die in der Malerei verwirklichten Ideen in Begriffen der Malerei zu sprechen ist uns, so scheint mir, abhanden gekommen. Über die Malerei von Susan Rothenberg zu sprechen ist so schwierig und komplex wie ihre Malerei selbst. Über Malerei zu sprechen ist das Schwierigste.

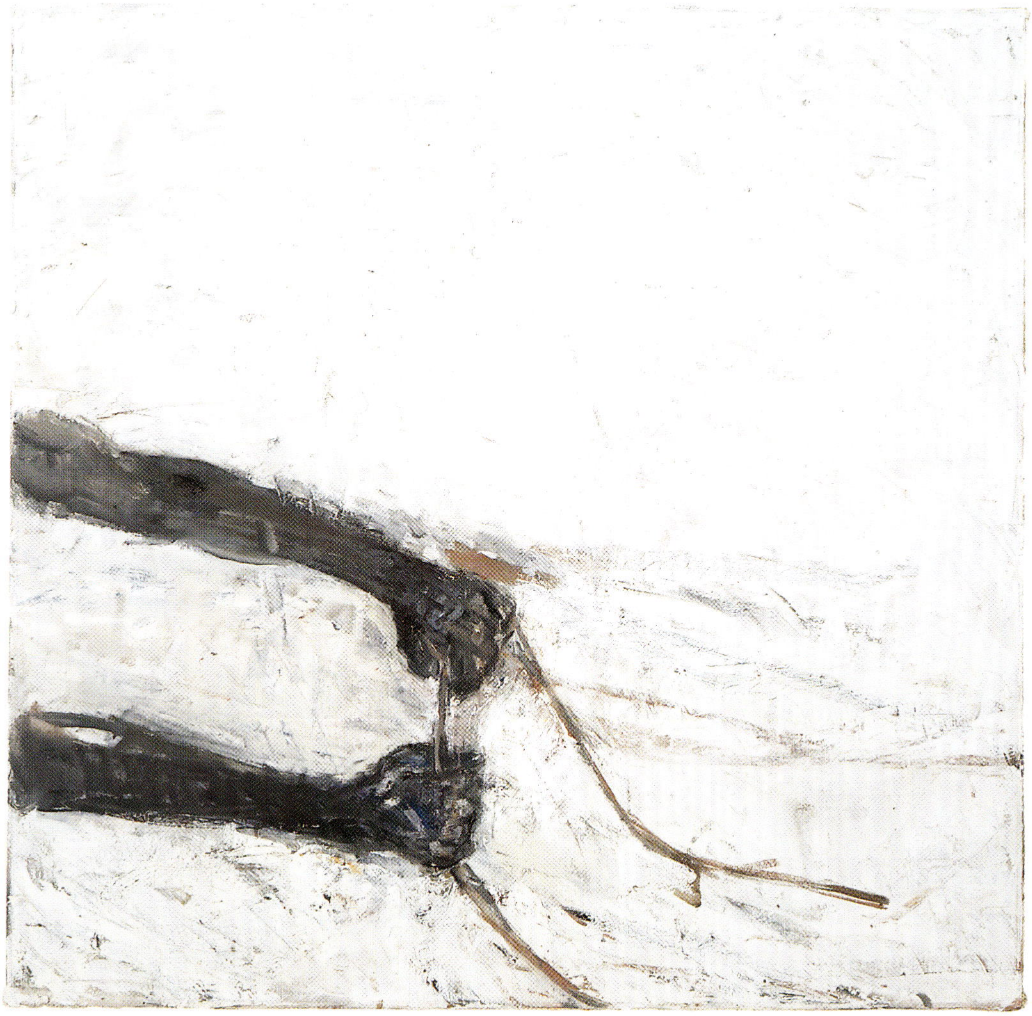

SUSAN ROTHENBERG, HOLDING REINS, 1993–94,
oil on canvas, 36¼ x 38" /
DIE ZÜGEL HALTEN, Öl auf Leinwand, 92 x 96,5 cm. (PHOTO: SPERONE WESTWATER)

PAINTING AS AN IMMENSE FEELING

JEAN-CHRISTOPHE AMMANN

When I first met Susan Rothenberg—I think it was in 1978—I sensed her power, her charisma, her wonderful sensuality. In 1981, at the Basel Kunsthalle, I showed a large group of her works together with works by Robert Moskowitz and Julian Schnabel. Weeks after the opening I could still hear Susan's laughter, with its great erotic warmth and sincerity reverberating in the three rooms of the exhibition. Sixteen years later I am standing one morning in the Sperone Westwater Gallery in New York looking at a picture entitled GHOST RUG (1994). I fell in love with it immediately. The eyes, gazing and introspective, dart and circle over a "flying carpet" as if on a roller coaster, seeking out a path and following each other's trail. They look to me like a dance, the lilting dance of happiness and elation, when movement lends expression to the emotions. This lilting is like the pitching and rolling of a ship kept on course by a captain who is concentrated, cheerful, and sometimes a little surprised. These eyes glisten as they pitch and roll. They are completely absorbed by the painting. It is as if they were the eyes of the painting itself, as if Susan Rothenberg had conferred sight on the painterly gesture, on the animated, undulating rhythm of the pink paint broken with white. The off-white rectangle in the middle of the picture, although called a rug, could also be a bed or a raft: at once a place of rest and of movement, a stabilizing site, perhaps even a dance floor. Perhaps it is the picture that the artist paints while the eyes of painting follow her like dolphins in the wake of a ship. But it may well be that the painting is moving in the wake of the watchful dolphins.

What does painting hold on to? HOLDING REINS (1993/94) tells us. Painting is stronger than its subject matter. Painting is its subject matter. Painting is an immense feeling. That is why painting is so

JEAN-CHRISTOPHE AMMANN is director of the Museum für moderne Kunst in Frankfurt a.M.

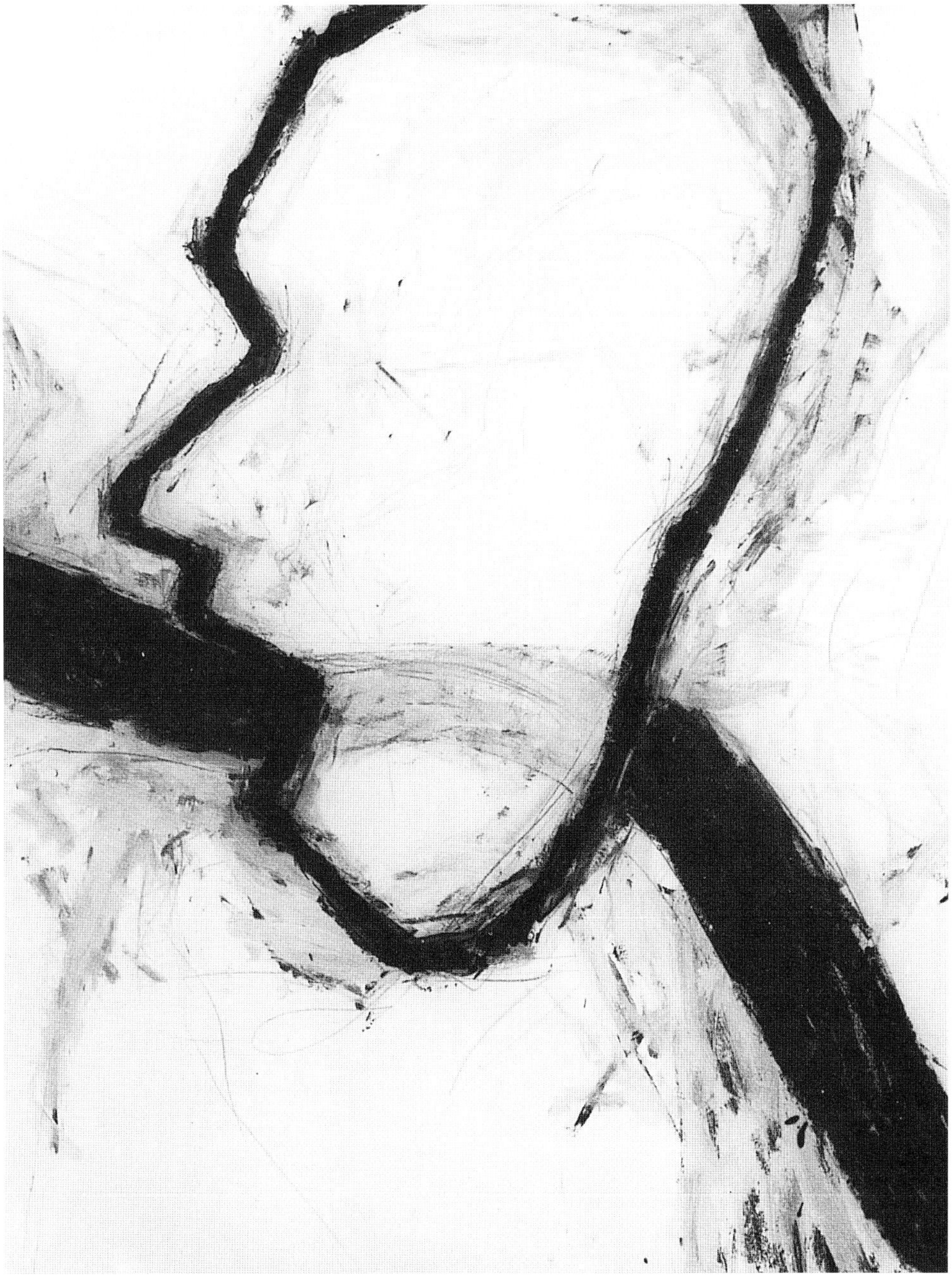

SUSAN ROTHENBERG, UNTITLED, 1978, acrylic and flashe on paper, 50 x 38½" /
OHNE TITEL, 1978, Acryl auf Papier, 127 x 96 cm. (PHOTO: ROY M. ELKIND, JACKSON HEIGHTS, NEW YORK)

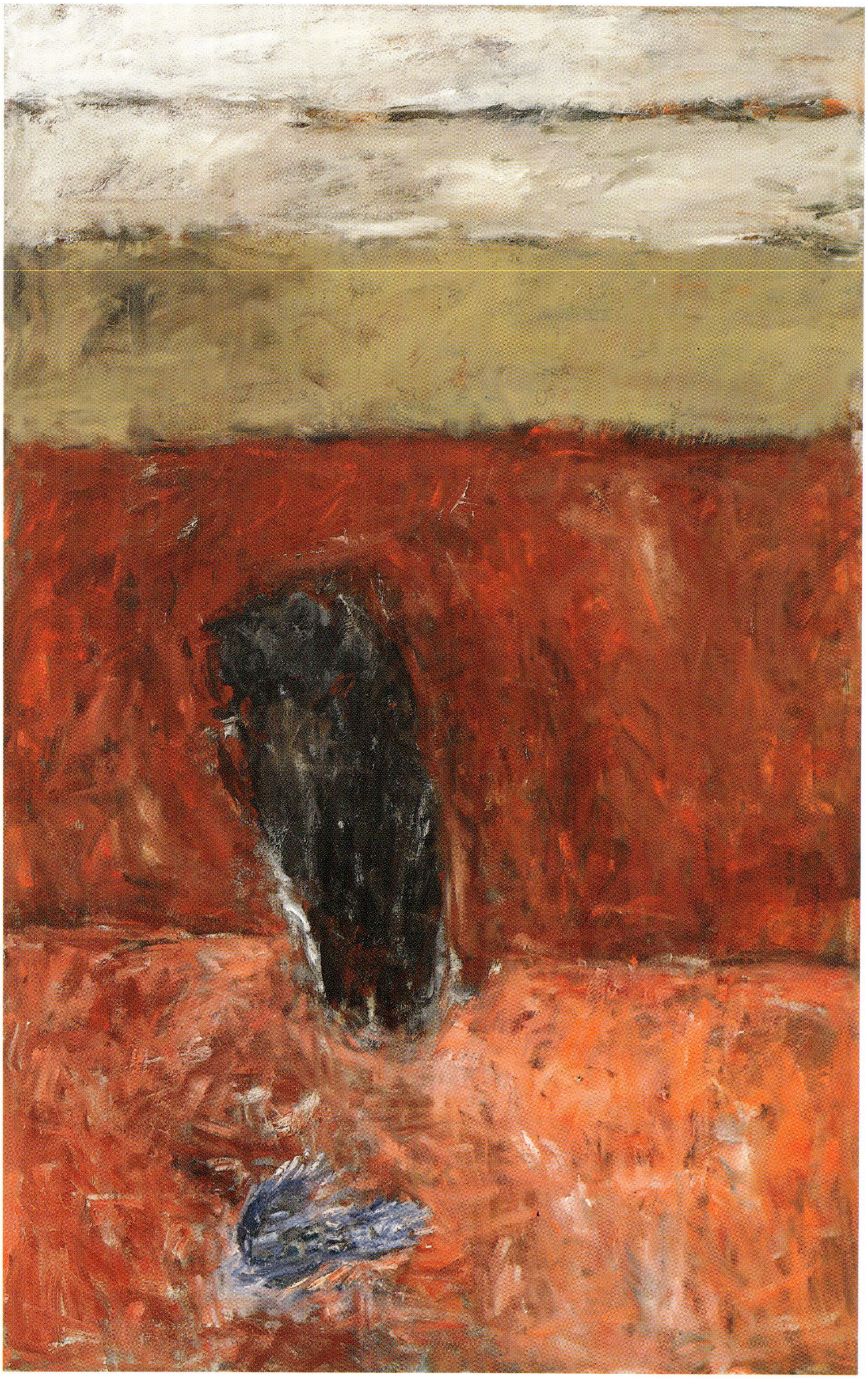

SUSAN ROTHENBERG, BLUEBIRD WINGS, 1989, oil on canvas, 65 x 43" /
BLUEBIRD-FLÜGEL, Öl auf Leinwand, 165 x 109 cm. (PHOTO: SPERONE WESTWATER)

scarce today, because this immense feeling cannot be redeemed, because people are no longer willing to risk despairing over this immense feeling. They shun it because the subject matter of painting is the self. Painting is the most difficult thing to do. It is an immediate sensual transfer, and that is precisely why it needs a hold.

HOLDING REINS shows two strong, bluish-purple arms in a monochrome environment; they are holding free-floating reins. The arms and fists hold the reins of a horse that has long since vanished over the horizon. The hold is a desperate one because it is always only the motivation that fades in the course of a picture. A hold is the beginning of uncertainty. When the reins snap, when the axle breaks, when the horses bolt, I am loneliness personified in the midst of loneliness. The "hold" is the subject matter of the painting and, although it does not give us a hold, it is necessary because the self is unfathomable, because it is only defined in the act of painting which dissolves the hold again by transporting it in the memory of what it once was.

There was a third piece in the exhibition that made a great impact on me. It is called BREATH (1993)—two horses' heads snorting at each other. They are breathing into each other's faces. We spoke about the eyesight of painting, the hold of painting as the subject matter of painting. Now we have the breathing of painting, the pulsating, sensual transfer of body, paint, brush on canvas. Once again Susan Rothenberg seeks the hold that lends expression to this feeling. Pictures of horses have frequented her work since the mid-seventies. They were always the score that converted that immense feeling into a picture, that lent it form and structure.

Susan Rothenberg always outlines, structures, isolates emotion. She has transformed the sounding-board of painting into a sound shape. Now, in BREATH, she describes the path that transforms this sounding-board into a sound shape, and her experience of this path. The horses' mutual, painterly, casually rendered breathing becomes a bridge. Like the steam rising from the animal bodies that the artist used to paint, this snorting becomes an act of mutual impregnation: the nostrils breathe, the pores breathe, the body breathes, the conscious breathes, the painting breathes. Breathing is metaphorically taken out of the painting and transferred to the subject matter. The painting is condensation, condensed in the subject matter, but the subject matter is not the prime mover of the painting. The subject matter joins the painting at the juncture of idea, immense feeling, and the necessity of painting.

Penetration and piercing are also significant aspects of Susan Rothenberg's oeuvre. Works in this vein make a first appearance in 1978. In UNTITLED (1978) a curved black swath penetrates the mouth of a head in profile and fades to a pale band inside the head; the blackness is restored as it re-emerges from the back. BLUEBIRD WINGS (1989) shows a bluish-black wedge-shaped field that has penetrated deep into a bright red field of color. The encyclopedia tells us that the bluebird is related to the robin; Blue Birds are also eight to ten-year-old junior members of the Girl Scouts. Mention is made of the bird's wings, but they may be interwoven with the adolescent memory of a girls' summer camp. The title is as enigmatic as the picture itself, for the wedge shape cannot be the wings. They probably lie beneath the invading wedge: a light-blue, almost carelessly wrinkled, fluttery remnant. Pleasure and pain mark the body that paints; they stamp its memory. The "hold," as a force that invokes a particular image and no other, is equivalent to that powerful feeling which makes childhood as irrevocable as it is unforgettable. BLUEBIRD WINGS is a dramatic picture. It resembles a section of a vast landscape. The ochre skies, rainy and overcast, are divided into three planes. Implanted in a bright red horizontal zone, the dark wedge is like a lethargic flash of lightning forcing its way down into a troubled zone of lighter red in the lower part of the painting.

How does one talk about painting? Since painting has become a rarity, we have become accustomed to focusing on ideas. It seems to me that we have lost the ability to talk about ideas in paintings in terms of painting. Talking about Susan Rothenberg's painting is as difficult and complex as the paintings themselves. Talking about painting is the most difficult thing of all.

(Translation: Catherine Schelbert)

MARK STEVENS

ESSENTIAL HESITATIONS

A recurring fear in Western art is that there is nothing of great consequence left to do—the major themes are exhausted, the significant artists dead. Not surprisingly, this fear makes the dream of beginning again particularly seductive. I do not know whether or not Susan Rothenberg is prey to such dreams and fears, but her work certainly derives much of its power from a haunting evocation of ends and beginnings. She is our cave painter, making pictures that seem at once archaic and modern.

Rothenberg arrives at this effect in a variety of complementary ways. Her imagery, to begin with, often evokes actual cave painting. In the 1970s she seemed to be searching for a primal (or first) image. In her repeated renderings of a horse during that time, the shape of the animal is simplified and the details of form suppressed. In her placement of this image on the canvas, moreover, there is usually something smack right there, much as in cave painting where one does not imagine the artist deliberating over delicate placements of form but instead striding right up to the wall.

The horse image is a visual incantation. It seems part of an ancient ritual to which we no longer have access, becoming a symbol of the many secrets we have lost along with our proximity to nature and animals. Later in her work, Rothenberg gave up the fixed stillness of her early pictures of horses. But her imagery has continued to evoke the primal. At times, it has meant invoking the power of such "fathers" of modern art as Mondrian. The parts of animals glimpsed in recent work—such as the flying legs of horses—commemorate events about which we can only speculate.

If there isn't much of great consequence left to do—if one fears, in particular, that the eye of painting is slowly dimming—then the sense of touch may

MARK STEVENS is the art critic for *New York Magazine.* He is currently working on a biography of Willem de Kooning.

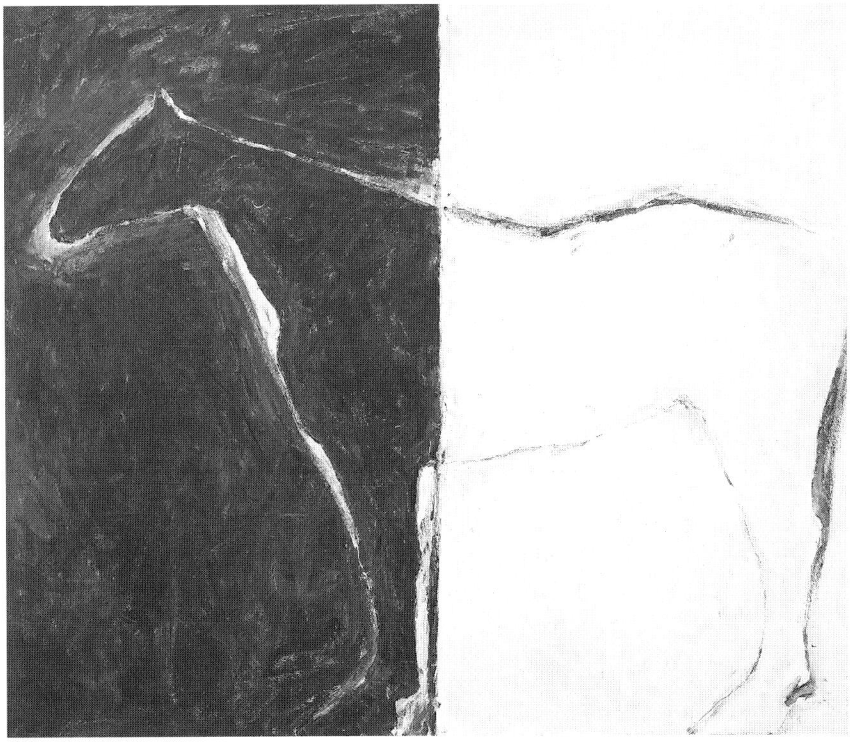

SUSAN ROTHENBERG, UNITED STATES II, 1976, acrylic and tempera on canvas, 76 x 90" / VEREINIGTE STAATEN II, Acryl und Tempera auf Leinwand, 193 x 228,6 cm.

become particularly important. It can represent both a weary sensibility's recognition of the approaching end—what the "blind" artist is left with—and a child's hope in a beginning. And Rothenberg's touch is her most distinctive gift. Like Twombly's, her brushwork is that of an artist, who, coming late in the brushy tradition of Abstract Expressionism, maintains power by becoming loose, childish, whimsical—awkward in a lyrical way. There is an elegant coming-apart-at-the-seams in the appearance of her brushstroke that refuses to lay claim to the image or to complete any meaning.

Rothenberg's surfaces, in keeping with much of her imagery, evoke the flaky, humid look of the cave. She could have almost rubbed and dabbed on the images with her fingers. The blunt, physical insistence of her hand never lets up; or, to put it differently, any meaning must always start not with the abstract powers of the mind but with the sensation of touch. This insistence is seriously childish. (The infant, whose first intimations of the world come through touch, demands and requires touch.) Rothenberg's art can evoke a powerful sense of loss in us, for our culture is dominated by machined surfaces and is losing the feeling of the hand. The light in her painting, not surprisingly, also seems pre-modern. It is the light of the cave, the candle, the sun.

Rothenberg came of age as an artist when minimal art was fashionable. While she owes a debt to minimal ideas, she is best understood as an artist who has tried to recover the lyrically anxious hand of modern painting. Her heart is with Giacometti, de Kooning, and Guston, who aspired to make the brushstroke itself a personal mark of truth. Like these artists, Rothenberg often appears to be a painter of essential hesitations. In her best work, there is something not quite finished: This would seem to be a sign of respect for the resolutions of the past—and a way to let air into the cave.

MARK STEVENS

DAS EXISTENTIELLE ZAUDERN

Eine Angst, die sich in der westlichen Kunst regelmässig kundtut, ist die, dass es nichts von wirklicher Tragweite mehr zu tun gibt: die grossen Themen sind ausgeschöpft, die bedeutenden Künstler tot. Diese Angst macht naturgemäss den Traum vom Neubeginn wieder besonders verlockend. Ich weiss nicht, ob Susan Rothenberg derlei Träumen und Ängsten ausgeliefert ist, jedenfalls aber bezieht ihr Werk einen wesentlichen Teil seiner Kraft aus der nachhaltigen Beschwörung von Ausgehendem und Beginnendem. Sie ist eine Höhlenmalerin unserer Tage, deren Bilder zugleich archaisch und modern wirken.

Diese Wirkung erzielt Rothenberg durch eine Reihe verschiedener, sich ergänzender Elemente. Zunächst erinnert ihre Bildsprache oft tatsächlich an Höhlenmalereien. In den 70er Jahren schien sie auf der Suche zu sein nach so etwas wie einem Urbild. In ihren zahlreichen Pferdebildern aus dieser Zeit ist die Gestalt des Tieres vereinfacht. Ausserdem wirkt das Motiv oft schon durch seine Plazierung auf der Leinwand wie hingeklatscht, ganz wie bei den Höhlenmalereien, die nicht den Eindruck vermitteln, als habe der Künstler lange über die Feinheiten der Komposition nachgedacht, sondern eher, dass er gleich malend an die Wand herangetreten ist.

Das Pferdemotiv ist eine bildnerische Beschwörung. Es ist, als sei es Teil eines uralten Rituals, zu dem wir keinen Zugang mehr haben und das so zu einem Symbol für all jene Geheimnisse wird, die uns zusammen mit unserer Nähe zur Natur und zu den Tieren abhanden gekommen sind. Im weiteren Verlauf ihres Schaffens verabschiedete sich Rothenberg von der fixierten Reglosigkeit der frühen Pferdebilder. Ihre Bildsprache evozierte jedoch weiterhin das Ursprüngliche. Gelegentlich bedeutete das die Beschwörung des Einflusses von «Vätern» der Moderne wie Mondrian. Die in jüngeren Arbeiten flüchtig aufblitzenden Körperfragmente von Tieren – etwa die fliegenden Beine von Pferden – erinnern an Ereignisse, über die wir nur spekulieren können.

Wenn es nicht mehr viel von wirklicher Bedeutung zu tun gibt – wenn man, genauer, befürchtet, dass sich das Auge der Malerei allmählich eintrübt –, so mag dem Tastsinn besondere Bedeutung zuwachsen. Dies kann sowohl Ausdruck des Wissens des erschöpften Bewusstseins um das

MARK STEVENS ist der Kunstkritiker des *New York Magazine*. Er arbeitet zur Zeit an einer Biographie über Willem de Kooning.

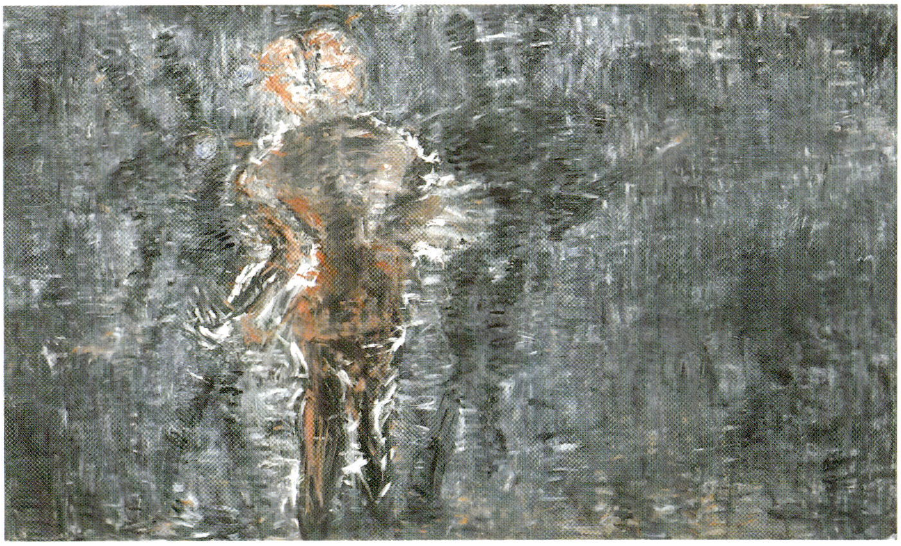

SUSAN ROTHENBERG, JUGGLER WITH SHADOWS, 1987, oil on canvas, 72 x 124¼" / SCHATTENJONGLEUR, Öl auf Leinwand, 183 x 316 cm.

nahende Ende sein – also dessen, was dem «blinden» Künstler bleibt – oder auch Ausdruck der kindlichen Hoffnung auf einen Neubeginn. Tatsächlich ist das Taktile Rothenbergs charakteristischste Begabung. Ihre Pinselführung ist wie jene Twomblys der Gestus einer Künstlerin, die, als Nachkomme der gestischen Tradition des Abstrakten Expressionismus, weiterhin eine kraftvolle Wirkung erzielt dadurch, dass sie locker, kindlich, kapriziös – ja auf eine poetische Weise unbeholfen – ist. Ihr Pinselstrich wirkt gleichsam wie auf elegante Weise «an den Nähten aufgeplatzt» und verzichtet als solcher darauf, das Bildmotiv für sich zu beanspruchen oder Inhaltliches zu vervollständigen.

Bei den Bildoberflächen Rothenbergs fühlt man sich ähnlich wie bei vielen ihrer Motive an die schorfige, klamme Wand einer Höhle erinnert. Es ist, als habe sie die Motive praktisch mit den Fingern auf die Leinwand gerieben und getupft. Die stumpfe, physische Beharrlichkeit ihrer Hand lässt niemals nach, oder, um es anders auszudrücken: jede Bedeutung geht zwangsläufig stets vom Tastsinn und nicht etwa von den abstrakten Fähigkeiten des Geistes aus. Diese Insistenz ist in einem ernsthaften Sinn kindlich. (Der Säugling, dem sich die Welt zuallererst durch den Tastsinn mitteilt, braucht und verlangt nach Berührung.) Die Kunst Rothenbergs vermag in uns ein starkes Gefühl des Verlustes heraufzubeschwören, denn unsere Kultur wird von maschinengefertigten Oberflächen beherrscht, und wir gehen der sinnlichen Tasterlebnisse verlustig. Auch das Licht in ihrer Malerei wirkt, wie sollte es anders sein, vormodern. Es ist das Licht der Höhle, die Kerze, die Sonne.

Rothenberg erlangte ihre künstlerische Reife zu einer Zeit, als die Minimal Art in Mode war. Sie erfuhr zwar eine gewisse Prägung durch Ideen des Minimalismus, doch besser versteht man sie als eine Künstlerin, die das poetisch Verbindliche der Malerei der Moderne wiederzufinden sucht. Nahe stehen ihr Giacometti, de Kooning und Guston, die bestrebt waren, aus dem Pinselstrich als solchem sozusagen ein persönliches Wahrheitssiegel zu machen. Wie diese Künstler wirkt auch Rothenberg oft wie eine Malerin des existentiellen Zauderns. Ihre gelungensten Arbeiten haben etwas nicht ganz Abgeschlossenes an sich: offenbar ein Zeichen der Hochachtung vor den Lösungen der Vergangenheit – und zugleich ein Weg, Luft in die Höhle einzulassen.

(Übersetzung: Magda Moses, Bram Opstelten)

JOAN SIMON

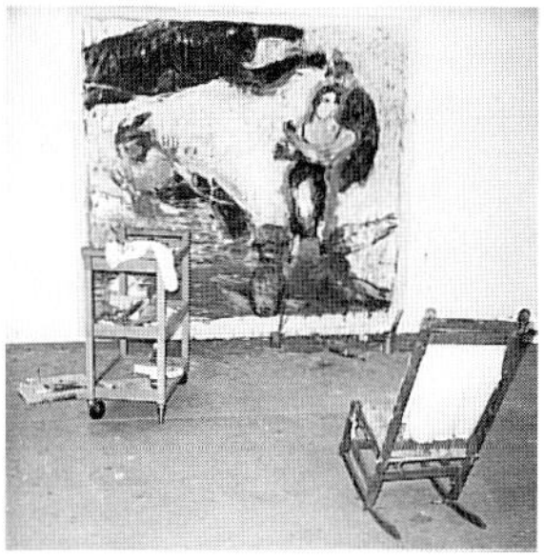

On Walking and Working

An Interview with Susan Rothenberg by Joan Simon

JS: After visiting your studio recently, Eric Fischl said you are the only artist he "knows of who squeezes paint right onto the brush," who uses "paint like toothpaste." Why do you do this?
SR: Impatience.
JS: You are then mixing your colors directly on the canvas?
SR: Yes. I hardly ever get my true color out of a tube. Also, I know any color I put on is going to get modified by the various dirty pots of turpentine. When I pick up a brush I know I'll get a darker tone than I'd squeeze from the tube if, for example, the brush was in a turp pot after being used for black paint. Most of the turpentines these days are red, because I'm always using eighteen different red paints.
JS: It also struck Eric as eccentric that you mix your paints directly on the floor of your studio.
SR: I've never been able to keep a palette for some reason. If I have an idea and want to act on it, I have to act in a hurry. And if I want to do a broad area and don't want to keep going brush-tube, brush-tube—sometimes I have three tubes in my hand, gray, red, and white because I want the dull color that's going to give me—I'll just get a whole lot of white and the other colors and pour some dirty turpentine right over them on the floor. And use it.
JS: What paints are you using?
SR: One of my all-time favorites is Holbein Monochrome Cool Number 2. It's gray, it's a cool gray. And I use quite a lot of Monochrome Warm Number 2. Let's see. Titanium White is the main one. I use these paints also made by Holbein called Foundation Gray, Foundation Green, and Foundation Umber, which are basically tinted whites. I suppose that means they're used for underpainting. But I use them for whatever I want their tone to be.
JS: What brushes?

JOAN SIMON is a writer, editor and curator specializing in contemporary art. She lives in New York City and Paris.

SR: Brushes are mostly Filberts. Half-inch to three-quarters to one inch is my range. And two big brushes for major slosh. I buy good brushes. I need brushes with a snap. I can't have those sweet little sable brushes that you can put makeup on your cheeks with.
JS: Anything else?
SR: A two-inch slanted palette knife.
JS: Why do you use this tool?
SR: If you were using a squared-off blade, you'd have to kind of put your arm at a right angle to the canvas. This one allows your arm to slope, and then when you draw the blade you pull paint across the canvas. It's a correct angle to your body. I would have to hold my elbows way out to get paint to spread across a vertical surface with a squared knife.
JS: How do you start a painting?
SR: I start with an idea. Then a piece of canvas. Staple it to the wall, not too tight, but medium tight, so there are no wrinkles. Then gesso it with matte medium, sometimes tinted, sometimes not. In the beginning of the painting, it's stretched, it's primed, left to dry with this matte medium, and then I will probably draw something almost immediately so I can get a sense of where I'm going with the first color, the first placement of things.

Almost all the paint goes on initially with one of my two big brushes—or a knife, a two-inch knife. I will do one of two things. The laborious one is to take two or three giant tubes of Titanium White, a knife, and a jug of fairly clean turps and plaster the canvas basically with a fairly thin, knifed-on layer of paint. The other way, if I feel more tentative and confused, is to take one of those dirty turp cans and a big brush and just lay a film of turpy color. Sealed with a sealant, it gives me a base-line color, and it gives a better surface for a kind of uncertain painting.
JS: It's been six years since you began to spend time in New Mexico. You now seem very confident in the images that you started to find there, and also in the way you use color. It seems you now use color as structure rather than as "hits" as you used to say. And the paint-handling is quite different. What do you see as the difference between, let's say, the works made in 1990—HEADS AT A TANK or THREE HEADS—the first of these new horse heads, and then the next series from 1991–92, which began to include elements of landscape and animal fragments?
SR: More rugged.
JS: And this new body of work?
SR: In the first ones, I guess there was an unfamiliarity with the forms of real horses. Not wanting to get into any more depiction than I had when I used the horses before, and a caution in re-approaching that image. Then after visiting New Mexico for a year and a half, moving in. The images got reduced to what was around me, which were dogs. Then the bigness and the big light—you have to fasten your fangs into it and pull it out of its bigness. Because it's mostly sky and land. So, as always, I'll go for a mobile factor. The dogs, and then the parts of horses, and then the scenes—the dogs killing the rabbits. When you're walking through this land and you're not particularly aware of anything, you start to become really aware of your legs. A lot of legs.
JS: The viewpoints, the vantage points are very different now.
SR: That comes from the first time living in an uneven terrain. I mean you're going uphill, you're going downhill. And with the creatures—the cows, horses, the dogs—everybody's either next to you, above you, or below you. So I started to see that. I'm always looking down. That's where you find points (arrowheads) and shards and all this stuff. So I started looking down on everything. For example, you don't see the whole dog, you see the top of the dog.
JS: You've described how you work now as walking and working, walking and working. In New York, it was more like reading and working, reading and working—

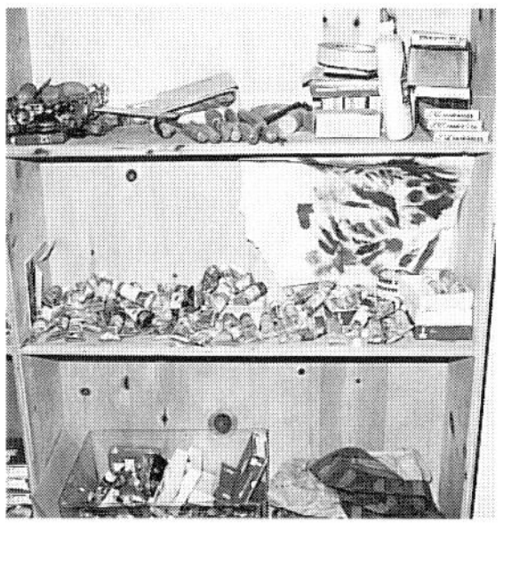

SUSAN ROTHENBERG'S STUDIO / ATELIER, Galisteo, New Mexico, 1995.
(PHOTOS: BRUCE NAUMAN)

SR: It was that. It was me and it. Now there's me and it, and there's land and space and light here and me in it. There's a whole other layer of visual, spatial experience.

JS: How many hours a day are you out walking?

SR: I usually walk two hours a day. It puts me in the alpha state, I think. The dogs are leaping and running around. It gives me a lot of joy. I'm always looking for an antelope or a coyote, or, now, tracks: I'm starting to learn animal tracks. And then, of course, I'm always looking for artifacts. And I get into a very good mood. I completely forget my normal irascibility.

JS: There's always this element of chance about what's going to surface in front of you.

SR: Sometimes I get this feeling when I'm out there. I have all of these imaginative "attacks," just as if there's a communication going on, an understanding, of these people who lived here. Something's going on in terms of my visiting their ruins, their houses, their exchanges, my finding something they made and wondering about, also feeling, the way it was made, how it fills my hand, the real sensual aspects. I found the most beautiful bone awl yesterday. It's only about five inches long, and one end is shaped like a paddle, where the fingers and thumb could rest, and then the rest of it is tapered to a highly polished point, like a knitting needle. Beautifully crafted. It feels like heaven in the hand.

JS: Are you recognizing more subtle forms and objects, ones that you would have missed before, given how much you've learned in the past few years by reading and talking to archaeologists and anthropologists? I'm thinking of the pieces of pot shards that you would find early on and leave in mounds and then assemble there like jig-saw puzzles; or the beads, compared to the much more abstract and ordinary looking stones that were used for various purposes; or the little figure, also abstracted, and the awls. Is it just luck that you're finding these things at this point?

SR: Well, if you walk the same turf two hours a day, every day, and if the bunnies are active. Most of the stuff I find, I find near rabbit holes. Rabbits dig themselves in and out of their holes every day. They spray pot shards and bones, pieces of charcoal and burnt corn. And after the rabbits, the dogs go over it and dig up more stuff.

JS: You've described an almost organic way of exploring. In the past, you've said that you don't dig and that you won't, but that you look at what the rains wash up to the surface, what the erosion reveals, and now it's what the animals bring up.

SR: I make little poke holes when I see two pieces of a pot sticking out of the ground. I look around for more. Then I usually close them up. I am doing one dig. It's a room, eight by ten, and I will close it up. It's in the historic part of the pueblo, which means after the Spanish arrived, not the pre-historic part. I've found eight awls there.

JS: Where did you start researching all of this?

SR: Little picto-dictionaries, like you find in museum stores, or tourist stores. Something like *Things the Indians Used.* And then buying pottery books, and finding out what was early and what was late. I got very bored with the pigment descriptions, fire and oxide this, and so on. They also reduce the pottery to glaze A, B, C, D and F, or something, to determine their dates. That doesn't really interest me.

JS: Which of the readings were important? Your studies have advanced well beyond introductory dictionaries.

SR: There have been two archaeologists who worked on this land. One of them is Bertha Dutton, whose notes we don't have because she wouldn't publish them. She just died. She was ninety. The other one was Nils Nilssen who did exploratory testings here in 1912 and at the five other Galisteo-based pueblos, and called his findings "of minimal interest, average stuff." I saw some of those things at the Natural History Museum in New York this past fall. They are a little more elaborate than anything I've found. He dug about twenty rooms here. Catherine Cameron has given me the most encouragement. She's based in Denver and I met her at the Natural History Museum. She wrote me a book list and I did get some of those books, and she came out to visit and then sent me more articles.

JS: Your pictures in the recent show have much in common with the miscellany of works you exhibited at the Stedelijk in 1982. There you showed the many results of your switching to oil from acrylic. The

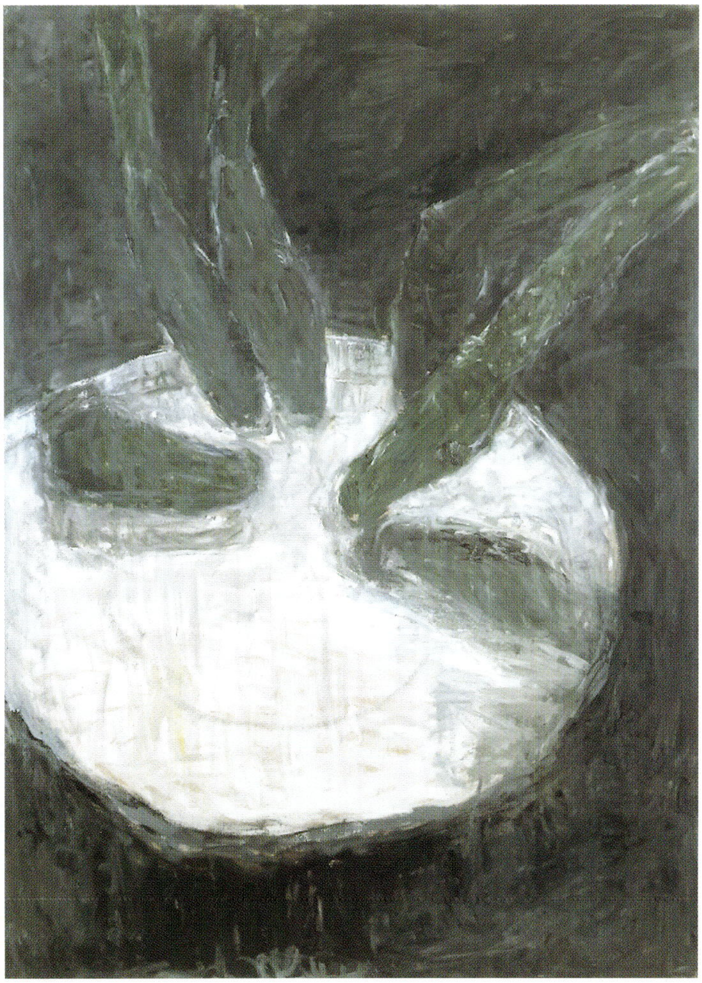

SUSAN ROTHENBERG, HEADS AT TANK, 1990, oil on canvas, 66½ x 49½" / KÖPFE AM TROG, Öl auf Leinwand, 169 x 126 cm.

paintings ranged from one to fifteen feet wide, from a height of two feet to nine and a half. You were also working with fragmentation of subject matter—body parts, boats, animals, all afloat. A great sense of movement. For the first time you introduced observations from daily life rather than reflections of an inner life. And you just sort of mixed it all up. I'm thinking in particular of WITHALL of 1982.

SR: The pictures in the Stedelijk also came out of being in nature. A lot of those paintings—the swans, the boats—came from that summer on Long Island. I think that I get more connected to what's important to me through being outside. There's so much going on outside. So sometimes you try to put it all in but then when you put it all in, it's busy. Then you have to go back to making a painting which has a coherence that has nothing to do with what you saw.

JS: The mix of images in the recent ACCIDENT paintings of 1992–93 seems related to those in WITHALL; from YOGA TEACHER (1992–93) to the way you handled TENMEN of '82—

SR: —bodies in space.

JS: And the small painting HOLDING REINS, (1993–94) and MAGGIE'S CARTWHEEL (1981–82)—

SR: —yeah, moving through the world.

JS: Is there any other artist at this point who fascinates you the way Mondrian did in the mid-eighties?

SR: I got a big hit of Velázquez and Goya when I was in Madrid last year. But the three paintings that I'm working on are like an alter-ego, a Spanish dancer. And they're completely different from the paintings in the show. I mean, the dogs are in them, Bruce's bear rug is in them. But they are interiors rather than exteriors.

JS: Could you be more specific about why Velázquez and Goya are important to you now?

SR: It was the Velázquez studies for LAS MENINAS, the individual portraits that got me. He underpainted with this wonderful red. It's called Flesh Ochre, like a Venetian Red, Indian Red. He got a lot of flesh tones from picking up these red tones. I'm using that red now—it's similar to the pinkish/red/flesh of the early horses, but more intense. Also in Velázquez you can see his changes. I'm not sure whether this was intentional on his part or because of the aging of the surfaces. It's very legible where King Philip's leg used to be—and where it is now. Bits and pieces move: leg in wrong place—leg moved. I was looking to Goya basically for his rich blacks—not his "Black Paintings"—but his black paints. There was something about Goya that sort of made me sick. I don't know what it was. So it was formal stuff. What colors did they use? Why did they use them? What of their blacks, whites, and reds can I apply?

JS: You once said that in your painting you were "trying to catch a moment, the moment to exemplify an emotion."[1)]

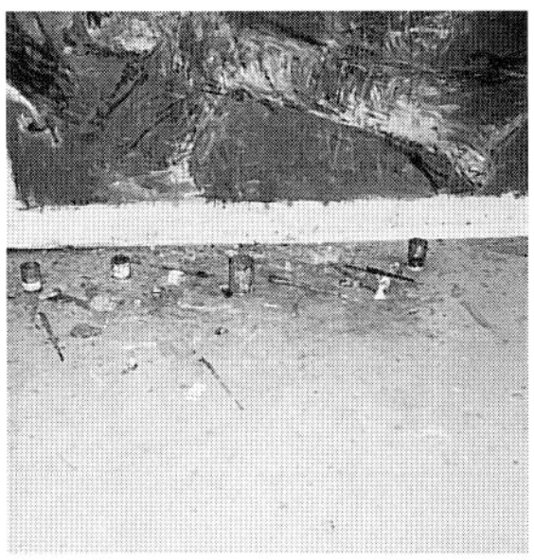

SUSAN ROTHENBERG'S STUDIO / ATELIER, Galisteo, New Mexico, 1995. (PHOTO: BRUCE NAUMAN)

SR: Still true, but with the added perception of actual or imagined events.

JS: And the motion?

SR: I'm pretty much trying to get rid of motion. I didn't have much motion in the recent pictures, did I? Or did I?

JS: It's not so much now the image of figures in motion in space, as the "motion" of the eye itself in the sense of an eye observing—that's scanning, looking, taking in and processing multiple perspectives at the same time. You see the accident, the fact after the motion.

SR: Yes. Like a freeze-frame, like a photograph.

JS: Maybe more like a multiple exposure, freezing the images from several frames simultaneously. Or like someone walking hard with a camcorder in hand, someone who's moving quickly, whose interest is shifting constantly. The resulting images necessarily record quick cuts and shaky bumps.

SR: If they seem that way, that's good.

JS: You describe the awareness of your own legs when you're walking, and all those legs turning up in recent paintings. In YELLOW SKULL KIKI'S LEGS (1993–94), you're describing somebody else—Kiki Smith—as the subject.

SR: That's a narrative painting, basically.

JS: How so?

SR: I don't touch skulls really.

JS: The skulls that you pass, you mean.

SR: I look at them. But Kiki picks them up and caresses them, plays with their teeth.

JS: Your early works offered iconic images, or urgent personal expressions, with an aggressive, sometimes violent, kind of paint-handling. The new works, though often depicting animals killing other animals, violent spills of riders from horses, a hawk about to swoop down on its prey, while not exactly calm or really reportage, do have a detached sense of recording physiological experience. And the overall surface handling seems relatedly de-escalated, diffused. The paint now has a consistency different from either of the types you've ascribed to your paints before. I'm using the Stedelijk as the marker show. Before that you used acrylic paint, which you described as being like yogurt compared to the first oils, which

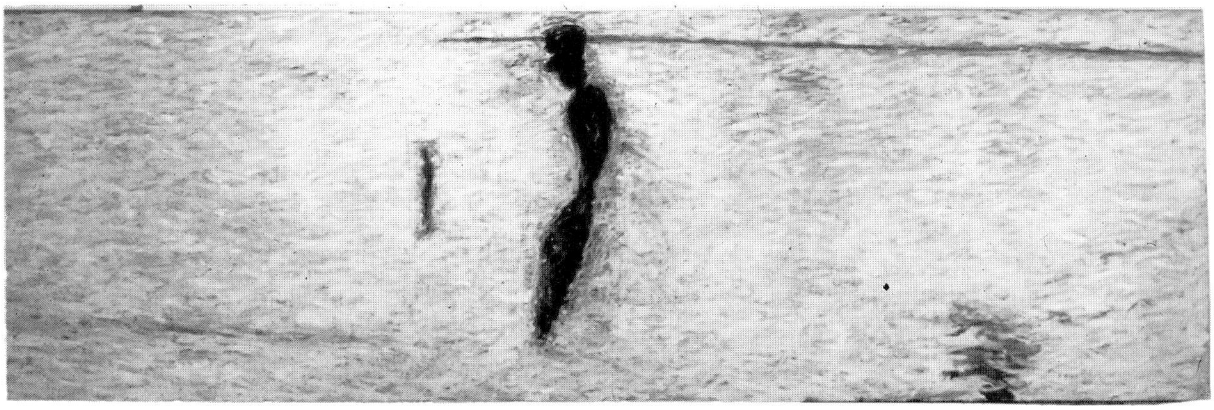

SUSAN ROTHENBERG, TENMEN, 1982, oil on canvas, 60 x 198" /
Öl auf Leinwand, 152,5 x 500 cm.

you described as like working with stiff butter. Now what is the oil paint like?

SR: Plaster, adobe. I'm looking for less modeling, less impasto. I'm looking for painting more like Matisse.

JS: Matisse is a new one for you. Not Giacometti, not Mondrian—

SR: —he's been in there, he's been kind of my dreamboat for a couple of years. The problem with Matisse is I can't ever figure out when he's done a good painting or a bad painting because I don't know how to analyze him. I just know that I like the way that he put it on and I like his airs and forms. They're kind of made out of the same stuff. I did that in a heavy-handed way, I think. He did it in an airy way. It's not necessary to scramble the parts to get what you want. That's what I'm interested in. Lighter touch, less work, less changing, more trust in an earlier state of painting. I think I was trying to be an over-achiever. I'm never satisfied and now I am trusting some of my earlier steps—I don't have to repaint everything. I'm looking for more liquidity and flowing and lightness in painting and less hard brushwork, less flurry.

JS: The most Matissean of the new paintings, in subject, color, and your handling of the paint is GHOST RUG (1994). It's also the odd painting in the recent show. What's this about?

SR: My mother's eyes as she was dying. They were everywhere but no center. Some Navajo saddle blankets have an empty center. They are called "ghost rugs."

JS: In 1990 we talked about something that you didn't know how to do yet that you wanted to do, which was to paint the sound and sight of horses coming in to drink at night, putting their noses in the water tanks. The sound of it, the whooshing sound.[2]

SR: The breath.

JS: In the present show, we see you have in fact figured out how to do it—there are two paintings, BREATH (1993), and HEAD AND HOOF, (1993–94). Is there something in your head at the moment that you don't know yet how to do, but that you want to do?

SR: I'd like images to fly.

My thanks to Eric Fischl, Louise Neri, Ellen Phelan, Pierre Weiss, Johanna Woll.

This interview was conducted by telephone during January 1994.

1) Rothenberg quoted in Grace Glueck, "Susan Rothenberg: New Outlook for a Visionary Artist," *New York Times Magazine*, 22 July 1984, 22.

2) Rothenberg quoted in Joan Simon, *Susan Rothenberg* (New York: Abrams, 1991), 172.

JOAN SIMON

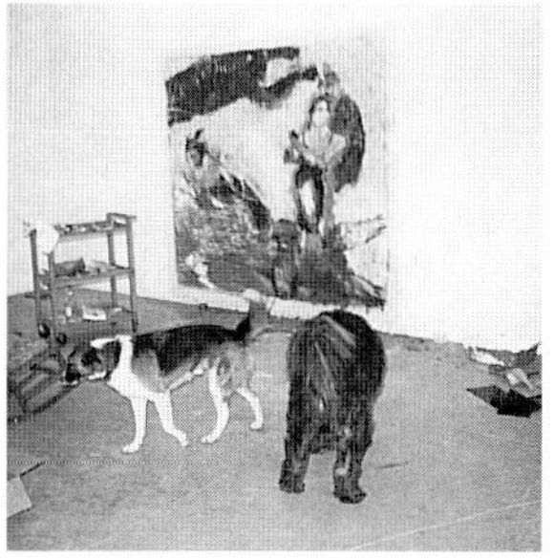

Gehen und Sehen

Ein Interview mit Susan Rothenberg von Joan Simon

JS: Eric Fischl hat neulich nach einem Atelierbesuch bei dir gesagt, du seist die einzige ihm bekannte Künstlerin, «welche die Farbe direkt aus der Tube auf den Pinsel drückt», die «Farbe wie Zahnpasta» verwendet. Warum tust du das?
SR: Aus Ungeduld.
JS: Du mischst die Farbe direkt auf der Leinwand?
SR: Ja. Es kommt selten vor, dass ich den richtigen Ton in der Tube finde. Ausserdem verändert sich jede Farbe beim Auftrag durch die vielen schmutzigen Terpentintöpfe. Wenn ich den Pinsel zur Hand nehme, weiss ich, dass ich einen dunkleren Farbton erhalten werde, als ich ihn aus der Tube gedrückt habe, weil ich den Pinsel zum Beispiel vorher für Schwarz verwendet und dann ins Terpentin gestellt habe. Im Moment sind die meisten Terpentintöpfe rot, weil ich mit achtzehn verschiedenen Rottönen male.
JS: Eric fand es ausserdem ziemlich ungewöhnlich, dass du deine Farben auf dem Atelierfussboden mischst.
SR: Aus irgendeinem Grund habe ich es nie geschafft, eine Palette zu halten. Wenn ich eine Idee habe und sie ausführen will, muss das sehr schnell geschehen. Und wenn ich eine grosse Fläche bearbeite und nicht immer den Weg über Pinsel, Tube, Pinsel, Tube gehen will – manchmal habe ich drei Tuben in der Hand, Grau, Rot und Weiss, weil ich diesen stumpfen Ton anstrebe, der sich daraus ergibt –, dann nehme ich einfach eine grosse Menge Weiss und die anderen Farben und giesse etwas von dem verschmutzten Terpentin gleich auf dem Boden darüber. Dann verarbeite ich es.
JS: Was für Farben verwendest du?
SR: Ich habe zum Beispiel immer gern mit *Holbein Monochrome Cool Nummer 2* gearbeitet. Das ist Grau,

JOAN SIMON ist Kunstkritikerin, Autorin zahlreicher Publikationen und Ausstellungsmacherin. Sie lebt in New York und Paris.

ein kühles Grau. Und *Monochrome Warm Nummer 2* verwende ich auch sehr viel. Was noch? Titanweiss ist die Hauptfarbe. Ausserdem male ich mit den Holbein-Farben, die sich Grau-Grundierung, Grün-Grundierung und Umbra-Grundierung nennen; das ist im Grunde abgetöntes Weiss. Also sie sind wohl eigentlich zum Grundieren gedacht. Aber ich verwende sie überall, wo ich diesen Farbton brauche.

JS: Und was für Pinsel?

SR: Die Pinsel sind hauptsächlich von Filberts. Meist verwende ich Grössen zwischen ein und zweieinhalb Zentimeter. Und zwei grosse Pinsel fürs Grobe. Ich kaufe gute Qualität. Ich brauche kräftige Pinsel, nicht diese süssen kleinen Zobelhaarpinsel, mit denen man das Make-up im Gesicht auftragen kann.

JS: Sonst noch etwas?

SR: Einen fünf Zentimeter breiten, abgeschrägten Rakel.

JS: Wozu brauchst du den?

SR: Mit einer rechteckigen Klinge müsste man den Arm im rechten Winkel zur Leinwand halten. Bei diesem Rakel hingegen kann ich den Arm schräg halten, und wenn ich die Klinge über die Leinwand ziehe, verstreiche ich damit die Farbe. Das ist der richtige Winkel zum Körper. Mit einem rechteckigen Rakel hingegen müsste ich die Ellbogen abspreizen, um die Farbe über eine vertikale Fläche verteilen zu können.

JS: Wie beginnst du ein Bild?

SR: Ich gehe von einer Idee aus. Dann nehme ich ein Stück Leinwand. Das wird an die Wand getackert, nicht zu straff, sondern halbstraff, so dass keine Falten entstehen. Dann wird die Leinwand halbmatt grundiert, manchmal leicht getönt, meist aber nicht. Zu Beginn wird die Leinwand also aufgespannt und grundiert. Wenn die halbmatte Grundierung getrocknet ist, zeichne ich mehr oder weniger sofort etwas darauf, so dass ich eine Vorstellung davon entwickle, wohin ich mit der ersten Farbe will, wo die ersten Dinge hin sollen. Am Anfang trage ich fast alle Farbe mit einem meiner beiden grossen Pinsel auf – oder mit dem Fünf-Zentimeter-Rakel. Zwei Verfahrensweisen habe ich dabei: Die mühseligere besteht darin, zwei oder drei riesige Tuben Titanweiss zu nehmen, einen Rakel und einen Topf mit einigermassen sauberem Terpentin. So überziehe ich die Leinwand erst einmal ganz mit einer relativ dünn aufgespachtelten Farbschicht. Wenn ich hingegen eher unentschlossen und unsicher bin, nehme ich einen schmutzigen Terpentintopf und einen grossen Pinsel und trage einen Film aus einem Terpentin-Farb-Gemisch auf. Auf diese Weise habe ich auch hier mit einem Abdeckmittel eine geschlossene Oberfläche geschaffen, eine Grundfarbe gesetzt, die mir für eine gewissermassen unsichere Malerei die bessere Oberfläche liefert.

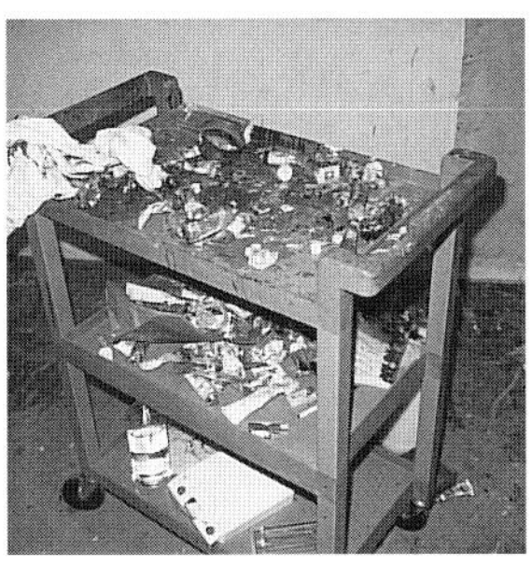

SUSAN ROTHENBERG'S STUDIO / ATELIER, Galisteo, New Mexico, 1995. (PHOTOS: BRUCE NAUMAN)

JS: Vor sechs Jahren begannen deine Aufenthalte in New Mexico. Du scheinst grosses Vertrauen in die Bilder gefasst zu haben, die du dort fandest, und auch in deinen speziellen Umgang mit der Farbe. Du verwendest die Farbe jetzt eher als Struktur denn als «hits» [schlagartiger punktueller Auftrag], wie du das selbst genannt hast. Der Farbauftrag hat sich geändert. Worin siehst du den Unterschied zwischen den Arbeiten von 1990, HEADS AT A TANK (Köpfe am Trog) oder THREE HEADS (Drei Köpfe) beispielsweise, den ersten dieser neuen Pferdeköpfe, und dann der nächsten Serie von 1991/92, in der auch Landschafts-Elemente und Tier-Fragmente auftauchen; sie sind ja eher...

SR: ...schroff.

JS: Und diese neue Werkgruppe?

SR: Eine schwierige Gruppe. Bei den ersten waren mir wohl die Formen echter Pferde noch recht fremd. Ich wollte nicht deutlicher abbilden als bei den Pferden davor; ich hatte gewisse Vorbehalte, dieses Bild wieder aufzugreifen. Dann liess ich mich eineinhalb Jahre lang, anstatt nach New Mexico zu gehen, darauf ein. Die Bilder reduzierten sich auf das, was ich in meiner Umgebung vorfand, und das waren Hunde. Dann die Grösse und das gewaltige

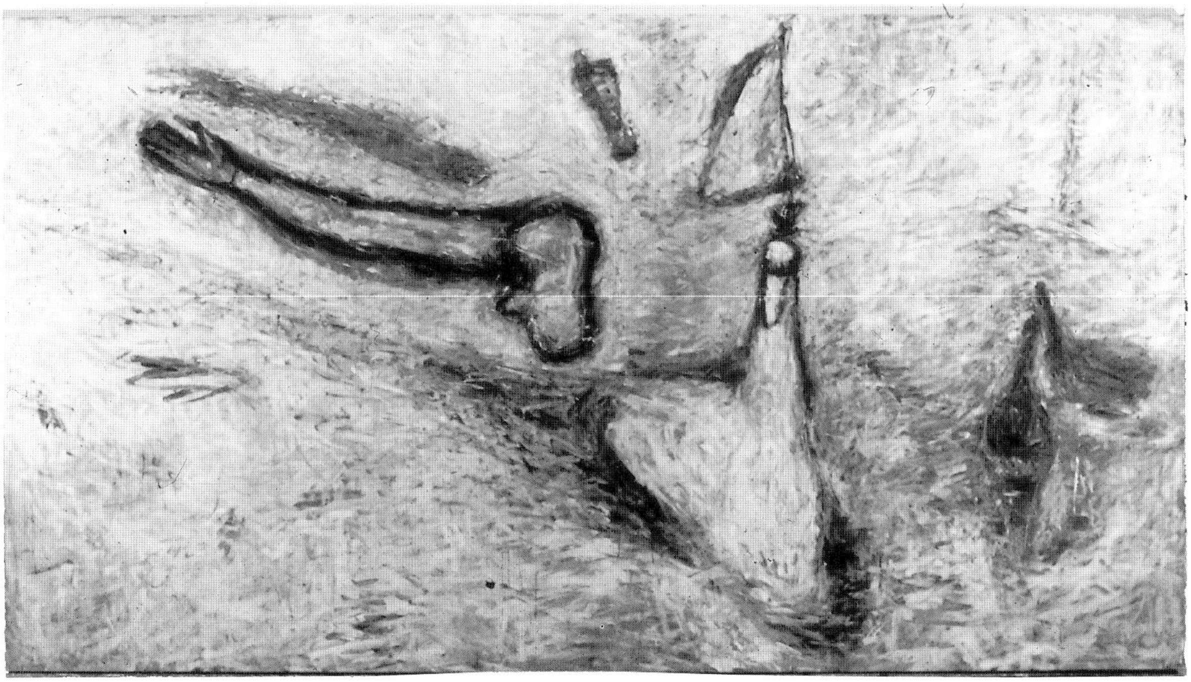

SUSAN ROTHENBERG, WITHALL, 1982, oil on canvas, 65⅛" x 126¾" / Öl auf Leinwand, 165,5 x 322 cm.

Licht, man muss es einfach packen und seiner Grossartigkeit entreissen. Denn meist ist da nur Himmel und Land. So habe ich wie immer nach etwas Beweglichem Ausschau gehalten. Die Hunde, dann die Ausschnitte von Pferden, und dann die Szenen – Hunde, die Kaninchen töten. Wenn man durch dieses Land geht und nicht auf etwas Bestimmtes achtet, wird man sehr aufmerksam auf die eigenen Beine. Immer wieder die Beine.

JS: Die Perspektive, der Ansatz ist jetzt ganz anders.

SR: Das kommt daher, dass ich zum ersten Mal in unebenem Gelände lebe. Ich meine, man geht den Hügel hinauf und wieder hinunter. Und dann die Lebewesen – Kühe, Pferde, Hunde –, immer ist einer neben, über oder unter einem. So begann ich einen Blick dafür zu bekommen. Ich sehe immer nach unten. Da findet man Pfeilspitzen und Scherben und all das Zeug. Ich begann also, zu all diesen Dingen hinunterzusehen. Wenn man da unten im Graben einen Hund laufen sieht, dann sieht man nicht den ganzen Hund, sondern nur seine Oberseite.

JS: Du hast deine Arbeit jetzt als Gehen und Arbeiten, Gehen und Arbeiten dargestellt. In New York war es eher Lesen und Arbeiten, Lesen und Arbeiten.

SR: So war's. Ich und es. Jetzt gibt es mich und es und das Land, es gibt Raum und Licht hier und mich mitten drin. Das ist eine ganz andere Ebene von visueller und räumlicher Erfahrung.

JS: Wie viele Stunden am Tag läufst du draussen herum?

SR: Normalerweise zwei Stunden täglich. Ich glaube, das versetzt mich in eine Art Urzustand. Die Hunde laufen und springen herum. Das macht mir grosse Freude. Ich halte immer die Augen offen in der Hoffnung, Antilopen oder Koyoten zu sehen; jetzt achte ich auch auf Spuren, ich beginne mich allmählich damit auszukennen. Und dann suche ich natürlich immer nach irgendwelchen Gegenständen. Dabei bekomme ich richtig gute Laune. Und ich vergesse meine übliche Gereiztheit.

JS: Bei dem, was dir so alles begegnet, spielt ja auch der Zufall eine Rolle.

SR: Manchmal überkommt mich so ein Gefühl, wenn ich da draussen bin. Richtige Phantasie-«Attacken» sind das, geradeso als gäbe es eine Kommunikation, ein geheimes Verständnis mit den Menschen, die hier lebten. Etwas passiert, wenn ich ihre Ruinen besuche, ihre Häuser, ihre Mitteilungen, wenn ich etwas finde, das sie hergestellt haben, und mich darüber wundere, und wenn ich spüre, wie etwas entstanden ist, wie es meine Hand ausfüllt, ich meine die handfest sinnlichen Aspekte. Gestern fand ich eine wunderschöne Knochenahle. Sie ist nur 13 Zentimeter lang und an einem Ende wie ein Paddel geformt; da lagen Finger und Daumen, während der Rest wie eine Stricknadel ganz spitz zuläuft. Wunderbares Handwerk. Das fühlt sich in der Hand geradezu himmlisch an.

JS: Werden dir jetzt subtilere Formen und Gegenstände bewusst, die du vorher übersehen hast, zumal du deine Kenntnisse in den Jahren zuvor aus Büchern und Gesprächen mit Archäologen und Anthropologen erworben hast? Ich denke an die Tonscherben, die du früher gefunden und gestapelt hast, um sie später wie ein Puzzle zusammenzusetzen, oder die Perlen im Vergleich zu den weit abstrakteren und gewöhnlicheren Steinen, die für ganz unterschiedliche Zwecke benutzt wurden; oder die ebenfalls abstrakte kleine Figur oder die Ahlen. Ist es Zufall, dass du auf diese Dinge gerade jetzt stösst?

SR: Nun ja, wenn man jeden Tag zwei Stunden über dieselbe Wiese läuft und die Kaninchen aktiv sind… Die meisten Sachen finde ich neben Hasenlöchern. Kaninchen graben sich nämlich jeden Tag von neuem in ihre Löcher ein und wieder aus. Dabei verteilen sie Tonscherben und Knochen rundherum, Kohlestücke und versengte Maiskörner. Und nach den Kaninchen kommen die Hunde und graben noch mehr aus.

JS: Du beschreibst eine fast organische Vorgehensweise. An anderer Stelle hast du gesagt, dass du nicht gräbst und das auch weiterhin nicht vorhast, sondern statt dessen die Augen offenhältst für das, was der Regen an die Oberfläche schwemmt, was die Erosion zutage fördert, und jetzt auch für das, was Tiere ausgraben.

SR: Ich bohre kleine Löcher, wenn ich zwei Stücke eines Gefässes aus dem Boden ragen sehe. Dann suche ich die Umgebung nach mehr ab. Am Ende verschliesse ich die Löcher meist wieder. An einem Ort mache ich eine richtige Grabung. Es ist eine Fläche von zweieinhalb auf drei Meter, und ich werde sie wieder ganz zuschütten. Es ist im historischen Teil des Pueblos, das heisst, aus der Zeit nach der Ankunft der Spanier, nicht im prähistorischen Teil. Ich habe dort acht Ahlen gefunden.

JS: Wo hast du mit deinen Nachforschungen begonnen?

SR: In kleinen Bildlexika, wie man sie in Museums- oder Touristenläden findet. Titel wie «Gebrauchsgegenstände der Indianer» zum Beispiel. Dann habe ich Bücher über das Töpferhandwerk gekauft und nachgesehen, was aus welcher Zeit stammt. Die Beschreibungen von Farbstoffen, Brennvorgängen, Oxiden und so weiter haben mich gelangweilt. Sie reduzieren die Gefässe auf Glasierung A, B, C, D und so weiter, um sie datieren zu können. Das interessiert mich aber überhaupt nicht.

JS: Welche Schriften waren wichtig für dich? Du bist mit deinen Studien ja über die anfänglichen Lexika weit hinausgegangen.

SR: Zwei Archäologen, die auf diesem Gebiet gearbeitet haben, spielten eine Rolle. Zum einen Bertha Dutton, deren Aufzeichnungen uns nicht zur Verfügung stehen, weil sie sie nicht veröffentlichen wollte. Sie ist gerade im Alter von neunzig Jahren gestorben. Und Nils Nilssen, der 1912 hier und in fünf anderen Pueblos in Galisteo seine Forschungen betrieb; seine Funde bezeichnete er allerdings als «von geringem Interesse, mittelmässig». Einige dieser Stücke sah ich letzten Herbst im New Yorker Naturkundemuseum. Sie sind kaum kunstvoller als das, was ich gefunden habe. Er hat in etwa zwanzig Räumen hier gegraben. Die meiste Unterstützung bekam ich von Catherine Cameron. Sie stammt aus Denver, und ich traf sie im Naturkundemuseum. Sie hat mir eine Literaturliste zusammengestellt, und ich habe mir einige der Bücher besorgt. Sie besuchte mich hier und schickte mir dann noch weitere Artikel.

JS: Die Bilder in deiner jüngsten Ausstellung haben viel gemein mit den Arbeiten, die du 1982 im Stedelijk Museum gezeigt hast. Da gab es die vielfältigen Resultate deines Wechsels von der Öl- zur Acrylfarbe zu sehen. Die Bilder waren zwischen dreissig Zentimeter und viereinhalb Meter breit und von sechzig Zentimeter bis zwei Meter neunzig hoch. Du hast mit Bruchstücken gearbeitet, Körperteilen, Schiffen, Tieren, alles in der Schwebe, alles in Bewegung. Zum ersten Mal kamen bei dir nicht mehr nur Reflexionen auf das Innenleben vor, sondern auch Beobachtungen aus dem Alltag. Und du hast das alles irgendwie vermengt. Vor allem denke ich da an WITHALL, 1982.

SR: Auch die Bilder im Stedelijk sind aus dem Leben in der Natur entstanden. Viele dieser Bilder – die Schwäne, die Boote – stammen aus dem Sommer auf Long Island. Ich glaube, wenn ich mich draussen aufhalte, bekomme ich einen besseren Kontakt zu dem, was wichtig für mich ist. Draussen tut sich soviel. Manchmal versucht man alles hineinzupacken, und dann stellt man fest, dass es viel zu viel ist. Also konzentriert man sich auf das Bild selbst, das seine eigenen Gesetze hat; und die haben nichts mit dem zu tun, was man ursprünglich gesehen hat.

JS: Die Zusammensetzung der Bilder in der «Accident»-Reihe von 1992/93 scheint mit der in WITHALL verwandt zu sein, mit YOGA TEACHER, 1992/93, und mit deiner Arbeitsweise in TENMEN von 1982…

SR: …Körper im Raum.

JS: Und dem kleinen Bild von den Händen, die Zügel halten (HOLDING REINS, 1993/94), sowie MAGGIE'S CARTWHEEL, 1981/82…

SR: …ja, durch die Welt ziehen.

JS: Gibt es zur Zeit irgendeinen anderen Künstler, der dich so fasziniert, wie Mondrian es Mitte der 80er Jahre tat?

SR: Velázquez und Goya haben mich sehr beeindruckt, als ich letztes Jahr in Madrid war. Aber die drei Bilder, an denen ich gerade arbeite, sind wie ein Alter Ego, eine spanische Tänzerin. Sie sind ganz anders als die Bilder in der Ausstellung. Die Hunde sind zwar auch wieder dabei, und Bruce's Bärenfell auch. Aber die Szene spielt sich nicht draussen, sondern in einem Raum ab.

JS: Könntest du näher erklären, warum Goya und Velázquez wichtig für dich sind?

SR: Es waren Velázquez' Studien zu LAS MENINAS; die Portraits haben es mir angetan. Er hat sie mit einem wundervollen Rot unterlegt. Dabei handelt es sich um Fleischfarbe, venezianisches Rot und Indischrot. Aus den Rottönen hat er eine Menge Fleischtöne hergeleitet. Dieses Rot verwende ich jetzt; es ist ähnlich wie die Rosa-, Rot- und Fleischtöne der frühen Pferde, aber intensiver. Ausserdem kann man bei Velázquez die Pentimente erkennen. Ich weiss nicht genau, ob er das beabsichtigt hat, oder ob das durch die Alterung der Oberfläche zum Vorschein gekommen ist. Man sieht ganz deutlich, wo König Philipps Bein zuerst war und wo es jetzt ist. Immer wieder kleine Verschiebungen: ist das Bein am falschen Ort, kommt es eben woanders hin. Goya interessierte mich vor allem wegen seiner reichen Schwarztöne – nicht die «Schwarzen Bilder», sondern seine schwarze Farbe. Irgend etwas an Goya hat mich richtig krank gemacht. Ich weiss nicht, was es war. Es ging also um Formales. Was für Farben hat man damals verwendet und warum? Welches Schwarz, Rot, Weiss kann ich gebrauchen?

JS: Du hast einmal gesagt, dass du in deiner Malerei versuchst, «einen Augenblick einzufangen, einen Augenblick, der ein Gefühl sichtbar macht».[1)]

SR: Ja, das stimmt immer noch. Aber hinzu kommt die Wahrnehmung von tatsächlichen oder imaginierten Ereignissen.

JS: Und die Bewegung?

SR: Die versuche ich mehr oder weniger loszuwerden. In diesen Bildern gibt es nicht viel Bewegung. Oder doch?

JS: Es handelt sich nicht so sehr um Figuren, die sich im Raum bewegen, sondern vielmehr um die «Bewegung» des Auges selbst, wenn es beobachtet, das heisst, wenn es viele Perspektiven gleichzeitig registriert, erkennt, überprüft und bearbeitet. Man sieht das Ereignishafte, den Tatbestand nach der Bewegung.

SR: Ja, wie ein eingefrorener Augenblick, ein Photo.

JS: Vielleicht eher wie eine Mehrfach-Belichtung – eingefrorene Bilder von unterschiedlichen Situationen gleichzeitig. Oder wie jemand, der mit einer Recorder-Kamera in der Hand herumläuft, jemand, der sich schnell bewegt, dessen Interesse sich ständig verschiebt. Dabei kommen unwillkürlich

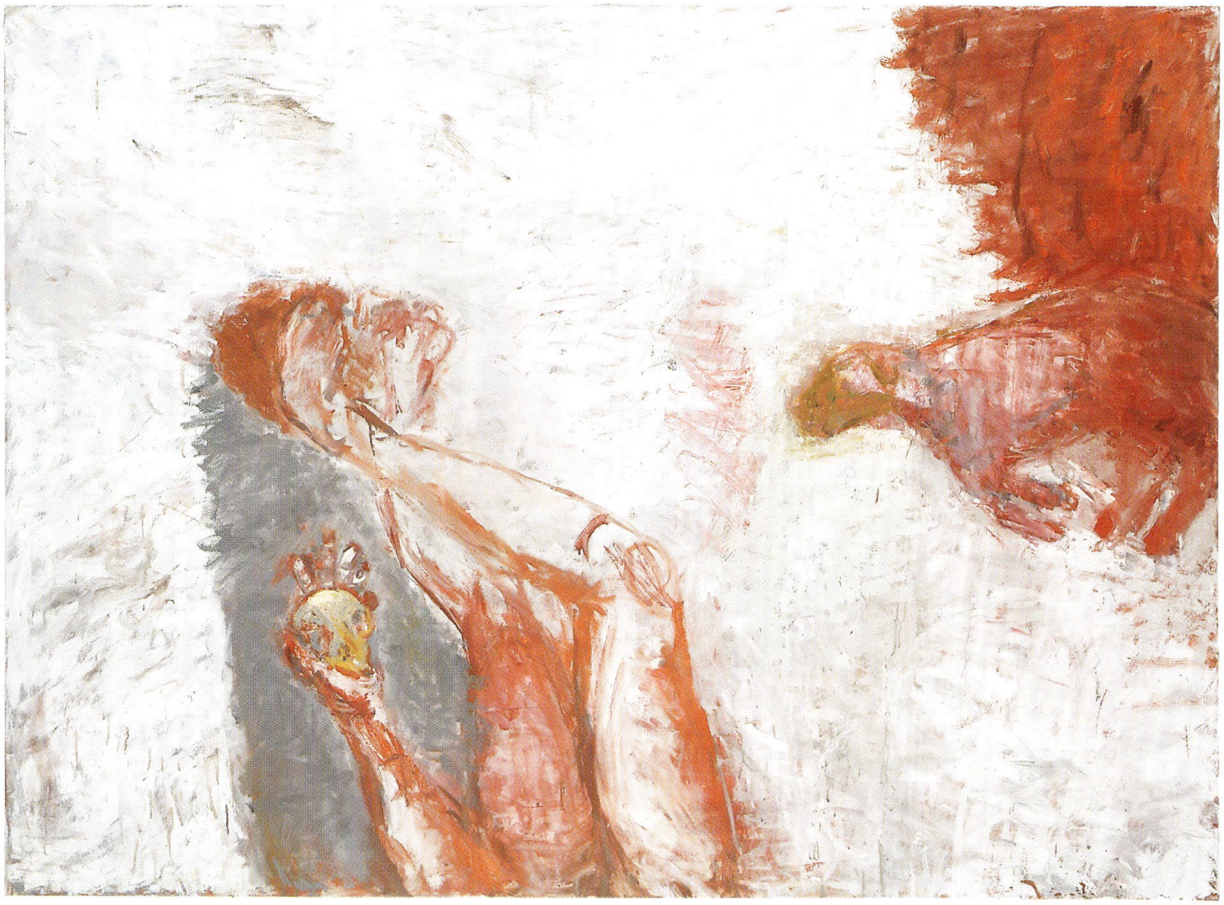

SUSAN ROTHENBERG, YELLOW SKULL (KIKI'S LEGS), 1993–94, oil on canvas, 61¼ x 85½" / GELBER SCHÄDEL (KIKIS BEINE), Öl auf Leinwand, 156 x 217 cm.

solch schnelle Schnitte und heftige Stösse heraus.

SR: Wenn sie so wirken, ist das gut.

JS: Du hast beschrieben, dass du beim Gehen deine eigenen Beine wahrnimmst, und in den neueren Bildern tauchen ja auch immer wieder Beine auf. In YELLOW SKULL KIKI'S LEGS von 1993/94 beschreibst du allerdings jemand anderen – Kiki Smith.

SR: Das ist eigentlich ein narratives Bild.

JS: Inwiefern?

SR: Ich fasse die Schädel selbst nicht an.

JS: Du meinst, die Schädel, an denen du vorbeikommst.

SR: Ich schaue sie nur an. Aber Kiki hebt sie auf und streichelt sie, spielt mit den kleinen Zähnen.

JS: Deine früheren Werke waren ikonische Bilder oder unmittelbar persönlicher Ausdruck mit einem gewissermassen aggressiven, manchmal auch gewalttätigen Umgang mit der Farbe. Die neuen Bilder zeigen zwar oft Tiere, die andere Tiere töten, Reiter, die vom Pferd stürzen, einen Falken, der auf sein Opfer hinabstösst. Dabei sind sie nicht unbedingt ruhig oder reportagehaft, aber sie vermitteln doch eher die unbeteiligte Haltung desjenigen, der eine physiologische Erfahrung wiedergibt. Entsprechend distanziert und verschwommen wirkt denn auch die Behandlung der Oberfläche. Die Farbe selbst ist ganz anders beschaffen als alles, was du bis dahin aus deinen Farben herausgeholt hast. Ich gehe jetzt mal von der Stedelijk-Schau aus. Davor hast du Acrylfarbe verwendet, die du als Joghurt im Vergleich zu den ersten Ölbildern bezeichnet hast, die dir wiederum vorkamen, als hättest du mit harter Butter gearbeitet. Womit würdest du jetzt die Ölfarbe vergleichen?

SR: Gips, Lehm. Ich will weniger Plastizität, weniger Impasto. Ich würde gern eher wie Matisse malen.

JS: Matisse ist neu bei dir. Nicht Giacometti, nicht Mondrian…

SR: …er ist schon seit ein paar Jahren da, er war für mich eine Art heimliches Idol. Das Problem bei Matisse ist, dass ich nie genau weiss, ob ein Bild gut oder schlecht ist, weil ich nicht weiss, wie ich ihn analysieren soll. Ich weiss nur, dass ich die Art seiner Malerei mag, seine Stimmungen und Formen. Sie sind gewissermassen aus demselben Stoff. Ich glaube, ich habe sehr mühevoll daran gearbeitet, er dagegen leichthin. Es ist gar nicht nötig, die Einzelteile durcheinanderzubringen, um das Ziel zu erreichen. Das ist es, was mich interessiert. Leichterer Umgang, weniger Arbeit, weniger Veränderung, mehr Vertrauen in eine frühe Phase des Malens. Ich glaube, ich war viel zu angestrengt bemüht. Nie war ich zufrieden, und jetzt vertraue ich auf einige meiner früheren Schritte, ich muss nicht mehr alles übermalen. Ich strebe eine grössere Flüssigkeit an, Fluss und Leichtigkeit in der Malerei anstelle von harter, hektischer Pinselarbeit.

JS: Dein in Thema, Farbigkeit und Farbauftrag am stärksten an Matisse erinnerndes Bild ist GHOST RUG von 1994. In der jüngsten Ausstellung ist es auch das eigenartigste Bild. Was hat es damit auf sich?

SR: Die Augen meiner Mutter, als sie starb. Sie waren überall und fanden keinen Fixpunkt. Einige Navajo-Satteldecken haben ein Loch in der Mitte. Man nennt sie «ghost rugs».

JS: 1990 haben wir über etwas gesprochen, von dem du noch nicht wusstest, wie du es realisieren solltest. Du wolltest das Geräusch und den Anblick von Pferden malen, die abends in den Stall kommen und saufen, ihre Nasen in den Wassereimer stecken. Das Schnauben, das dabei zu hören ist.[2)]

SR: Der Atem.

JS: Bei der gegenwärtigen Ausstellung ist zu sehen, dass du tatsächlich einen Weg gefunden hast. Es gibt zwei solche Bilder, BREATH von 1993 und HEAD AND HOOF von 1993/94. Hast du zur Zeit etwas im Kopf, von dem du ebenfalls noch nicht weisst, wie du es umsetzen sollst?

SR: Ich möchte, dass die Bilder fliegen.

Ich danke Eric Fischl, Louise Neri, Ellen Phelan, Pierre Weiss und Johanna Woll.

Das Interview mit Susan Rothenberg wurde am 16. Januar 1994 telephonisch geführt.

(Übersetzung: Nansen)

1) Rothenberg zitiert nach Grace Glueck, «Susan Rothenberg: New Outlook for a Visionary Artist», *New York Times Magazine*, 22. Juli 1984, S. 22.

2) Rothenberg zitiert nach Joan Simon, *Susan Rothenberg*, New York, Abrams 1991, S. 172.

SUSAN ROTHENBERG'S STUDIO / ATELIER, Galisteo, New Mexico, 1995. (PHOTOS: BRUCE NAUMAN)

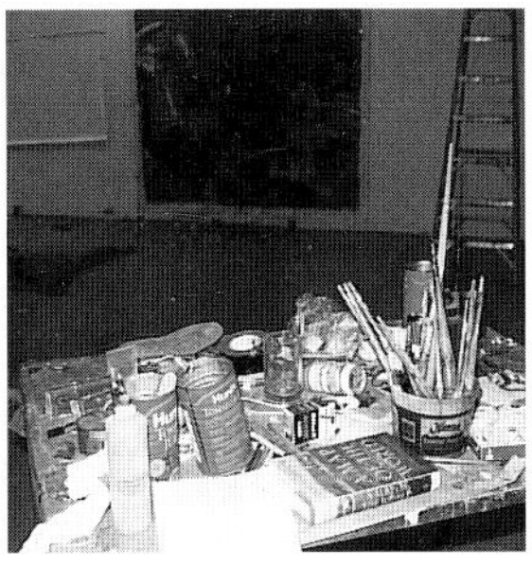

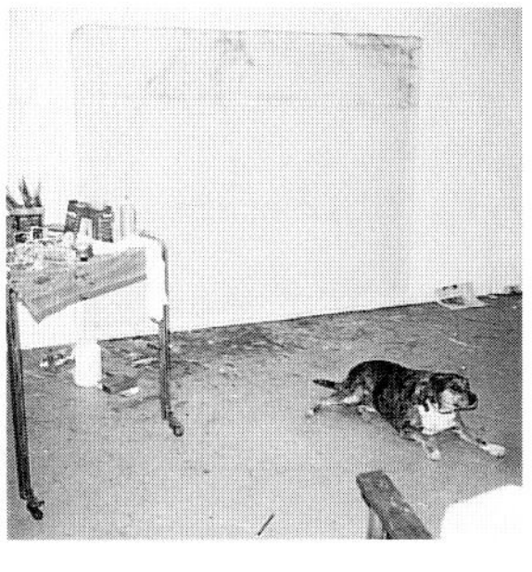

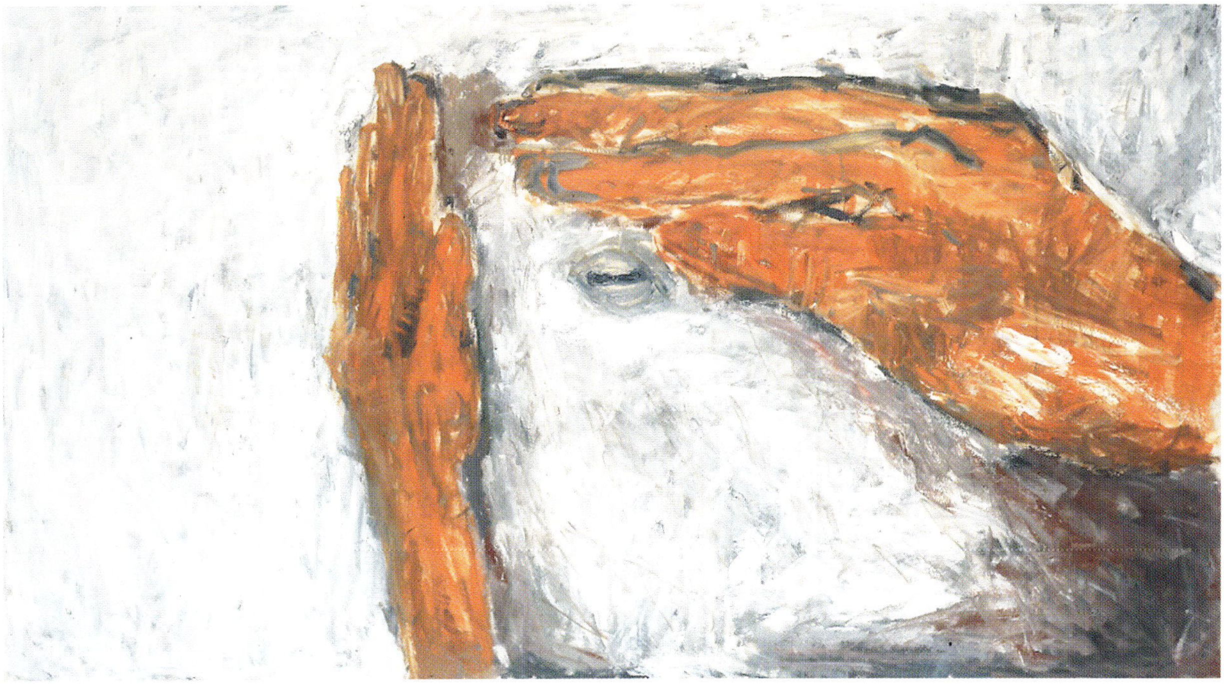

SUSAN ROTHENBERG, GOAT EYE, 1991, oil on canvas, 39 x 72½" / ZIEGENAUGE, Öl auf Leinwand, 99 x 184,2 cm.

EDITION FOR PARKETT

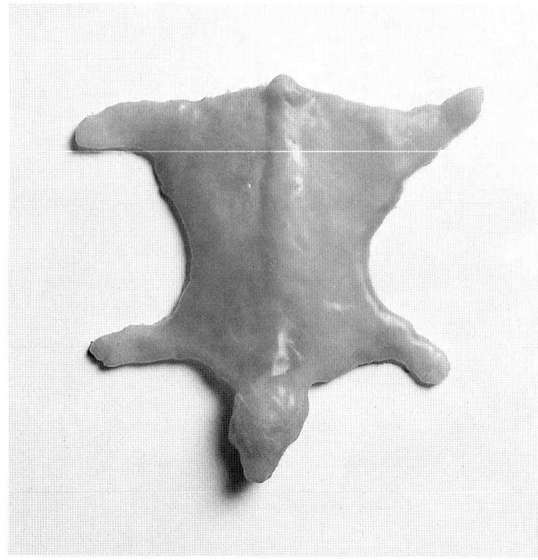

Susan Rothenberg

Bear Skin Rug, 1995

Synthetic latex
$12\frac{1}{4}$ x $12\frac{1}{2}$ x 2”
Edition of 70,
signed and numbered

Bärenhaut Teppich, 1995

Synthetischer Latex
31 x 32 x 5 cm
Auflage: 70,
signiert und numeriert

PHOTOS: MANCIA/BODMER

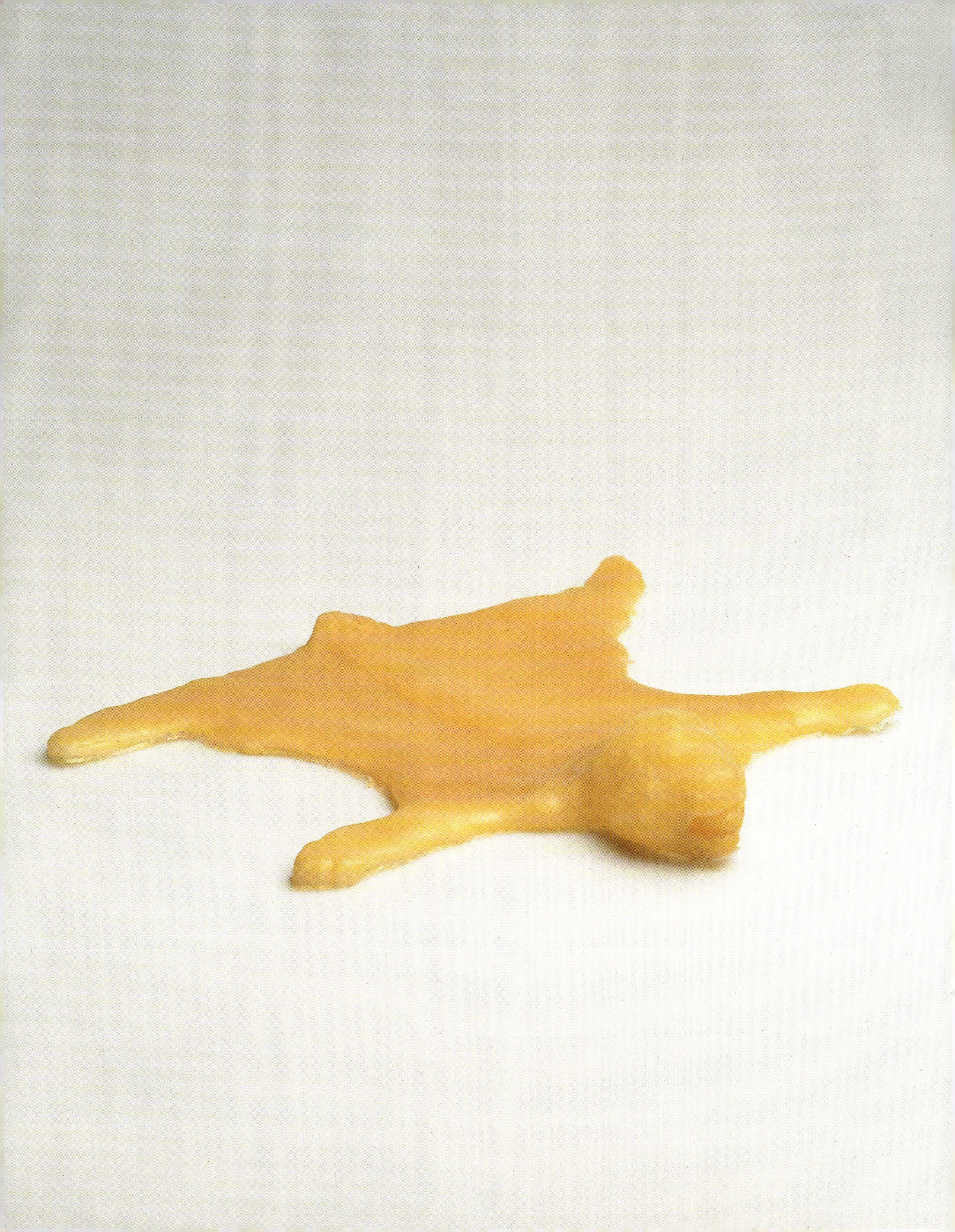

FABRICE HYBERT · HANS-ULRICH OBRIST

Unter-Haltung – Inter-View

Glossar

Précis (Übersicht): Verschiedene Filmdekors, unter anderem ein Hotelzimmer in Kairo, das Büro einer Import-Export-Firma in Kairo, ein Atelier in einer europäischen Stadt und ein freier Raum für die Techniker des Films. Das Dekor befindet sich im Halbdunkel und ist nur bei den Ausgängen schwach beleuchtet.

Story-Board (Drehbuch): Eine Serie von Zeichnungen, die ab 1981 zusammenkamen und die Handlung eines Drehbuchs aufnehmen, dessen Niederschrift 1988 begann. Es handelt von einem Helden, der auf jedem Bild ein neues Gesicht trägt und immer schneller zu immer neuen Berufen übergeht.

U. R. (Unlimited Responsibility): Aktiengesellschaft mit unbeschränkter Haftung, deren Ziel es ist, materielle und immaterielle Produkte zu vertreiben. Der Geldfluss erlaubt die Finanzierung von verschiedenen Untersuchungen.

Oumeurt (Das Oder stirbt): Titel einer Reihe von fünf Büchern mit dem Briefwechsel zwischen Fabrice Hybert und Hans-Ulrich Obrist. Der zweite Band erscheint im Frühjahr 1995 in Paris.

Traduction (Übersetzung): Gleichzeitig Skulptur und Ereignis; TRADUCTION besteht aus einer Seife von 22 Tonnen Gewicht, die in einen Kippwagen gegossen wurde. Gleichzeitig ist TRADUCTION der Titel einer Reise derselben Seife in mehrere Supermärkte.

Hybertvitesse (Hybert-Geschwindigkeit): Titel eines Tisches, auf dem eine Meeresbucht gezeichnet ist, an deren Ufer ein Gebäude, ein Zug und eine Mauer (eine zerfallene oder eine im Aufbau begriffene?) gezeichnet sind. Die nebeneinandergestellten Elemente auf diesem Tisch setzen eine neue Definition von Geschwindigkeit in Szene. Diese einzigartige, telepathische Geschwindigkeit beinhaltet nicht mehr eine Vorstellung von Verschiebung, sondern eher eine von der Verdauung der Angaben (Verdauung im Sinn von Verarbeitung und Vermischung).

FABRICE HYBERT ist Künstler und Poet. Er lebt in Nantes. Einzelausstellungen 1995: Musée d'Art moderne, Paris; Musée d'Art moderne, St. Etienne; Jack Tilton Gallery, New York; Galerie Froment-Putman, Paris.

HANS-ULRICH OBRIST ist ein vielseitiger Ausstellungsmacher aus Zürich. Seine jüngsten Projekte sind *Cloaca Maxima* in Zürich, die Ausstellungsreihe *Migrateurs* im Pariser Musée d'Art moderne, die Mitarbeit am *Museum in Progress* in Wien sowie die Ausstellung *Take me (I'm yours)* in der Serpentine Gallery, London.

H-UO: Müssen deine Werke noch geschützt und konserviert werden?

FH: Wichtig ist mir vor allem die doppelbödige Aktion, die sich zwischen verschiedene Schichten einschmuggelt. Aber auch das Sedimentieren – im Sinne eines Festhaltens von Bildern – ist mir wichtig. Jedes Bild nimmt das vorherige auf. Das Gedächtnis ist ganz fundamental, weil es sich dabei genau um das Gegenteil eines inaktiven Archivs handelt.

H-UO: Was verstehst du unter «zwischen verschiedenen Schichten»?

FH: In meiner Arbeit PRÉCIS von 1993 zum Beispiel war die Ausstattung ganz im Dunkeln. Der Film ist das Dunkel, und alle Bilder können ins Dunkle hineingesehen werden. So entsteht das Fliessen zwischen Schichten. Das Paradoxon besteht darin, das Bild im Dunkeln zu sehen.

H-UO: Deine Arbeit STORY-BOARD (1981–1993), Zeichnungsserie und Drehbuch, kann man als die Matrix von U.R. bezeichnen.

FH: STORY-BOARD ermöglicht es, Keimzellen eines Katalogs von potentiellen Produkten zu zeigen, Produkte im materiellen wie im immateriellen Sinn. STORY-BOARD hat eine doppelte Funktion: Es ist auch die Basis für einen Film: die dehnbare Matrix von U. R. und zugleich der wachsende Stoff für einen Film mit einem gesichtslosen Helden. Damit man ihn nie erfassen und ausfindig machen kann, ändert der Held dauernd seinen Beruf, vom Bauern zum Architekten, zum Prothesenhersteller zum Übersetzer, dann zum Schlangenmenschen usw.

H-UO: Hybrid und quer durch alle Schichten. Das führt zur Vermischung der Arten, zum Zwitter.

FH: Der Held ist eher ein Schmuggler.

H-UO: Von Zeichnungen über Bilder zum Film kündigt sich in STORY-BOARD eine grosse Anzahl Produkte an. Wie triffst du die Auswahl?

FH: Die Welt verlangt keine Auswahl. Ein Verzeichnis herzustellen ist nicht meine Aufgabe. Was zählt, ist die ständige Umwandlung des Gegebenen. Produkte entstehen aus Spekulationen über ihre Funktionen und Eigenschaften. Mit einem Produkt, das aus dem Derivat eines anderen hervorgegangen ist, kann man auch auf etwas stossen, das bereits existiert. Ein Produkt geht oft in einem anderen auf, wie Werke und Systeme ineinander aufgehen können.

H-UO: Das Oder stirbt *(Oumeurt)*.

FH: Die Auswahl entwickelt sich sedimentär, der einen folgt die andere, und sie verändert sich. Das Oder stirbt in der Gegenwart und wird zu einem *Sowohl-als-Auch*.

H-UO: Es gibt die Idee der Eisberge, die von der Arktik bis nach Arabien gezogen werden, um dort frisches Wasser zu liefern. Daran erinnert mich deine Arbeit TRADUCTION. Diese zweiundzwanzig Tonnen schwere und somit grösste Seife der Welt wurde zuerst im Rahmen einer Kunstausstellung gezeigt. Sie kündigte dort ihr potentielles Gleiten an, das sich später in ihrer Reise verwirklichte, als sie in zahlreichen Supermärkten gezeigt wurde. Die gigantische Seife gleitet hin und her zwischen privatem und öffentlichem Bereich, zwischen innen und aussen.

FH: TRADUCTION entstand aus meinem Bedürfnis anzuhalten, um mir selbst beim Machen zuzuschauen: Es ist ein Selbstporträt. Wenn ich manchmal anhalte, fühle ich ein seltsames, anhaltendes Gleiten, das den Körper erfasst, das aber auch den Hang zur Flucht spürbar macht, wie eine Seife zwischen den Händen. Mit TRADUCTION wurde mir auch klar, dass dieses scheinbar gigantische Werk in der

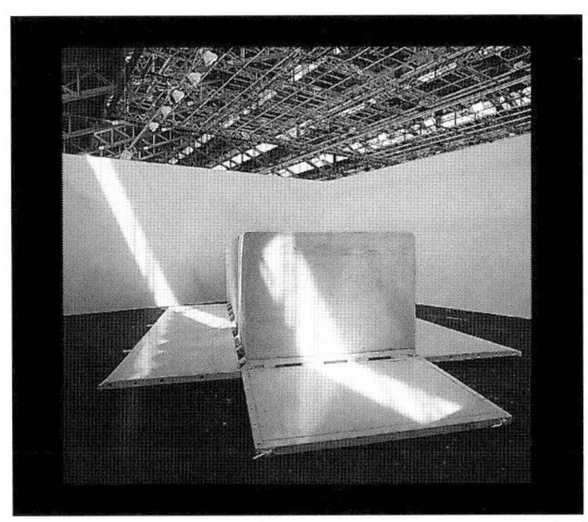

FABRICE HYBERT, TRADUCTION, 1991, Seife (Savon de Marseille) in weissem Stahlcontainer (Gussform), 170 x 700 x 250 cm / TRANSLATION, soap, molded in a white steel container, 66⅞ x 275⅝ x 98⅜". (PHOTO: GALERIE ARLOGOS, NANTES)

Ausstellung gar nichts Grandioses mehr hat: Die Oberkante der Seife reicht nicht mal über meine Augenhöhe hinaus. Im Vergleich zur Grösse des Lastwagens, auf dem sie transportiert wird, wirkt sie lächerlich. Das Werk hat keinen exakten Ort. Vielleicht macht gerade das das Werk aus.

H-UO: Parallel zur Reise der Seife hat deine Beschäftigung mit deinem Haus begonnen.

FH: Als ich zu diesem Haus kam, einem Bauernhof, teils aus dem 19. Jahrhundert, teils aus den 70er Jahren, beschloss ich, sein Potential als Ort für den Austausch zu nutzen. Zusammen mit anderen Künstlern wurden Projekte erarbeitet. Man stelle sich vor, wie ein Künstler auf die Fragen architektonischer Konstruktion oder auf die Schemen der Wasserzirkulation reagiert... Vielleicht verliert dabei das Haus seine Mauern und sein Dach.

H-UO: Wie steht es mit EXCURSION, diesem kleinen vakuumverpackten Bild mit dem grünen Punkt? Der Grünton schwebt zwischen natürlich und künstlich. Eine Pariser Bäckerin antwortete einmal auf meine Frage nach dem grünsten Objekt in ihrem Laden: «Wir haben nichts Grünes, wir benützen nur Naturprodukte!»

FH: Die einzige Besessenheit, die ich aufrechterhalte, ist, dass ich nur grüne Farbe benutze, um meine freischwebenden Gedanken in eine Struktur zu bringen. Das rührt von meiner ersten Ausstellung «Mutation» im Jahre 1986 her, für welche ich ein kleines Büchlein machte, dessen grüner Umschlag durch seine Künstlichkeit auf die Notwendigkeit hinwies, natürliche und künstliche Daten in die Arbeit zu integrieren. Mutation bedeutet für mich irreversible Veränderung, eine Art Chemie, die eine Antwort auf alle Anpassung, sture Leidenschaft und inaktive Ansicht liefert.

H-UO: U.R., die Aktiengesellschaft mit unbeschränkter Haftung, hat kein Logo.

FH: U.R. ist ohne Bild. Ein aktives Unternehmen soll sich nicht durch sein Bild behaupten, sondern durch Aktionen in Zwischenbereichen: so wie der Held des Films in STORY-BOARD ständig seinen Beruf ändert, sobald er sich in einer Rolle oder vorgezeichneten Perspektive gefangen fühlt, oder einfach dann, wenn seine Aktion eine Reaktion auslöst. Nicht zufällig entstand U.R. während des Planens einer Reise nach Ägypten, als mir die islamische Denkweise gegenüber bildlicher Darstellung, die Bilderfeindlichkeit, bewusst wurde. Ich wollte in Ägypten nicht einfach mit Objekten arbeiten, sondern Dialoge führen. Der Sinn dieser Reise lag darin, etwas Fliessendes zu schaffen.

H-UO: U.R. plant weitere Dialoge mit andern individuellen und kollektiven Unternehmen. U.R. ist sowohl Produktion wie auch Vertrieb. Geht es um etwas Neues oder einfach um die Neuaufteilung und Neuverteilung, um neue Verhandlungen über bereits verfügbare oder existierende Bestandteile? Wie verändert das Gleiten der Identitäten die Ideen, ihren Austausch und die wirtschaftlichen Beziehungen?

FH: Es geht vor allem um eine Umverteilung! Es ist ein Fluss zwischen Fiktion und Realität.

H-UO: Wie willst du Unruhe stiften?

FH: Allein der Name U.R. des Unternehmens ist subversiv. Er ist die phonetische Umkehrung von *roue* (Rad): RU. Die Folgen der Erfindung des Rades haben zu allen Arten von ökologischen und politischen Störungen geführt. Mein Ziel liegt in entgegengesetzter Richtung, daher der Name U.R.

H-UO: U.R. wird immer unvollendet bleiben.

FH: U.R. ist nicht ein Kunstwerk, sondern der Träger einer Aktion...

H-UO: U.R. öffnet die Türen für eine leidenschaftliche Ökonomie, wo die Verantwortung und das Verlangen zusammenfallen.

FH: Das ist die *Hybertvitesse*. Ein im tiefsten Sinn einzigartiger Zustand, mit eigener Geschwindigkeit. Es ist wie eine Umverteilung festlegen, deren Vokabular schon vorhanden ist, aber sich in permanenter Verwandlung befindet. Eine Form gibt es, damit sie verwandelt, geopfert wird.

H-UO: Pierre Klossowski fragt in *La monnaie vivante:* «Bilden die ökonomischen Normen ihrerseits nur eine Substruktur der Gefühle, oder sind sie die letztmögliche Infrastruktur, und, falls es sich um diese letzte Infrastruktur handelt, stützt sie sich auf das affektive und triebhafte Verhalten?»

FH: Das Unternehmen beginnt zu funktionieren, ich werde sehen, welche Wirkung das auslöst und was ich noch beitragen kann.

(Übersetzung: Katharina Bürgi)

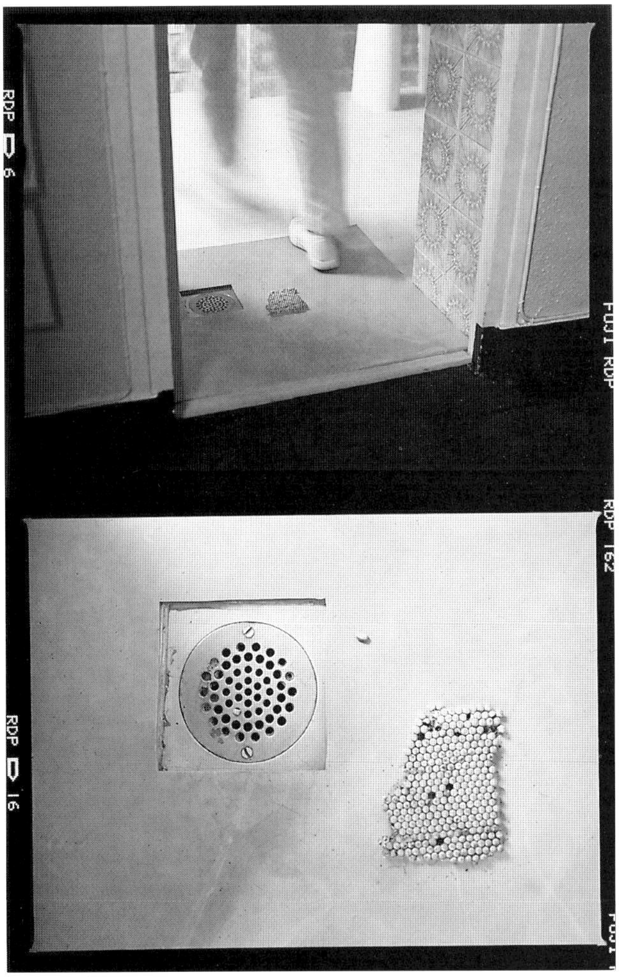

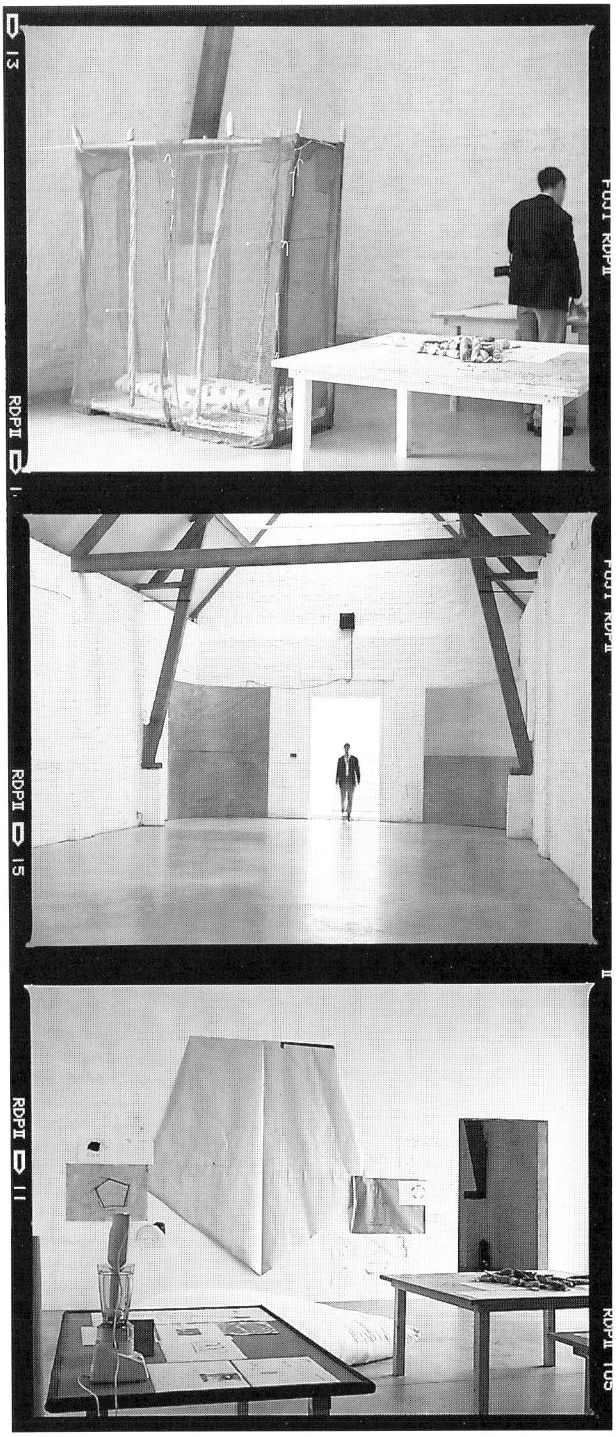

Oben / above:
FABRICE HYBERT, POF
(PROTOTYP EINES OBJEKTS IN FUNKTION /
PROTOTYPE OF AN OBJECT IN OPERATION),
1988–93, Ausstellung/exhibition, Hotel Carlton, Paris.
(PHOTO: PIERRE LEGUILLON)

Rechts / right:
FABRICE HYBERT, OBERHALB DER PROTHESE,
AMPUTATION UND KOMFORT, 1994 /
ABOVE THE PROSTHESIS, AMPUTATION AND AMENITY,
Kunsthalle Lophem, Brugge. (PHOTO: PIERRE LEGUILLON)

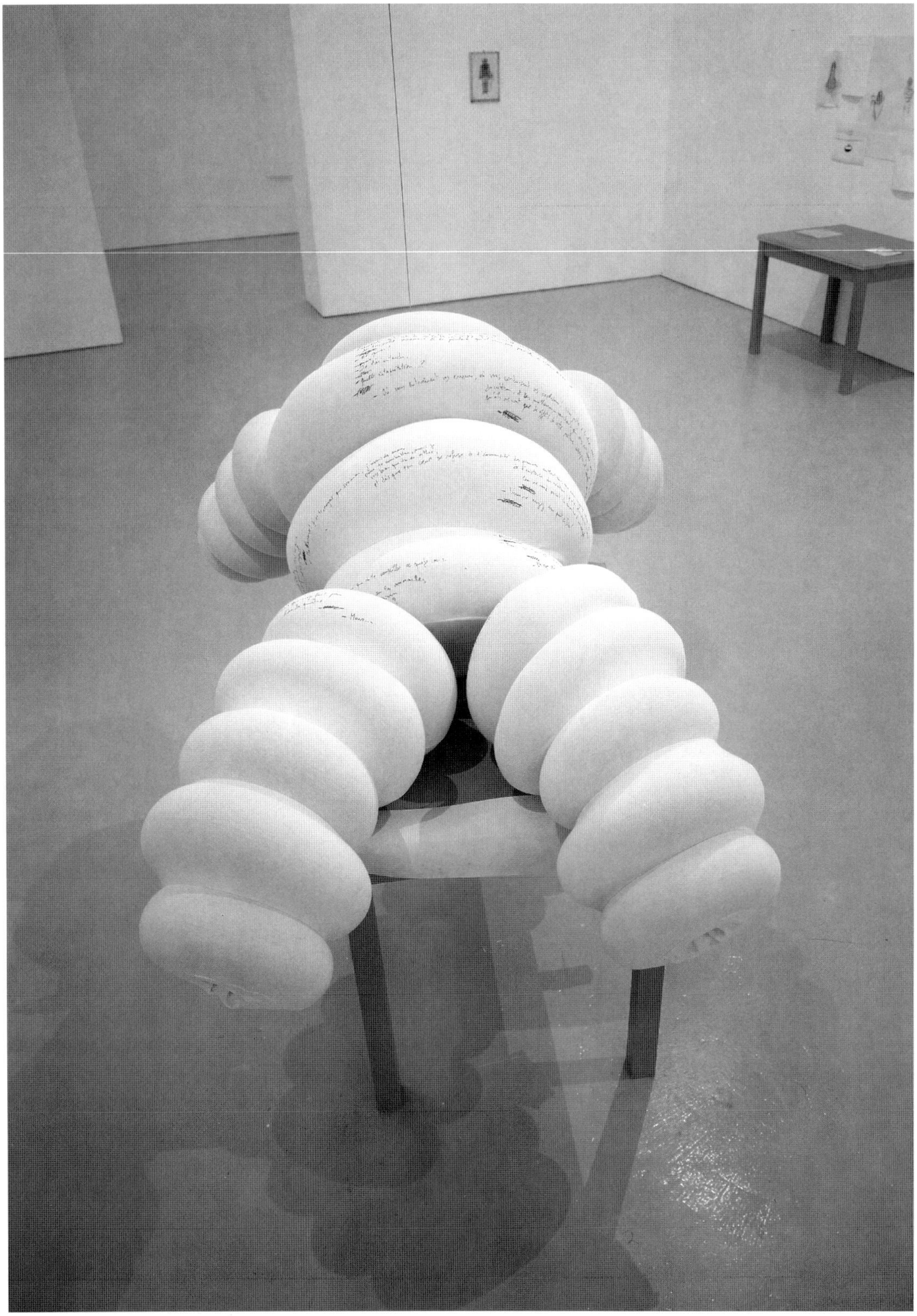

FABRICE HYBERT, UNTERHALTUNG ZWISCHEN DEM WEIHNACHTSMANN UND DEM BIBENDUM / CONVERSATION BETWEEN FATHER CHRISTMAS AND THE BIBENDUM, 1992. (PHOTO: PIERRE LEGUILLON)

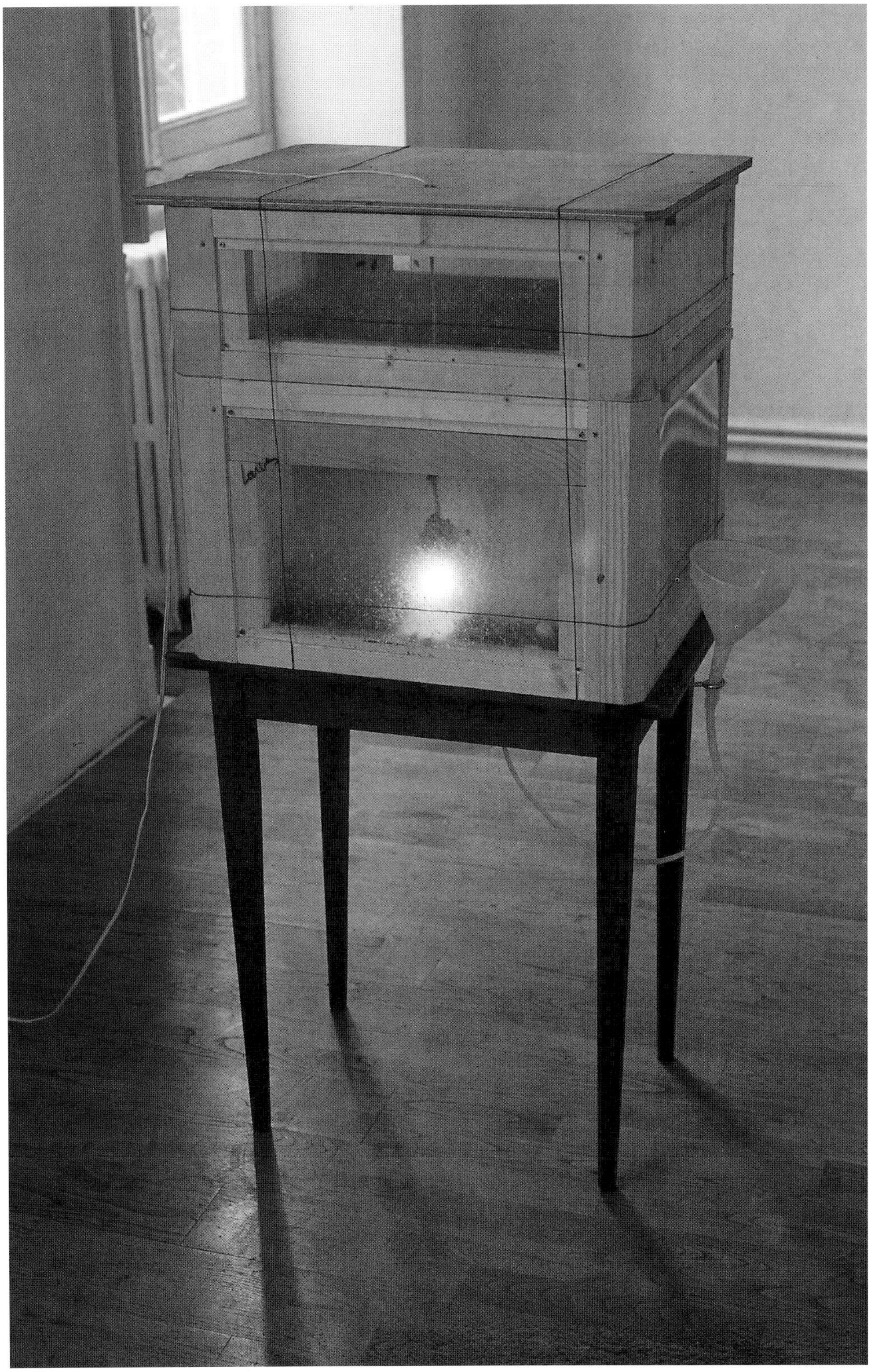

FABRICE HYBERT, FLIEGENZUCHT IN EINEM BIENENSTOCK /
BREEDING FLIES IN A BEEHIVE, 1988, 112 x 69 x 46,5 cm / 44 x 27 1/8 x 18 1/4". (PHOTO: GALERIE ARLOGOS)

FABRICE HYBERT · HANS-ULRICH OBRIST

Inter-View

Glossary

Précis: Ensemble of film-sets including a hotel room in Cairo, an import-export company office in Cairo, a studio in a European city, and an empty space for the film's technicians. The sets are in shadow, illuminated only by dim exit lights.
Storyboard: Ensemble of drawings begun in 1981 and culminating in the plot of a screenplay begun in 1988. The protagonist of the story has a new face in every picture and changes professions almost as quickly.
U. R. (Unlimited Responsibility): Unlimited joint-stock company whose goal is to commercialize material and nonmaterial products. The cash flow makes it possible to finance various research projects.
Oumeurt (The Or is Dying): Title of a series of five books presenting the correspondence between Fabrice Hybert and Hans-Ulrich Obrist. The second volume is due for publication in spring 1995.
Traduction (Translation): A sculpture and an event, TRADUCTION is a 22-ton bar of soap cast in a dump truck. It is also the title of a journey made by this same bar of soap to a number of supermarkets.
Hybertvitesse (Hybertvelocity): Title of a work consisting of a table on which is drawn a bay, a building, a train, and an enclosure (in decay or under construction?). The elements juxtaposed on this table enact a redefinition of velocity. This singular, telepathic velocity no longer implies the notion of displacement but rather the digestion of information ("digestion" in the sense of assimilation and mixing).

Interview

H-UO: Do your works need to be protected and preserved?
FH: What seems to me most important is the interloping action that goes on between different layers. But sedimentation is important, too—like freezing a frame. Every picture absorbs its predecessor. Memory is fundamental because it is the exact opposite of inactive archives.
H-UO: What do you mean by "between different layers"?

FABRICE HYBERT is an artist and poet who lives in Nantes, France. Personal shows 1995: Musée d'Art moderne, Paris; Musée d'Art moderne, St. Etienne; Jack Tilton Gallery, New York; Froment-Putman Gallery, Paris.

HANS-ULRICH OBRIST was born in Zurich. Most recently he curated *Cloaca Maxima* at the Drainage Museum of the City of Zurich. He directs the series *Migrateurs* at the Musée d'Art moderne in Paris, whilst also working for the *Museum in Progress* in Vienna. Presently he is engaged in the exhibition *Take me (I'm yours)* at the Serpentine Gallery, London.

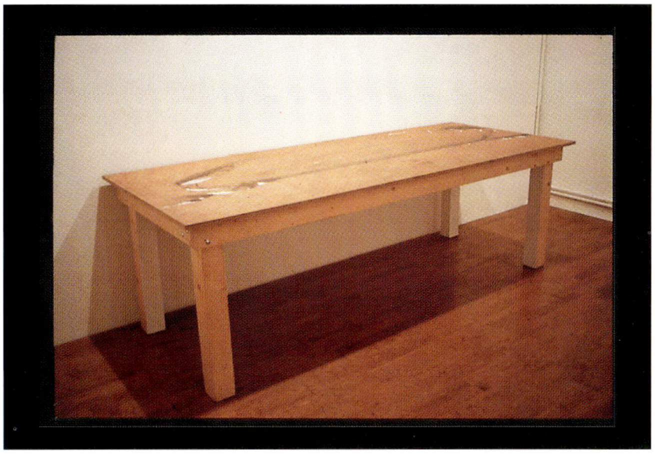

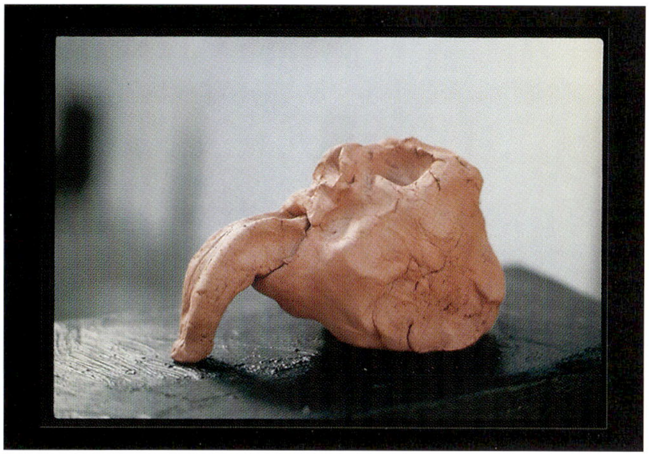

FABRICE HYBERT, HYBERTVITESSE, 1989, Kohle und Holz, 300 x 100 x 80 cm / charcoal and wood, 118 x 39⅜ x 31½". (PHOTO: GALERIE ARLOGOS)

FABRICE HYBERT, OHNE TITEL / UNTITLED, 1988.

FH: In PRÉCIS (1993), for instance, the decor was in darkness. The film is darkness and you look through the dark into the pictures. That's what makes the layers flow into each other. The paradox is seeing the images in the dark.
H-UO: STORYBOARD (1981–1993) is a series of drawings and a screenplay, and it's the matrix of U. R.
FH: STORYBOARD makes it possible to show the beginnings of a catalogue of potential products—"product" in both the material and nonmaterial sense. STORYBOARD has a double function. It is not only the expandable matrix of U. R. but the basis of a film with a faceless hero, who keeps changing his profession so as to remain elusive: from farmer to architect, to prosthetist to translator, then to contortionist, and so on.
H-UO: A hybrid, and straight through all the layers. That leads to mixed species, a hermaphrodite.
FH: He's more of an interloper.
H-UO: From drawings to paintings to film, STORYBOARD has a huge inventory of products. How do you make the selection?
FH: The world doesn't require selection. Cataloguing is not my job. What counts is the constant transformation of givens. Products are generated by speculating on their functions and features. A product that issues from the drift may bump into something that already exists. Some products are often absorbed by others, just as works and systems blend into each other.
H-UO: The "or" is dying *(Oumeurt)*.
FH: Yes, choices develop by sedimentation; they follow one after the other, and they change. The "or" is dying in the present and is turning into *not only but also*.
H-UO: Someone suggested dragging icebergs from the Arctic to Arabia to provide sweet water. That reminds me of your work TRADUCTION. The biggest bar of soap in the world—22 tons worth—was first shown at an exhibition, where it intimated its shipping potential. Then it really did start traveling—from one supermarket to another, shipping back and forth between the private and the public, between inside and outside.
FH: TRADUCTION answered my need to stop in order to see myself in action. It's a self-portrait. Sometimes when I stop, I feel an odd, sustained sort of slipping that encompasses my body but also indicates a tendency to escape, like a bar of wet soap in one's hands. TRADUCTION also made me realize that this supposedly gigantic work was not so very big after all. In the exhibition it didn't even come up to eye-level. In fact, it looked ridiculous in comparison to the size of the truck in which it was transported. The work doesn't belong anywhere. Maybe that's the point.
H-UO: While the bar of soap was still traveling, you started working on your house.

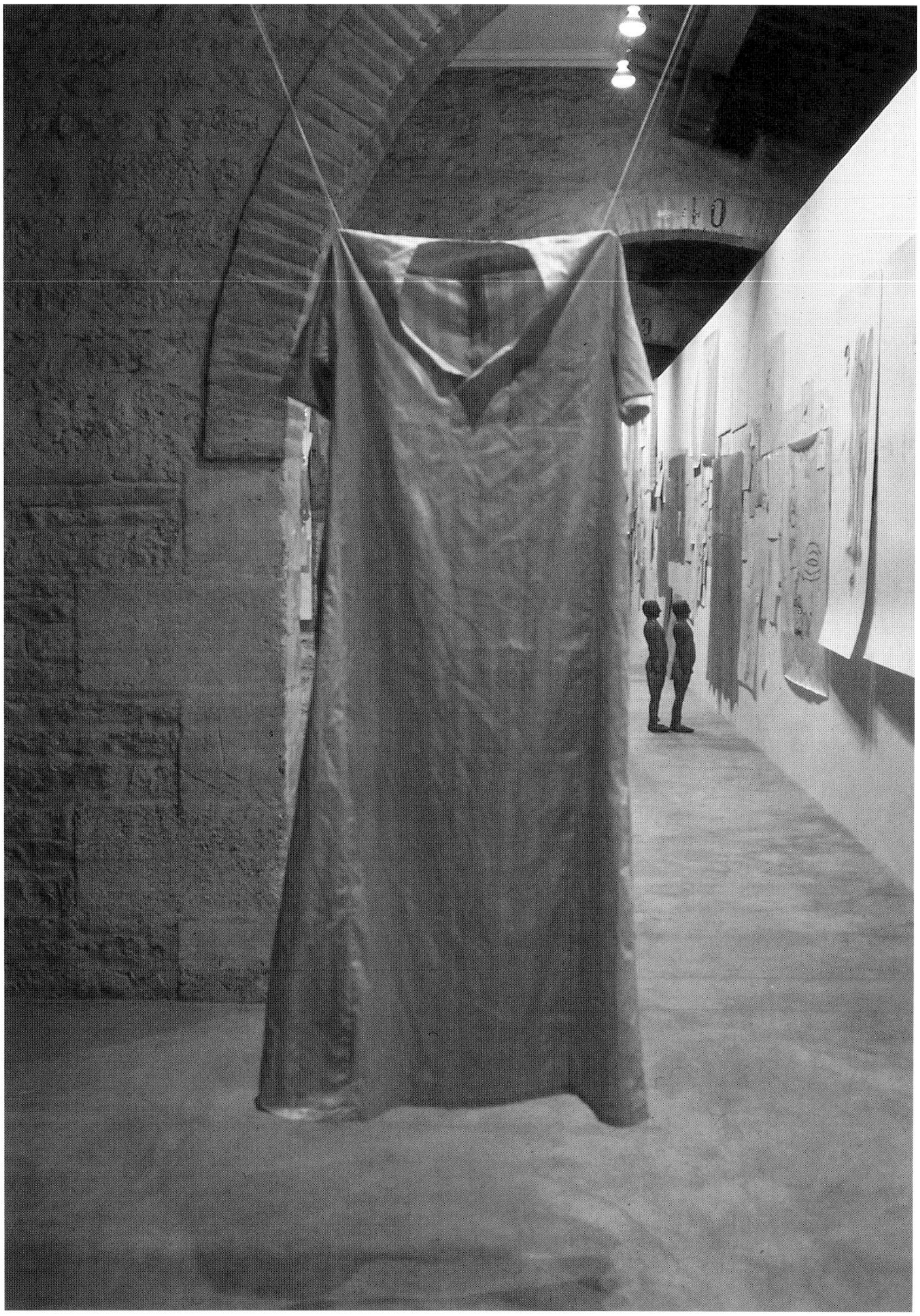

FABRICE HYBERT, DREHBUCH / STORYBOARD (DETAIL), 1981–1993, Capc Musée d'art Contemporain, Bordeaux.
(PHOTO: PIERRE LEGUILLON)

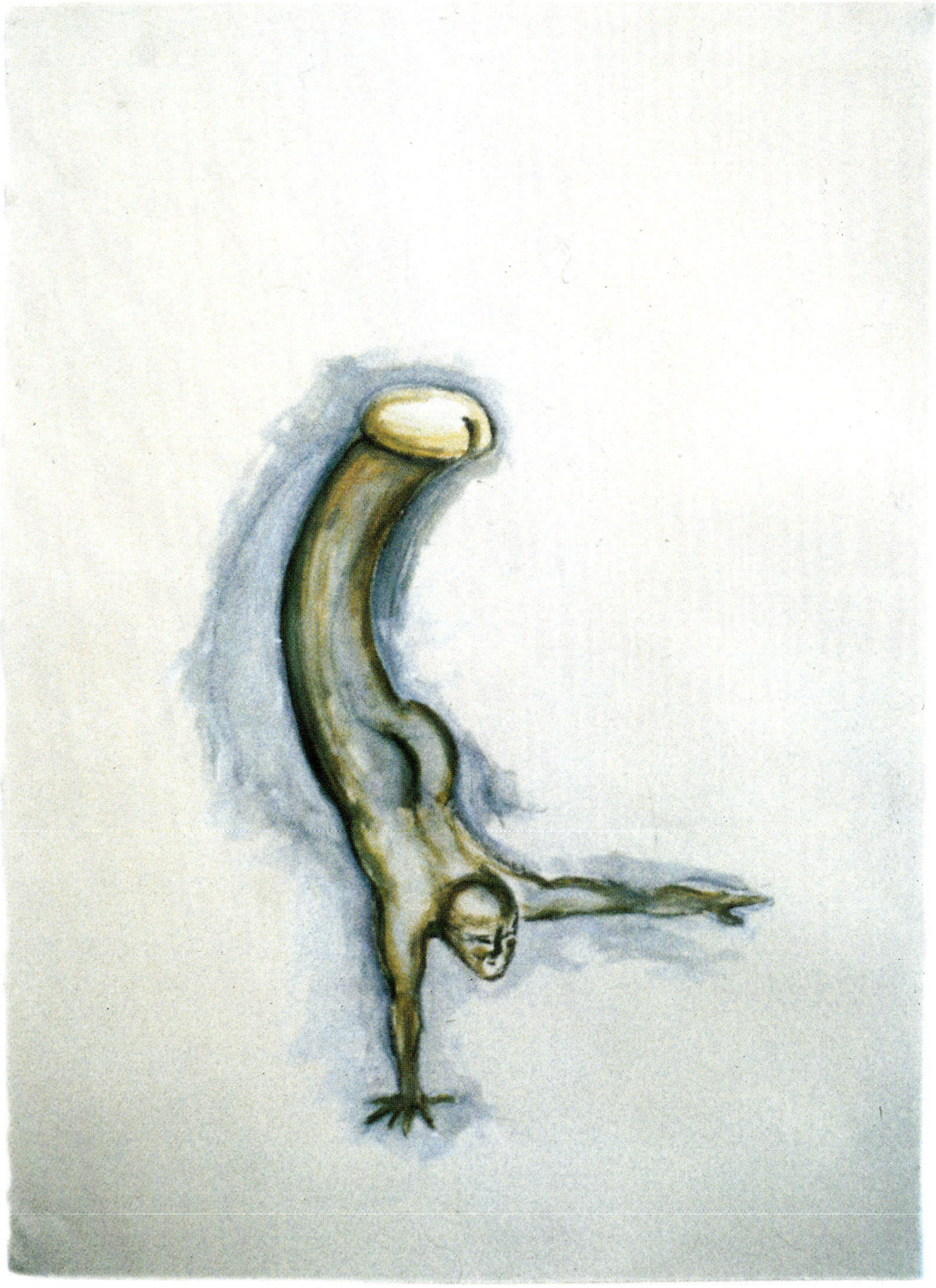

FABRICE HYBERT, MONSTRUM, 1987, Öl auf Papier, 56 x 76 cm / MONSTER, oil on paper, 22 x 30".

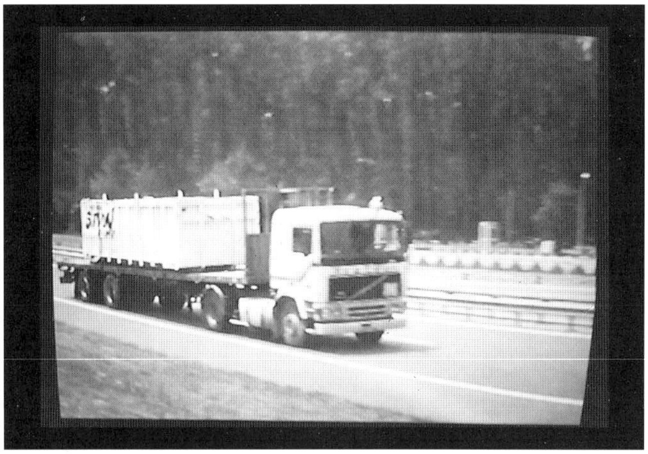

FABRICE HYBERT, TRADUCTION unterwegs / TRANSLATION traveling, 1993–94. Video.

FH: When I first got the house—it's a nineteenth century farmhouse with an addition from the 1970s—I decided to exploit its potential as a place of exchange. The project was worked out collaboratively with other artists. Imagine how an artist would react to questions of architectural construction or diagrams of water circulation... The house might end up losing its walls and roof.

H-UO: What about EXCURSION, your little vacuum-packed painting with the green dot? The green wavers somewhere between a natural and an artificial hue. I once asked a woman, a baker in Paris, what the greenest object was in her store and she said, "We don't have anything green; we only use natural ingredients."

FH: It's the only obsession that I admit: the exclusive use of green in order to structure my free-floating thoughts. It comes from my first show in 1986, "Mutation," for which I had put together a little book whose green cover called attention by its artificiality to the need to integrate natural and artificial data in the work. To me, mutation means an irreversible change, a kind of chemistry that is an answer to all conformity, all rigid passion, all inactive contemplation.

H-UO: U.R., the unlimited joint-stock company, has no logo.

FH: U.R. has no image. An active enterprise should not assert itself through an image, but rather through actions in intermediate areas. Like the hero in STORYBOARD, who changes his profession the moment he feels trapped in a role or a fixed perspective, or simply when his action causes a reaction. It is no accident that U.R. was made while I was planning a trip to Egypt and became aware of the Islamic approach to pictorial representation, that is, the hostility towards the image. I didn't want simply to work with objects in Egypt; I wanted to engage in a dialogue. The objective of the trip was to create something that is in flux.

H-UO: U.R. is planning more dialogues with other individual and collective enterprises. U.R. is both production and distribution. Is something new involved here or is it simply a question of restructuring and redistributing, of renegotiating already available or existing components? How do shifting identities affect ideas, their exchange and their economic relations?

FH: It's mostly a question of redistribution. Fiction and reality are in flux.

H-UO: How will you create disturbance?

FH: The very name of the enterprise, U.R. is subversive. It is the reversal of the phonetic spelling of *roue* (wheel): RU. The invention of the wheel has caused all kinds of ecological and political mischief. My goal lies in the opposite direction: therefore, the name U.R.

H-UO: U.R. will always remain unfinished.

FH: U.R. is not a work of art but rather a vehicle for action...

H-UO: U.R. paves the way for a passionate economy where responsibility and desire coincide.

FH: That's *Hybertvitesse.* A profoundly singular state with a velocity of its own. It is like determining redistribution. The vocabulary is already there but it's in a state of never-ending change. A form exists so that it may be changed, sacrificed.

H-UO: In *La monnaie vivante,* Pierre Klossowski asks, "Do economic norms in turn form a substructure of emotions or are they the last possible infrastructure, and if so, does this infrastructure rest on affective and instinctive behavior?"

FH: The enterprise is beginning to work. I'll see what effect it has and what else I might be able to contribute.

(Translation from the French by Stephen Sartarelli)

INSERT ROBERT SMITHSON

HOTEL PALENQUE, 1969–72

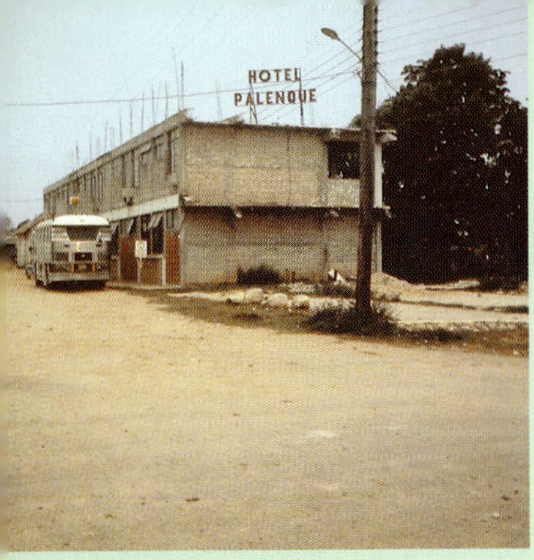

Palenque actually used to be called the city of the snake. There were people there who worshiped the snake and, in a sense, this hotel is built in a kind of intertwining snaking way. It has no center, or you might try to find a center in this place but you really can't, you know, because it's so de-differentiated, and so the logic of the whole place is just impossible to fathom. Here is no way that you can possibly figure it out...and actually you can see that nice stained wooded facade there and just meditate on that all afternoon.

Palenque hiess ursprünglich Stadt der Schlange. Die Schlange wurde von den Menschen dort verehrt, und dieses Hotel ist gewissermassen in schlangenartiger Verschlungenheit gebaut. Es hat keinen Mittelpunkt; sosehr man auch versucht, einen auszumachen, es wird einem letztlich nicht gelingen, weil das Gebäude so vielschichtig angelegt ist, dass sich die übergeordnete Logik nicht ergründen lässt. Man kommt einfach nicht dahinter; statt dessen sieht man diese schöne Fassade aus gebeiztem Holz, über die man den ganzen Nachmittag nachdenken kann.

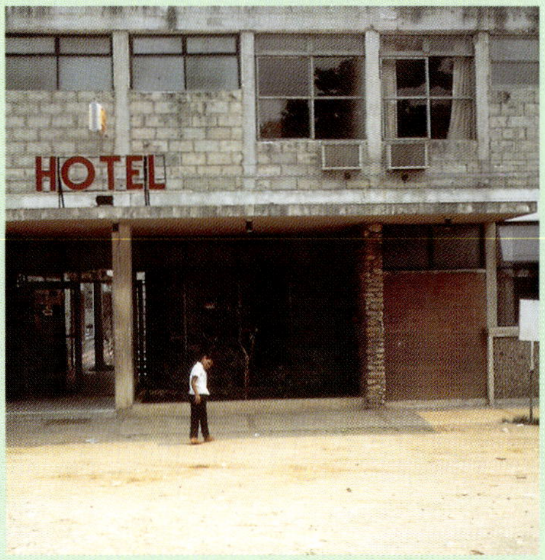

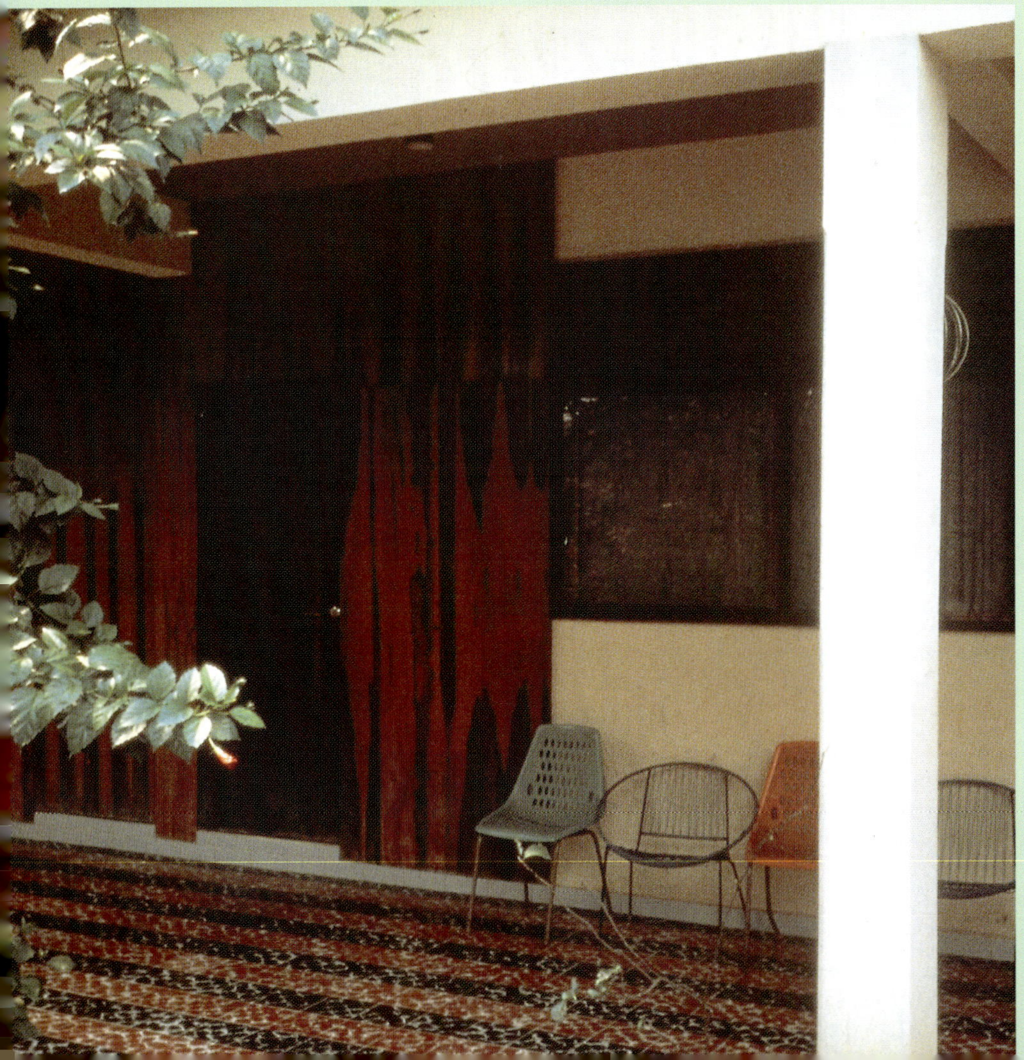

This slide shows an interesting situation. At one point they evidently decided to build some floors, and decided that that wasn't a very good idea so they demolished them, but left this spiky, irregular, cantilevered effect coming off the side of the wall. It sort of suggests Piranesi, I don't know whether you know of the prison series of Piranesi, but they are full of these floors that really go nowhere and stairways that just disappear into clouds, and this sort of just breaks off into the Mexican dirt and you're just sort of left with this rather handsome wall structure, and I rather like this particular technique. It's a "de-architecturization" you might say. It's a breaking away of unnecessary floors. After all floors are not merely for standing on, I mean you can have some of the partial floor motif. Actually I spent many happy moments in the Hotel Palenque meditating on this particular section. It really appeals to me. I like that sort of broken look. You know you can just see the hammers coming down and taking away the pieces of concrete.

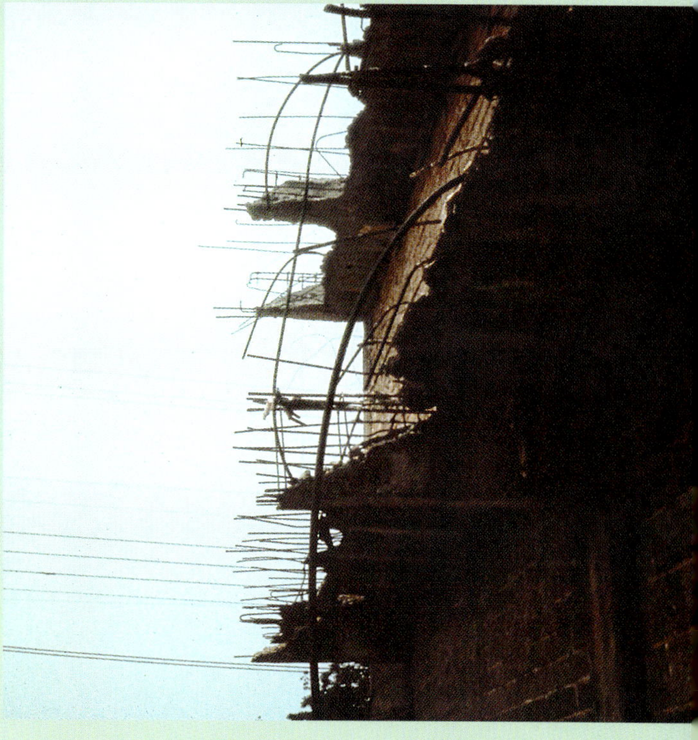

Dieses Dia zeigt eine interessante Situation: Da haben die Menschen offensichtlich beschlossen, Geschossböden anzulegen, die ihnen dann aber nicht gefielen, so dass sie sie wieder zerstörten; dabei liessen sie diese spitzen, wie zufällig aus der Wand ragenden Ansätze aus Träger-Eisen und Beton stehen. Das erinnert irgendwie an Piranesi; ich weiss nicht, ob Sie die Piranesi-Gefängnisse kennen, aber da gibt es auch ständig Geschosse, die nirgendwo hinführen, und Treppen, die einfach in den Wolken verschwinden. Das hier verläuft praktisch auch im mexikanischen Sand, und da steht man dann vor dieser äusserst reizvollen Wandstruktur; ich mag diese eigenartige Technik. Man könnte sie auch als «Ent-Architekturisierung» bezeichnen: das Wegbrechen überflüssiger Böden. Schliesslich sind Böden nicht nur zum Draufstehen da, ich meine, ein Boden ist auch als Motiv für sich genommen interessant. Tatsächlich habe ich viele glückliche Augenblicke im Hotel Palenque damit verbracht, über diesen Teil des Gebäudes nachzudenken. Er zieht mich regelrecht in seinen Bann. Ich mag diese Gebrochenheit. Man sieht geradezu die Hämmer niedersausen und den Beton wegschlagen.

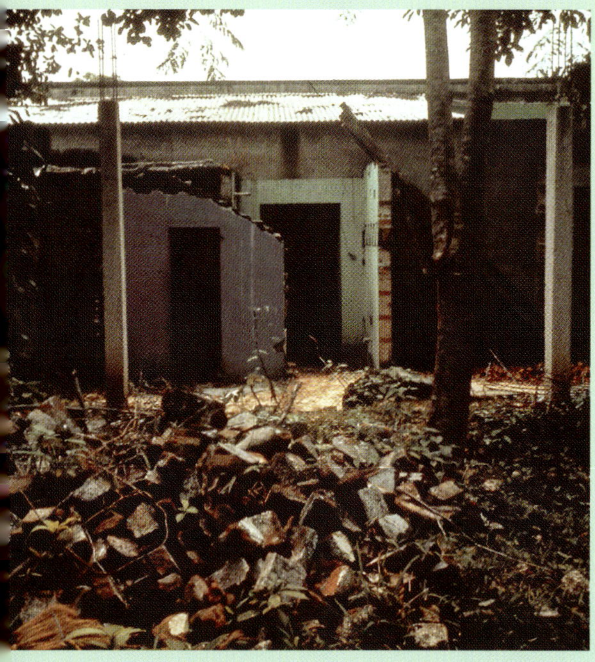

Now this is what you could call the center of the hotel. It's a kind of garden of cast-off bricks you might say. They are multi-colored actually. I mean if you look closely they have little pieces of multi-colored plaster all over them and they make a fine place for chameleons and lizards to scramble over. In the background you can see the rather nice door effect, you know going into these dark passages you just can't imagine what's lurking in there; probably just another series of winding trails. The whole thing, the whole hotel is just interlacing on interlacing. A kind of great mass of filigree just winding all around itself. And here you can see this kind of meaningless pillar of some sort that was evidently the beginning of some structure but it doesn't really matter, I mean, it sort of defies all functionalism and I especially like the corrugated roof. I like that kind of sense of consistency: the way it's sort of rippled as it goes across—the nice use of the blue against the green. One can't figure out why they put that door there but it seems to belong, it seems to have some incredible sort of Mayan necessity. It just grew up sort of like a tropical growth, a sort of Mexican geologic, man-made wonder.

Das könnte man als Mittelpunkt des Hotels bezeichnen. Es ist eine Art Garten aus ausrangierten Ziegeln. Sie schillern in vielen Farben. Wenn man genau hinsieht, erkennt man, dass sie von vielfarbigen Gipsstückchen überzogen und damit der ideale Platz für Chamäleons und Eidechsen sind. Im Hintergrund sieht man einen wunderschönen Toreffekt, also etwas, das in dunkle Gänge führt, wo man nicht weiss, was drinnen lauert; wahrscheinlich wieder lauter verschlungene Pfade. Das ganze Hotel ist einfach durch und durch verwoben und verflochten. Eine Art in sich selbst verschlungenes Filigran-Gewebe. Und hier sieht man wieder so eine bedeutungslose Säule. Da sollte offensichtlich einmal eine Struktur entstehen, aber das spielt eigentlich keine Rolle, ich meine, sie ist eine Absage an jede Art von Funktionalität. Vor allem mag ich das gewellte Dach, diese Stimmigkeit, die wellenförmige Struktur, und wie sich das Blau von dem Grün absetzt. Es ist zwar nicht ersichtlich, warum diese Tür da ist, aber sie scheint dorthin zu gehören, sie hat diese unglaubliche, für die Maya-Kultur typische Notwendigkeit. Sie entstand in einer Art tropischem Wachstum, ein Stück mexikanischer Geologie sozusagen, ein Wunder von Menschenhand.

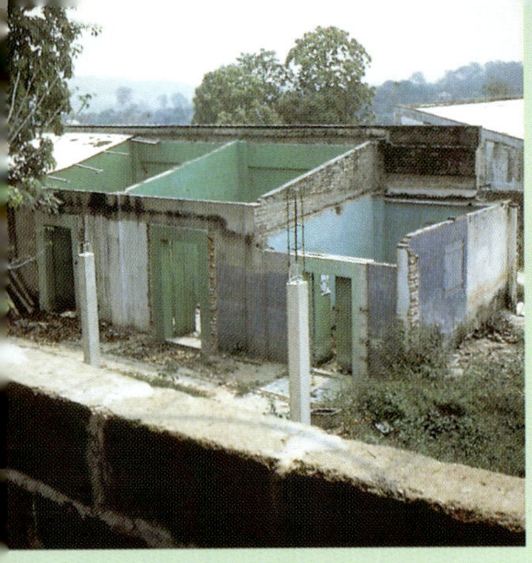

Now this shows you the roofless motif which I think is very, very handsome. Once again the tropical green interior; you know everything is very green there. It's the beginning of the tropical rain forest, it's super-saturated green, I mean everything looks green there—a touch of blue to put you a little at ease, but not too much—and there you can see those pillars again. I mean, it's hard to say but they might be pylons for torches or something of that sort, which might be quite nice. This is really the old hotel and you can see that instead of just tearing it down at once they tear it down partially so that you are not deprived of the complete wreckage situation. That's very satisfying actually to me: it's not often that you see buildings being both ripped down and built up at the same time. They really don't know whether they want this part of the hotel or not, so it seems very smart to actually just leave it there...and I mean you never know when you might have some traveler, some tourist who comes to the hotel and wants a place that doesn't have a roof on it. So they are very canny like that. We're looking from the new part of the hotel which as you can see is very de-differentiated. You really have no logic at all, whatsoever. I mean, this is just some balcony, I don't know where it was, it was just a convenient place to take a picture from and...there it is.

Das ist ein Motiv ohne Dach, das mir ganz besonders gefällt. Wieder das tropisch-grüne Interieur; überhaupt ist alles sehr grün dort. Hier beginnt der tropische Regenwald, sein übersättigtes Grün, es ist einfach alles grün, ein Hauch Blau dazwischen, aber nicht zuviel. Und da sieht man wieder die Säulen. Es könnte sich um Masten für Fackeln oder etwas Ähnliches handeln, wunderschön auf jeden Fall. Hier kommt das alte Hotel zum Vorschein. Anstatt es einfach auf einen Schlag abzureissen, tun sie es Schritt für Schritt, so dass einem die Vernichtung in allen Details vor Augen geführt wird. Das finde ich gut: man sieht nicht oft, wie ein Gebäude gleichzeitig abgerissen und aufgebaut wird. Die Menschen wissen nicht genau, ob sie diesen oder jenen Teil des Hotels erhalten wollen oder nicht, und so ist es nur angemessen, dass sie ihn stehenlassen... Ausserdem weiss man nie, ob nicht irgendein Tourist ins Hotel kommt und ein Zimmer ohne Dach möchte. Diese Haltung ist also durchaus umsichtig. Hier schauen wir aus dem neuen Teil des Hotels heraus, der, wie Sie sehen, äusserst ent-differenziert ist. Es gibt keine wie auch immer geartete Logik. Das ist einfach ein Balkon, ich weiss nicht wo, es war eben ein Ort, der sich gut für ein Photo eignete und... bitte sehr.

Now here is one of the more interesting windows in the hotel. This looks out, I mean you really can't see it because the natives burn down the tropical foliage so that they can farm the land and the air fills up with incredible clouds of smoke. They call these things "milpa": It's a very ancient form of farming which goes back to pre-Spanish times. But in that mist if you look through...I mean if you could see actually back there you might remotely be able to pick out a fragment of the Palenque ruins, the temples, the Mayan observatories and other wonders that the pre-Spanish Indians built. My feeling is that this hotel is built with the same spirit that the Mayans built their temples. Many of the temples changed their facades continually: there are sort of facades within facades overlapping facades, facades on facades. You know this window is actually looking out over the things that we went there to see but you won't see any of those temples in this lecture; that's something that you have to go there to see for yourself, and I hope that you go to the hotel Palenque so that you learn something about how the Mayans are still building. The structure has all of the convolution and terror, in a sense, that you would find in a typical Mayan temple—especially of the Uxmal variety which is very very...it's called Mayan Baroque and made out of serpentine facades loaded with spirals and rocks carved in the shape of woven twigs and things; it's quite nice. So that to me this window, this seemingly useless window really called forth all sorts of truths about the Mexican temperament.

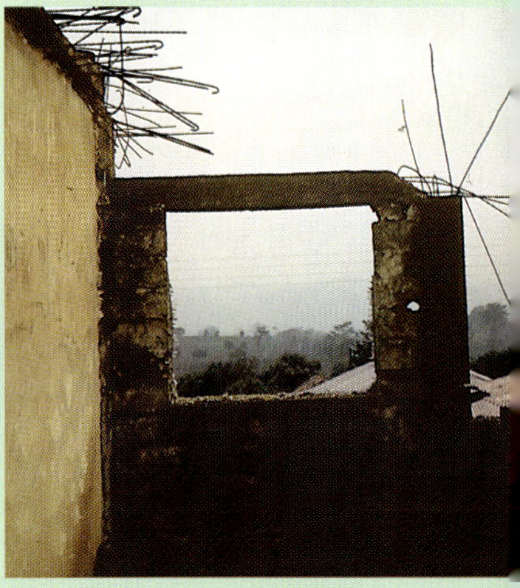

Hier haben wir eines der interessanteren Fenster im Hotel. Es gewährt Ausblick auf... man kann es eigentlich nicht richtig sehen, weil die Einheimischen das tropische Laubwerk abbrennen, damit sie das Land bebauen können, und dabei steigen unglaubliche Rauchwolken auf. Sie nennen das «milpa»: Es ist eine sehr alte Methode der Urbarmachung, die auf vorspanische Zeiten zurückgeht. Aber wenn Sie durch den Nebel hindurchsehen könnten, würden Sie in der Ferne ein Bruchstück der Palenque-Ruinen erkennen, die Tempel, die Maya-Observatorien und andere Wunderwerke der vorspanischen Indianer. Ich habe den Eindruck, dass dieses Hotel aus demselben Geist heraus entstanden ist wie die Tempel der Maya. Viele davon haben im Laufe der Zeit immer wieder andere Fassaden bekommen. So entstanden Fassaden in den Fassaden, die wieder andere überlagern. Dieses Fenster hier gewährt eigentlich Ausblick auf die Dinge, deretwegen wir dorthin gegangen sind, aber Sie werden im Rahmen dieses Vortrags keinen solchen Tempel zu Gesicht bekommen. Man muss sich das vor Ort ansehen, und ich hoffe, Sie werden das Hotel Palenque besuchen, um etwas darüber zu erfahren, wie die Mayas heute noch bauen. Die Struktur des Hotels verfügt über die gleiche beängstigende Verschlungenheit wie die typischen Maya-Tempel, vor allem die in Uxmal. Das nennt sich Maya-Barock und besteht aus verschlungenen Fassaden voller Spiralen und behauener Steine in der Form verwobenen Geästs und ähnlicher Dinge. Das ist sehr schön. In meinen Augen verrät dieses Fenster, dieses scheinbar nutzlose Fenster, eine Menge über das mexikanische Temperament.

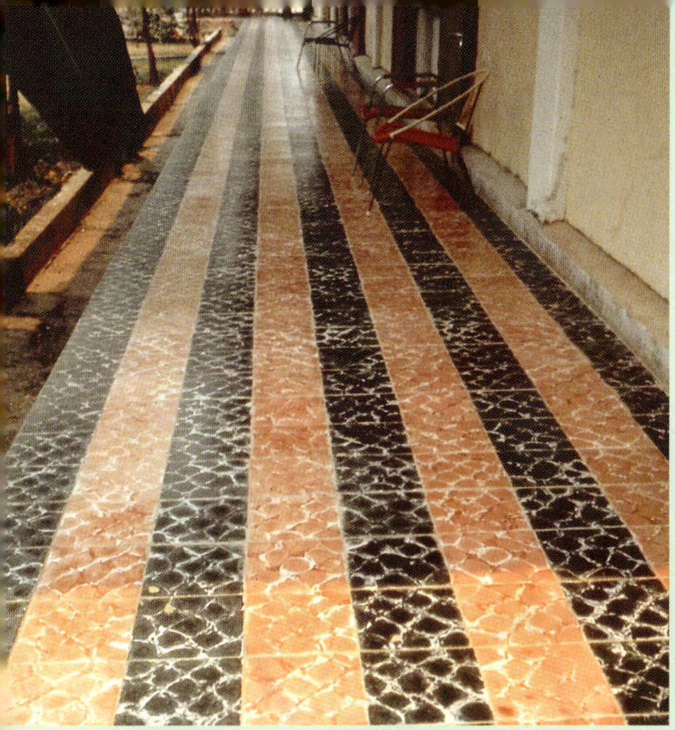

This seems to go towards some kind of center but it doesn't—so I won't. Anyhow it seems to lead towards something, but there is no point in trying to figure out what it is leading to. I like to think of it as the black and white perspective. Actually I feel that these tiles are much more interesting than most of the paintings being done in New York City right now, showing far more imagination. This is also in front of the new part of the motel structure—it's both a motel and a hotel I guess, it's hard to tell the difference between a motel and a hotel when you come to a structure like this. They seem to intertwine with each other, and lose each other and cancel each other out, so that there is no possibility of knowing where you are.

Dies scheint auf eine Art Mittelpunkt zuzustreben, aber es scheint nur so – also gebe ich es auf. Trotzdem sieht es so aus, als führte es auf etwas hin, aber der Versuch, herauszufinden, wohin es führt, ist umsonst. Ich stelle mir das gern als Schwarzweiss-Perspektive vor. Tatsächlich finde ich diese Kacheln bei weitem interessanter als die meisten Bilder, die zur Zeit in New York gemalt werden, weil sie viel mehr Phantasie haben. Das hier ist ebenfalls vor dem neuen Teil des Motel-Gebäudes. Ich glaube, es ist sowohl ein Motel als auch ein Hotel. Bei solchen Gebilden ist es ohnehin schwer, zwischen einem Hotel und einem Motel zu unterscheiden. Sie scheinen einander zu überschneiden, sich ineinander zu verlieren und gegenseitig aufzuheben, so dass man letztlich gar nicht wissen kann, wo man ist.

Now this is a room actually, one of the unfinished rooms. And it seems that it has a kind of Jasper Johnsian simplicity about it. It also suggests something impenetrable, something unattainable. Those bars going from door to door like that seem to give things a greater sense of...make things less accessible, more inert, closed off, removed, and very much like the burial pit in the major temple of the Palenque ruins outside this complex. In the front you can see something that looks like a moat. Now that is a moat and it was dry the time I was there. No doubt it could be utilized as a snake pit or something of that sort.

Und hier eines der unfertigen Zimmer. Es ist in Jasper Johns-hafter Schlichtheit gehalten und hat etwas Undurchdringliches, Uneinnehmbares. Diese Balken zwischen den Türen scheinen den Dingen eine Art... lassen sie unzugänglich wirken, abweisend, verschlossen, entrückt, ganz ähnlich den Grabstätten im grossen Tempel der Palenque-Ruinen ausserhalb dieses Komplexes. Im Vordergrund ist eine Art Graben. Er war trocken, als ich da war, und wurde sicher als Schlangengrube oder dergleichen verwendet.

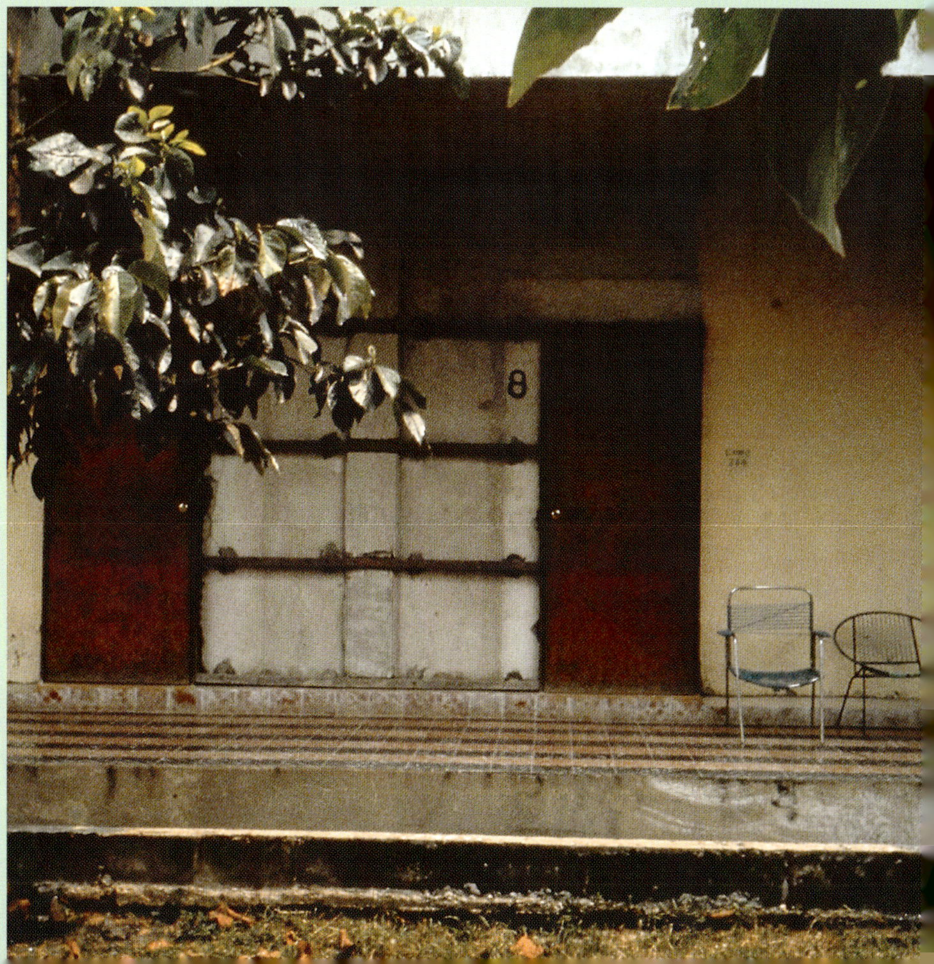

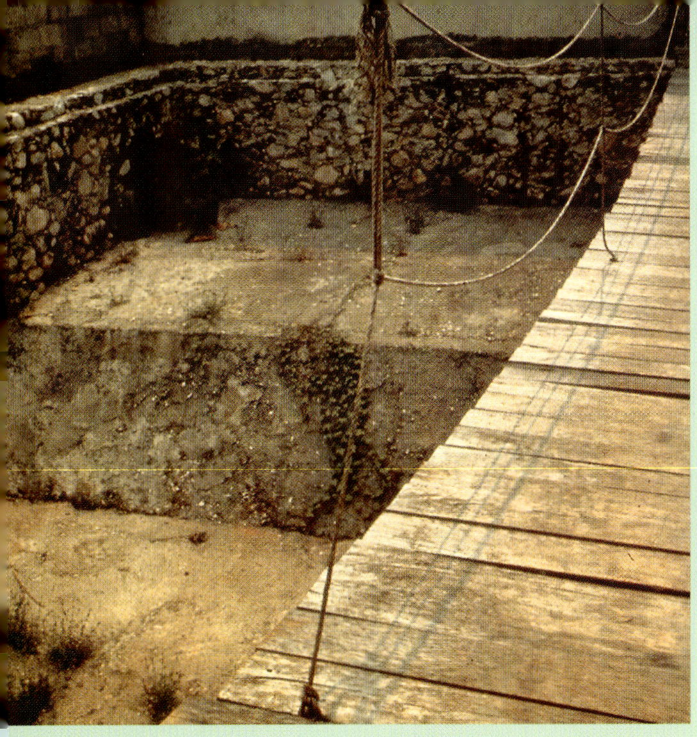

Now here we come to one of the more ingenious aspects of this place. Evidently they wanted a swimming pool at one time and they built this swimming pool but actually, when you come to a place like this nobody wants to swim. There is really no necessity for that but I really like that sort of kiddy part up above and that more adult part below: it sort of promises something but doesn't deliver. And, if they did fill it with water you can imagine all the people cutting their legs on the sharp stones that come out of the sides. Going across this pool you can see here in the right hand corner a suspension bridge and that, I think, is really one of the most unique features. Also this pool becomes something like a kind of pen for iguanas scampering all around. I just like it. It is really bluntly made and it calls up all the fears and dreads of the ancient Mayan Aztec culture, human sacrifice and mass slaughter.

Hier kommen wir zu den raffinierteren Aspekten dieses Ortes. Offensichtlich wollten die Menschen irgendwann einmal ein Schwimmbecken, und da haben sie dieses hier angelegt, aber an einem solchen Ort will eigentlich niemand schwimmen. Aber ich mag diesen Teil für Kinder da oben, und dann den für die Erwachsenen darunter: es wird irgend etwas versprochen, was aber nicht eingelöst wird. Und würde es wirklich mit Wasser gefüllt, können Sie sich ja vorstellen, wie sich die Leute an den scharfen Steinen, die aus den Wänden herausragen, die Beine verletzten. In der rechten Ecke sehen Sie eine Hängebrücke über dem Pool, und die halte ich für etwas ganz Einmaliges. Ausserdem ist das Becken zu einer Art Gehege für die Leguane geworden, die hier überall herumlaufen. Das gefällt mir. Das Ganze hat etwas Rohes und beschwört all die Ängste und Schrecknisse der alten Maya-Azteken-Kultur herauf, ihre Menschenopfer und Massenhinrichtungen.

Here is another view of the drawbridge and you can see where the drawbridge goes. Now that is a tiny bar actually. It's very, very claustrophobic and it's been closed down. I just love this view. I think that this suspension bridge crossing this empty pool, and then those marvelous brick walls, they just offer so much gratification; the textures are really marvelous and really Mayan in spirit I think. Also you know that the Mayans didn't have to quarry their rocks they just went around and picked them up off the ground because all the ground is just loaded with all this broken rock. It seemed like a marvelous way to build things and I am sure that they did the same thing. Also you can see that little catwalk going around there and you can inch around there and get better views of the iguanas and that sort of thing. Now if you imagine yourself walking across this drawbridge and you go through that little dark disused bar there and...

Hier eine weitere Ansicht der Hängebrücke, und da kann man auch sehen, wohin sie führt. Eigentlich in eine winzige Bar, wirklich sehr klaustrophobisch. Sie ist natürlich nicht mehr in Betrieb. Aber mir gefällt diese Ansicht. Der Anblick dieser Hängebrücke über dem Schwimmbecken und des wunderbaren Mauerwerks ist eine wahre Lust. Das sind grandiose Strukturen, aus ihnen spricht wirklich der Geist der Maya. Wie Sie vielleicht wissen, mussten die Maya ihre Steine nicht in Brüchen abbauen, sondern sie gingen einfach herum und sammelten sie vom Boden auf, der mit zerborstenem Gestein übersät ist. Das scheint eine grandiose Baumethode gewesen zu sein, und ich bin sicher, dass sie es so gemacht haben. Und dann ist da eben noch der kleine Mauersims, der aussen herumführt; man kann sich darauf beispielsweise an die Leguane heranpirschen, um sie besser beobachten zu können...

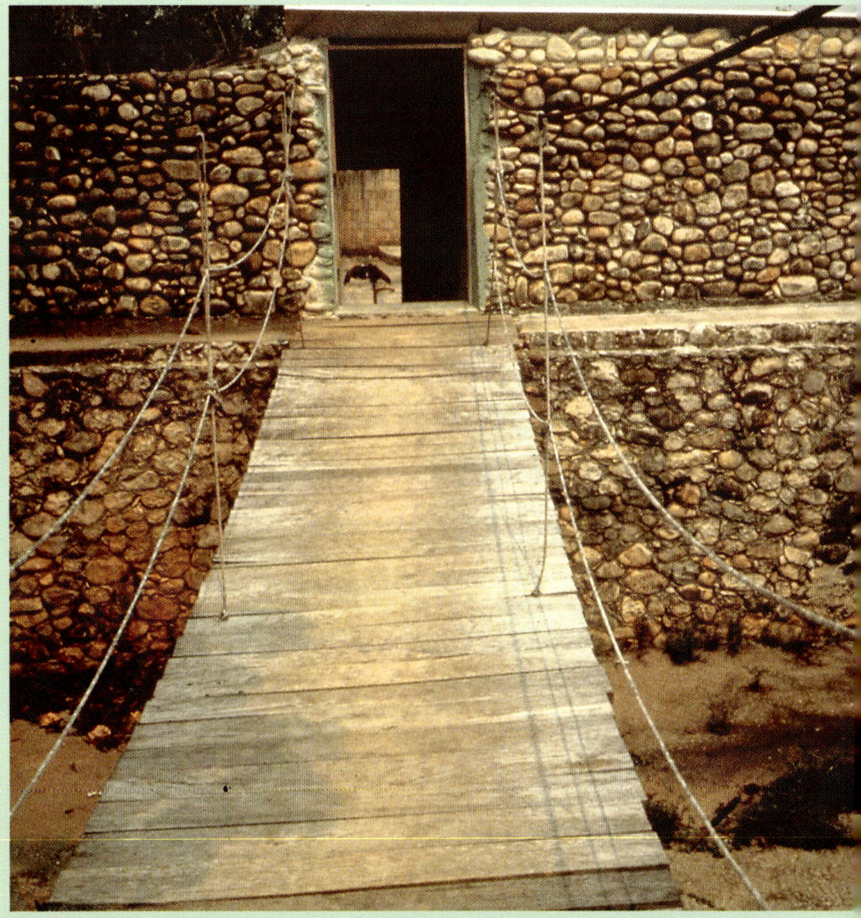

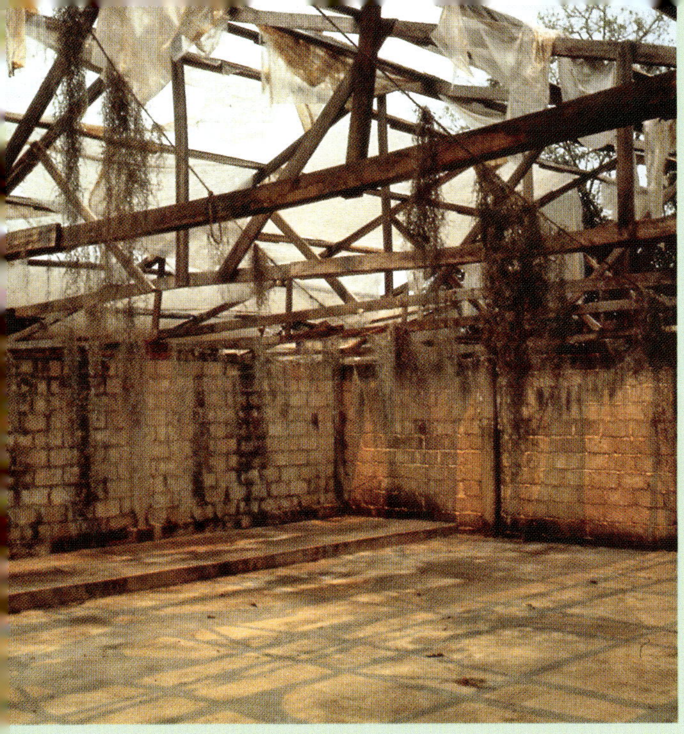

We come to the dance hall. This is a dance hall which is inoperative, of course. You can see the Spanish moss that was imported from the Southern part of the United States and is now gracefully hanging from these ropes. They decided that they would just make this square box enclosure and then just cover it all over with this scaffolding of wood, and then over the wood they put all this translucent plastic. But all the children in the neighborhood just kept throwing rocks through the plastic and just broke it all to pieces. It sort of discouraged people when they were dancing because at any moment someone from outside might throw a rock through and one of the dancers would be hit by a rock. So the popularity of the dance hall diminished but I think that it is quite a remarkable interior and quite satisfying to me anyway.

Jetzt kommen wir zum Tanzsaal. Natürlich ist er nicht mehr in Betrieb. Sehen Sie das Spanische Moos, das aus dem Süden der Vereinigten Staaten importiert wurde und nun anmutig von den Seilen herabhängt. Die Menschen haben diese rechteckige Einfriedung angelegt und mit einem Holzgerüst abgedeckt; darüber legten sie eine transparente Kunststoffplatte. Aber die Kinder aus der Nachbarschaft warfen immer wieder Steine auf die Platte, so dass sie schliesslich vollkommen zerbrach. Das hat die Leute abgeschreckt, denn die Tanzenden konnten jederzeit von einem Steinwurf getroffen werden, was nicht gerade zur Beliebtheit des Tanzsaales beitrug. Aber ich glaube, es ist ein durchaus bemerkenswerter Raum, und er gefällt mir.

Now here we see the place where the band used to perform from—a rather nice curve...curving...a curving curve actually. I think that the chair left there is rather poignant suggesting the transitoriness of time and the universe and also you can get a better view of the scaffolding in the roof. And I think that this is quite a remarkable piece of construction, and when you are there in Palenque be sure to go and see it.

Hier, an dieser Stelle, pflegte die Band zu spielen; ein wunderbar krummes Rund. Ich glaube, der zurückgelassene Stuhl macht uns schmerzhaft klar, wie vergänglich Zeit und Universum sind, und ausserdem bekommt man von dort aus einen besseren Eindruck vom Dachgerüst. Ich halte das für eine bemerkenswerte Konstruktion, und wenn Sie nach Palenque kommen, sollten Sie sich diese unbedingt ansehen.

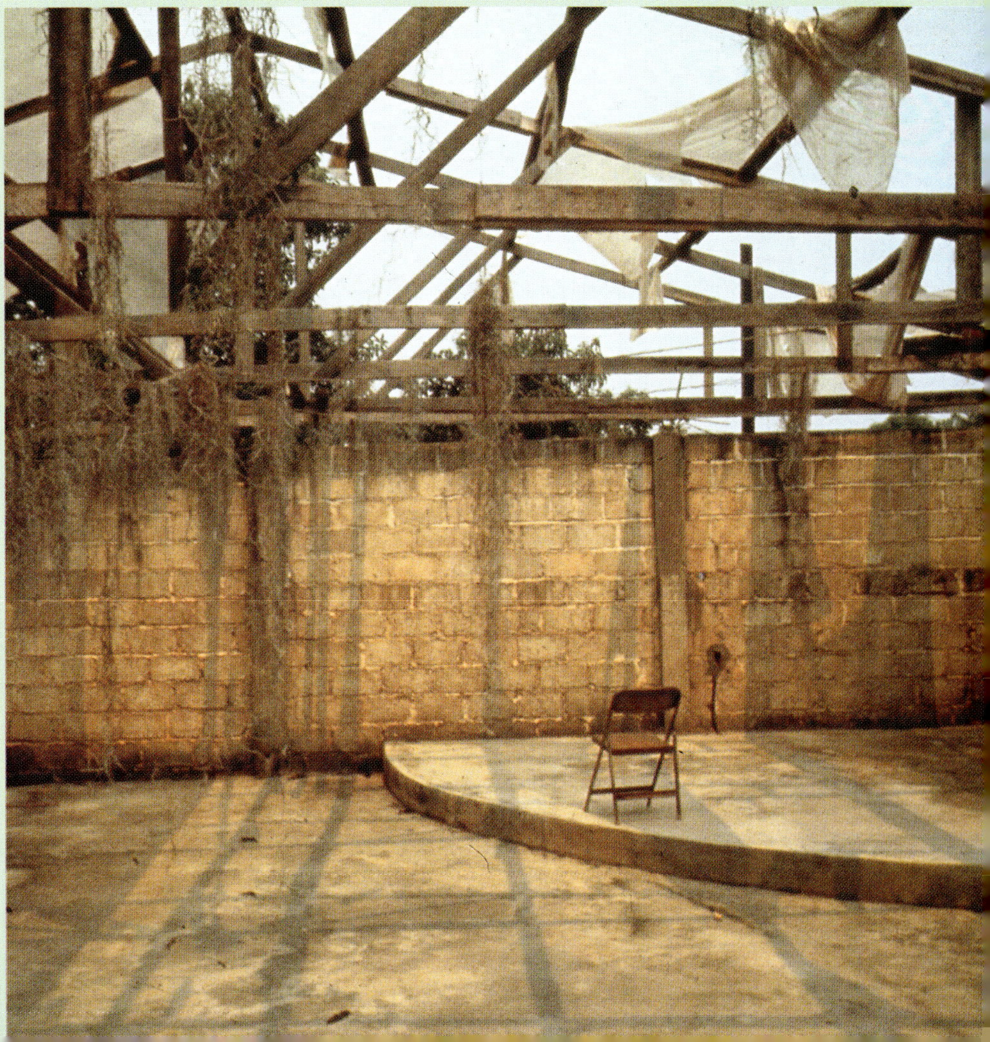

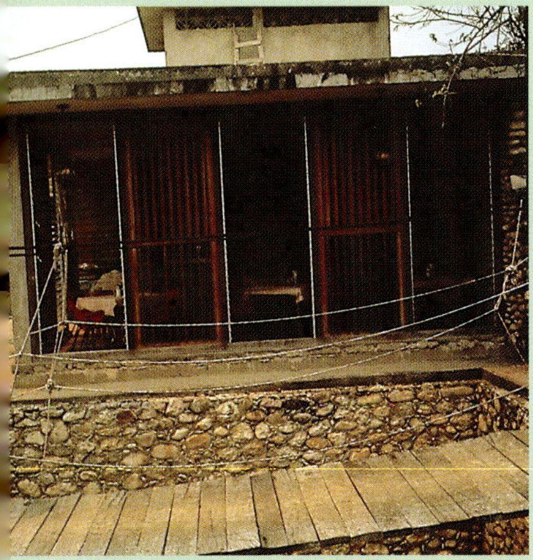

Now this is the restaurant where I spent many happy hours discussing the rise and fall of the ancient Mayan Gods with Virginia Dwan and Nancy Holt. We discussed many things. Actually, the old Mexican Gods were rather cruel. As a matter of fact they had quite an interesting corn…er…agricultural processes. When they would plant corn and seed they would sacrifice a baby, and cut him all up, and then plant him along with the cornseed in the ground. And then when the corn grew a little higher, they would take a young boy, and slice him all up, and plant him along with the adolescent corn sprouts. And then when it was fully grown and ready to take off they would do the same thing with an old man, so that that sort of gives you the feeling that lurks in Mexico. There is something about Mexico, an overall hidden concealed violence about the landscape itself. Many artists and writers have gone to Mexico and been completely destroyed, you know. It happened to Hart Crane after he left Mexico. He jumped off the back of a boat into the propellers and was completely cut to ribbons. So you have to be very careful when you go to Mexico so that you are not caught up in this—in any of this kind of unconscious, dangerous violence that is really lurking in every patch of earth. It's just there, everywhere trying to get you so that you have to be on your guard at all times. While we were talking there, we were waiting for our guide who was going to take us down into the jungle areas around Guatemala. He was quite an interesting man actually. Hippies would go down and ask him if they could work for him for free—a kind of romantic flower-power idea—but this one hippy, his first day on the job was a matter of castrating cattle and so he quit. We would just spend our time in there and it was like a very long time we were spending in this place. Actually you can't believe how long these Mexican afternoons are, they just really go on and on, and you really can get into all the avatars of the Mexican gods, and there are many and they are quite fierce. So, if you ever go down there I would be on guard.

Das ist das Restaurant, in dem ich viele glückliche Stunden damit verbrachte, mit Virginia Dwan und Nancy Holt über Aufstieg und Niedergang der alten Maya-Gottheiten zu debattieren. Dabei kamen eine Menge Dinge zur Sprache. Eigentlich waren die alten mexikanischen Götter überaus grausam. So verfügten sie zum Beispiel über bemerkenswerte Methoden des Getreideanbaus. Wenn sie das Korn aussäten, opferten sie ein Baby, zerlegten es in Stücke und pflanzten diese zusammen mit dem Saatgut ein. War das Getreide dann ein bisschen gewachsen, nahmen sie einen kleinen Jungen, zerschnitten ihn und pflanzten ihn zu den Getreidesprösslingen. Und war das Korn erntereif, machten sie dasselbe mit einem alten Mann. Vielleicht vermittelt Ihnen das etwas von dem Lebensgefühl, das in Mexiko herrscht. Etwas ist in Mexiko, eine ständig latent vorhandene Gewalt in der Landschaft selbst. Viele Künstler und Schriftsteller kamen nach Mexiko und gingen daran zugrunde. Hart Crane, zum Beispiel, sprang, nachdem er Mexiko verlassen hatte, vom Heck eines Bootes direkt in die Schrauben und wurde vollkommen zerfetzt. Man muss also sehr aufpassen, wenn man nach Mexiko geht, dass man sich nicht in dieser oder jener Art von unbewusster, bedrohlicher Gewalt verfängt, die in jedem Kubikzentimeter Erde lauert. Sie ist einfach da, ist ständig hinter einem her, man muss immer auf der Hut sein. Während wir uns dort also unterhielten, warteten wir auf unseren Führer, der uns in den Dschungel bei Guatemala bringen sollte. Eigentlich war er ein recht interessanter Mann. Hippies kamen und wollten umsonst für ihn arbeiten – eine typisch romantische Flower-Power-Idee. Da war zum Beispiel einer, der sollte gleich am ersten Tag beim Kastrieren des Viehs helfen; er hat sofort wieder gekündigt. Wir hingegen haben uns dort einfach nur die Zeit vertrieben, und zwar ausgiebig. Man kann sich gar nicht vorstellen, wie lang diese mexikanischen Nachmittage sind, sie ziehen sich hin, und dabei kann man sich in all die Inkarnationen mexikanischer Götter vertiefen, denn davon gibt es jede Menge, und sie sind äusserst grimmig. Sollten Sie also jemals dorthin gehen, seien Sie auf der Hut.

Here you can see the modern part of the building. It should be starting to take shape in your mind at this point. You should be getting the point that I am trying to make, which is no point actually. The interesting thing about this whole place is that there is no point of rest. You just see these things purely as scaffolds and ramps which seem to go somewhere. Well actually you can go up to your room by ramp. I think that the raw use of the sticks—that bracing-up of the upper floor with the poles and the bricks—could be a complete trip in itself. You could really get involved in that, you could do your whole thesis on that, you know just that technique which is a really direct situation. And also you can see back in there how murky it is. You can see right through the hotel as a matter of fact.

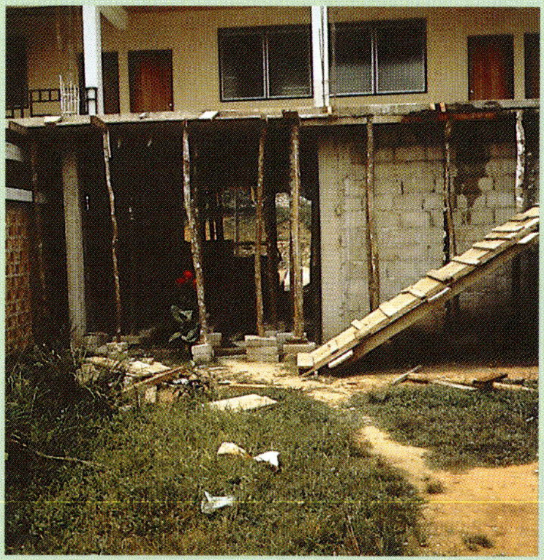

Hier sehen Sie den modernen Teil des Gebäudes. Jetzt sollten Sie sich allmählich ein Bild vom Ganzen machen können. Versuchen Sie, zu erfassen, worauf ich hinaus will: Das Interessante an diesem Gebäude ist nämlich gerade, dass es kein erfassbares Zentrum hat. Man sieht nur Gerüste und Rampen, die irgendwohin zu führen scheinen. So können Sie zum Beispiel Ihr Zimmer über eine Rampe erreichen. Ich glaube, allein schon die Verwendung der rohen Pfähle und Ziegelsteine zur Abstützung der oberen Etage ist hochinteressant. Damit kann man sich endlos beschäftigen, eine ganze Doktorarbeit schreiben über diese Technik, die vollkommen durchschaubare Verhältnisse schafft. Ausserdem sieht man im Hintergrund, wie vergammelt es dort ist. Man kann praktisch durch das ganze Hotel hindurchsehen.

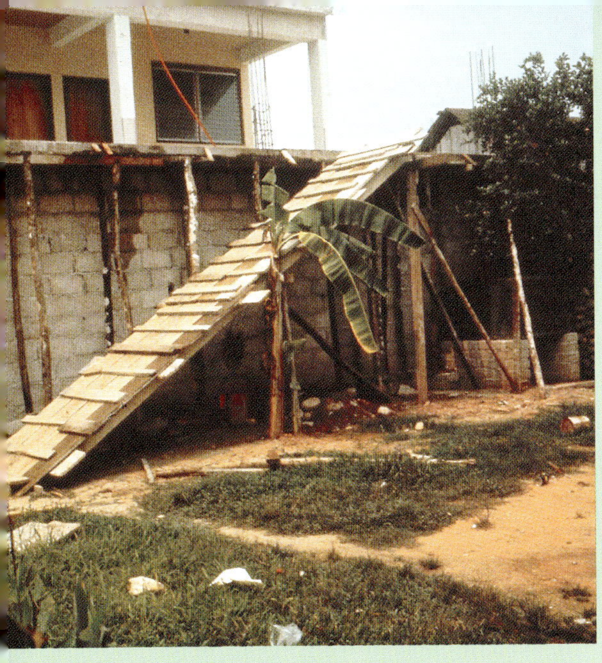

Here's another shot of the ramp. You can see it better. There is a rather wistful palm tree there, well-placed, and it gives you the feeling that you are in the tropics, a sense that you have really made it, you have really got down there and are seeing palm trees for the first time. I don't know, I mean that kind of drooping effect of the palm leaves as they just sort of droop down, and you get that feeling when you are down there, a kind of drooping feeling. But, at the same time that you have these periods of a kind of drooping feeling you are very energized once again by the force which exists in the Mexican earth and you are propelled right back into all kinds of things. You are immediately going to run out to the pyramids and go climbing up those stairways and everything, and you're really not going to have too much time to dwell on the drooping palm leaves, but I thought that it might be an interesting thing for you to see just as a shape, as a form, the way it folds and sort of just hangs there. You wonder why actually, but after a while you really start to lose interest and you stop looking at it and you go on to other things.

In dieser Aufnahme kann man die Rampe noch besser erkennen. Dort eine einsame Palme, klug plaziert, so dass man das Gefühl bekommt, in den Tropen zu sein, es endlich geschafft zu haben und zum ersten Mal im Leben Palmen zu sehen. Ich weiss nicht, ich meine diesen Eindruck der Erschlaffung beim Anblick der herunterhängenden Palmblätter, da bekommt man selbst ein Gefühl der Schlaffheit. Aber gleichzeitig spürt man auch die Energie, die aus der Kraft der mexikanischen Erde kommt, und man wird zurückgeschleudert in alles mögliche. Plötzlich drängt es einen, hinaus zu den Pyramiden zu laufen, die Treppen hinaufzusteigen, und man hat überhaupt nicht viel Zeit, um unter den hängenden Palmblättern zu verweilen. Aber ich dachte, es wäre für Sie aufschlussreich, zu sehen, wie die Blätter sich biegen und herabhängen, einfach als Form. Man fragt sich warum, aber nach einer gewissen Zeit verliert man das Interesse und schaut nicht mehr hin, sondern wendet sich anderen Dingen zu.

Now this is like a crack in a tower. I didn't get a photograph of the entire tower so that you will have to bear with me and accept this fragment of the tower. This is a crack in the tower that has been patched up, and you can see that there again it is a rather ingenious method for patching up cracks. You notice the X-marks going through the crack almost like a stitch, I mean like here was a wound in this brick wall and it was completely sewn up by some architectural surgeon, which gives one pause...

Das hier ist etwas wie ein Riss in einem Turm. Ich habe kein Photo vom ganzen Turm. Sie müssen mir also einfach glauben und mit diesem Ausschnitt hier vorliebnehmen. Der Riss wurde geflickt, und man kann auch hier die überaus geniale Methode erkennen. Sie sehen die Kreuze, die sich am Riss wie Stiche entlangziehen, als hätte es in der Ziegelmauer eine Wunde gegeben, die ein Architektur-Chirurg vollständig vernäht hat; da kann man nur staunen...

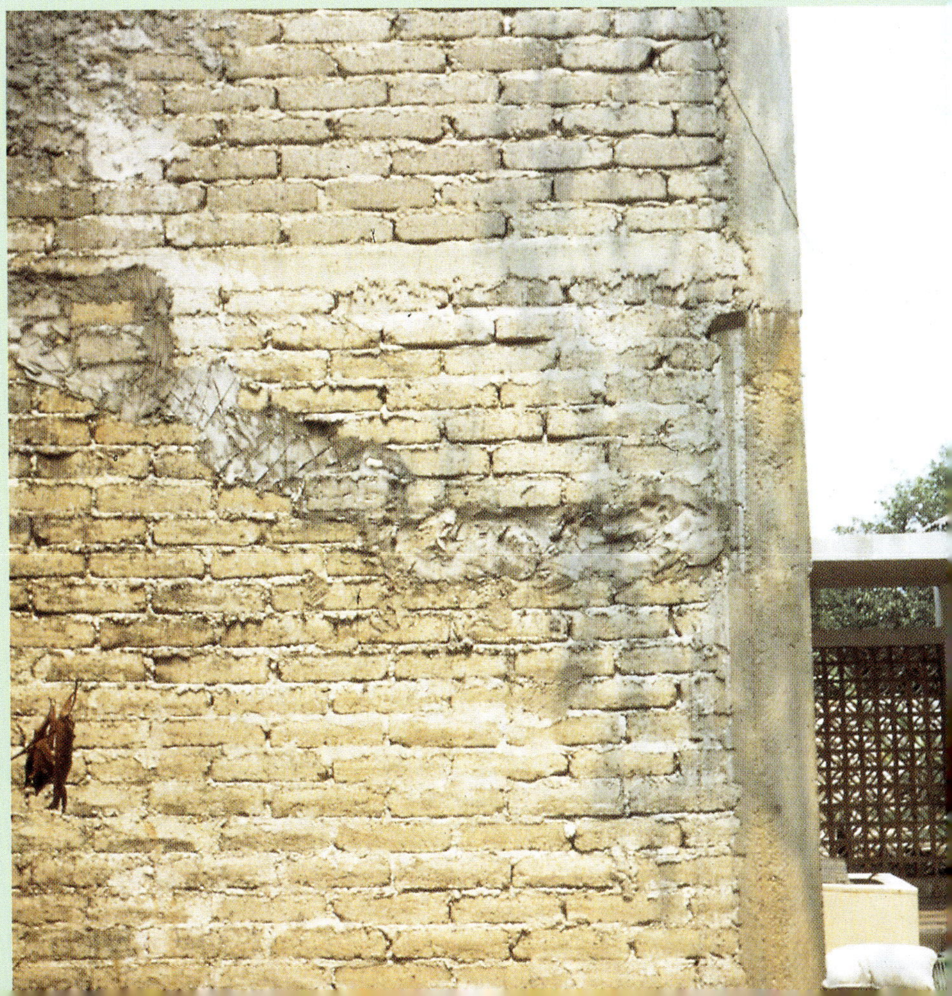

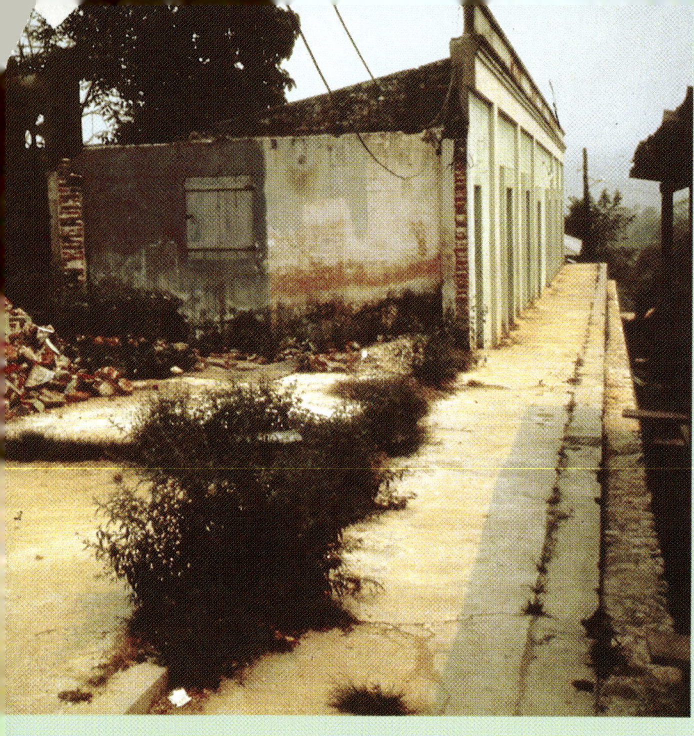

Now this is the escarpment. This is the ... it's very moving actually. There you see where the stairs just completely fall away and you have these uninhabited old motel sections, and once again you get a better idea of the careful way that they don't tear everything down all in one fell swoop. It's done slowly with a certain degree of sensitivity and grace so that there is time for the foliage to grow through the broken concrete, and there is time for the various colors on the wall to mellow under the sun. So you get this kind of really sensuous sense of something extending both in and out of time, something that doesn't belong to the earth and really something that is rooted very much into the earth. This kind of de-architecturization pervades the entire structure. And you have to remember that it's a-centric, no focuses, nothing to grip on to, no certainty, everything is completely random and done to please somebody's everyday activity.

Das ist die Abbruchstelle. Sie ist überaus beeindruckend. Da sehen Sie, wie die Stufen ins Nichts abfallen, und man erkennt die unbewohnten alten Motel-Teile. Auch an dieser Stelle wird wieder deutlich, wie umsichtig die Leute hier nicht einfach alles auf einen Schlag abreissen, sondern mit Fingerspitzengefühl vorgehen, so dass das Laubwerk durch den geborstenen Beton wachsen kann und die Farben an der Wand in der Sonne allmählich ausbleichen können. So bekommt man ein eindringliches Gefühl von etwas, das sich zeitlich ausdehnt und zugleich zurückzieht, etwas, das nicht zur Erde gehört und doch zutiefst in ihr verwurzelt ist. Diese Ent-Architekturisierung durchdringt die gesamte Anlage. Und vergessen Sie nicht, dass das Gebäude keinen Mittelpunkt, keine Fluchtpunkte hat, nichts, woran man sich halten könnte, keine Gewissheiten. Alles ist vollkommen zufällig, entstanden, um jemandem sein Tagewerk zu verschönen.

Here is another view of the braced up poles that are really supporting a good deal of the hotel. If you look closely in the upper left corner you can see the lobby through a hole in the wall there. Once again you have the sense of space going from one side of the hotel to the other and back again, back and forth, to and fro. And then there is always a bit of color there you know, just right, like that little piece of red just sets off the whole thing so that there is no lack of color excitement. Way in the back—you can barely make it out—there is a sort of abandoned refrigerator just sitting there and way in the back—you can hardly see it—if you look closely, you see our car. It's sort of between the two poles on the right side. That's how we arrived there actually, in a rent-a-car, but also you can see how there is no fussy meticulous over-compulsive,...they are not uptight. When something chips off they just leave the chips there, and that adds to the general feeling of the interior.

Und hier ist noch eine Aufnahme von den Verstrebungen, die einen grossen Teil des Hotels tragen. Wenn Sie genau in die linke obere Ecke sehen, können Sie durch ein Loch in der Wand die Eingangshalle erkennen. Auch hier stellt sich wieder dieses Gefühl ein, dass der Raum im Hotel sich von einem Ende zum andern bewegt, hin und her, vor und zurück. Und es gibt immer irgendwo ein Kleckschen Farbe, gerade im richtigen Mass, wie zum Beispiel dieses kleine Fleckchen Rot, das dafür sorgt, dass es nicht zu farblos wird. Im Hintergrund, kaum zu sehen, steht eine Art ausrangierter Kühlschrank, er hockt einfach da, und noch weiter hinten, man kann es kaum erkennen, aber wenn Sie genau hinschauen, sehen Sie unser Auto – ungefähr zwischen den beiden Säulen auf der rechten Seite. So kamen wir übrigens dorthin, mit einem Mietauto. Man sieht aber auch, dass es nichts übertrieben Zwanghaftes gibt, die Leute sind nicht verklemmt. Wenn etwas abblättert, bleibt es einfach liegen und wird Teil der Gesamtatmosphäre im Raum.

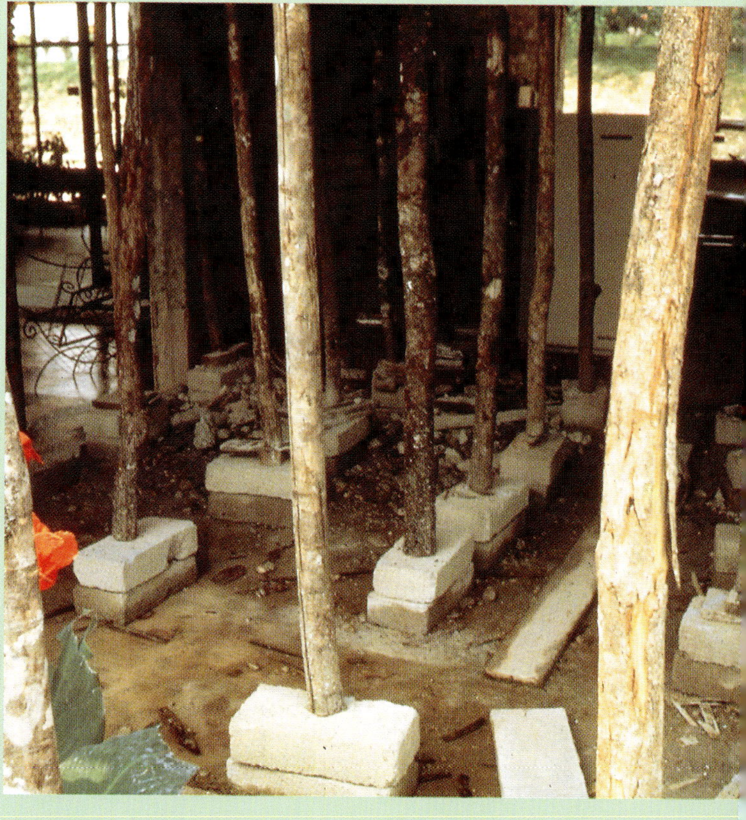

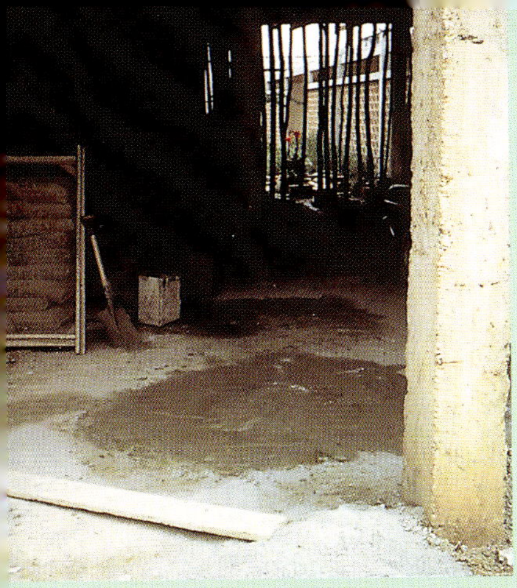

Again in the shadows you can see our car. In the back you can see the sticks, but in the front there you see sort of you know, oh, a little pile of cement. It's hard to say exactly what they are going to do with that. There it is, just for itself. I mean there is nothing like a pile of cement just as cement. It's not going anywhere, it's just there, just think of it and dig it for its cementness. You don't really care what use it's going to be put to. It just happens to be there, and its boringness gives it a certain ambience, a certain frisson, a kind of meaning that it might not otherwise have. And in the back there you can see old bags of cement, bags of cement that aren't really destined for any secure purpose but just piled up there in a rather nice stacking formation. Actually the stacking formation is a very sound architectural and structural device; you can just stack things from now until kingdom come. You can have something like a building: you don't have to cement it up actually, you just mix the cement and pile the things up... And then of course I forgot to mention the pillar there. There is another pillar—we're all familiar with pillars actually—and that is blunt, unpretentious, it's not calling attention to itself, it doesn't wear its architecture on its sleeve.

Im Schatten wäre hier wieder unser Auto zu erkennen. Im Hintergrund sehen Sie die Stangen, aber vorne sieht man, na ja, einen kleinen Haufen Zement. Schwer zu sagen, was sie damit vorhaben. Er ist eben da. Er tut nichts, er hat keine Funktion, also nehmen Sie ihn einfach so, wie er ist, vielleicht als Inbegriff von Zement. Eigentlich ist es auch ziemlich egal, welchen Zweck er erfüllen soll. Er ist zufällig da und so langweilig, dass er eine gewisse Ausstrahlung, einen Reiz, eine Bedeutung hat, die ihm sonst nicht zukäme. Im Hintergrund sehen Sie alte Zementsäcke, die für keinen bestimmten Zweck gedacht sind, sie sind aber bestechend schön aufgeschichtet. Der Stapel an sich ist übrigens eine sehr praktische architektonische und bauliche Erfindung; man kann Sachen von jetzt bis in alle Ewigkeit im Stapel lagern. Daraus kann ein richtiges Gebäude werden: man braucht es gar nicht zu zementieren, sondern es reicht, den Zement zu mischen und die Sachen aufzustapeln... Und dann habe ich natürlich vergessen, auf die Säulen hinzuweisen. Da ist noch eine Säule – eigentlich kennen wir alle diese Bauform – aber die hier ist ganz schlicht und unprätentiös, lenkt die Aufmerksamkeit nicht auf sich und spielt sich nicht als Architektur auf.

Oh, and here's another view: the broken brick mound. And what I thought was interesting was the way the grass grows up there, the way it disappears into the mound and you can see back into the heavy foliage. Behind that is the restaurant that we just talked about.

Oh, und hier ist eine andere Ansicht: ein Haufen kaputter Ziegel. Besonders interessant daran fand ich den Graswuchs, wie das Gras im Haufen verschwindet und dahinter das dichte Laub zum Vorschein kommt. Noch weiter hinten liegt das Restaurant, von dem wir bereits gesprochen haben.

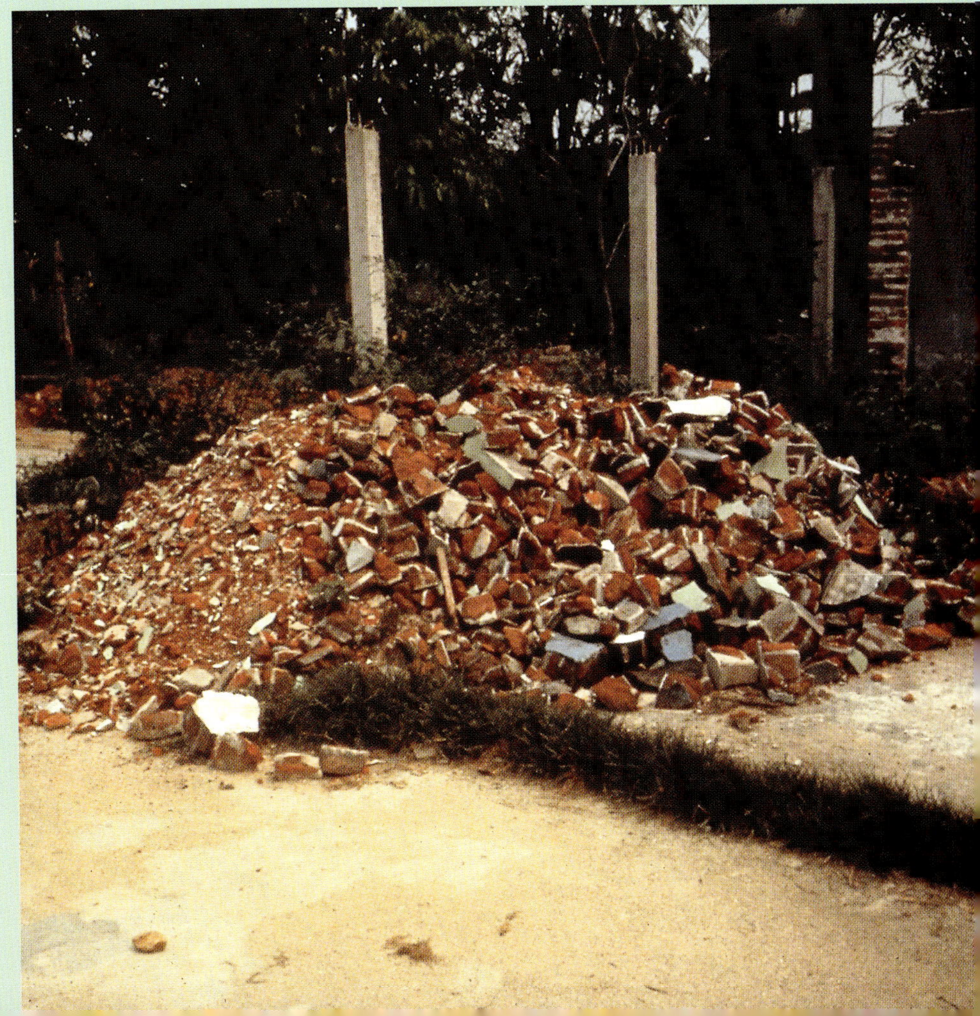

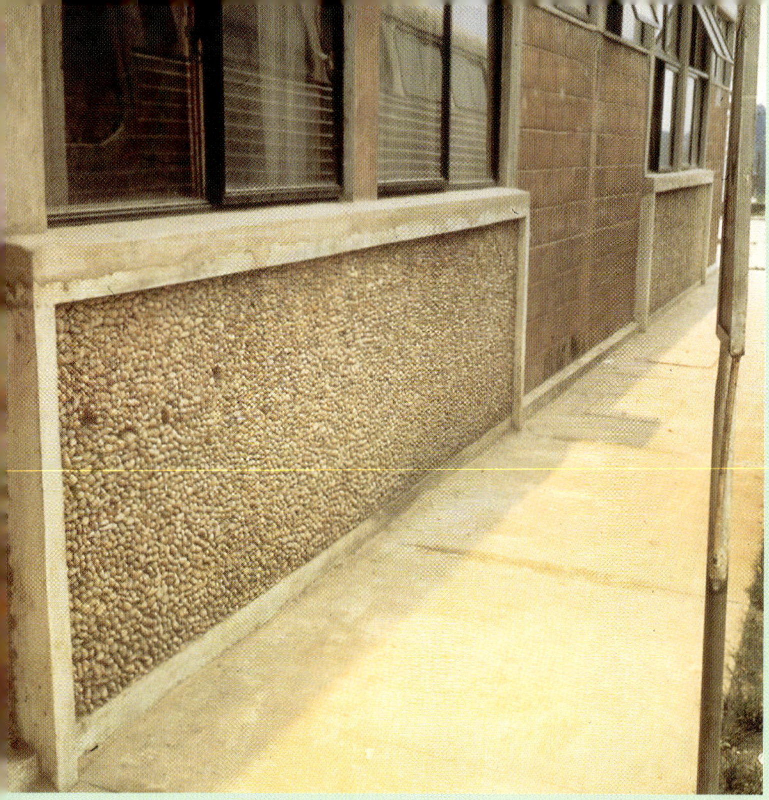

This is just pebbles in a wall. When you think of it, hundreds of pebbles just being placed very gently into a casement. I kind of like that and it just sort of suggests a kind of infinite situation.

Das sind Kieselsteine in der Wand. Stellen Sie sich vor, Hunderte von Kieseln, die sorgsam Stück für Stück in die Wand eingelassen wurden. Irgendwie gefällt mir das, weil es eine Art Unendlichkeit suggeriert.

Now we are finally in the lobby of the hotel and looking through, we see some turtles swimming in the turtle pool. There's an alligator in there, too, but he doesn't seem to bother the turtles. I like this, as you come in you see this turtle pond and it's a kind of nice situation to see.

Jetzt sind wir endlich in der Eingangshalle angekommen, an deren Ende wir in einem Becken Schildkröten schwimmen sehen. Auch ein Alligator ist darin, aber der scheint die Schildkröten nicht zu stören. Ich mag das, es ist eine angenehme Situation, wenn man hereinkommt, sieht man dieses Schildkröten-Becken.

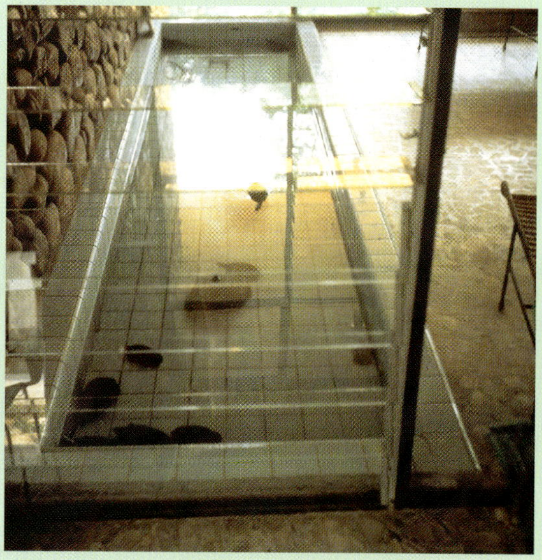

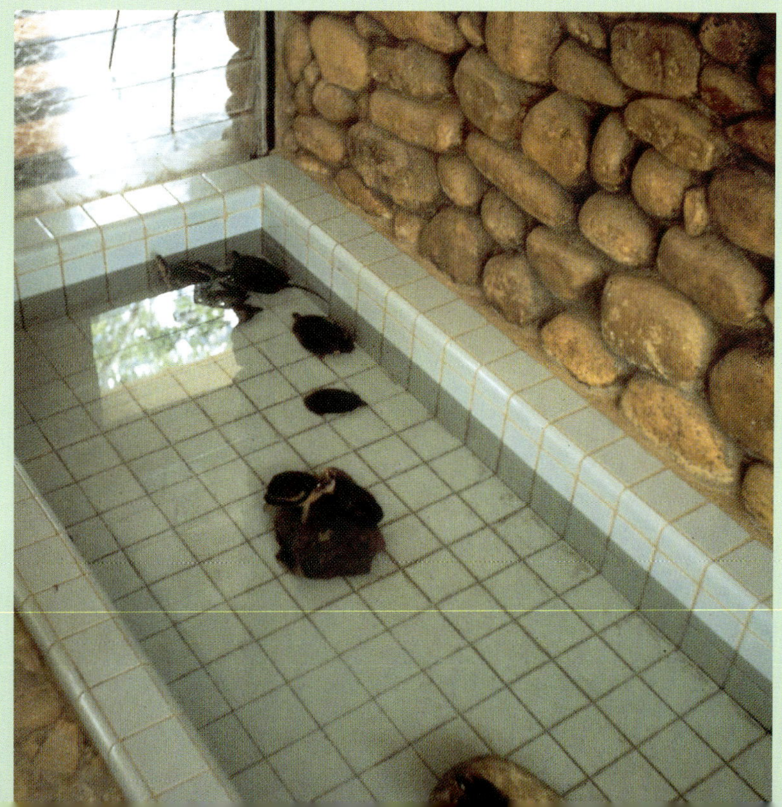

Here's another close-up view of the turtles. Here are some of them...a little rock there so that they can clamber on to it and...get some air.

Und hier eine Nahaufnahme von den Schildkröten. Da sind ein paar... und da ein kleiner Felsen, auf den sie klettern können, um Luft zu schnappen.

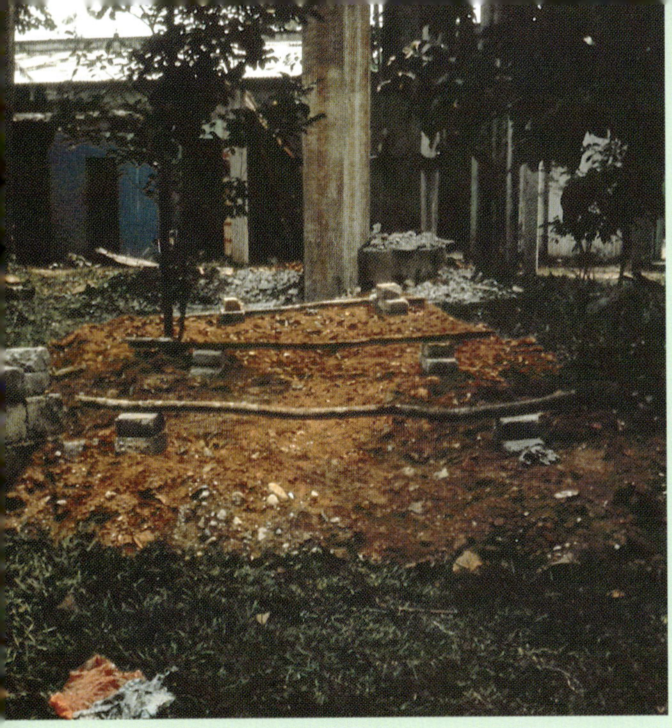

This is interesting, back in the garden again. Here we have some bricks piled up with sticks sort of horizontally resting on these bricks. And they signify something. I never figured it out while I was there but it seemed to suggest some kind of impermanence. Something was about to take place. We were just kind of grabbed by it. You just really felt that any minute something was going to happen. It was like a sign, a sign from something ageless actually. Here up in the front you can see somebody's bathing suit drying. There are little touches now and then, a sort of human element, the element of man and nature and... humanized grass. But of course you are probably well familiar now with those doors in the background. They are still there.

Das ist interessant, wir befinden uns wieder im Garten. Sie sehen aufgeschichtete Ziegel mit waagerecht darüber liegenden Stöcken. Und sie bedeuten etwas. Ich bin nicht dahintergekommen, solange ich da war, aber es handelt sich wohl um etwas Vorübergehendes. Irgend etwas bahnte sich an. Irgendwie liess es uns nicht mehr los. Man konnte es förmlich spüren, dass jeden Augenblick etwas geschehen würde. Es war wie ein Zeichen, ein Zeichen von etwas Zeitlosem. Im Vordergrund liegt ein Badeanzug zum Trocknen. Hin und wieder gibt es kleine Hinweise, so eine Art menschlicher Komponente, so eine Andeutung von Mensch und Natur und... vermenschlichtem Gras. Inzwischen kennen Sie wahrscheinlich die Türen im Hintergrund. Sie sind immer noch da.

Oh, there's the tower. Once again I couldn't get a complete shot of the tower. But, there it is, and I am on top of an unfinished roof or room or something. They'd hosed that area down, you know, and it could even be like the wading pond for people who don't like to swim. The tower is very interesting. It contains a kind of a spiral staircase, a square spiral staircase. You will, in the future, maybe see...

Ah, da ist der Turm. Ich habe ihn auch hier wieder nur teilweise photographieren können, aber immerhin. Ich bin auf einem halbfertigen Dach oder Zimmer. Man hatte diesen Bereich abgespritzt, und er würde für Leute, die nicht gern schwimmen, sogar als Planschbecken taugen. Der Turm ist äusserst interessant. Er enthält eine Art Wendeltreppe, eine rechteckige Wendeltreppe. Demnächst werden Sie vielleicht sehen...

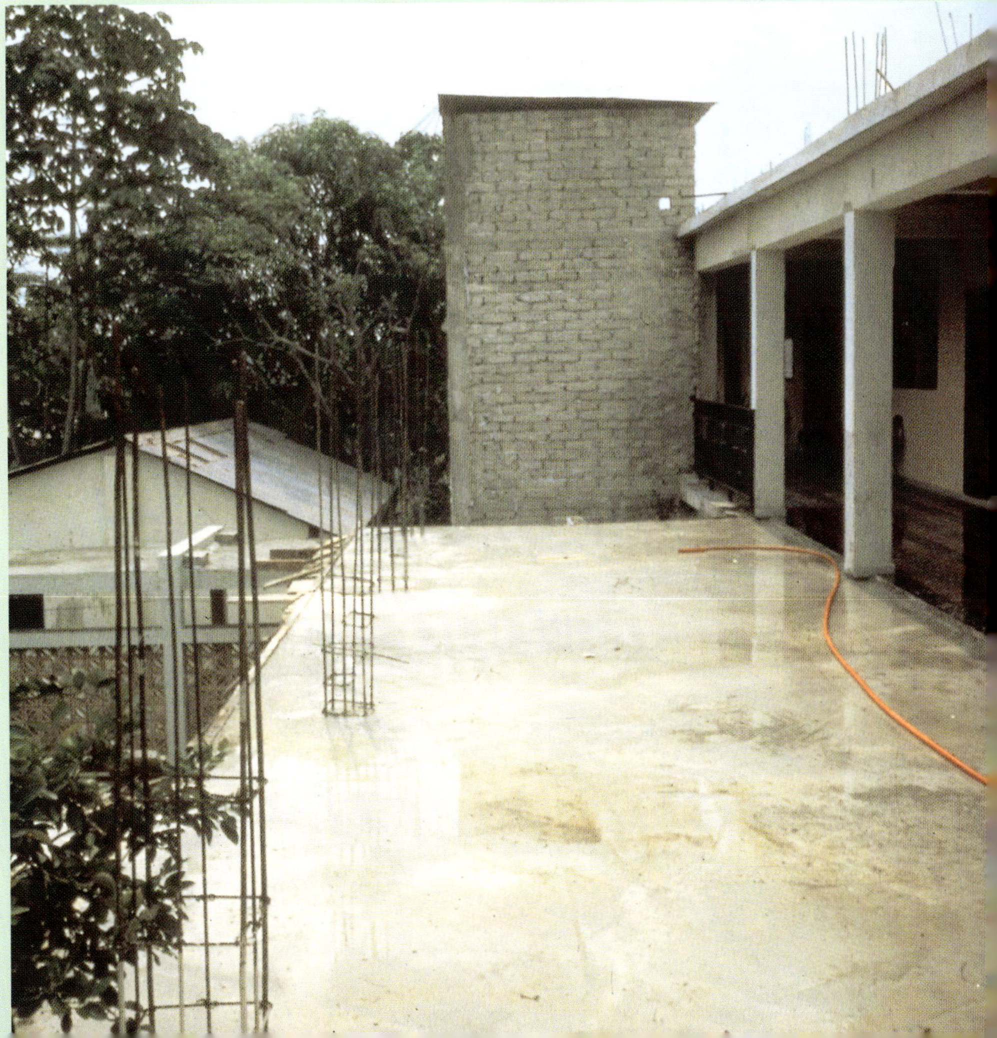

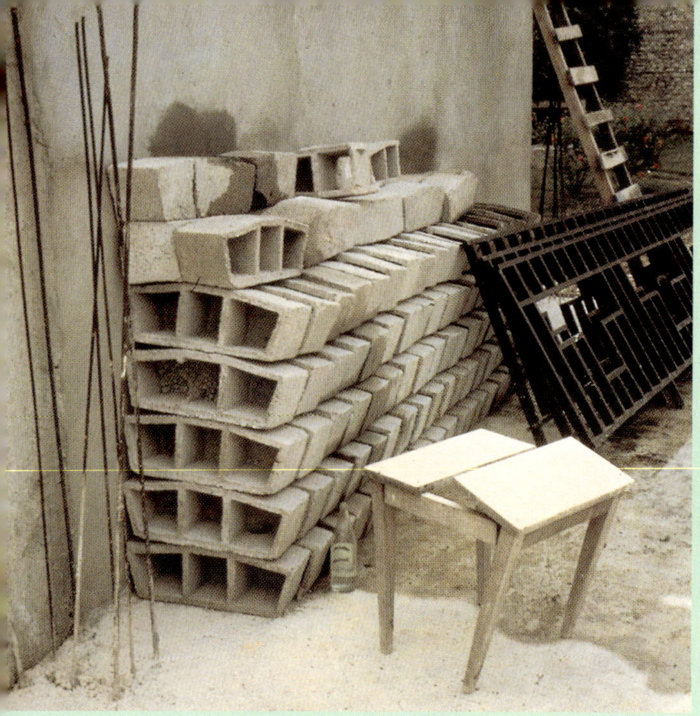

This just gives you an idea of a certain kind of curving of brick that they have. It's reinforced and has a good tensegrity principle or something. It would hold itself—there's a certain kind of tension there. Good structural thinking. And it's nice, like that table there, it's a very solid thing and then there's that table... you could have a picnic on it but it might not be the best thing to use. There it is, and there's a bottle of mineral water sitting there and some nice steel grillwork, wrought-iron maybe—I don't know, I can't remember—and then a ladder. The place is loaded with ladders but that was the only one I thought was worth recording. Then the typical steel bars casually cast off to the side; one wonders exactly what they will do with these bricks, but we must go on.

Das hier vermittelt einen Eindruck von einer Art gewölbter Ziegel, die es dort gibt. Sie sind verstärkt und verfügen über eine gute Tragfähigkeit. Sie tragen und stützen sich praktisch selbst, und das ergibt eine besondere Art von Spannung und Halt. Eine gute strukturelle Überlegung. Und es sieht gut aus, wie dieser Tisch beispielsweise, diese soliden Elemente, und dann dieser Tisch da... man könnte ein Picknick darauf machen, aber er ist vielleicht doch nicht unbedingt dazu geeignet. Da ist er, und da steht eine Flasche Mineralwasser, und ein schönes eisernes Gitterwerk, Schmiedeeisen vielleicht, ich weiss nicht, ich kann mich nicht erinnern, und dann eine Leiter. Überall stehen Leitern herum, aber die hier schien mir die einzige, die zu photographieren sich lohnte. Und hier wieder die typischen Armierungseisen, die achtlos auf die Seite geworfen wurden, man fragt sich auch, wozu eigentlich diese Ziegelsteine gut sind, aber wir müssen weitergehen.

This is a certain circular garden with elephant ear plants growing in it, a sunken garden as a matter of fact. And off in the left hand corner, if you look very closely, very hard, you'll see the end of the restaurant that we talked about, and then in the back, once again, perhaps your last view of the pool, of the dried pool with the suspension bridge going across it. The walkway on the side is very solidly built...it's like really there. If it rains you won't get wet, and it's really one of the many conveniences of the hotel.

Das ist ein runder Garten mit Elefantenohrpflanzen, sozusagen ein versenkter Garten. Links werden Sie bei ganz genauem Hinsehen eine Ecke des Restaurants entdecken, von dem wir schon gesprochen haben, und im Hintergrund noch einmal ein – vielleicht letzter – Blick auf das trockengelegte Schwimmbecken mit der Hängebrücke darüber. Der Laubengang rechts ist sehr solide angelegt – etwas ganz Handfestes. Wenn es regnet, wird man nicht nass, und das ist nur eine von den vielen Annehmlichkeiten in diesem Hotel.

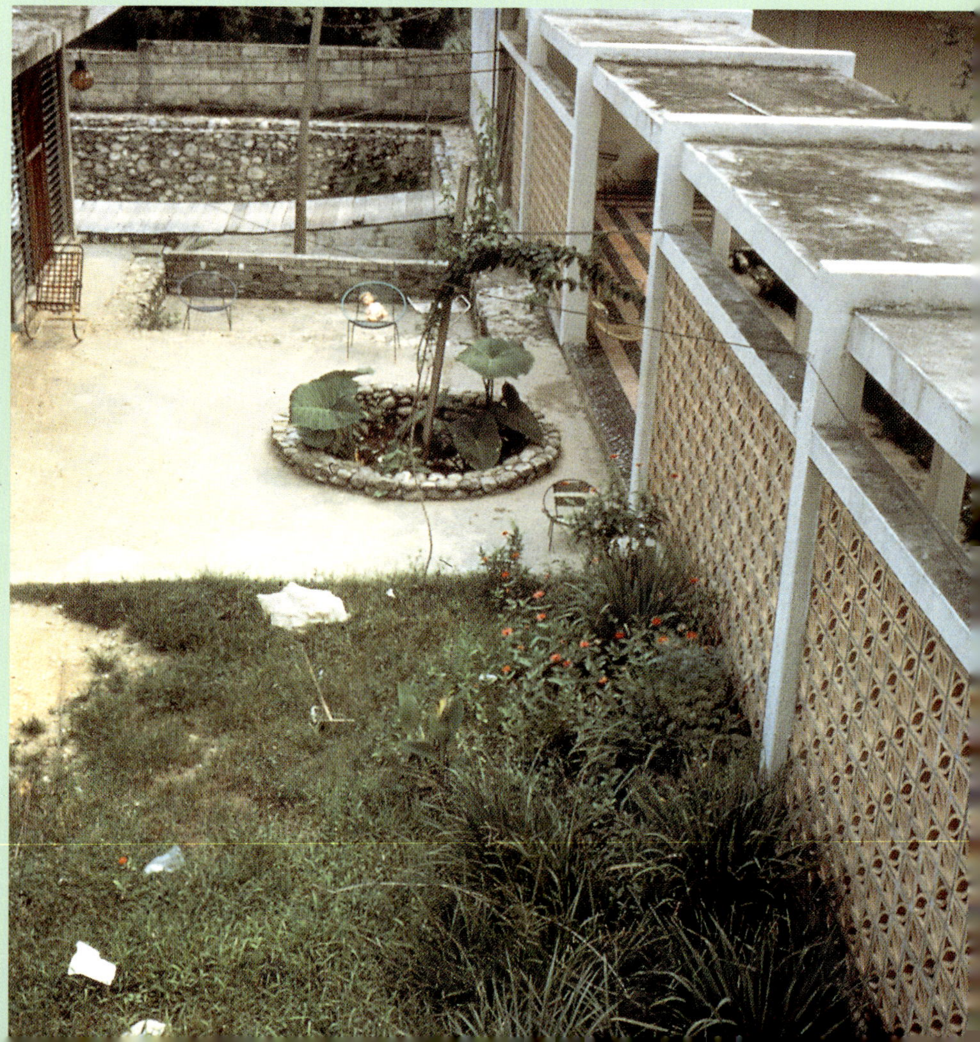

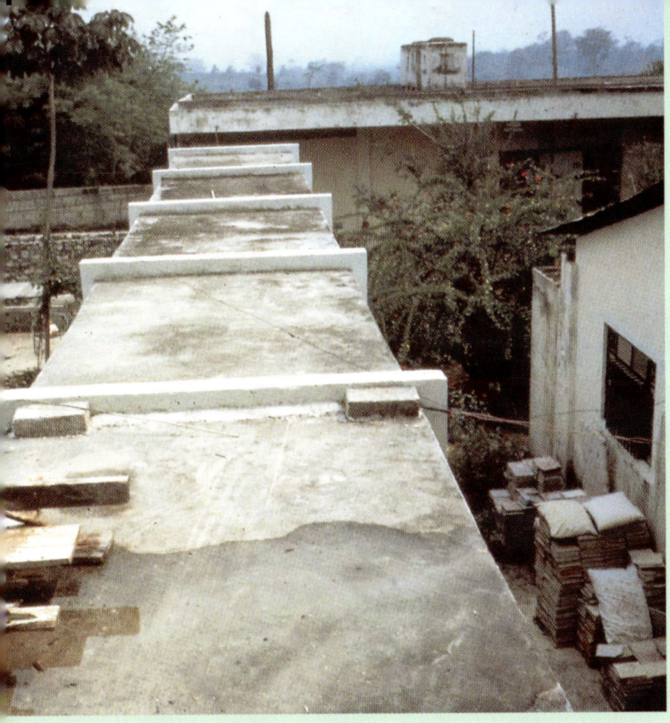

This is the top of that same walkway. It's a little blurry but it kind of gives it another dimension. You might actually bring it into focus at some point, or you could even take it out of focus if you'd like; you know to try that. Actually it's an interesting effect but we don't have time for that, there are better things to do. He still hasn't got it into focus yet…oh there we are. You can see the very top of this. This is a kind of very simple straight-across look, and you can see a kind of minimal sense of directness about the way those white bars go across the top of that thing. Then if you look off to the side, to your left, down there you see some pillows. They are collecting rain. That's about all they do. It's just one of those things. They are pillows as things in themselves.

Hier sehen wir denselben Laubengang von oben, ein bisschen unscharf zwar, aber man erkennt hier eine andere Dimension. Man könnte es durchaus an einem bestimmten Punkt scharf oder bewusst unscharf stellen; Sie können das ausprobieren. Es ergibt einen interessanten Effekt, aber unsere Zeit reicht dazu nicht aus, es gibt Wichtigeres. Er hat es immer noch nicht ganz scharf eingestellt – ah, jetzt aber. Da sehen Sie das Dach. Es wirkt sehr schlicht und unvermittelt, die Form zeichnet sich durch eine Art minimalistischer Direktheit aus, beachten Sie die weissen Querbalken oben drüber. Rechts unten befinden sich ein paar Kissen. Sie saugen Regenwasser auf. Das ist ihre ganze Funktion. So ist das da eben: es sind einfach Kissen, Kissen an sich.

This is interesting because if any of you ever visit the major temple of Palenque, it is one of the few pyramids in Mexico where they discovered a tomb. There's a stairway which goes down into the middle of this pyramid, and at the bottom of this stairway in the middle of this pyramid they buried the old Mayan King, and then they filled in the stairway that they had built with earth. They left a molding that looks very similar to this, only it's hollow so that the spirit of the old Mayan kings would sort of come up through this molding: a sort of a chambered molding you might call it. And this is actually true. If you go to the temple of Palenque you can see this, but this very same motif was in this tower. Now I don't know whether this molding is hollow or not, I mean I didn't find that out, but it has that same look to it. And I thought that was a rather interesting thing.

Das hier ist interessant, falls Sie je den grossen Tempel von Palenque besuchen: Er ist eine der wenigen Pyramiden in Mexiko, wo man eine Grabstätte entdeckte. Eine Treppe führt in die Mitte der Pyramide hinunter; am Fuss der Treppe wurde der alte Maya-König begraben, und anschliessend füllte man die Treppe mit Erde wieder auf. Ausgespart blieb eine Abschlussleiste ähnlich der hier, aber innen hohl, so dass der Geist der alten Maya-Könige durch den Hohlraum heraufsteigen konnte, eine Art Leiste mit Innenraum, könnte man sagen. Das stimmt wirklich, im Tempel von Palenque können Sie es nachprüfen, aber genau dasselbe Motiv befand sich auch in diesem Turm. Ich weiss nicht, ob die Leisten hier hohl sind oder nicht, ich habe es nicht herausgefunden, aber es sieht ganz genau so aus. Und das schien mir sehr interessant.

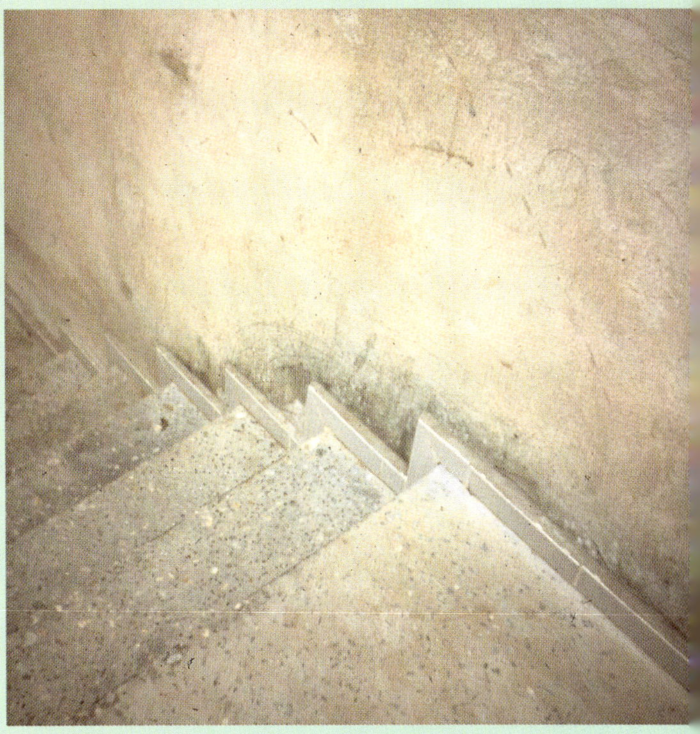

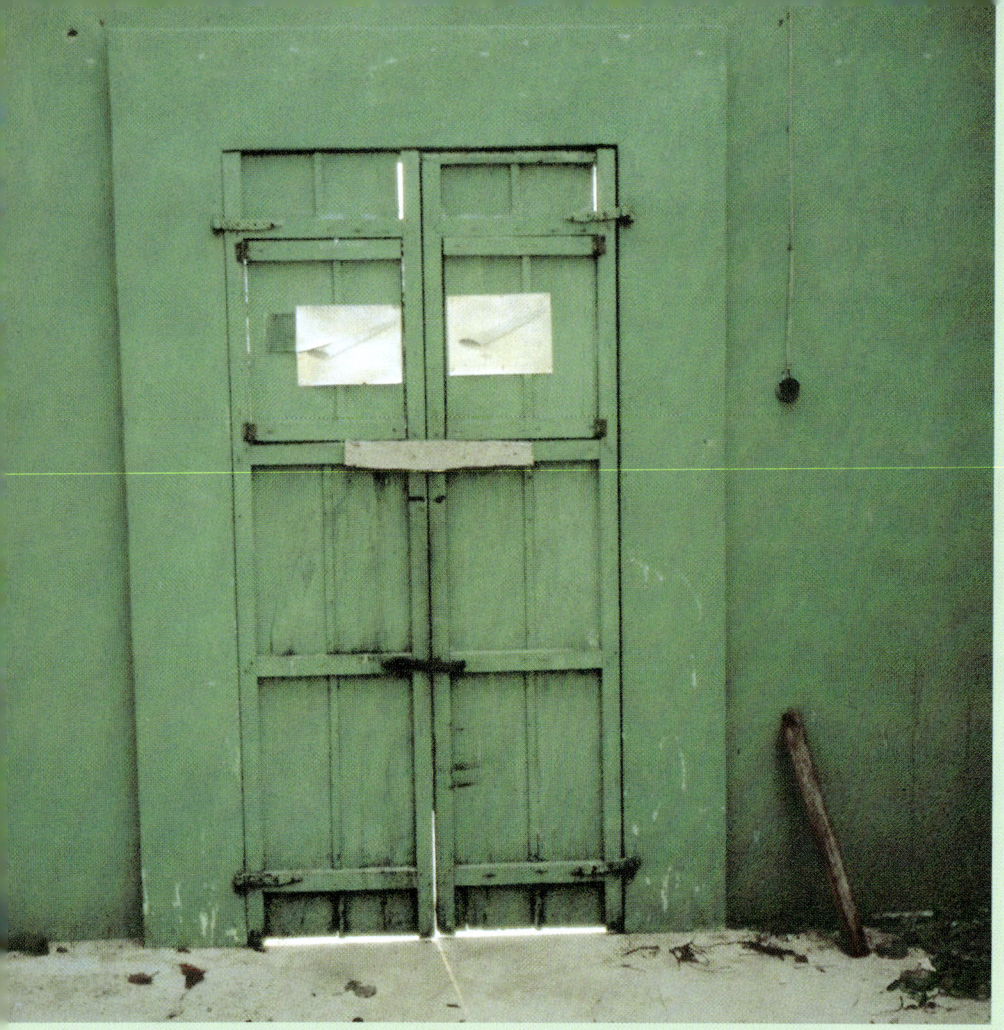

This is sort of the door. At first you notice right at the back that it's green, right? There's not really much you can say about it, I mean it's just a green door. We've all seen green doors at one time in our lives. It gives out a sense of universality that way, a sense of kind of global cohesion. The door probably opens to nowhere and closes on nowhere so that we leave the Hotel Palenque with this closed door and return to the University of Utah.

Das ist gewissermassen die Tür. Zunächst stellt man ganz hinten fest, dass da etwas Grünes ist, nicht wahr? Man kann nicht viel darüber sagen, es ist einfach eine grüne Tür. Jeder von uns hat schon einmal eine grüne Tür gesehen. Sie vermittelt ein Gefühl von Universalität, einem globalen Zusammenhalt. Die Tür führt wahrscheinlich nirgendwohin und schliesst auch keinen Raum ab, so dass wir das Hotel mit dieser verschlossenen Tür verlassen und an die Universität von Utah zurückkehren.

These pictures and words were used by Robert Smithson
in a lecture given to architecture students at the University of Utah, 1972.
(ESTATE OF ROBERT SMITHSON, COURTESY JOHN WEBER GALLERY, NEW YORK)

Text und Bilder entsprechen einem Vortrag, den Robert Smithson 1972
vor Architekturstudenten an der Universität in Utah gehalten hat.

(Übersetzung: Nansen)

«LES INFOS DU PARADIS»

"In the course of Time... the College of cartographers evolved a map of the Empire that was the same scale as the Empire and that coincided with it point for point. Less attentive to the Study of cartography, succeeding Generations came to judge a map of such Magnitude cumbersome, and, not without Irreverence, they abandoned it to the Rigors of sun and Rain. In the western deserts, tattered fragments of the Map are still to be found, Sheltering an occasional Beast or beggar; in the whole Nation, no other relic is left of the Discipline of Geography."

J.A. Suarez Miranda: *Viajes de Varones Prudentes,* Book Four, Chapter XLV, Lerida, 1658

NEVILLE WAKEFIELD

YUCATAN IS ELSEWHERE

On Robert Smithson's HOTEL PALENQUE

In 1969 Robert Smithson, his wife Nancy Holt, and art dealer friend Virginia Dwan left the New York College of Cartography—better known as the art-world—for the "western deserts" and lush jungles of Mexico. There, within the abstracted dilapidation of the Hotel Palenque, and some mirror fragments placed around the northern Yucatan, Smithson unearthed the shards of a map, surviving remnants of a Golden Age. Combed from the further shores of a logos already weathered and worn, their crumbled metaphysic took on the aspect of an archeological ruin. Lurking within the tattered vestiges of Western thought, he found not beasts or beggars, but hypothetical continents and fierce avatars of the Mexican Gods—Tezcatlipoca, demiurge of the "smoking mirror," Coatlicue, serpent lady of the Mayans—guardians and inquisitors of a system so utterly decayed as to have itself become a new sort of territory.

Three years on, in 1972, the allegorical form of this new territory took shape in a presentation to the architectural faculty of the University of Utah. More stoned than stentorian in form, delivery and content, it appears navigationally errant and subject to drift. Cheating gravity, Smithson

NEVILLE WAKEFIELD is a writer who lives in New York.

gently mocks the flat-earth school of exegesis. The architectural mass of the ancient Mayan ruins for which Palenque is famous is all but ignored: its pull just another weak signal from a past already muffled by the alluvion of time. Instead we are led into backwaters and fringe areas; the emptied pool, evacuated dance-hall and meaningless passages that together made up the Hotel where Smithson, his wife and friend stayed. The guide books are of no use, says Tezcatlipoca, "You must travel at random, like the first Mayans, you risk getting lost in the thickets, but that is the only way to make art."[1] The ancient ruins are not to be found out there in the jungle, but here in the Hotel Palenque, crumbled, instamatic and nondescript.

Connected to the early Mayan site by the shared lineage of ruination and restoration, Hotel Palenque takes the form of a Nonsite, a discursive and ramshackle web of imagery, conjecture, analysis and recollection, which—like the Hotel itself—lacks either focus or direction. Perambulatory and meandering, the horizon lines of thought unfold as a series of impossible boundaries, elusive limits that recede as they are approached. Anecdotes, like hotel passages, lead nowhere. Spatial and architectural certainties are left to dissolve in the heat of the afternoon sun. Temporal and historical boundaries, denied the assurances of geometry, slump. "So," as Smithson remarks, "you get this kind of really sensuous sense of something extending both in and out of time, something that doesn't belong to the earth and really something that is rooted very much in the earth."[2] And so we too might surmise that the mortar of some unbuilt future is also the dust of an equally distant past, but in the end, and perhaps most satisfyingly, it is just a pile of cement—there to be dug for its cementness.

Almost exactly a year prior to the trip to Mexico, Smithson made one of the first of a series of sculptural *Nonsites.* A visit in June 1968 to the slate quarries of Bangor-Pen Argyle in Pennsylvania had left Smithson impressed by the oceanic and de-differentiated nature of a site within which all notions of gestalt seemed to have collapsed. Drawn to the slate as the geological corollary of a state of mind—slate being the metamorphic or ossified form of gytta, a dark and sedimented sludge—and to the fact that the form of the site had been determined by extraction rather than addition, chips of material picked up from the quarry were returned to the gallery and dumped haphazardly in a trapezoidal bin placed on the floor. Accompanied by cartographic and geological information in the form of texts, maps or photographs, the "Nonsite," as it became known, relayed what was to become a skewed and incomplete dialectic—between inside and outside, visible and invisible, form and formlessness, determinacy and indeterminacy, centre and periphery—between Site and Nonsite. "A course of hazards, a double path made up of signs, photographs and maps that belong to both sides of the dialectic at once,"[3] the Nonsite dissolves the sculptural logic of the discrete object within the now unstable vectors of space and time.

Like the fragmented map of the Empire, the Nonsites confound the synthetic resolutions of dialectical thought. Extracted as well as abstracted from the material substance of the site, they refer to it at the cost of altering it, and what is represented by the Nonsite is not the site itself, but rather its condition of depletion. This is Heisenberg's principle of sculptural uncertainty: It is the irony of protons fleeing the instruments of the physicist and so confounding his aim; it is the fact that the Nonsite leads nowhere, except the place from which it came, a place now irrevocably changed. The dialectics of presence and absence, forced to face itself within this carefully constructed hall of mirrors, is like Medusa facing Perseus's shield, slowly turned to stone. Thus petrified it becomes geology, another stratum in the pre-history of thought. Physical substance and representational logic collapse into a single rubble. In place of the old axes of spatial cartography we find a metaphorical geography inhabited by beasts and beggars, abandoned hopes and discarded systems. "Between the site and the Nonsite one may lapse into places of little organization and no direction."[4]

Clearly such a place was to be found in the Hotel Palenque, a contemporary ruin that mirrored the architecture of thought in its rise to ruination. Caught between the equilibrial forces of reconstruction and decay, the Hotel also allegorizes another collapse, that of vision. "If you visit the sites (a doubtful probability)," Smithson said of the mirror displacements made during the same trip, "you find nothing but memory traces... The fictive voices of the totems have exhausted their arguments. Yucatan is elsewhere."[5] And so it becomes apparent that the Site/Nonsite relationship is also that of its punned double, of vision and its counterpart, blindness. The Mayan ruins for which Palenque is famous are recorded only as the distant possibility of a view from one of the hotel windows, now permanently obscured by the smoke screen of time and defoliation. The wonders of the observatories and temples built by the Mayans remain shrouded, hazy and outshone by the archeology of the present located in the Hotel. The past, which, like astronomical bodies, occurs long before crossing the horizon of appearances, belongs not to the pre-Spanish Indian monuments but to the "geologic man-made wonder" of the Hotel. Here Smithson finds a more compelling and indeterminate horizon where the impress of the future is received by the past, where meaninglessness and disintegration cohabit with the old Mayan necessities of convolution and terror.

Wryly scrutinizing these strange intersections, where architectures of mind and hotel meet, Smithson mines them for their aesthetic and narcotic ore. This, after all is the place where nothing happens, the zero panorama of the present, a serpentine entropy where the passage of ruined signifiers only serves to suck us further into the centripetal vortex, an immobile cyclone. Here the present becomes the conjugation of near future and distant past, the actuality described by Kubler as the "instance between the ticks of the watch... the interchronic pause when nothing is happening. It is the void between events."[6] Skewered on the torpor of those long Mexican afternoons, Smithson's reflections on the de-architecturalising spirit of the Hotel begin to collapse entropically upon themselves. As the old horizons of time and space subside, new diagonals of meaning appear: fluid atlases made up of unlocatable points and indeterminate meanings.

And so the joke perhaps is on us. The Yucatan we should remember was never here but somewhere else—a somewhere captured forever in 1517 by the Spaniards landing on the peninsula, misapprehending the words uttered by the Mayans *Ma c'ubah than* (We do not understand) and deciding that this was the name of the province.[7] The ruins of Palenque become, like the protracted pauses that laconically punctuate each call for the next slide, fault-lines in the continent of thought. Here the glacial drift of perception and cognition causes ideas to buckle or be pulled to extremes of uselessness, the space of sculpture alternately compressed and attenuated. In the Hotel Palenque the traction of empirical truths and steadfast geographies is lost. Taken in by the rock hound's promise of scientism and the traveler's claims to passage it is easy to forget that it is the journey that describes a space in itself, a domain of pure metaphor, a surd area—"a region where logic is suspended—an irrational area"—where the avatars of past and future chew on the wreckage of our imagination.

1) "Incidents of Mirror-Travel in the Yucatan," reprinted in Holt, ed., *The Writings of Robert Smithson,* 94–95.
2) Ibid., "The Spiral Jetty," 115.
3) Quoted from text accompanying *Nonsite* (Palisades, Edgewater, New Jersey), 1968, reprinted in Hobbs, ed., *Robert Smithson: Sculpture* (Ithaca, NY: Cornell University Press, 1981), 110.
4) See Robert Smithson, "Entropy and the New Monuments," first published in *Artforum,* June 1966, reprinted in *The Writings of Robert Smithson,* 9.
5) "Incidents of Mirror-Travel in the Yucatan," 103.
6) George Kubler, *The Shape of Time* (New Haven: Yale University Press, 1962), 17.
7) "Four Conversations between Dennis Wheeler and Robert Smithson, 1969–70," in Eugenie Tsai, *Robert Smithson: Unearthed* (New York: Columbia University Press, 1991), 97.

«Im Laufe der Zeit (...) entwickelte die Schule der Kartographen eine Karte des Reiches im Massstab 1:1, die Punkt für Punkt mit der Wirklichkeit übereinstimmte. Weniger am Studium der Kartographie interessierte spätere Generationen beurteilten eine Karte dieser Grösse als unhandlich und überliessen sie – nicht ohne eine gewisse Verachtung – den Einwirkungen von Sonne und Regen. In den westlichen Wüsten findet man noch heute verwitterte Fragmente der alten Karte, die gelegentlich einem wilden Tier oder Landstreicher Unterschlupf gewähren; sonst gibt es im ganzen Land keinerlei Überbleibsel der geographischen Wissenschaften.»

J. A. Suarez Miranda, *Viajes de Varones Prudentes,* 4. Buch, Kapitel XLV, Lerida 1658.

NEVILLE WAKEFIELD

YUCATAN IST ANDERSWO

Über Robert Smithson HOTEL PALENQUE

1969 vertauschten Robert Smithson, seine Frau Nancy Holt und die befreundete Kunsthändlerin Virginia Dwan das *New York College for Cartography* – besser bekannt als «die Kunstwelt» – mit den *«western deserts»* und der üppigen Wildnis Mexikos. Dort, inmitten des zerstreuten Zerfalls des *Hotels Palenque* und einiger rund um das nördliche Yucatan verteilter Spiegelfragmente, förderte Smithson Bruchstücke einer alten Landkarte zutage, Überreste eines goldenen Zeitalters. Gebrochen durch die fernen Gestade eines bereits verwitterten und verbrauchten *Logos,* nahm ihre brüchige Grundsubstanz die Gestalt einer archäologischen Ruine an. In den verwitterten Spuren des westlichen Denkens spürte er jedoch weder «wilde Tiere» noch «Landstreicher» auf, sondern hypothetische Kontinente und grimmige Inkarnationen mexikanischer Gottheiten – Tezcatlipoca, den Erfinder des «rauchenden Spiegels», Coatlicue, die Schlangenfrau der Maya –, Wächter und Richter eines Systems, so durch und durch vom Verfall geprägt, dass es gleichsam ein neues, eigenes Reich bildet.

Drei Jahre später, 1972, gewann die allegorische Form dieses neuen Territoriums Gestalt in einer Präsentation für die Fakultät für Architektur der Universität Utah. Eher zurückhaltend als aufdringlich in Form und Inhalt, scheint sie gleichsam steuerlos und jeder Strömung ausgesetzt dahinzutreiben. Die Schwerkraft überlistend, spottet Smithson leise über alle ewiggestrigen, überholten Erklärungsmuster. Die architektonische Substanz der alten Maya-Ruinen, für die Palenque berühmt ist, wird jedoch alles andere als ignoriert: Ihr Sog ist nur noch ein schwaches Signal aus einer Vergangenheit, die bereits erstickt und begraben ist unter den Ablagerungen des Zeitflusses. Statt dorthin führt uns Smithson in stehende Seitentümpel und Grenzzonen; das entleerte Schwimmbecken, der ausgeräumte Tanzsaal und sinnlose Durchgänge, die zusammen das Hotel ausmachten, wo Smithson, seine Frau und ihre Freundin wohnten. «Reiseführer taugen nichts», sagt Tezcatlipoca, «man muss aufs Geratewohl reisen, wie die ersten Mayas, zwar riskiert man, sich im Dickicht zu verirren, aber das ist die einzige Art, Kunst zu machen.»[1] Die alten Ruinen findet man nicht draussen in der Wildnis, sondern hier im Hotel Palenque,

NEVILLE WAKEFIELD lebt und schreibt in New York.

zerbröckelnd, unvermittelt und undefinierbar.

Verbunden mit der alten Maya-Siedlung durch das gemeinsame Gezeichnetsein von Verfall und Wiederaufbau, wird das Hotel Palenque zu einem Un-ort, einem uneinheitlichen, losen Gewebe aus Vorstellung, Vermutung, Analyse und Erinnerung, das – wie das Hotel selbst – weder einen Schwerpunkt noch eine Richtung aufweist. Frei umherschweifend und mäandernd, entfalten sich die Horizontlinien des Denkens als eine Reihe unmöglicher Schranken, unerreichbarer Grenzen, die, je näher man ihnen kommt, desto weiter zurückweichen. Anekdoten, wie Hotelgänge, führen nirgendwohin. Räumliche und architektonische Gewissheiten sind der Auflösung in der Hitze der Mittagssonne preisgegeben. Zeitliche und historische Grenzen, denen die Bestätigung durch die Geometrie verwehrt bleibt, fallen. «So», sagt Smithson, «entsteht diese Art von wirklich sinnlichem Begreifen von etwas, das sich ausdehnt, sowohl in wie ausserhalb der Zeit, etwas, das nicht der Erde gehört und doch zutiefst in der Erde wurzelt.»[2] So dürfen wir auch annehmen, dass der Mörtel einer noch fernen unerbauten Zukunft gleichzeitig der Staub einer ebenso fernen Vergangenheit ist, aber letztlich, und das ist die grösste Genugtuung, ist es nur eine Ansammlung von Zement – dazu da, als Zement an sich bestaunt zu werden.

Fast genau ein Jahr vor der Reise nach Mexiko schuf Smithson eine der ersten einer Serie von *Unort-Skulpturen (sculptural Nonsites).* Ein Besuch der Schieferbrüche von *Bangor-Pen Argyle* in Pennsylvania, im Juni 1968, beeindruckte Smithson tief durch den ozeanischen und entdifferenzierten Charakter eines Ortes, an dem jeder Begriff von *«Gestalt»* zu zerfallen schien. Angezogen vom Schiefer als geologischer Entsprechung eines Geisteszustandes – Schiefer ist eine metamorphe oder erstarrte Form von *Gytta,* einem dunklen Faulschlammsediment – und fasziniert von der Tatsache, dass der Charakter dieses Ortes mehr durch Wegnehmen als durch Hinzufügen von Material bestimmt worden war, wurden Bruchstücke aus dem Steinbruch in die Galerie gebracht und dort ungeordnet in einem trapezförmigen Behälter am Boden deponiert. Begleitet von kartographischen und geologischen Informationen in Form von Texten, Landkarten oder Photographien, entwickelte dieser *Un-ort (Nonsite),* als er bekannt wurde, so etwas wie eine nichtstetige und unvollständige Dialektik – zwischen Innen und Aussen, Sichtbarem und Unsichtbarem, Form und Formlosigkeit, Bestimmtheit und Unbestimmtheit, Zentrum und Peripherie – zwischen Ort und Un-ort. «Eine Reihe von Zufällen, eine Doppelschleife, entstanden aus Zeichen, Photos und Karten, die zu beiden Seiten der Dialektik gleichzeitig gehören»,[3] löst der Un-ort die skulpturale Logik des einzelnen Objekts innerhalb der nicht länger stabilen Vektoren Raum und Zeit auf.

Wie die zerfallene Karte des Reiches bei Suarez erschüttern die Un-orte die synthetischen Schlüsse des dialektischen Denkens. Sowohl als Extraktion der materiellen Substanz des Ortes wie als Abstraktion beziehen sich die Un-orte insofern auf die materielle Substanz, als sie diese verändern. Was ein Un-ort repräsentiert, ist nicht der ursprüngliche Ort, sondern vielmehr sein Zustand des Schwindens. Das entspricht Heisenbergs Unschärferelation: Sie ist die Ironie der Protonen, die den Instrumenten des Physikers entwischen und so seine Pläne durchkreuzen, und sie zeigt sich darin, dass der Un-ort nirgendwohin führt, ausser dorthin, wo er herkommt, an einen inzwischen unwiderruflich veränderten Ort. Die Dialektik von Gegenwart und Abwesenheit, die innerhalb dieses sorgfältig konstruierten Spiegellabyrinths notwendig ihr eigenes Antlitz erblicken muss, gleicht der Medusa, die sich im Schild des Perseus spiegelt und langsam zu Stein wird. So versteinert wird Dialektik zu Geologie, zu einer weiteren Schicht in der Urgeschichte des Denkens. Physische Substanz und repräsentierende Logik stürzen ein zu ein und demselben Trümmerhaufen. Anstelle der alten Achsen der räumlichen Kartographie finden wir eine metaphorische Geographie, bewohnt von wilden Tieren und Landstreichern, aufgegebenen Hoffnungen und abgedankten Systemen. «Zwischen Ort und Un-ort kann man über Stellen stolpern, wo wenig Struktur und keinerlei Richtlinie zu finden ist.»[4]

Das Hotel Palenque war eindeutig eine solche Stelle, eine zeitgenössische Ruine, welche die Architektur des Denkens in ihrer Entwicklung zum Verfall hin widerspiegelte. Gebannt zwischen den gleichwertigen Kräften von Wiederaufbau und Zerfall, steht das Hotel auch für einen anderen Kollaps, den des Sehens. «Wenn man die Orte besucht (was wenig wahrscheinlich ist)», sagte Smithson über seine geographischen Spiegelverschiebungen, die er während derselben Reise machte, «findet man nichts als Spuren der Erinnerung (...). Die fiktiven Stimmen der Totems haben ihre Argumente erschöpft. Yucatan ist anderswo.»[5] Und so wird deutlich, dass die Beziehung von Ort und Un-ort dieselbe ist wie jene ihrer Doubles: des Sehens und seines Widerparts, der Blindheit. Die Maya-Ruinen, die Palenque berühmt machten, werden nur als entfernte Möglichkeit eines Blickes aus einem Hotelfenster wahrgenommen; diese Fenster sind zudem immer halbblind durch den Qualm der Zeit und der Rodungsfeuer. Die Wunder der von den Maya erbauten Observatorien und Tempel bleiben versteckt, vage und werden ausgestochen von der Archäologie der Gegenwart, die sich im Hotel zeigt. Die Vergangenheit, welche – wie astronomische Ereignisse – stattfindet, lange bevor sie am Horizont des Sichtbaren erscheint, gehört nicht den präspanischen, indianischen Monumenten, sondern dem «geologischen, von Menschenhand geschaffenen Wunder» des Hotels. Hier findet Smithson einen attraktiveren und weiteren Horizont, wo das Vergangene seine Prägung durch die Zukunft empfängt und wo Sinnlosigkeit und Zerfall sich mit den üppigen Windungen und Schrecken der alten Mayakultur verbinden.

Mit maliziösem Lächeln untersucht Smithson diese merkwürdigen Überschneidungen: Dort, wo die Architektur des Denkens mit jener des Hotels zusammentrifft, schürft er nach ästhetischem und narkotischem Erzgestein. Schliesslich ist dies auch die Stelle, wo sich nichts ereignet, das Nullpanorama der Gegenwart, eine verwinkelte Grabungsstätte der Entropie, wo das flüchtige Auftauchen verfallener Hinweise nur dazu dient, uns noch weiter in den mächtigen Strudel – einen an Ort tobenden Zyklon – hineinzuziehen. Hier wird die Gegenwart zur Verbindung von naher Zukunft und ferner Vergangenheit, im Sinn der von Kubler beschriebenen Aktualität als «Moment zwischen Tick und Tack einer Uhr (...), die zwischenzeitliche Pause, in der nichts geschieht. Sie ist die Leere zwischen den Ereignissen.»[6] Gleichsam durchbohrt von der Reglosigkeit jener langen mexikanischen Nachmittage, beginnen Smithsons Reflexionen über den strukturzerstörenden Geist des Hotels entropisch in sich zusammenzufallen. Im selben Mass wie die vertrauten Horizonte von Zeit und Raum zurückweichen, erscheinen neue Sinndiagonalen: flüssige Atlanten, bestehend aus nicht lokalisierbaren Punkten und ungewissen Bedeutungen.

Möglicherweise ist das alles nur ein Witz auf unsere Kosten. Wir sollten nicht vergessen, dass Yucatan nie hier war, sondern woanders, ein Wo, das 1517 von den Spaniern festgehalten wurde, als sie aus den Worten der Mayas *Ma c'ubah than (Wir verstehen nicht)* Yucatan heraushörten und der Provinz diesen Namen gaben. Die Ruinen von Palenque werden – vergleichbar den etwas zu langen Pausen zwischen zwei Bildern, die jeweils das Abrufen des nächsten Dias kennzeichnen – zu geologischen Bruchfalten im Kontinent des Denkens. Hier werden die Ideen von den Gletscherströmen der Wahrnehmung und der Erkenntnis verformt oder zerdehnt bis zu den Extremen der Unbrauchbarkeit, indem der formgebende Raum abwechselnd komprimiert und erweitert wird. Im Hotel Palenque ist die Anwendung von empirischen Wahrheiten und einer starren Geographie zum Scheitern verurteilt. Verführt vom Versprechen der Wissenschaftlichkeit des Geologen und vom Anspruch der Reisenden auf Durchreise, vergisst man leicht, dass jede Reise in sich selbst einen Raum beschreibt, einen Bereich der reinen Metapher, einen stummen Bereich – «eine Gegend, in der die Logik aufgehoben ist – ein irrationaler Bereich»[7] –, wo die Inkarnationen von Vergangenheit und Zukunft die Reste unserer schiffbrüchigen Phantasie wiederkäuen.

(Übersetzung: Susanne Schmidt)

1) Robert Smithson, «Incidents of Mirror-Travel in the Yucatan», wiederabgedruckt in Holt (Hrsg.), *The Writings of Robert Smithson,* S. 94–95.
2) R. Smithson, «The Spiral Jetty», ibid., S. 115.
3) Zitiert aus dem Begleittext zu *Nonsite* (Palisades, Edgewater, New Jersey), 1968, wiederabgedruckt in Hobbs (Hrsg.), *Robert Smithson: Sculpture,* Cornell University Press 1981, S. 110.
4) Vgl. «Entropy and the New Monuments», in Artforum, Juni 1966, wiederabgedruckt in *The Writings of Robert Smithson,* S. 9.
5) «Incidents of Mirror-Travel in the Yucatan», S. 103.
6) George Kubler, *The Shape of Time,* Yale University Press 1962, S. 17.
7) Vier Gespräche zwischen Dennis Wheeler und Robert Smithson, 1969/70, in Eugenie Tsai, *Robert Smithson: Unearthed,* Columbia University Press 1991, S. 97.

CUMULUS

From America

IN EVERY EDITION OF PARKETT, TWO CUMULUS CLOUDS, ONE FROM AMERICA, THE OTHER FROM EUROPE, FLOAT OUT TO AN INTERESTED PUBLIC. THEY CONVEY INDIVIDUAL OPINIONS, ASSESSMENTS, AND MEMORABLE ENCOUNTERS—AS ENTIRELY PERSONAL PRESENTATIONS OF PROFESSIONAL ISSUES.

Our contributors to this issue are DANIELA SALVIONI, an art critic who lives in San Francisco, and JAMES ROBERTS, a writer and curator living in London.

SFMOMA

DANIELA SALVIONI

The inauguration of the new building of the San Francisco Museum of Modern Art occurred on January 18th and was celebrated over a span of two weeks. It was the occasion for an unprecedented influx of visitors to this city from the various centers of the contemporary art world. Also the public's interest was high: San Franciscans could be seen waiting in the rain in lines that stretched around the block so as to get an early first peek at the new SFMOMA. The museum had a catalytic effect, prompting a local gallerist and one of the people behind the "Unfair"—Cologne's anti-establishment art fair—to organize an international art fair to coincide with the museum's opening. Contemporaneously, the University Art Museum of Berkeley held an ambitious show on art that thematizes gayness and gender. Thus, at least for now, the new SFMOMA has generated international excitement and raised the stakes locally. The question in the years to come will be whether it can sustain the heightened international interest and local commitment.

The new building is a bold statement by Swiss architect Mario Botta. It is his first project in the United States and will surely be a point of attraction for the city. This museum is a distinct departure from other new museum buildings in the United States, such as the Warhol Museum by Richard Gluckman and the De Menil Museum by Renzo Piano which, although quite dif-

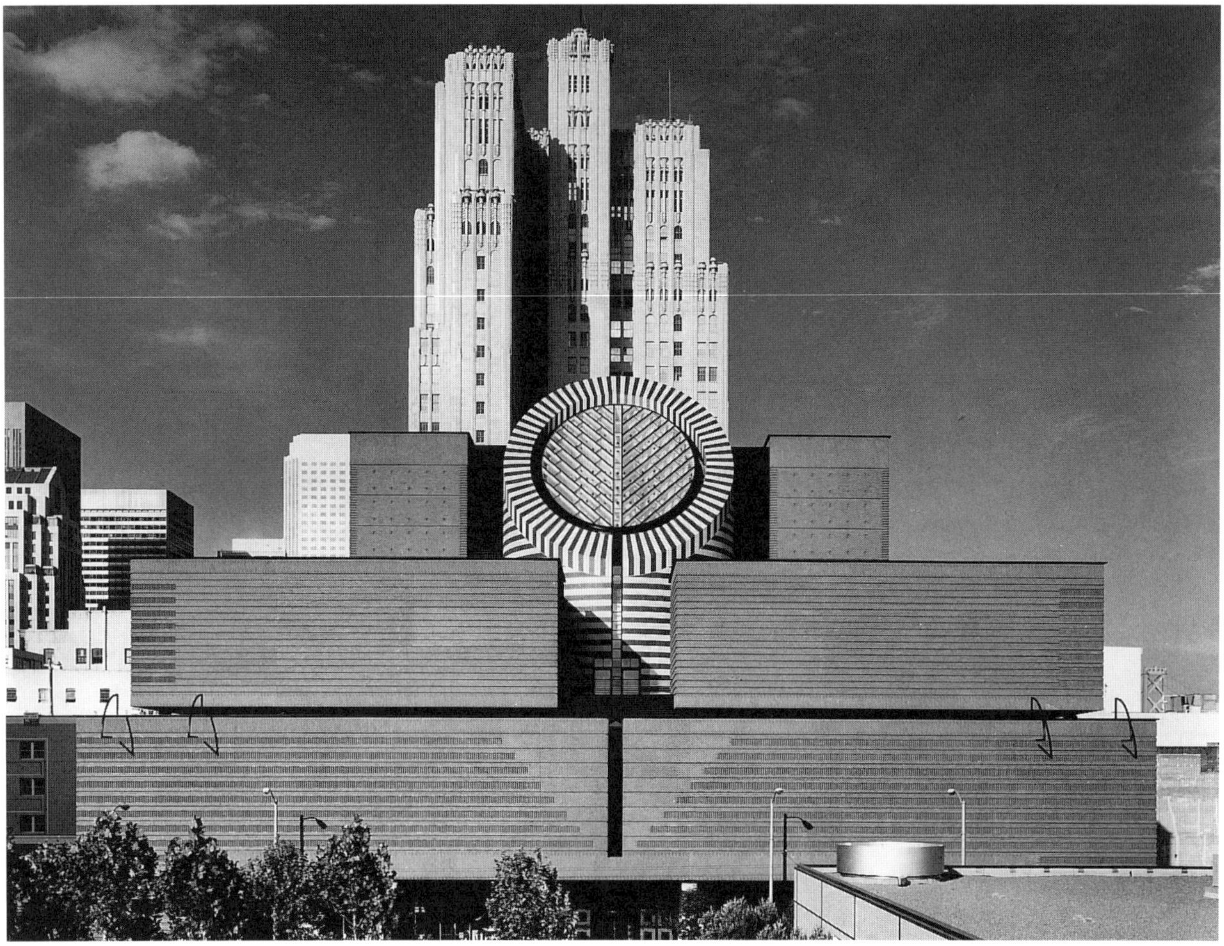

MARIO BOTTA, SAN FRANCISCO MUSEUM OF MODERN ART. (PHOTO: ROBERT CANFIELD)

ferent, share an understated tone not to be found in Botta's. Their architecture reads as more art-friendly overall; Botta's is visually very busy and, at times, competitive with the art. Such a strong statement, however, may in the end be more effective at luring the wider public into contact with contemporary art.

Approaching Botta's SFMOMA from the Yerba Buena esplanade and then traversing its various and varied internal spaces is rather like experiencing three buildings in one. The red brick facade is handsome and, topped with the distinctive white and black stone tower, it is altogether a wonderful mix of austerity and whimsy. Of the "three buildings," the outside of the building is truest to Botta's earlier signature play with geometrical shapes and simple volumes. But, upon entering the museum, it is as though one has slipped into another building. The capacious reception area sheds all traces of sobriety, as it is wrapped in seemingly relentless bands of stripes which already now seem like eighties "po mo." The clean central staircase which juts out into it and the natural light that cascades down it offer some respite, but one would probably not want to see art in this space. Ascending the staircase, which rises above the initial chaos, one emerges into the third building, so to speak. Here are the exhibition spaces. They are lofty, well-lit, beautifully proportioned and flow easily from one into another.

In short, they are exceedingly well-appointed halls for viewing art.

The most exhilarating is the top floor, which houses selections from the permanent collection. Although it is occasionally over-hung (for instance, a good Imi Knoebel is too large for the corner in which it is tucked), this floor is positively dreamy: Excellent paintings are bathed in the crystalline Bay Area light that filters through the ceiling. The luminosity of Polke's mineral paintings and a Brice Marden diptych from the 1970s are enhanced to the point where they seem to levitate, unsupported by the wall. With such a lovely context in which to display work, I would imagine that the museum will have no trouble meeting its natural goal of encouraging private bequests.

The main temporary exhibition organized for the opening of the museum is called "Public Information: Desire, Disaster, Document." It was initially planned by John Caldwell, whose untimely death prevented him from concluding the project. The current curator of painting and sculpture, Gary Garrels, along with the curators of photography and video, brought it to fruition. It is perhaps because of this jagged history that the show seems to pull in several different directions at once, without actually striking the mark.

The stated purpose of the show is to confront "...one of the most complex issues of our times: how photographic and technologically produced images mediate and define social reality." This is a compelling issue, of course, and it is a lot to chew on. Interestingly, virtually none of the more obvious candidates of artists dealing with this issue are included (Cindy Sherman, for example); thus it is not simply a rehashing of "Image World," the Whitney Museum's exhibition on the same subject. Actually, the title of the show, "Public Information: Desire, Disaster, Document," is more telling than the introductory statement: It does deal with public information, desire, disaster and document though again, not always in the most consequential manner.

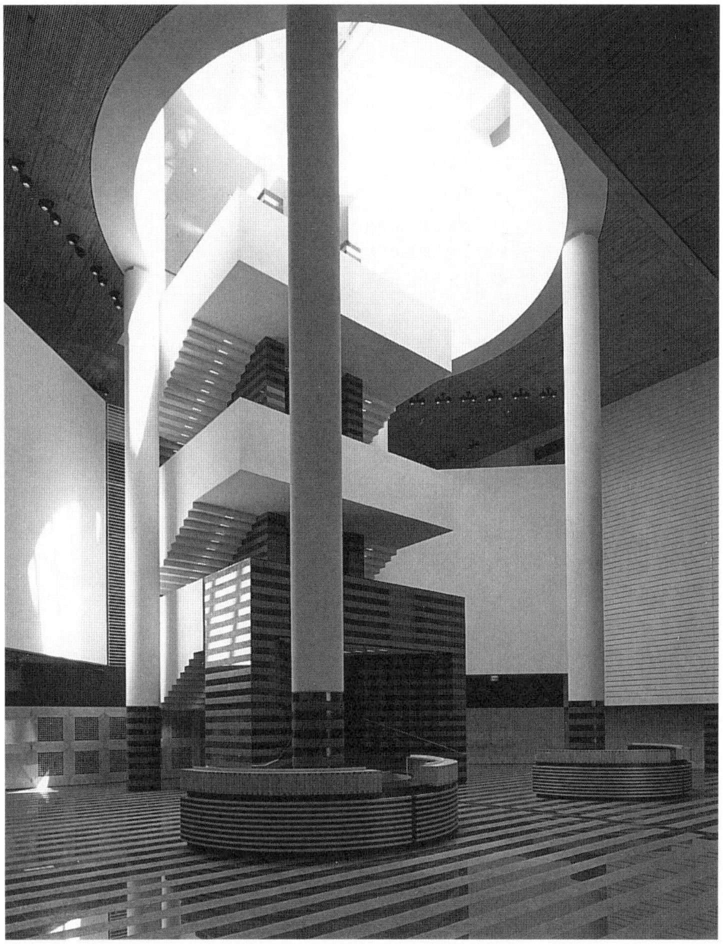

MARIO BOTTA, SAN FRANCISCO MUSEUM OF MODERN ART.
(PHOTO: SFMOMA/RICHARD BARNES)

Juxtaposing Warhol's disaster paintings with Gerhard Richter's paintings on the Baader Meinhof members' alleged suicide is nothing short of brilliant—the works compliment and reinforce one another in ways that are fresh and new. With this one lucid association, the show captures the intersection of disaster and document in the most compelling way. On the other hand, the fertile subject of desire is rather summarily engaged and without great insight. It is provocative to deal with desire without touching on how it is thematized through the issue of gender, but the show does not substitute it

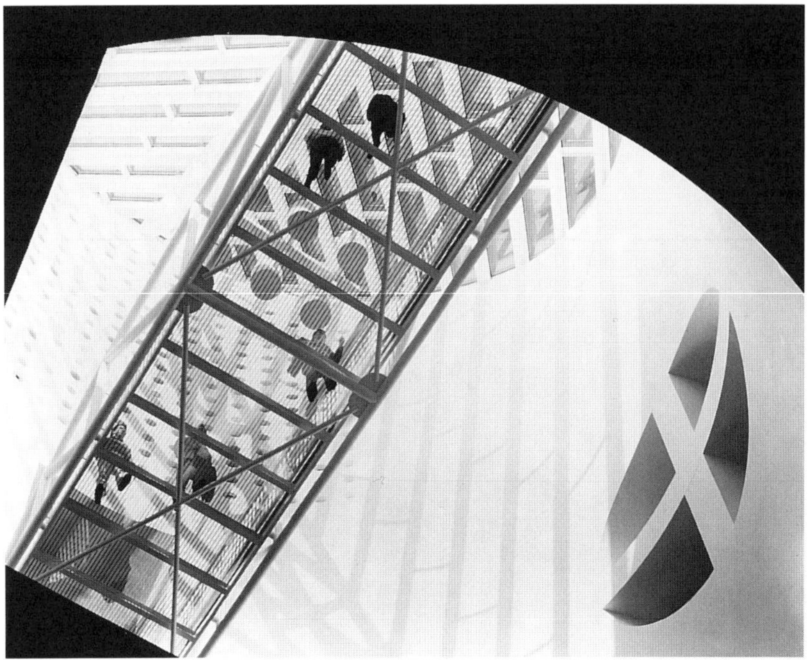

MARIO BOTTA, SAN FRANCISCO MUSEUM OF MODERN ART.
(PHOTO: SFMOMA/RICHARD BARNES)

with any other equally powerful positive point about the subject. Similarly, the notion of the public is relatively undeveloped and the inclusion of Nan Goldin's photographs is puzzling as they are so very private in their "snapshot" format and since they are of her friends. Thus, "Public Information..." dodges making any synthetic statement about what it is actually about: One wishes that the avenues opened up by the show were pursued equally with the link between disaster and document.

Be that as it may, the show provides an excellent opportunity to view several giant works of art in depth. One need only mention John Baldessari's early text and image paintings; both the film and a video installation version of BORDERING ON FICTION: CHANTAL AKERMAN'S D'EST (1994); Dan Graham's OPPOSING MIRRORS AND VIDEO MONITORS ON TIME DELAY (1974); a Cady Noland installation; and the Warhols and Richters already mentioned. Unfortunately, Felix Gonzalez-Torres's stack piece suffered from being set beyond the public's reach. Larry Clark's bulletin board-style collage was disappointing and the impact of his Donahue video installation somehow got lost in this setting.[1] But, generally, the work that was not up to par didn't hamper the overall visual pleasure of the show.

The exhibition at the University Art Museum in Berkeley, "In a Different Light," provides an interesting comparison to "Public Information..." because it too hovers around a set of issues, rather than aiming directly at the bull's eye—but with a different outcome. Larry Rinder and artist Nayland Blake organized their show on the resonance of lesbian and gay experiences in contemporary art around eight categories: Void; Self; Drag; Other; Couple; Family; Orgy; World (in the order in which they appeared). There were homosexual and straight artists included and the work was not all overtly about gender-bending, but each artist in different ways underpinned the organizing categories Rinder/Blake established. Because some of the categories are rather abstract and all could be interpreted in a variety of ways, each cluster of works per category rendered a rich and multilayered reading. The art here was not monumental and it was not presented with the same reverence as at SFMOMA; rather it functioned like paragraphs in an essay. Thus, although in both shows there is a distinct gap between their stated subject matter and the art, the SFMOMA show is guided by the art and the Berkeley show is guided by the idea. Each approach has its redeeming feature.

What the new SFMOMA has achieved by galvanizing the San Francisco art scene is to make us look with greater critical intensity at art here, and this is a considerable accomplishment. It moves us up and out of a simple provincial mode and into a complex cosmopolitan relation to art in which contemporary practice thrives. We wish the museum the best of success.

1) Phil Donahue hosts one of the oldest and best-loved television talk shows in America. Like all similar shows, Donahue has a studio audience and a panel of guests—all "real people" airing painful, private situations on national television. Larry Clark made a video installation using several segments from some of Donahue's most sensational episodes.

DANIELA SALVIONI

SFMOMA

Die Eröffnungsfeierlichkeiten für das neue Gebäude des Museum of Modern Art in San Francisco (SFMOMA) begannen am 18. Januar und dauerten zwei Wochen. Sie zogen eine noch nie erreichte Zahl von Besuchern aus den verschiedenen Zentren der zeitgenössischen Kunst aus aller Welt in diese Stadt. Auch das allgemeine Publikumsinteresse war gross: Einwohner von San Francisco standen im Regen bis um die nächste Häuserecke Schlange, um einen ersten Blick auf das neue SFMOMA zu erhaschen. Das Museum hatte einen stimulierenden Effekt: Es regte einen lokalen Galeristen und einen der Organisatoren der «Unfair» – der Kölner Anti-Establishment-Kunstmesse – dazu an, zeitgleich mit der Eröffnung des Museums eine internationale Kunstmesse zu organisieren. Gleichzeitig veranstaltete das University Art Museum in Berkeley eine ambitiöse Ausstellung über Kunst, die Homosexualität und Geschlecht thematisiert. Das neue SFMOMA hat also, zumindest für den Moment, internationales Aufsehen erregt und die örtliche Szene belebt. In den kommenden Jahren wird sich herausstellen, ob es das gestiegene internationale Interesse und das lokale Engagement wachhalten kann.

Das neue Gebäude ist ein ausdrucksvoller Bau des Schweizer Architekten Mario Botta. Es ist sein erstes Projekt in den Vereinigten Staaten und wird sicher zu einem Anziehungspunkt der Stadt werden. Dieses Museum unterscheidet sich klar von anderen neuen Museumsbauten in den Vereinigten Staaten, etwa vom Warhol Museum von

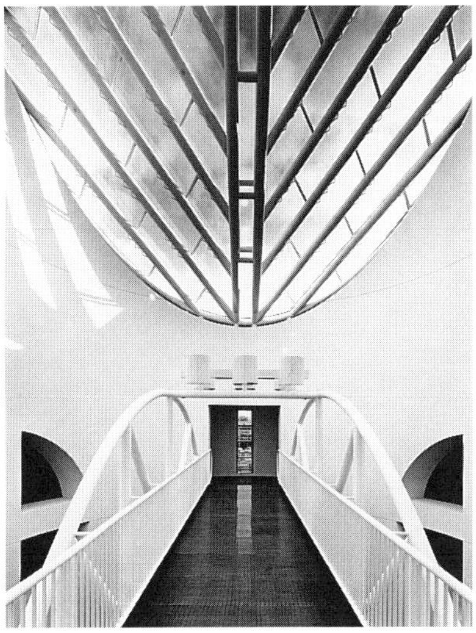

MARIO BOTTA, SAN FRANCISCO MUSEUM OF MODERN ART.
(PHOTO: SFMOMA/RICHARD BARNES)

Richard Gluckman und vom De Menil Museum von Renzo Piani, die beide, obwohl sehr verschieden, eine zurückhaltende Note gemeinsam haben, die man bei Botta nicht findet. Ihre Architektur gibt sich im grossen und ganzen kunstfreundlicher: Jene von Botta ist optisch sehr unruhig und tritt zeitweise sogar in Konkurrenz zur Kunst. Einem derart starken Bau gelingt es aber letztlich vielleicht eher, ein breiteres Publikum zur Auseinandersetzung mit zeitgenössischer Kunst zu verführen.

Wenn man sich Bottas MOMA von der Esplanade Yerba Buena her nähert und dann seine unterschiedlich gestalteten Innenräume durchquert, erscheint es einem wie drei Gebäude in einem. Die rote Backsteinfassade ist ansprechend und gekrönt von dem unverwechselbaren schwarzweissen Steinturm verbindet sie insgesamt Strenge und Spleen auf wunderbare Weise. Von den «drei Gebäuden» bleibt die Aussenansicht Bottas früherem typischen Spiel mit geometrischen Formen und einfachen Volumen am ehesten treu. Sobald man das Museum betreten hat, scheint man jedoch in ein anderes Gebäude geschlüpft zu sein. Der geräumige Eingangsbereich ist nicht im geringsten nüchtern, da er von streng wirkenden gestreiften Bändern umschlossen ist, die schon jetzt nach Postmoderne der 80er Jahre aussehen. Das schlichte Treppenhaus, das in der Mitte der Eingangshalle aufsteigt, und das Tageslicht, das durch dieses hinunterfällt, bieten eine optische Auflockerung, aber man möchte in diesem Raum wahrscheinlich keine Kunst sehen. Über die Treppe, die aus dem anfänglichen Chaos aufsteigt, gelangt man sozusagen ins dritte Gebäude hinauf. Hier befinden sich die Ausstellungsräume. Sie sind grosszügig, gut beleuchtet, schön proportioniert und gehen mit Leichtigkeit ineinander über. Kurz, diese Säle eignen sich ausserordentlich gut dafür, Kunst auszustellen.

Die anregendste Ebene ist die oberste, die wechselnde Ausstellungen aus der ständigen Sammlung beherbergt. Obwohl sie stellenweise überhängt ist (ein guter Imi Knoebel ist zum Beispiel zu gross für die Ecke, in der er plaziert

MARIO BOTTA, SAN FRANCISCO MUSEUM OF MODERN ART. (PHOTO: BEN BLACKWELL)

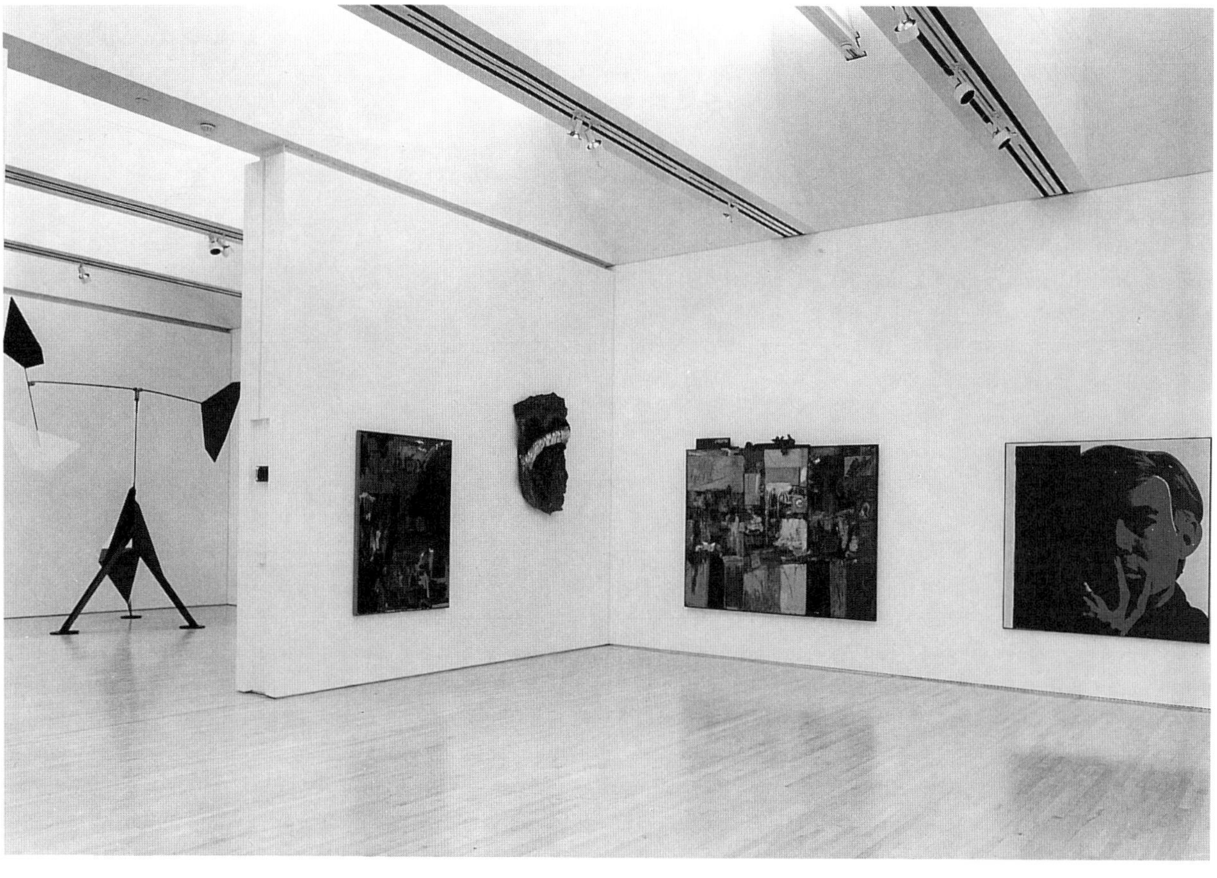

wurde), ist diese Etage wirklich traumhaft: Hervorragende Gemälde baden im kristallinen Licht des Küstengebiets, das durch das Dach einfällt. Die Leuchtkraft von Polkes Mineralbildern und ein Diptychon von Brice Marden aus den 70ern werden so stark hervorgehoben, dass sie vor der Wand zu schweben scheinen. Da Kunstwerke in so wunderbarer Umgebung gezeigt werden können, sollte das Museum auch keine Schwierigkeiten haben, Legate von privater Seite zu erhalten.

Die wichtigste Wechselausstellung, die zur Eröffnung des Museums organisiert wurde, heisst «Public Information: Desire, Disaster, Document (Öffentliche Information: Begehren, Katastrophe, Dokument)». Sie wurde ursprünglich von John Caldwell geplant, dessen vorzeitiger Tod aber verhinderte, dass er das Projekt zu Ende führen konnte. Der jetzige Kurator für Malerei und Bildhauerei, Gary Garrels, realisierte sie schliesslich, zusammen mit Kuratoren für Photographie und Video. Vielleicht liegt es an dieser bewegten Geschichte, dass die Ausstellung verschiedene Richtungen gleichzeitig einzuschlagen scheint, ohne wirklich ins Schwarze zu treffen.

Das erklärte Ziel der Ausstellung ist die Auseinandersetzung mit «...einem der komplexesten Probleme unserer Zeit: wie photographische und technologisch produzierte Bilder die gesellschaftliche Realität vermitteln und definieren». Diesem Problem kann man natürlich nicht ausweichen, und es wirft viele Fragen auf. Interessanterweise ist aber so gut wie keiner der Künstler vertreten, die sich bei diesem Thema eigentlich aufdrängen würden (Cindy Sherman zum Beispiel). Die Ausstellung ist deshalb auch nicht einfach eine Aufbereitung von «Image World», der Ausstellung im Whitney Museum zum gleichen Thema. Der Titel der Ausstellung – Öffentliche Information: Begehren, Katastrophe, Dokument – sagt tatsächlich mehr aus als die einführende Erläuterung: Sie befasst sich wirklich mit der Information der Öffentlichkeit, dem Begehren, der Katastrophe und dem Dokument, wenn auch nicht immer sehr konsequent.

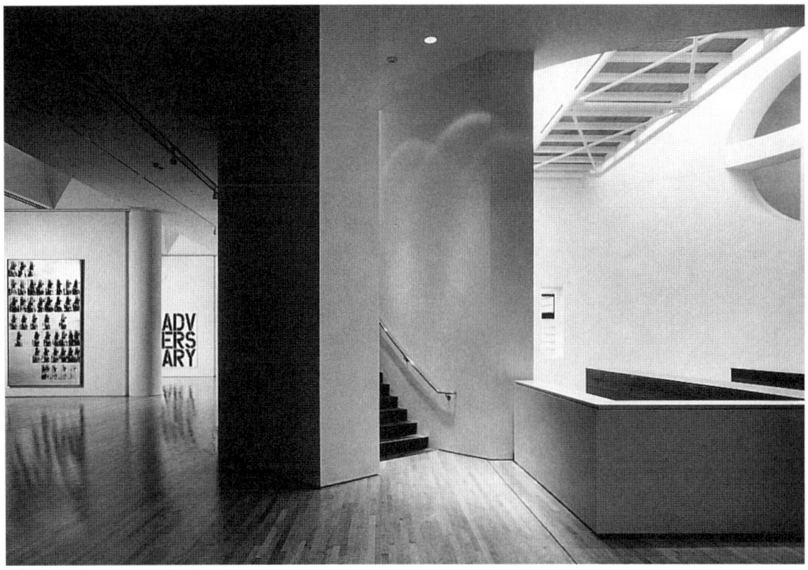

MARIO BOTTA, SAN FRANCISCO MUSEUM OF MODERN ART.
(PHOTO: SFMOMA/RICHARD BARNES)

Die Katastrophenbilder von Warhol den Bildern von Gerhard Richter über die angeblichen Selbstmorde der Mitglieder der Baader-Meinhof-Gruppe gegenüberzustellen ist schlicht grossartig – die Arbeiten ergänzen und verstärken sich gegenseitig auf erfrischende und neue Art. Mit dieser einen klaren Assoziation fängt die Ausstellung den Schnittpunkt von Katastrophe und Dokument auf überzeugende Weise ein. Das fruchtbare Thema Begehren dagegen wird eher flüchtig und ohne tieferes Verständnis behandelt. Es ist provokativ, sich mit dem Begriff des Begehrens zu befassen, ohne darauf einzugehen, wie er durch den Begriff des Geschlechts thematisiert wird; aber in der Ausstellung erscheint keine andere ebenso starke, positive Aussage zum Thema. Ähnlich ist der Begriff der Öffentlichkeit relativ wenig entwickelt, und die Aufnahme von Nan Goldins Photographien ist verwirrend, da deren «Schnappschuss»-Format sehr privat ist und ihre Freunde darauf abgebildet sind. So drückt sich die Ausstellung «Public Information...» davor, eine klare Aussage zu ihrem eigentlichen Thema zu machen; man wünschte sich, dass die eingeschlagenen Wege überall gleich konsequent verfolgt würden wie mit der Verbindung von «Katastrophe» und «Dokument».

Wie dem auch sei, die Ausstellung ist eine ausgezeichnete Gelegenheit, verschiedene bedeutende Kunstwerke eingehend zu betrachten. Erwähnt

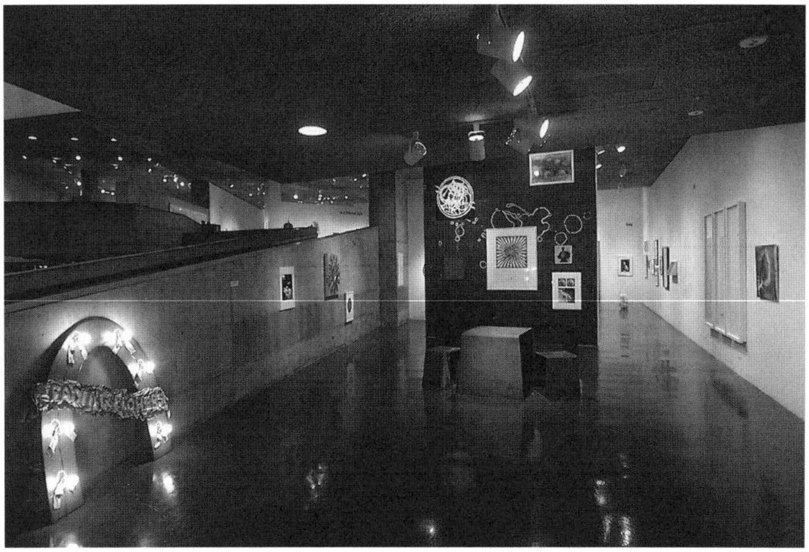

IN A DIFFERENT LIGHT / IN EINEM ANDEREN LICHT,
University Art Museum, Berkeley, January 1995.
(PHOTO: UNIVERSITY ART MUSEUM, BERKELEY)

seien John Baldessaris frühe Text- und Bildgemälde; sowohl die Film- als auch eine Videoinstallationsversion von BORDERING ON FICTION: CHANTAL AKERMANS'S D'EST (An der Grenze zur Fiktion: Chantal Akermans Aus dem Osten, 1994); OPPOSING MIRRORS AND VIDEO MONITORS ON TIME DELAY (Entgegengesetzte Spiegel und Videomonitore in zeitlicher Verzögerung, 1974) von Dan Graham; eine Installation von Cady Noland sowie die bereits erwähnten Werke von Warhol und Richter. Bedauerlicherweise leidet Felix Gonzalez-Torres' Stapel-Werk darunter, dass es vom Publikum nicht – wie ursprünglich vorgesehen – berührt werden kann. Die pinwandartige Collage von Larry Clark war enttäuschend, und die Wirkung seiner Donahue-Videoinstallation[1)] ging in diesem Rahmen irgendwie verloren. Aber im grossen und ganzen taten die Werke, die mit dem allgemeinen Niveau nicht mithalten konnten, dem Vergnügen der Ausstellungsbesucher keinen Abbruch.

Die Ausstellung im University Art Museum in Berkeley, «In a Different Light (In einem anderen Licht)», bietet einen interessanten Vergleich mit «Public Information...», weil auch sie eher um einen Fragenkomplex kreist, als ihn direkt anzugehen – wenn auch mit anderem Ergebnis. Larry Rinder und der Künstler Nayland Blake organisierten ihre Ausstellung auf Grund von Lesben- und Schwulen-Erfahrungen mit zeitgenössischer Kunst, mit Hilfe von acht Kategorien: *Void (Leere), Self (Selbst), Drag (Travestie), Other (der/die Andere), Couple (Paar), Family (Familie), Orgy (Orgie), World (Welt),* in dieser Reihenfolge. Es waren homosexuelle und heterosexuelle Künstlerinnen und Künstler vertreten, und die Arbeiten handelten nicht alle eindeutig vom Spiel mit dem Geschlecht, aber jedes Werk bestätigte auf seine Weise die Ordnungskategorien, die Rinder/Blake aufgestellt hatten. Weil einige dieser Kategorien eher abstrakt sind und jede auf unterschiedlichste Art verstanden werden konnte, erlaubten die Werkgruppen in jeder Kategorie zahlreiche und vielschichtige Interpretationen. Die Kunst hier war nicht monumental, und sie wurde auch nicht mit der gleichen Ehrfurcht präsentiert wie im SFMOMA; sie wirkte eher wie Auszüge aus einem Essay. Während beiden Ausstellungen die deutliche Kluft zwischen Themenvorgabe und ausgestellter Kunst gemeinsam ist, wird die Ausstellung im SFMOMA von der Kunst und jene in Berkeley von der Idee beherrscht. Beide Ansätze haben ihre positiven Seiten.

Was das neue SFMOMA, durch seine belebende Wirkung auf die Kunstszene von San Francisco, erreicht hat, ist, dass wir Kunst hier kritischer und intensiver betrachten, und das ist eine beachtliche Leistung. Es katapultiert uns aus einem lediglich provinziellen Dasein in ein komplexes, kosmopolitisches Verhältnis zur Kunst, in dem zeitgenössische Tendenzen gedeihen können. Wir wünschen dem Museum viel Erfolg.

(Übersetzung: Alexandra Bernoulli)

1) Phil Donahue leitet eine der ältesten und beliebtesten TV-Talkshows in den Vereinigten Staaten. Wie in solchen Talkshows üblich, gibt es ein Publikum im Studio und eine Gesprächsrunde mit Gästen – alles «Leute von der Strasse», die ihre privaten Leidensgeschichten am Fernsehen öffentlich preisgeben. Larry Clarks Videoinstallation arbeitet mit Ausschnitten aus einer solchen – besonders aufsehenerregenden – Sendung.

CUMULUS

Aus Europa

IN JEDER AUSGABE VON PARKETT PEILT EINE CUMULUS-WOLKE AUS AMERIKA UND EINE AUS EUROPA DIE INTERESSIERTEN KUNSTFREUNDE AN. SIE TRÄGT PERSÖNLICHE RÜCKBLICKE, BEURTEILUNGEN UND DENKWÜRDIGE BEGEGNUNGEN MIT SICH – ALS JEWEILS GANZ EIGENE DARSTELLUNG EINER BERUFSMÄSSIGEN AUSEINANDERSETZUNG.

In diesem Heft äussern sich DANIELA SALVIONI, Kunstkritikerin in San Francisco, und JAMES ROBERTS, Kritiker und Ausstellungsmacher aus London.

Musée Incontinaire

JAMES ROBERTS

In Oxford, there is a relatively little-known institution called the Pitt-Rivers Museum. As its name doesn't imply, it houses the collection of a single man. It is not an art collection, but a vast accumulation of cultural artefacts from around the globe. Junk would be a less sympathetic term and one imagines a long-suffering Mrs Pitt-Rivers wondering when she might be shot of it all. Fortunately for her, Mr Pitt-Rivers decided to make a museum out of it. There is nothing particularly unusual about private collections forming the basis for public institutions; it happens all the time. The Ludwig Collection which, so controversially, formed the core of the new museum in Cologne, is a more contemporary case in point. However, whereas the Ludwig Collection—figurative post-war art, in particular Pop Art—had a focus—though perhaps we should call it an agenda—British collections based on the exertions of an individual have tended to take a more, shall we say, liberal view of the notion of focus. A British collector is something of a misnomer. The British don't collect; they accumulate, with varying degrees of eccentricity and megalomania.

Historically, such collections have provided the role model for virtually all institutions in Britain. That popular bastion of cultural imperialism, the British Museum, was founded on the collection of one amateur—Sir Hans Sloane—and went on to accumulate little snippets here and there from the great sites of civilisation. Equally, the National Gallery in London was originally cobbled together from bits and pieces of private collections, and looks startlingly similar, architecturally, to the type of country seat from which its contents derive. (It is only in the last twenty-five years that collectors have started to turn their houses into galleries; before that, galleries looked like collectors' houses.) This pattern has continued in more modern times: The Tate Gallery owes its foundation to the class and cultural aspirations of sugar magnate Mr Tate, while that lone outpost of the avant-garde—the ICA—is still a private institution bearing a heavy stamp of the Surrealist artist, Sir Roland Penrose, who founded it.

This had all seemed like ancient history to a British contemporary art world enjoying the unusual phenomenon of having anyone from outside Britain take an interest in what they were doing, until two recent events threw many of these issues into focus.

The first of these was the exhibition "The Institute of Cultural Anxiety: Works from the Collection," curated by the artist-writer-curator Jeremy Millar at the ICA, the second was the publication of a new catalogue of the Saatchi collection: *Shark Infested Waters,* which documented most, but not all, of Saatchi's recent acquisitions of young(ish) British art. Each of these highlighted many of the problems relating to Britain's "difficult" relationship with contemporary culture—the collecting of it and its public representation—which have been bubbling under the surface for decades.

Millar's exhibition felt surprisingly familiar. If you were the kind of person who claims "visiting museums" as one of their hobbies in the lonely-hearts section of magazines, then you would have felt relatively unperturbed at "The Institute of Cultural Anxiety": It felt more like a slowly decomposing museum display than an art exhibition. Despite decorative attempts to the contrary, the ICA is a staunchly unmodernist piece of architecture. To play this down, large sections of the ICA's lower galleries have been "modernised" in the British fashion—anything not square has been boxed in. Millar has, to some degree, taken advantage of this and the walls of the lower gallery have been painted in two tones of an unnamable colour resembling pea soup that is reminiscent of every early-modern hospital, library or classroom imaginable.

Many of the exhibits—and a large majority of these are not art works—are assembled in glass cabinets or hung high up on the walls. The effect is very "museum" and shares the same aesthetic as, say, the unpopular sections of the Victoria and Albert Museum (ecclesiastical ironwork), in the sense that things have not so much been installed as positioned according to their size and perceived public interest. In the Pitt-Rivers Museum you might find a glass cabinet containing three shrunken heads from Borneo—one of them bearing a penciled note saying "fake (Victorian)"—or a box filled with smoking implements of varying dates and geographical origin. Everything is jumbled about, with only an occasional description giving any clue to their provenance: "beer bottle used by Chinese labourers to smoke opium. Australia. Early 20th century." Millar's exhibition appears to cover broadly similar areas of human interest and offers an equally arbitrary amount of guidance; but the main difference is that it includes contemporary artworks as well as 20th century artefacts.

There are groupings of objects that seem to cover specific, but vast, subjects: Christine Borland's human skeletal fragment (bought); Fischli/Weiss's rubber heart (made); Karen Eslea's video of a woman with metal pincers instead of hands attempting to undress a baby (found); and photographic documentation of early 20th century reconstructive surgery—this is the Shrunken Heads section. Other groupings seem to suggest that empirical enquiry, or the failure thereof, is one of the subtexts to the exhibition. Mat Collishaw refers to the Industrial Revolution and British scientific enthusiasm in his work ANTIQUE, recreating a Joseph Wright of Derby painting of a canary undergoing experimentation in a bell jar using a real jar containing a video-projection of a canary. Similarly, Thomas Gidley's SEEING THINGS (DIFFERENTLY FOR THE FIRST TIME) presents a series of three images of an anonymous figure viewing random dot patterns. Photographed in a way that gives just a hint of datedness, the work suggests a late 1960s experiment in

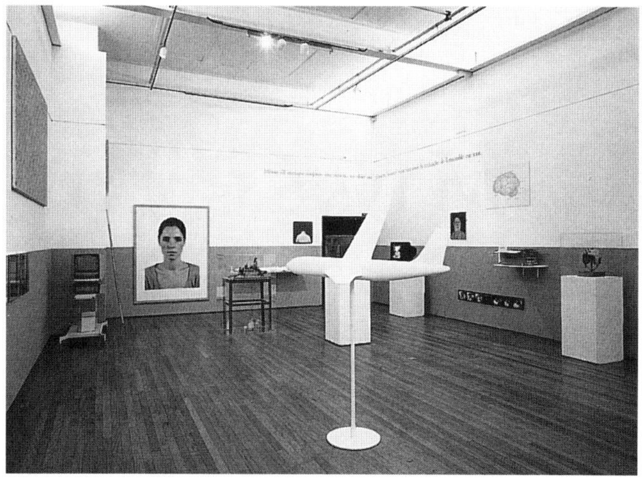

INSTITUTE OF CULTURAL ANXIETY: WORKS FROM THE COLLECTION / INSTITUT FÜR KULTURELLE SORGE: WERKE AUS DER SAMMLUNG, Institute of Contemporary Arts, London, 11 December 1994–12 February 1995. (PHOTO: STEVE WHITE/ICA)

perceptual psychology, perhaps, from a time when certainties were just a little more, well ... certain. There is a strong sense of nostalgia for a spirit of enquiry somewhat more outward bound than the current, more introspective, fascination with information technology; something to do with being able to take things apart to see how they work—even if you can't put them back together again.

Frequently the juxtaposition of artworks and artefacts appears random: Simon Patterson's slide rule bearing adjustable time-scales shares a cabinet with a highly detailed 18th century treatise on schizophrenia, for example. This typifies a strange amalgamation of two very Victorian notions that underscores the whole exhibition. One of these ideas is a kind of early version of "edutainment" in which one is educated with inconsequential details and has one's curiosity teased at the same time—a Great Exhibition mentality. The other is a peculiar sense of cultural centredness; as if the rest of the world were just a sort of supermarket which occasionally has some rather interesting things in stock. This attitude is the prerogative of the most economically powerful first world countries—Japan possesses this sense of assurance now—but it has long since departed from Britain, which makes it all the more disturbing to find it lurking somewhere inside Millar's exhibition. Walking around the galleries, it is possible to imagine—for brief moments—that one is a Victorian strolling through the British Museum, wondering about dinner and thinking what clever chaps the Egyptians were, or how frightful it would be to live in New Guinea where they haven't got any newspapers.

It is hard to discern whether this sense of disconnectedness with the culture depicted is an intentional irony—maybe it is not extreme enough—but the overriding feeling is one of disengagement. Ultimately, Millar's exhibition is a kind of *Herman's Head*[1)] of contemporary culture. It is like being inside someone else's attic, rummaging through long forgotten objects whose real meanings and narrative structure are utterly opaque. Framed within the context of the institution, the show does something that it may not have intended to—it cuts off its nose to spite its face; denying institutional objectivity while depersonalising the subjectivity of its contents.

In a strangely parallel move, Saatchi has managed to perform an analogous feat with *Shark Infested Waters.* The catalogue is more important for what it is not than what it is. It is not an exhibition catalogue (most of the work has never been shown in the Saatchi Gallery) but it is a catalogue in the more traditional sense—an inventory. With it, he has managed to transform a collection with ambitions towards the objective representation of contemporary art into an odd grab bag, while retaining the infrastructure of the institution as a means of presentation. The selection of artists covered is seemingly arbitrary: Several of the younger artists whose work has recently been acquired—Don Brown, Jake & Dinos Chapman, Adam Chodzko—have not been included, while artists who are certainly not part of the post-Damien Hirst generation that the catalogue purports to represent, such as Richard Wilson, have been. Amongst its pages, the real thing constantly rubs shoulders with the "fake (Victorian)." While Saatchi appears to have adopted the Modernist role model—that of the visionary collector bringing together a definitive statement of his times—the selection is so incoherent that the pos-

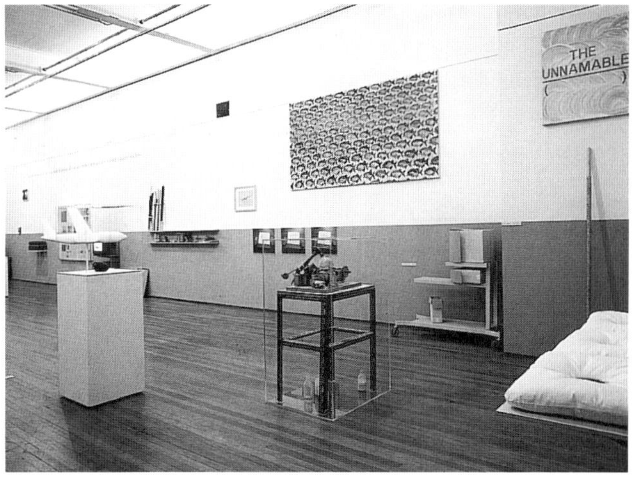

INSTITUTE OF CULTURAL ANXIETY: WORKS FROM THE COLLECTION / INSTITUT FÜR KULTURELLE SORGE: WERKE AUS DER SAMMLUNG,
Institute of Contemporary Arts, London, 11 December 1994–12 February 1995.
(PHOTO: STEVE WHITE/ICA)

sibility of it being governed by taste seems to be the only alternative. But it is almost impossible to fathom what kind of personality could actually like all the work—which is often mutually antagonistic—that is included in the catalogue.

This is unfortunate because in the absence of any British public institution taking a concerned interest in contemporary art, a great deal of hope had been pinned on Charles Saatchi; and not without some justification. Early exhibitions—the "NY Art Now," Neo-Geo show for example—introduced new work to Britain on an unprecedented scale. It had been widely assumed that the collection, or at least a significant part of it, would be somehow incorporated into a public institution, with Saatchi emerging as a Hans Sloane type figure of the late 20th century, knighthood in the post. But the take-it-or-leave-it eccentricity of an individual's conviction has been replaced by a commercial indecisiveness and blandness. There is something quaintly "in-house" about it all: the crap reproduction, the tasteful mug shots of the artists that accompany their biographies in the back section—"this is Brian from accounts. His hobbies include visiting museums..." The texts on each artist were all written by a single author from a popular magazine and have an unfortunate "staff-writer" feel to them. But perhaps this is inevitable: Early collectors of modern art were very much amateurs—in the best sense of the word—while in the postwar period they are invariably linked with corporations, and their public persona can only reflect this. The problems of the Saatchi collection would not be such a concern—and after all, it is a private collection—if it were a bit more private or there were alternative views of contemporary British art floating around. But there still aren't—not from the other British collector, or from any of Britain's institutions.

Ultimately, the problem with both *Shark Infested Waters* and Millar's exhibition is that they collapse genres and cultural structures without really thinking too much about the consequences, or why they might be doing it in the first place. In the case of "The Institute of Cultural Anxiety," at least this leaves you with a lot to think about.

1) *Herman's Head* refers to an American television show from a few years ago: Each of the different moods, personality facets or "voices" inside the protagonist's head were represented as different characters.

Wunderkammer

JAMES ROBERTS

In Oxford gibt es eine verhältnismässig kleine Institution namens Pitt-Rivers Museum. Anders als der Name vermuten lässt, beherbergt es die Sammlung eines einzigen Mannes. Dabei handelt es sich nicht um eine Kunstsammlung, sondern um eine Anhäufung kultureller Artefakte aus der ganzen Welt. *Junk* wäre ein unfreundlicher Ausdruck dafür, und man kann sich gut vorstellen, wie Mrs. Pitt-Rivers sich mit der Frage herumgeschlagen hat, wann sie das Zeug endlich los wird. Zu ihrem Glück beschloss Mr. Pitt-Rivers, ein Museum daraus zu machen. Nun ist es ja nicht ungewöhnlich, dass private Sammlungen den Grundstock für öffentliche Institutionen bilden. Die Sammlung Ludwig, jenes umstrittene Herzstück des neuen Museums in Köln, ist ein zeitgenössisches Beispiel für diese Praxis. Doch während sie mit ihrer gegenständlichen Nachkriegskunst, Pop Art vor allem, einen deutlichen Schwerpunkt, oder besser ein klares Programm hat, neigen die britischen Sammlungen, denen die Arbeit einer Einzelperson zugrunde liegt, eher zu einer, sagen wir grosszügigen Auffassung von Programm. Ein britischer Sammler ist eine Art Widerspruch in sich. Die Briten sammeln nicht, sie häufen an, und zwar mit unterschiedlicher Exzentrizität und Megalomanie.

Historisch gesehen waren solche Sammlungen Vorbild für praktisch alle Institutionen in England. Das British Museum, diese populäre Bastion des kulturellen Imperialismus, basiert auf der Sammlung eines einzigen

Amateurs namens Sir Hans Sloane und fügte immer wieder einmal Kleinigkeiten von den grossen Schauplätzen der Zivilisation hinzu. Auch die National Gallery in London wurde ursprünglich mit Hilfe von lauter Einzelstücken aus Privatsammlungen zusammengestoppelt. Ihre Architektur gleicht denn auch auf verblüffende Weise jenen Landsitzen, aus denen ihre Ausstellungsstücke stammen. (Erst in den letzten 25 Jahren begannen Sammler damit, ihre Privathäuser in Galerien zu verwandeln; davor sahen die Galerien wie Sammlerhäuser aus.) Dieses Muster hat sich in der Moderne fortgesetzt. Die Tate Gallery verdankt ihre Gründung dem gesellschaftlichen Stand und den kulturellen Ambitionen des Zucker-Magnaten Mr. Tate; und das ICA, dieser unerschrockene Vorposten der Avantgarde, ist immer noch eine private Institution, die geprägt bleibt von ihrem Gründer, dem surrealistischen Künstler Sir Roland Penrose.

Das alles schien Vergangenheit für die zeitgenössische Kunstwelt Grossbritanniens, die sich des ungewöhnlichen Phänomens erfreute, dass die ganze Welt sich für sie interessierte, bis jüngst zwei Ereignisse diese Dinge wieder zum Vorschein brachten. Das erste war die Ausstellung *The Institute of Cultural Anxiety: Works from the Collection (Institut für Kulturelle Sorge: Werke aus der Sammlung),* die der Autor-Künstler-Kurator Jeremy Millar am ICA einrichtete. Das zweite war die Veröffentlichung eines neuen Katalogs der Saatchi-Sammlung, *Shark Infested Waters (von Haien wimmelnde Gewässer),* der die meisten, wenngleich nicht alle Saatchi-Neuerwerbungen von – mehr oder weniger – junger britischer Kunst dokumentierte. Beide Ereignisse warfen ein Licht auf jene Probleme, die die Briten mit der zeitgenössischen Kultur – dem Sammeln und Präsentieren in der Öffentlichkeit – haben und die seit Jahrzehnten unter der Oberfläche gären.

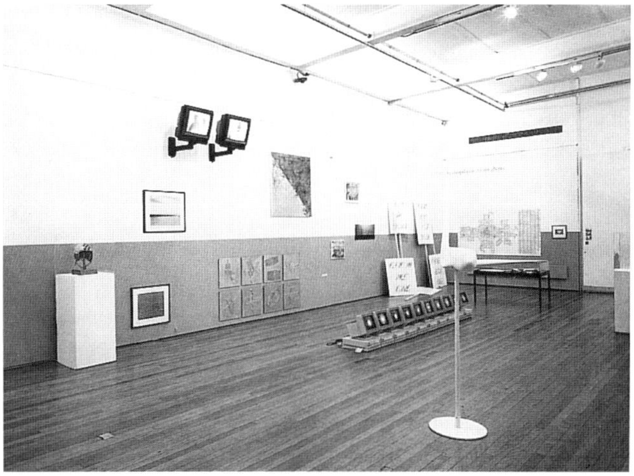

INSTITUTE OF CULTURAL ANXIETY: WORKS FROM THE COLLECTION / INSTITUT FÜR KULTURELLE SORGE: WERKE AUS DER SAMMLUNG, Institute of Contemporary Arts, London, 11. Dezember 1994–12. Februar 1995. (PHOTO: STEVE WHITE/ICA)

Millars Ausstellung wirkte überraschend vertraut. Falls Sie zu jenem Menschentypus gehören, der in Kontaktanzeigen Museumsbesuche als eines seiner Hobbies angibt, dürften Sie sich im *Institute of Cultural Anxiety* wohlgefühlt haben. Das wirkte nämlich eher wie die Vorführung eines allmählich sich auflösenden Museums denn wie eine Kunst-Ausstellung. Trotz aller dekorativen Versuche in entgegengesetzte Richtung ist das ICA ein gnadenlos unmodernes Stück Architektur. Um das herunterzuspielen, wurden grosse Teile der unteren ICA-Galerien auf britische Weise «modernisiert»: Alles, was nicht rechteckig ist, wurde rechteckig verschalt. Das hat Millar sich gewissermassen zunutze gemacht; die Wände der unteren Galerie wurden in zwei undefinierbaren Farbtönen gestrichen, eine Art Erbsensuppengrün, das es mit jeder frühmodernen Krankenhaus-, Bibliotheks- oder Klassenzimmer-Wand aufnehmen kann.

Viele Ausstellungsstücke – bei denen es sich weitgehend nicht um Kunstwerke handelt – werden in Glasvitrinen präsentiert oder hängen hoch oben an der Wand. Das sieht sehr nach «Museum» aus und hat in etwa die ästhetische Wirkung der unpopulären Abteilungen im Victoria and Albert Museum (eiserne Kirchentürbeschläge). Die Stücke sind auch dort nicht unbedingt präsentiert, sondern nach Grösse und voraussichtlichem Publikumsinteresse sortiert. Im Pitt-Rivers Museum haben wir zum Beispiel eine Glasvitrine mit drei Schrumpfköpfen aus Borneo, und auf einem davon haftet die mit Bleistift geschriebene Notiz *fake (Victorian) (Imitation [viktorianisch]);* oder ein Behältnis mit Rauch-Utensilien unterschiedlichen Ursprungsdatums und aus verschiedenen

Herkunftsländern. Nur hin und wieder gibt es in dem Sammelsurium einen Hinweis auf den Ursprung der Stücke: «Bierflasche, von chinesischen Arbeitern zum Opium-Rauchen benutzt. Australien. Frühes 20. Jahrhundert.» Millars Ausstellung scheint ähnliche menschliche Interessengebiete zu behandeln und bietet eine ebenso willkürliche Auswahl an Orientierungshilfen an. Der Hauptunterschied besteht darin, dass in Millars Ausstellung zeitgenössische Kunstwerke ebenso wie Gebrauchsgegenstände aus dem 20. Jahrhundert zu sehen sind.

Es gibt Objekt-Gruppen, die sich einem bestimmten, aber weitgefassten Thema widmen: Christine Borlands menschliches Skelett-Fragment (gekauft); das Gummi-Herz von Fischli & Weiss (selbstgemacht); Karen Esleas Video von einer Frau mit Metallzangen anstelle von Händen, die damit versucht, ein Baby auszuziehen (gefunden); und eine Photo-Dokumentation aus der plastischen Chirurgie zu Beginn unseres Jahrhunderts – das ist die Schrumpfkopf-Abteilung. Andere Gruppen versuchen den Eindruck zu erwecken, in der Ausstellung gehe es um wissenschaftliche Forschung – oder deren Fehlschläge. Mit seinem Werk ANTIQUE bezieht Mat Collishaw sich auf die industrielle Revolution und den britischen Wissenschafts-Enthusiasmus. Er hat ein Gemälde von Joseph Wright of Derby nachgestellt, das ein Experiment mit einem Kanarienvogel in einer Glasglocke zeigt, wobei er seinerseits ein echtes Glas mit der Videoprojektion von einem Kanarienvogel darin präsentiert. Und Thomas Gidleys SEEING THINGS (DIFFERENTLY FOR THE FIRST TIME) (Dinge sehen [zum erstenmal anders]) umfasst drei Bilder von einer anonymen Figur, die zufällige Tupfenmuster betrachtet. Eine Spur altmodisch photographiert, erinnert die Arbeit an eines jener wahrnehmungspsychologischen Experimente aus den 60er Jahren, als manche Gewissheiten doch noch ein kleines bisschen gewisser waren als heute. Da spürt man die nostalgische Sehnsucht nach einem wissenschaftlichen Geist, der sich mehr ans äussere Erscheinungsbild hält als die gegenwärtige, mehr nach innen gerichtete Faszination durch die Informationstechnologie. Es hat etwas damit zu tun, Dinge auseinandernehmen zu können, um zu sehen, wie sie funktionieren – auch wenn man sie nachher nicht wieder zusammensetzen kann.

Oftmals wirkt die Nebeneinanderstellung von Kunstwerken und Gebrauchsgegenständen reichlich zufällig: Simon Pattersons Rechenschieber mit variablen Zeittabellen teilt sich beispielsweise eine Vitrine mit einer detaillierten Abhandlung über Schizophrenie aus dem 18. Jahrhundert. Darin kommt ein seltsames Vermischen zweier viktorianischer Begriffe zum Ausdruck, das sich durch die gesamte Ausstellung zieht. Einer der beiden Begriffe ist eine Art früher Variante von *Edutainment (Bildung durch Unterhaltung),* bei der man mit zusammenhanglosen Details gefüttert wird, während zugleich die Neugier gekitzelt wird – entsprechend der Mentalität der «Grossen Ausstellung». Das andere ist eine Art kultureller Ethnozentrismus, die seltsame Idee, man sei der kulturelle Nabel der Welt, und der Rest der Welt sei eine Art Supermarkt, der gelegentlich ganz interessante Dinge im Angebot hat. Diese Haltung ist inzwischen das Privileg der meisten Wirtschaftsmächte in der Ersten Welt – Japan verfügt jetzt auch über solches Selbstvertrauen –, doch ursprünglich kommt sie aus England. Um so irritierender ist es, sie jetzt in Millars Ausstellung wieder zu spüren. Wenn man so durch die Gänge geht, kann man sich – für einen Augenblick – vorstellen, ein

INSTITUTE OF CULTURAL ANXIETY: WORKS FROM THE COLLECTION / INSTITUT FÜR KULTURELLE SORGE: WERKE AUS DER SAMMLUNG, Institute of Contemporary Arts, London, 11. Dezember 1994–12. Februar 1995. (PHOTO: STEVE WHITE/ICA)

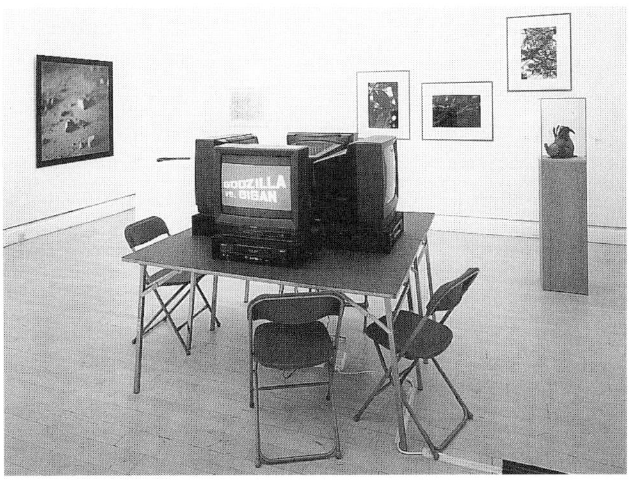

Viktorianer zu sein, der durch das British Museum schlendert, dabei ans Abendessen denkt und überlegt, was für gewiefte Burschen die Ägypter doch waren, oder wie fürchterlich es sein muss, in Neuguinea zu leben, wo es keine Zeitungen gibt.

Es lässt sich schwer entscheiden, ob dieses Fehlen einer sorgfältigeren Vermittlung der dargestellten Kultur bewusste Ironie ist – dann wäre sie nicht deutlich genug. Aber der Eindruck von schlichtem Desinteresse überwiegt. Letztlich zeigt Millars Ausstellung die zeitgenössische Kultur als Aufspaltung eines Bewusstseins in verschiedene, unvermittelt nebeneinander existierende Zustände. Man kommt sich vor, als stöbere man auf fremder Leute Dachboden in längst vergessenen Dingen, deren tatsächliche Bedeutung und Geschichte völlig undurchsichtig bleiben. Eingebettet in den Kontext der Institution, tut die Ausstellung etwas, das sie vielleicht nicht unbedingt wollte – sie treibt den Teufel mit Beelzebub aus, indem sie einerseits die institutionelle Objektivität verleugnet und andererseits der Subjektivität ihres Inhalts das Persönliche nimmt.

In seltsamer Analogie ist es Saatchi gelungen, mit *Shark Infested Waters* eine ähnliche Meisterleistung zu vollbringen. Was sein Katalog nicht ist, ist dabei der entscheidende Punkt. Es handelt sich nicht um einen Ausstellungskatalog (die meisten Arbeiten sind nie in der Saatchi Gallery gezeigt worden), sondern um einen Katalog im traditionelleren Sinn – eine Inventarliste. So ist es gelungen, eine Sammlung mit dem Anspruch, zeitgenössische Kunst objektiv vorzuführen, in eine reichlich schrullige Anhäufung von Kuriositäten zu verwandeln und zugleich die Infrastruktur der Institution als Präsentations-Modus beizubehalten. Die Auswahl der gezeigten Künstler scheint willkürlich: einige der jüngeren, deren Werke erst kürzlich erworben wurden – Don Brown, Jake & Dinos Chapman, Adam Chodzko – fehlen, während Künstler, die sicherlich nicht zur angeblich im Katalog präsentierten nach-Damienschen[1] Generation gehören, dabei sind, etwa Richard Wilson. Auf den Katalogseiten liebäugelt das Echte ständig mit dem *fake (Victorian)*. Zwar scheint Saatchi die moderne Rollenvorstellung übernommen zu haben, dass der visionäre Sammler eine gültige Aussage über seine Zeit zusammenträgt. Doch die Auswahl ist dermassen zusammenhanglos, dass ihr eigentlich nur eine reine Geschmacksentscheidung zugrunde liegen kann. Andererseits kann man sich aber nicht vorstellen, welche Art Persönlichkeit an allen Arbeiten im Katalog Gefallen finden könnte; denn viele schliessen sich gegenseitig aus.

Das ist schlimm, denn weil es in Grossbritannien keine öffentliche Institution gibt, die sich für die zeitgenössische Kunst engagiert, haben viele ihre Hoffnungen in Charles Saatchi gesetzt. Und nicht ganz zu unrecht. Frühe Ausstellungen, wie beispielsweise «NY Art Now» oder die «NeoGeo-Show», haben in bis dato unbekanntem Ausmass neue Arbeiten nach England gebracht. Man ging davon aus, dass die Sammlung, oder zumindest ein guter Teil davon, irgendwie in eine öffentliche Institution überführt werden sollte; Saatchi hätte dabei als eine Art Hans Sloane des ausgehenden 20. Jahrhunderts fungiert, inklusive Ritterschlag. Aber an die Stelle der «Mir-gehört-die-Welt»-Exzentrizität einer persönlichen Überzeugung sind kommerzielle Unentschlossenheit und Lauheit getreten. Dem Ganzen haftet etwas merkwürdig Hausbackenes an: die miserablen Reproduktionen, die schwachsinnigen Künstlerporträts, welche die Biographien im hinteren Teil begleiten – «und das ist Brian aus der Buchhaltung. Seine Hobbies sind Museumsbesuche ...». Die Texte zu den einzelnen Künstlern wurden allesamt von ein und demselben Autor eines populären Magazins geschrieben und hinterlassen das ungute Gefühl, sie seien das Machwerk eines «Hof-Schreiberlings». Aber vielleicht ist das unvermeidlich: Die ersten Sammler moderner Kunst waren durch und durch Amateure – im besten Sinne des Wortes; seit nach dem Krieg hingegen sind sie alle mit irgendwelchen Unternehmen verbunden, und das spiegelt sich in ihrer öffentlichen Rolle. Die Probleme der Saatchi-Sammlung wären nicht so schwerwiegend – schliesslich handelt es sich um eine Privatsammlung –, wenn sie ein bisschen privater wäre oder wenn es irgendwelche anderen Möglichkeiten gäbe, zeitgenössische britische Kunst zu sehen. Aber die gibt es nicht, weder beim anderen britischen Sammler noch bei den britischen Institutionen.

Das Problem bei *Shark Infested Waters* ist, wie bei Millars Ausstellung, dass sie verschiedene Genres und kulturelle Strukturen in einen Topf wirft, ohne sich über die Konsequenzen Gedanken zu machen oder wenigstens darüber nachzudenken, warum sie es tut. Im Falle des *Institute of Cultural Anxiety* gibt einem wenigstens das zu denken. *(Übersetzung: Nansen)*

1) gemeint ist der Künstler Damien Hirst, Anm. d. Red.

BALKON

LISA LIEBMANN

Whirling Dervishes

On a crisp autumn evening in New York last November, ten dancing members of the Mevlevi order of Sufism from Konya, Turkey—better known outside of Islam as "The Whirling Dervishes"—performed the sacred *Sema* ceremony at the Cathedral St. John the Divine, accompanied by a dozen singers and musicians of the Mevlevi Ensemble. The event marked the Dervishes' first visit here since 1978, and the endless pews and cavernous aisles of this great local bastion of ecumenism and world culture were filled with bodies—many of them young, a good number of them European, and most, it seemed, quite studied and stylish—as well as with the competing spirits of enlightenment and expectancy.

LISA LIEBMANN is a writer who lives in New York. Her monograph on David Salle was published in December 1994 by Rizzoli.

I had been present in 1978 as a gatecrashing student, and perhaps because of the heightened nervous state and illicit vantages that that implies, all I had clearly remembered was the whirling. The sight of dauntingly focused men in vast white, arcing skirts and perpetual, pivoting motion will loom large indeed if one happens to be standing plastered against a huge stone pillar, practically *under* the platform stage. With a conventional seat, however, my perspective changed radically. What had seemed thrillingly fierce and dynamic now appeared considered and rather slow; what had seemed exotic and theatrical was now familiar, somehow, and organically conceived.

As might be expected of a distracted New Yorker, I felt an initial twinge of impatience as the program very gradually began—first with guest speakers reading excerpts from the teachings of Mevlana Jalaluddin Rumi, the thirteenth-century poet-philosopher who founded this mystical sect. The ritual itself properly began with the arrhythmic singing of the *Naat-i-Serif,* in praise of the Prophet Mohammed, followed by a mild drum call and the dervishes' "slap of glory," summoning the celebrants, or *semazen,* to awaken and "Be."

Up to this point, the dervishes, along with the Dance Master who will monitor the rhythms of the *Sema,* have been sitting in a straight row to one side of the stage on the floor. Each wears his *sikke*—a columnar, honey-colored, boiled wool hat that symbolizes the tomb and remains on the dancer's head throughout—and a black wool cloak, representing mortality and worldly possessions, that will be removed for the whirling. (The musicians are on the opposite side of the stage, on a raised platform, facing out.) But now at last, there is movement.

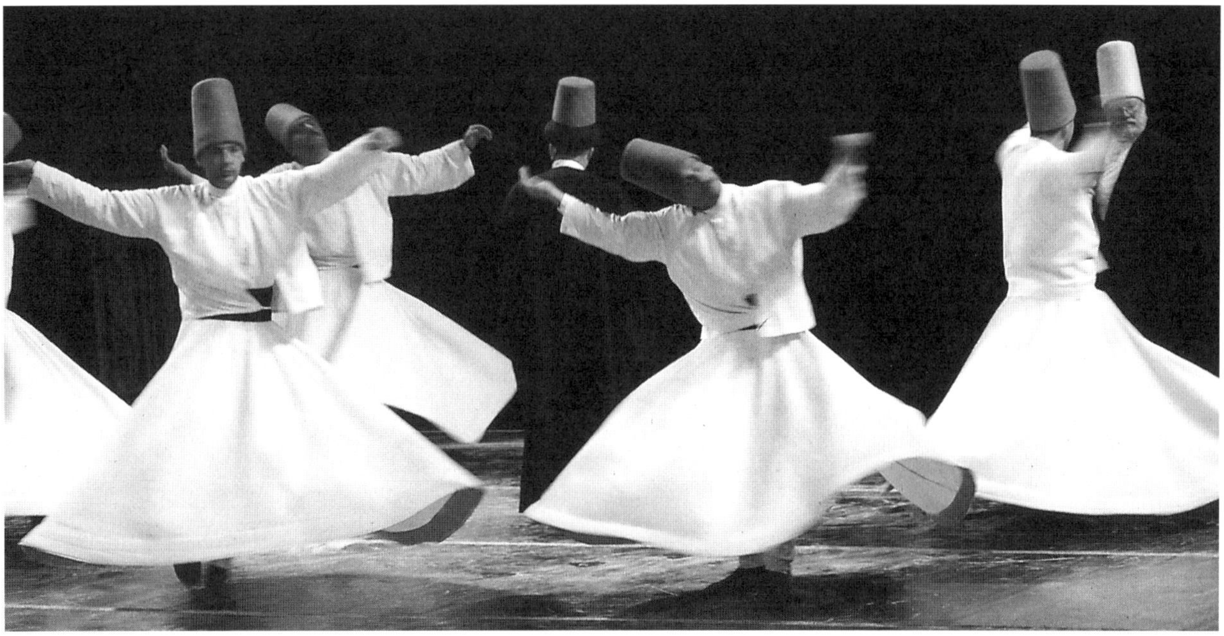

THE DERVISHES OF THE MEVLEVI ORDER / DIE DERWISCHE DES MEVLEVI-ORDENS, St. John the Divine, New York, November 1994.
(PHOTO: JACK VARTOOGIAN)

The Sheikh, or spiritual leader, takes up his post, and still in their cloaks, the *semazen* in turn rise to form the circular, serial configuration known as The Sultan Veled Walk, named after the eldest son of Mevlana. Rhythmically, this is a most attenuated cycle during which the dancers move around the ceremonial space three times, at a moderate pace, saluting one another as well as the Sheikh through a long sequence of turning and bowing. (As even its name might ineffably suggest, The Sultan Veled Walk has something in common with certain American square dances, such as the "Virginia Reel," that are characterized by daisy-chain processions, "meeting and greeting," and intricate "do-si-dos.")

Finally, the second, most dynamic part of the *Sema*—the *Four Salaams* and the whirling—may begin. Without their cloaks, the *semazen* now stand gathered in the center of the ceremonial space, arms crossed, in long white skirts, called *tennure,* that symbolize the shroud, and short white jackets that are fastened on the right side but stay loose on the left. As they begin to revolve, their crossed arms unfurl in a movement that suggests an emergence or rebirthing.

The dancing itself evokes many things at once: an army in ecstasy, flowers reaching for the sun, the unselfconsciousness of children spontaneously breaking into a twirl, a funeral celebration, a sublime choreographic lesson in astronomy. For all its otherworldly power and visual beauty, however, a ponderous, pointedly mortal shuffling quality surfaces intermittently, as participants periodically stop short, for example, to resume their sitting positions along with their black cloaks between *salaams,* or among rotating boys and men, calmly exuding authority.[1] Each dancer, of course, has his own inner rhythm and his own planetary axis while turning—his own degrees of ecstasy, no doubt, as well. The rapture of the *semazen,* one learns, reaches a peak, during the third, musically most intense *salaam,* but this is not really visible and can only be experienced by those who are whirling. Spectacular as its climax may be, the *Sema* is no mere spectacle. But when the music slows and the movement devolves during the fourth and last *salaam,* the Koran is read, dervishes greet again and depart, and the rest of us may share in their catharsis.

1) It is a testament at once to this authority, and to the intensity of the dervishes' abandon, that Mevlevi mysticism and all of its rituals were banned in 1925 after the overthrow of the Ottoman Empire for being subversive to the nationalist goals of the new Turkish Republic. The ban lasted for over 25 years, until a small group of dervishes convinced the local government of Konya that the "Turn" might be valuable as "a historical tradition" within Turkish culture.

LISA LIEBMANN

Tanzende Derwische

An einem frischen Novemberabend im letzten Jahr vollzogen zehn tanzende Angehörige des sufischen Mevlevi-Ordens aus dem türkischen Konya – ausserhalb des Islam besser bekannt als «die tanzenden Derwische» – in der Kathedrale *St. John the Divine* in New York die heilige *Sema*-Zeremonie, begleitet von einem Dutzend Sänger und Musiker des Mevlevi-Ensembles. Es war das erste Mal seit 1978, dass die Derwische nach New York kamen, und die endlosen Bänke und höhlenartigen Schiffe dieser bedeutenden lokalen Bastion der Ökumene und Weltkultur waren brechend voll mit Menschen – viele davon jung, etliche aus Europa und die meisten offenbar ziemlich gebildet und elegant – und nicht minder voll von widerstreitenden Gefühlen der Erleuchtung und der gespannten Erwartung.

Ich war schon 1978 dabeigewesen, als Studentin, die sich ohne Eintrittskarte eingeschlichen hatte. Und vielleicht wegen des Kitzels des Unerlaubten und der damit verbundenen erhöhten Nervosität war das einzige, woran ich mich deutlich erinnerte, der Wirbeltanz. Der Anblick von einschüchternd andächtigen Männern in weissen, weiten, schwingenden Gewändern, die sich unentwegt um die eigene Achse drehen, hinterlässt in der Tat einen tiefen Eindruck, wenn man gegen eine riesige Steinsäule gepresst praktisch unter der Bühne steht. Auf einem normalen Sitzplatz sah ich die Zeremonie jetzt aus einer völlig anderen Perspektive. Was ich hinreissend wild und dynamisch in Erinnerung hatte, wirkte nun durchdacht und eher langsam; was mich damals exotisch und theatralisch angemutet hatte, empfand ich irgendwie als vertraut und organisch gewachsen.

Wie von einer rastlosen New Yorkerin nicht anders zu erwarten, wurde ich zuerst ziemlich ungeduldig, als die Darbietung so ganz allmählich und schrittweise ihren Anfang nahm – als erstes mit Gastrednern, die Auszüge aus den Lehren von Mevlana Dschelaleddin Rumi vortrugen, dem Dichter und Philosophen, der im 13. Jahrhundert diese mystische Sekte gegründet hatte. Das eigentliche Ritual begann dann mit dem unrhythmischen Singen des *Naat-i-Serif,* eines Lobliedes auf den Propheten Mohammed, dem ein sanftes Trommeln und der «Ruhmesschlag» der Derwische folgte, welcher die Tänzer oder *Semazen* zum Erwachen und zum «Sein» aufforderte.

Bis dahin hatten die Derwische zusammen mit dem Tanzmeister, der die Rhythmen des *Sema* überwachte, in einer geraden Reihe auf einer Seite der Bühne auf dem Boden gesessen. Jeder trug einen *Sikke* – einen zylindrischen, honigfarbenen Filzhut, der das Grab symbolisiert und während der ganzen Zeremonie nie abgelegt wurde – und einen schwarzen Wollumhang, der die Sterblichkeit und den irdischen Besitz verkörperte und vor dem Tanzen abgestreift wurde. (Die Musiker befanden sich auf der gegenüberliegenden Seite der Bühne auf einem erhöhten Podium, das Gesicht nach aussen gewandt.) Aber nun gab es endlich Bewegung. Der Scheich oder spirituelle Meister nahm seinen Platz ein, und auch die *Semazen,* immer noch mit ihren Umhängen, erhoben sich und stellten sich zu einer kreisförmigen Anordnung auf, der Ausgangsstellung zum Sultan-Walad-Tanz, der nach dem ältesten Sohn des Mevlana benannt ist. Rhythmisch war dies eine sehr ruhige Phase, bei der sich die Tänzer in einer langen Abfolge von Drehungen und Verbeugungen gemessenen Schrittes dreimal rund um die Bühne bewegten

---

LISA LIEBMANN ist Schriftstellerin und lebt in New York. Ihre Monographie über David Salle erschien im Dezember 1994 bei Rizzoli.

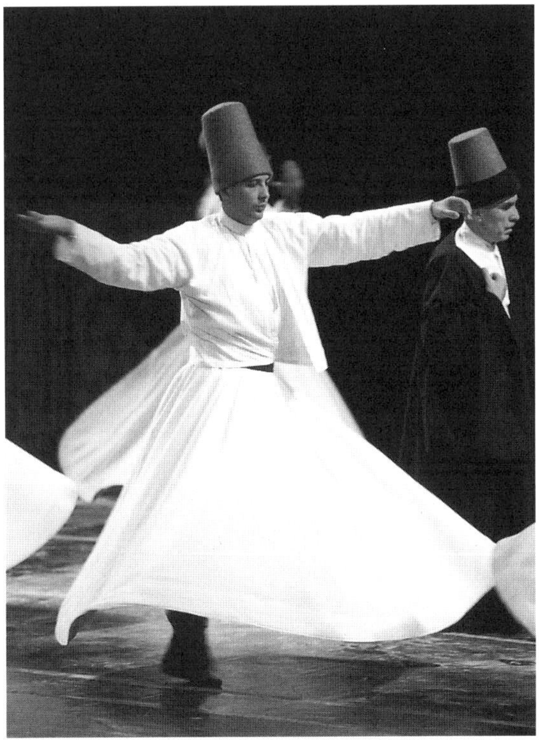

THE DERVISHES OF THE MEVLEVI ORDER / DIE DERWISCHE DES MEVLEVI-ORDENS, St. John the Divine, New York, November 1994. (PHOTO: JACK VARTOOGIAN)

und den Scheich und einander bei jeder Begegnung grüssten. (Der Sultan-Walad-Tanz weist übrigens Ähnlichkeiten auf mit bestimmten amerikanischen *square-dances* wie etwa dem «Virginia Reel», die von Kettenreigen, «Meeting and Greeting» und komplizierten «Do-si-dos» geprägt sind.)

Schliesslich konnte der zweite, dynamischere Teil des *Sema* – die *Vier Salāms* und der Wirbeltanz – beginnen. Die *Semazen,* jetzt ohne Umhang, standen mit verschränkten Armen in der Mitte der Bühne, bekleidet mit langen weissen Röcken, *Tennure* genannt, die das Totenhemd symbolisieren, und kurzen weissen Jacken, die auf der rechten Seite festgesteckt waren, auf der linken aber lose hingen. Als sie mit den Drehbewegungen begannen, entfalteten sie ihre Arme mit einer Bewegung, die an Auftauchen oder Wiedergeburt denken liess.

Der Wirbeltanz selbst rief bei mir ganz verschiedene Assoziationen hervor: ein Heer in Ekstase, Blumen, die sich der Sonne entgegenstrecken, die völlige Unbefangenheit von Kindern, die sich plötzlich um die eigene Achse zu drehen beginnen, eine Totenfeier, eine erhabene choreographische Astronomielektion. Bei aller überirdischen Kraft und Schönheit drang jedoch immer wieder auch etwas Schwerfälliges, deutlich an die Sterblichkeit Mahnendes, Schleppendes durch, so etwa, wenn einzelne Derwische unvermittelt stehenblieben, die schwarzen Umhänge überzogen und sich, zwischen den *Salāms* oder auch inmitten der anderen umherwirbelnden Jungen und Männer, wieder auf dem Boden niederliessen, wobei sie eine ruhige Autorität ausstrahlten.[1] Jeder Tänzer hat natürlich seinen eigenen inneren Rhythmus und seine eigene Körperachse, um die er sich dreht, zweifellos auch seinen eigenen Grad von Ekstase. Die Verzückung der *Semazen,* heisst es, erreicht während des dritten, musikalisch intensivsten *Salām* einen Höhepunkt, was aber von aussen nicht wirklich erkennbar ist und nur von den Tänzern selbst erfahren werden kann. So spektakulär das Herumwirbeln auch erscheinen mochte, das *Sema* war kein blosses Spektakel. Als Musik und Bewegungen während des vierten und letzten *Salām* wieder langsamer wurden, rezitierte der Scheich eine Koransure, die Derwische grüssten nochmals und entfernten sich, und wir anderen durften an ihrer Katharsis teilhaben.

(Übersetzung: Irene Aeberli)

1) Es ist ein Beweis für diese Autorität und für die intensive Hingabe der Derwische, dass die Mevlevi-Mystik und die damit verbundenen Rituale 1925 nach der Auflösung des Osmanischen Reiches verboten wurden, da man befürchtete, sie könnten die nationalistischen Ziele der neuen Türkischen Republik unterminieren. Das Verbot hielt sich mehr als 25 Jahre, bis es einer kleinen Gruppe von Derwischen gelang, die lokalen Behörden von Konya davon zu überzeugen, dass das «Herumwirbeln» eine wertvolle, in der türkischen Kultur verankerte «historische Tradition» sei.

Garderobe

'gär-ˌdrōb

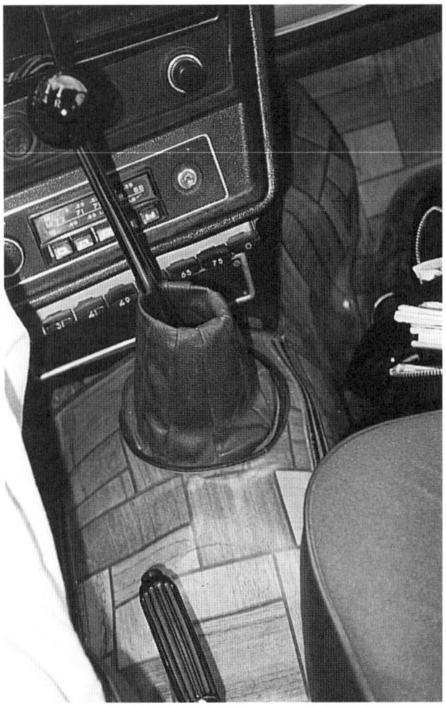

იაცახქვეშ მეცი არისო.

(ქეთევან შელბერთ)

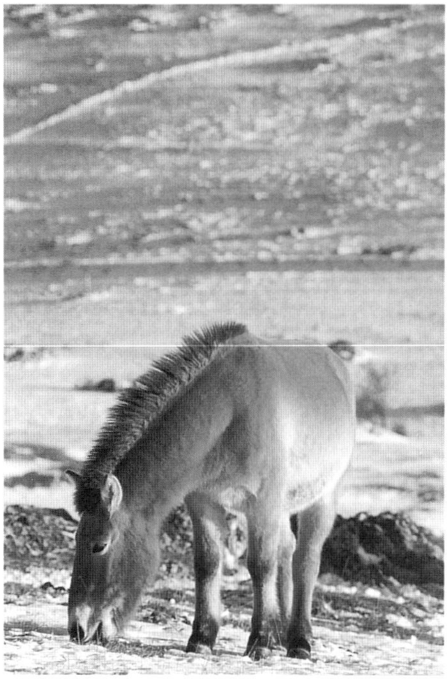

Eines der letzten ERSTEN PFERDE, das Przewalski-Pferd, einziges überlebendes Wildpferd der Welt – das Urpferd, das schon in den Höhlenmalereien von Lascaux dargestellt wurde – ist bedroht! Wenn Sie sich aktiv für seinen Schutz einsetzen wollen, kontaktieren Sie bitte:

One of the last FIRST HORSES, the Przhevalsky Horse, only surviving wild horse on earth—already known to the cave painters of Lascaux—is threatened by extinction! If you want to participate actively in its protection, please contact:

Association Takh, Station biologique de la Tour du Valat, Le Sambuc, F-13200 Arles.
Telephone: (0033) 90 97 20 13
Fax: (0033) 90 97 20 19

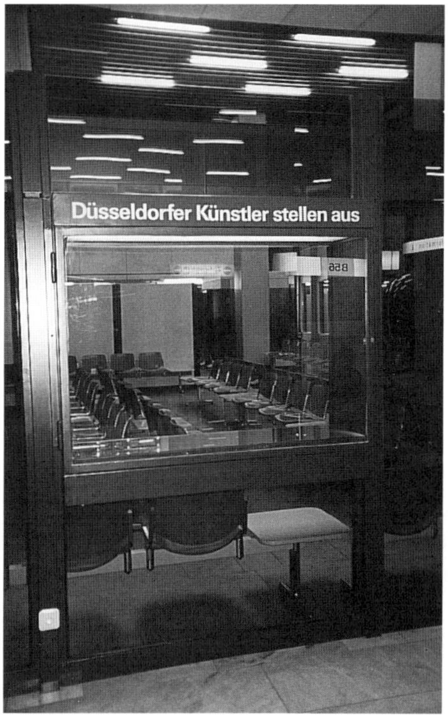

Düsseldorf Airport 1995: Is it Beuys, is it Mucha? Is it Katharina Fritsch?

Flughafen Düsseldorf 1995: Ist es Beuys oder Mucha oder Katharina Fritsch?

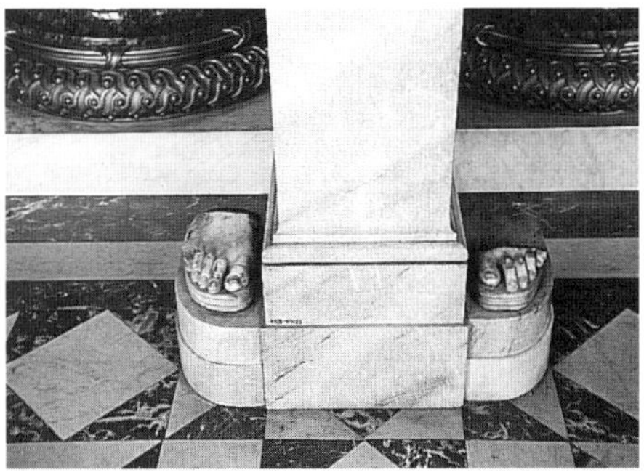

An der Garderobe abgegeben /
Deposited in the cloakroom
(Kunsthistorisches Museum, Wien / Vienna).

Anzeigenbedingungen: Kauf eines Abonnements bzw. eines Geschenkabonnements bei Plazierung eines Inserates von fünf Zeilen. Mehr Zeilen, mehr Abos. / Advertising rates: Purchase of one (gift) subscription with placement of an ad of five lines or less. More lines, more subscriptions.

Each volume of PARKETT is created in collaboration with artists, who contribute an original work specially made for the readers of PARKETT. The works are available in a signed and numbered Special Edition. Prices are subject to change. Postage is not included.

EDITIONS FOR PARKETT

Jeder PARKETT-Band entsteht in Collaboration mit Künstlern, die eigens für die Leser von PARKETT Originalbeiträge gestalten. Diese Vorzugsausgaben sind als numerierte und signierte Editionen erhältlich. Preisänderungen vorbehalten. Versandkosten nicht inbegriffen.

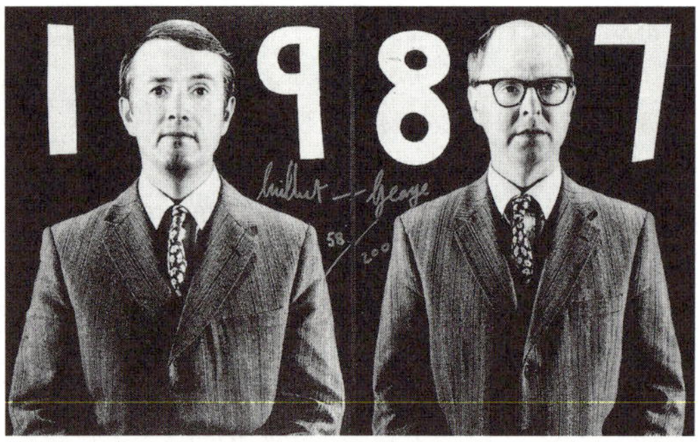

PARKETT 14

GILBERT & GEORGE, 1987

Photographie auf Karton aufgezogen,
in der Mitte faltbar, 25,5 x 42 cm,
Ed. 200, signiert und numeriert, **sFr. 1200.–**
Photograph, mounted on cardboard
folded in the middle, 10 x 16½" (25,5 x 42 cm),
Ed. 200, signed and numbered, **US$ 950**

Eindringlich und dramatisch spielt das Licht auf den Gesichtern von Gilbert & George im Photo-Diptychon zum Aufstellen auf Ihrem Schreibtisch oder Bücherschrank.

Memorabilia from an art world Hall of Fame. A provocative reshoot of the classic wedding photo, the alumni portrait, the religious diptych, Gilbert & George's stand-up self-portrait will be an asset to the mantelpiece of any self-respecting amateur.

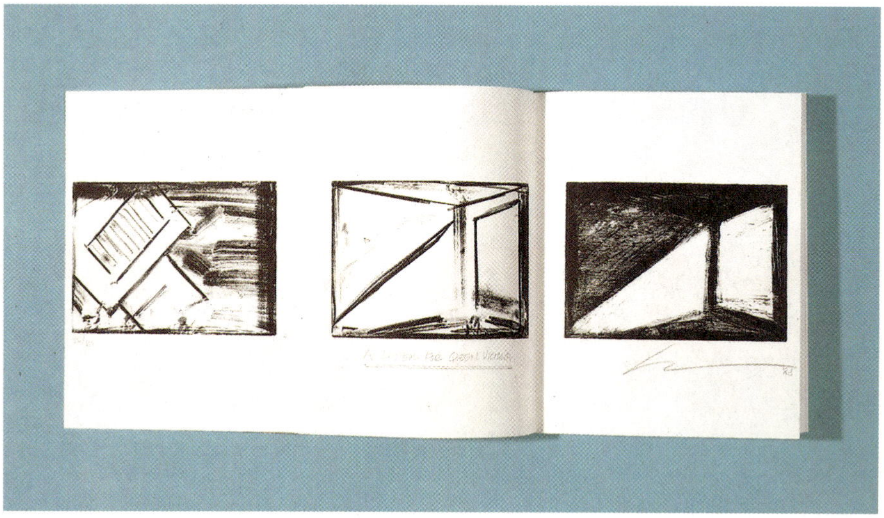

Mit minimalsten Licht- und Architekturakzenten öffnen sich traumhafte Bühnenräume, wie sie nur ein Robert Wilson erdenken kann.

The director's notebook. This animated three-part lithograph is a reminder that every one of Wilson's dramatic theater works has its genesis in a powerful, light-filled drawing.

PARKETT 16

ROBERT WILSON
A LETTER FOR QUEEN VICTORIA, 1988

Lithographie auf Rives, 25,5 x 61 cm, in Parkett eingebunden,
Ed. 80, signiert und numeriert, **sFr. 800.–**
Lithograph on Rives, 10 x 24", (25,5 x 61 cm), bound in the magazine,
Ed. 80, signed and numbered, **US$ 640**
Printed by Champfleury

Eine poetische Symmetrie oszilliert zwischen Flächigkeit, Stilisierung und Abbild der Natur.

Artificial nature. A deft exercise in Katz's ongoing exploration of pictorial flatness and poetic symmetry, this stylized woodcut on the most delicate of papers is a quiet moment of reflection from a preternatural world.

PARKETT 21

ALEX KATZ
SCHWARZER TEICH, 1989
Holzschnitt auf Goyu-Papier, 29,5 x 46 cm,
Ed. 100, signiert und numeriert, **sFr. 950.–**
BLACK POND, 1989
Woodcut on Goyu paper,
11⅝ x 18⅛" (29,5 x 46 cm),
Ed. 100, signed and numbered, **US$ 760**

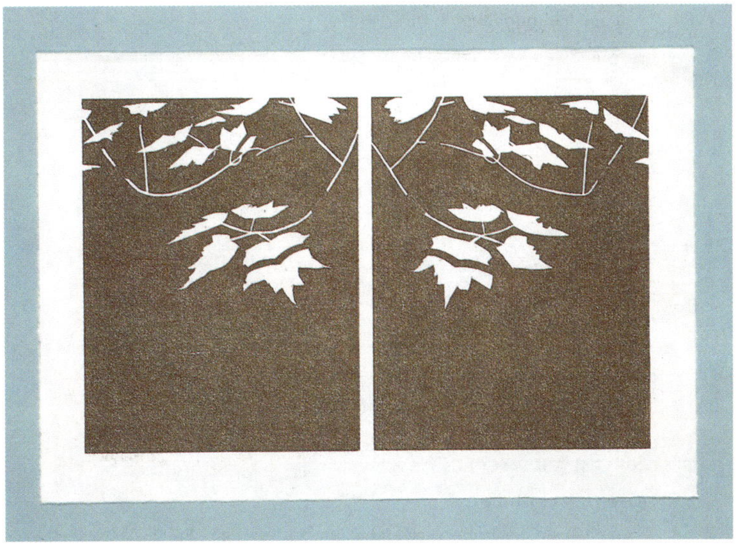

Der Künstler begibt sich auf die Spur von Verdoppelungen, lässt von zwei verschiedenen Händen die zweifache Ausgabe von Newsweek – die nationale und die internationale – abzeichnen.

Double trouble. A perennial obsession with dual identities and symmetry is manifested in the systematic rendering of twin subjects by two detectably different hands. A hand-applied flash of vicious scarlet completes this doubly complex Rorschach test.

PARKETT 24

ALIGHIERO E BOETTI
AUF DEN SPUREN DER GEHEIMNISSE
EINES DOPPELLEBENS, 1990
Lichtdruck (Granolitho), von Hand rot übermalt,
50 x 70 cm, Ed. 100, signiert und numeriert, **sFr. 1200.–**
PROBING THE MYSTERIES
OF A DOUBLE LIFE, 1990
Collotype (Granolitho), overpainted by
hand in red, 19⅝ x 27½" (50 x 70 cm),
Ed. 100, signed and numbered, **US$ 960**

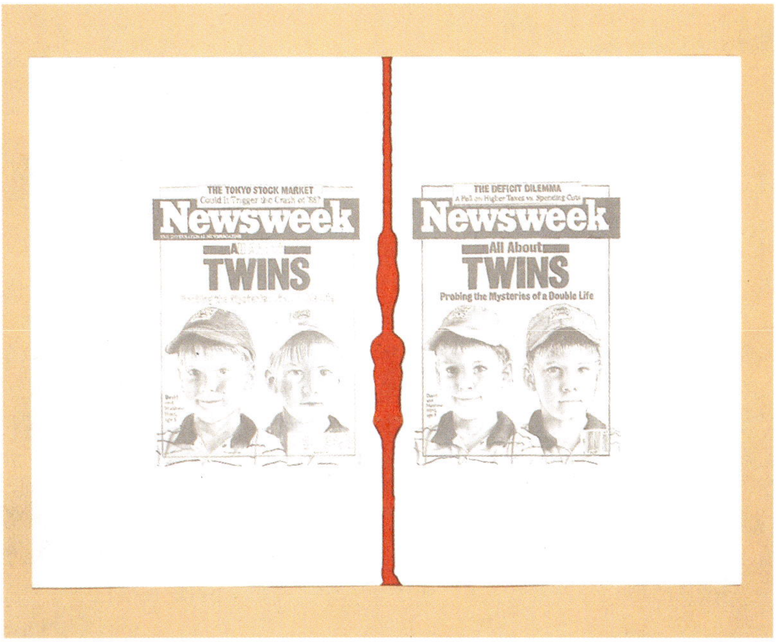

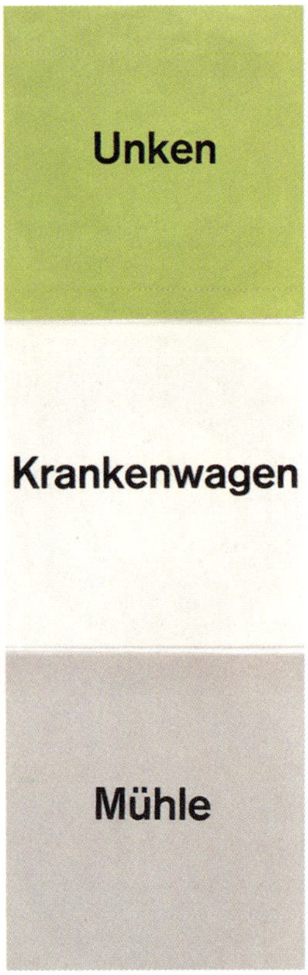

Klang- und Geräuschskulpturen, Erinnerungsbilder aus dem kollektiven Gedächtnis formen sich aus Ihren Lautsprechern heraus.

Music for the eyes. A set of three records, each pressed with a single ambient sound from the artist's aural memory—toads croaking, a watermill churning, a local ambulance siren wailing—and sealed with a corresponding emblematic color.

PARKETT 25

KATHARINA FRITSCH

MÜHLE/KRANKENWAGEN/UNKEN, 1990

Drei Single-Schallplatten, Ed. je 2000, unsigniert, zusammen: **sFr. 45.–**

MILL/AMBULANCE/TOADS, 1990

Set of three single records, Ed. of 2000 sets, unsigned, for set of three: **US$ 38**

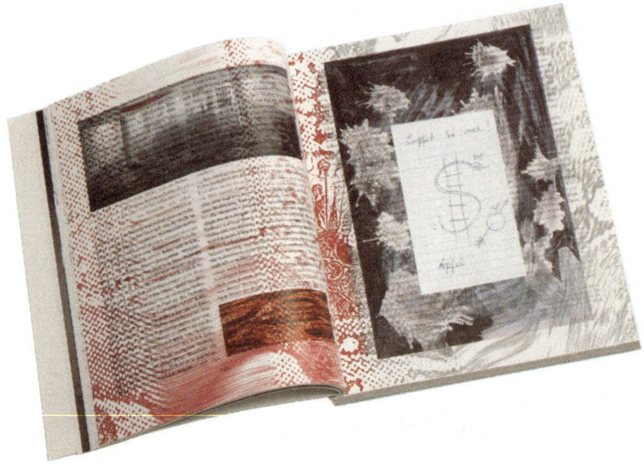

Persönlicher geht's nicht mehr, wenn auf den Überdrucken von Parkett der Zufall zuschlägt und uns gezeigt wird, wo der Meisterschütze den Apfel traf und wie die Währung gefährlich mitspielt.

Master marksman. Chance hits the mark on overprint paper in a fireworks of acrobatic multi-meaning.

PARKETT 40/41

SIGMAR POLKE

OHNE TITEL, 1994

Parkett-Band aus Überdruck-Makulatur, 25,5 x 21 cm, Ed. 25, signiert und numeriert, **sFr. 2000.–**, und zusätzlich Ed. 25 mit Originalbeitrag, signiert und numeriert, **sFr. 4000.–**

UNTITLED, 1994

Volume of Parkett made of overprint paper, 10 x 8¼", Ed. 25 copies, signed and numbered, **US$ 1600**, and Ed. 25 copies with an original contribution, signed and numbered, **US$ 3200**

Licht materialisiert sich zu geometrischen Körpern; für einmal nicht in einer von Turrells Rauminstallationen, sondern in einem traditionsgemäss für Hell-Dunkel-Effekte geschaffenen Medium.

Speed of light. These experimental forays into the medium of etching yield light as material, not illusion, in the contours of the printed image.

PARKETT 25

JAMES TURRELL

SQUAT, CARN, 1990

Aquatinta-Editionen auf Zerkall 250 g, je 25,5 x 21 cm, in Parkett eingebunden, Ed. je 40 pro Aquatinta,
signiert und numeriert, **sFr. 1200.–** pro Aquatinta

SQUAT, CARN, 1990

Aquatint editions on Zerkall 250 g, each 10 x 8¼"
(25,5 x 21 cm), bound in the magazine. Ed. of 40 each, signed and numbered, **US$ 960** per print

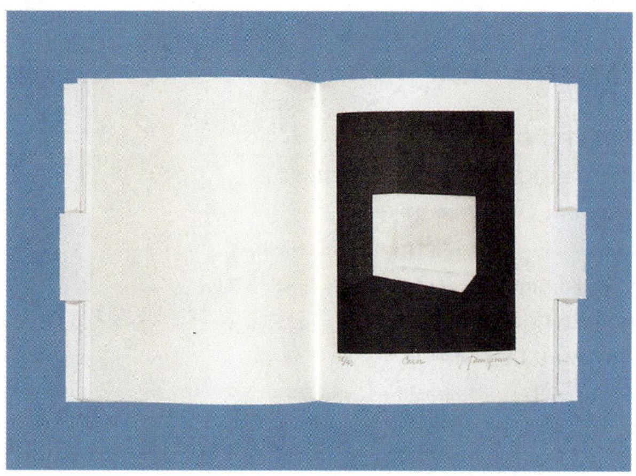

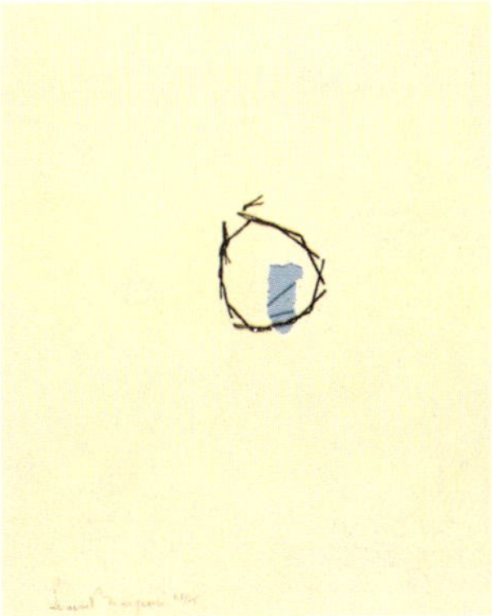
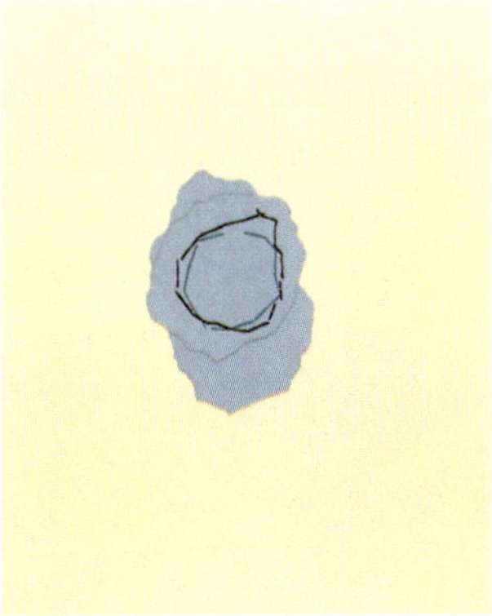

Die Künstlerin widmet Parkett mit seinem gestickten Schriftzug ein genähtes Flickwerk, das auf viele ihrer künstlerischen und ebenso biographischen Motive anspielt.

A stitch in time. A patched and mended page in a book fuses theory with biography—the sculptor's approach to assemblage as a reparative process and her origins as the child of tapestry-restorers.

PARKETT 27

LOUISE BOURGEOIS

FLICKWERK, 1991

Papier-Objekt aus bedrucktem und handgefärbtem Papier, von Hand gerissen, durchlöchert und mit Faden genäht, 25,5 x 21 cm, in Parkett eingebunden, Ed. 75, signiert und numeriert, **sFr. 1800.–**

REPARATION, 1991

Fabrication of printed and handcolored paper, hand-torn, pierced, and sewn with thread, 10 x 8¼" (25,5 x 21 cm), bound in the magazine, Ed. 75, signed and numbered, **US$ 1500**

PARKETT 28

THOMAS RUFF

C-PRINTS, 1991

2 C-Prints (Photos: ESO), je 50 x 50 cm, in Transparenthüllen, astronomische Daten in Siebdruck beidseitig auf Hüllen gedruckt, Ed. je 50, signiert und numeriert, **sFr. 1200.–**

C-PRINTS, 1991

Two c-prints (Photos: ESO), each 19½ x 19½" (50 x 50 cm), with astronomic data silk-screened on front and back of transparent wrappers, Ed. of 50 each, signed and numbered, **US$ 960**

Ruffs Sternenhimmel für einmal als Negativprint. Im Zentrum steht ein astronomisch bestimmter Stern.

Milky ways. Phantasmagoric photographs of the night sky and its galaxies are reversed into peppered white fields upon which a single lodestar is pinpointed by its astronomical data.

PARKETT 28

FRANZ GERTSCH

CIMA DEL MAR (AUSSCHNITT), 1990/91

Holzschnitt (Kobalttürkis und Ultramarin, halb und halb) auf Heizoburo-Japanpapier, 25,4 x 41,6 cm, gefaltet, nicht eingebunden, Ed. 80, signiert und numeriert, **sFr. 1350.–**

CIMA DEL MAR (DETAIL), 1990/91

Woodcut (cobalt turquoise and ultramarine, half and half) on Heizoburo Japan paper, 10 x 16⅜" (25,4 x 41,6 cm), folded, not bound in the magazine, Ed. 80, signed and numbered, **US$ 1080**

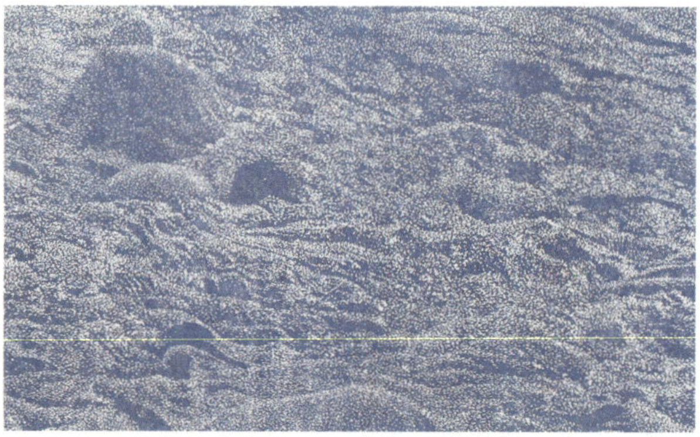

Detail aus einem über zwei Meter hohen Holzstock, an dem Franz Gertsch ein Jahr lang gearbeitet hat.

Against the grain. Every point of light on this minutely described surface corresponds to the removal of a sliver of wood. This fragment was taken from a gigantic woodcut measuring more than 5 x 6 feet (170 x 152 cm).

Ein Monster, gedruckt auf feinste Seide, quillt aus einem Goldrahmen.

The little house of horrors. A silken grease-paint grotesque rendered in startling 3-D threatens to burst from its keepsake frame.

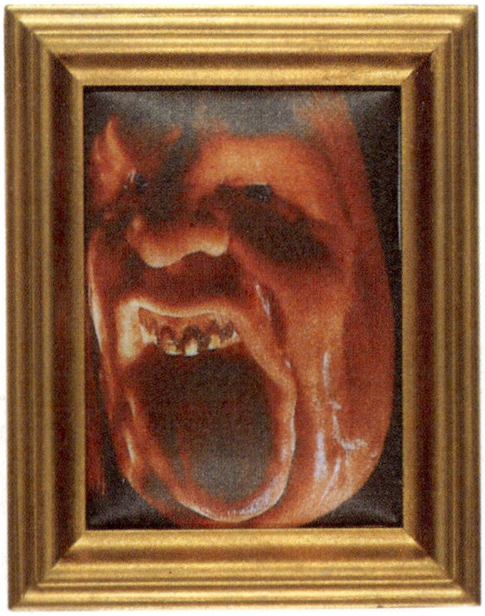

PARKETT 29

CINDY SHERMAN

OHNE TITEL, 1991

Bedruckte Seide, gepolstert, in goldfarbenem Holzrahmen, 15 x 11,5 cm (Bild), 21,3 x 17,4 cm (Rahmen), Ed. 100, signiert und numeriert, **sFr. 1380.–**

UNTITLED, 1991

Printed silk, padded, in gilded wooden frame, 8⅜ x 6⅞" (21,3 x 17,4 cm), with frame, Ed. 100, signed and numbered, **US$ 1100**

Basketball ist eine der Möglichkeiten für einen Afro-Amerikaner, reich zu werden. So trägt die Photographie des Objet trouvé den Titel «Geldbaum».

Readymade magic. A basketball hoop fashioned from the rim of a bicycle tire, embedded in a living tree in a Charleston backyard, testifies to the ingenuity of its anonymous maker.

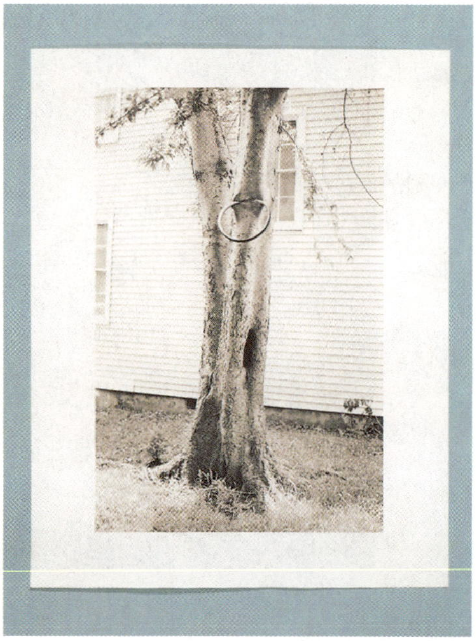

PARKETT 31

DAVID HAMMONS

GELDBAUM, 1992

Sepia-Print-Photographie, 42 x 28 cm, Ed. 70, signiert und numeriert, **sFr. 890.–**

MONEY TREE, 1992

Sepia-Print photograph, 16½ x 11" (42 x 28 cm), Ed. 70, signed and numbered, **US$ 720**

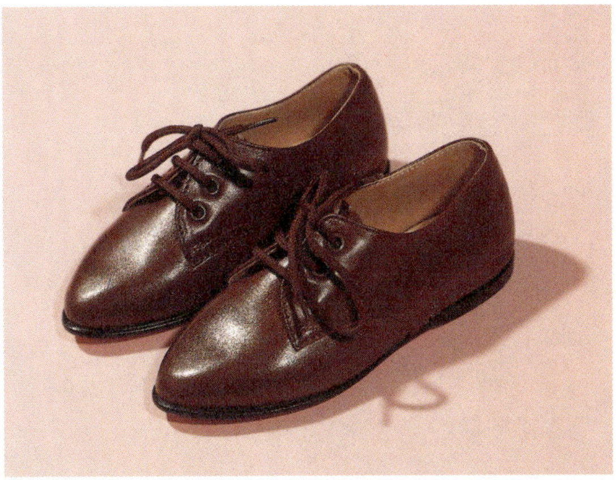

In den 16 cm kleinen Kinderschuhen vereinen sich Vorstellungen von Niedlichkeit und früher Uniformierung, von Androgynität und Standfestigkeit – als Bild der Einprobung in unsere Welt.

A new pair of shoes. Many years ago, Sherrie Levine found and sold pairs of small shoes in a gallery in New York. A refined version, handmade in Italy from softest leather and suede, retraces the artist's first steps.

PARKETT 32

SHERRIE LEVINE

2 SCHUHE, 1992

Ein Paar Kinderschuhe, braunes Leder, je ca. 16 x 6 x 6 cm, Ed. 99, signiert und numeriert, **sFr. 830.–**

2 SHOES, 1992

Pair of shoes, brown leather, each 6½ x 2½ x 2½" (16 x 6 x 6 cm), Ed. 99, signed and numbered, **US$ 670**

Greatest hits. Der Meister der Fiktion krönt sich selber mit der höchsten Auszeichnung der Unterhaltungsindustrie – die goldene Schallplatte – und fügt ihr ein Muster seiner Erzählkunst bei.

Greatest hits. A weaver of fictions awards himself the industry's highest accolade—a gold record—complete with winning cover design and haunting "lyrics."

PARKETT 34

RICHARD PRINCE

GOOD REVOLUTION, 1992

Goldene Schallplatte und graviertes Metallschild auf C-Print, montiert und gerahmt. Enthält zusätzlich eine beidseitig abspielbare Vinylplatte des Künstlers. «Good Revolution» (1,46 Min.) und «Don't Belong» (1,46 Min.) arrangiert und interpretiert von Richard Prince. Aufgenommen und gemischt auf der Harmonic Ranch von Mark Degliantoni, September 1992. 52 x 41,9 cm. Ed. 80, signiert und numeriert, **sFr. 1100.–**

GOOD REVOLUTION, 1992

Presentation gold record with engraved plaque mounted on C-Print, framed. Includes a playable vinyl record by the artist, recorded on both sides. "Good Revolution" (1:46) and "Don't Belong" (1:46), arranged and performed by Richard Prince. Recorded and mixed at Harmonic Ranch by Mark Degliantoni, September 1992. 20½ x 16½" (52 x 41,9 cm), Ed. 80, signed and numbered, **US$ 880**

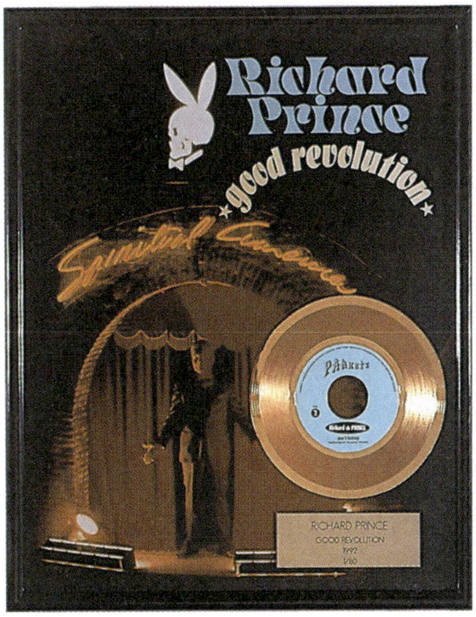

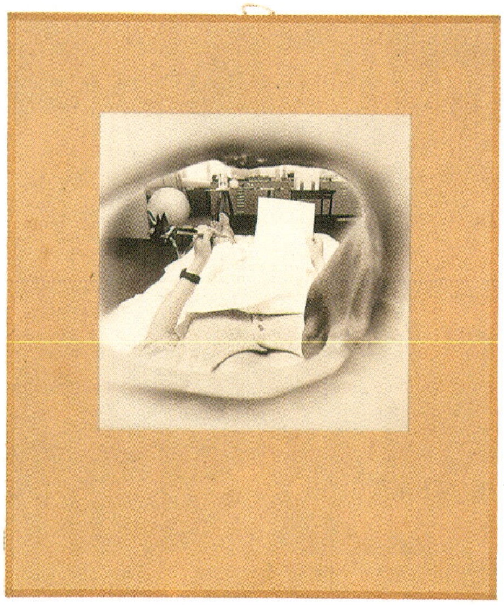

Teilen Sie mit Rosemarie Trockel die geheime Perspektive auf ihr Atelier als Hirnsicht durch die linke Augenhöhle.

Mind's eye view. An intimate perspective of the studio that places the viewer inside the secret cave of the artist's left eye.

PARKETT 33

ROSEMARIE TROCKEL

STUDIO VISIT, 1992

Photogravure in Strohpappe-Passepartout mit Prägedruck, säurefreies Folienfenster, auf Holz montiert mit Aufhänger, Bild: 21 x 21 cm, Rahmen: 38 x 33 x 0,9 cm, Ed. 80, numeriert und signiert, **sFr. 850.–**

STUDIO VISIT, 1992

Photoetching and acid-free transparent foil in embossed strawboard matte, mounted on wood with hanger, image: 8¼ x 8¼", frame: 15 x 13 x ⅜", Ed. 80, numbered and signed, **US$ 680**

Printed by Peter Kneubühler

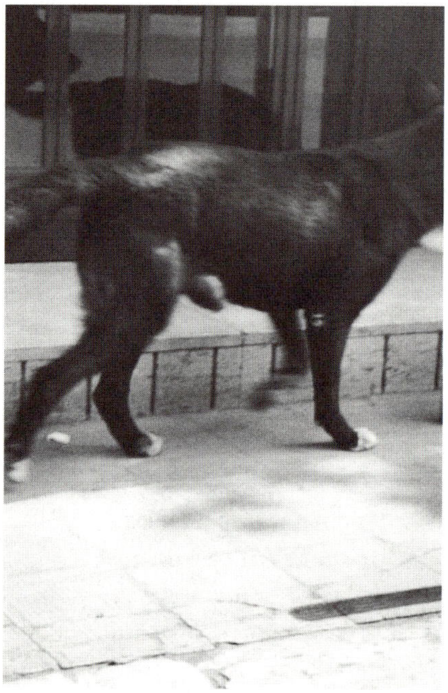

Die Verwandlung vom Wortbild RUN DOG RUN aus Christopher Wools Malerei zur bildmalerischen Momentaufnahme eines fliehenden schwarzen Hundes.

Word into image. RUN DOG RUN beat a tattoo in an earlier cycle of paintings; here it becomes a fleeting presence captured in a painterly snapshot.

PARKETT 33

CHRISTOPHER WOOL

OHNE TITEL, 1992

Schwarzweissphotographie, 25,4 x 20,3 cm, Ed. 70, numeriert und signiert, **sFr. 400.–**

UNTITLED, 1992

Black & white photograph, 10 x 8", Ed. 70, signed and numbered, **US$ 330**

Ein Bild mit Gewicht. In weiches, schweres Blei gegossen ist ein Mann flankiert von zwei mannshohen Echsen – Mensch und Tier vereint ohne Furcht und Hierarchie.

Graven image. A triumvirate of a man and two lizards cast in lead—a substance at once elemental and endearing—man coexists with beast, devoid of fear or hierarchy.

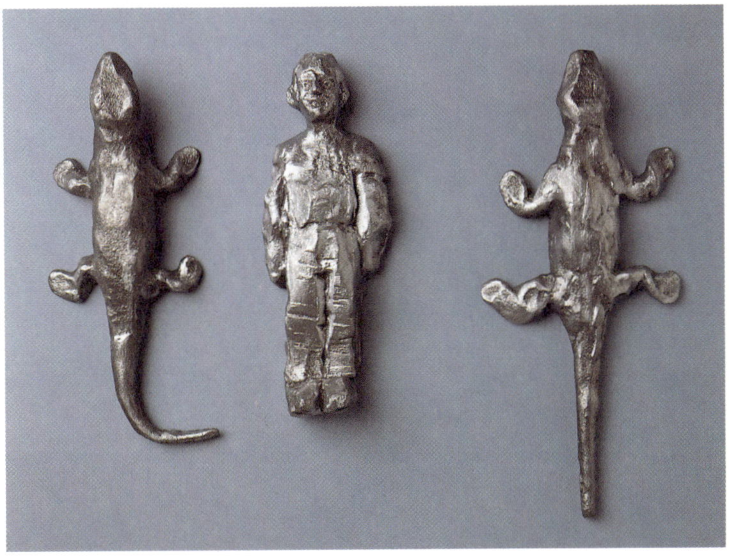

PARKETT 36

STEPHAN BALKENHOL

ZWEI ECHSEN MIT MANN, 1993

Dreiteilige Figurengruppe, gegossen in Bleilegierung durch Giesserei Bärtschi, Aefligen, Schweiz, je ca. 30 x 13 x 4 cm, Gewicht je ca. 2 kg, Ed. 85, signiert und numeriert, **sFr. 1900.–**

TWO LIZARDS AND A MAN, 1993

Group of three cast lead figurines, produced at the Bärtschi Foundry, Aefligen, Switzerland, each figure approx. $11\frac{7}{8}$ x $5\frac{1}{8}$ x $1\frac{1}{2}$", weighing approx. 4.5 lbs, Ed. 85, signed and numbered, **US$ 1500**

Eine Seidenkrawatte war das erste von mehreren Kleidungsstücken, die Sophie Calle anonymerweise einem heimlich beobachteten Unbekannten zukommen liess. Die Geschichte dieser imaginären Beziehung ist auf der Krawatte niedergeschrieben.

Autobiographical story. A silken tie not only represents the first episode of a story in which a number of tasteful articles of clothing are sent to a badly dressed but attractive man; it also becomes the page on which the story itself is told.

PARKETT 36

SOPHIE CALLE

THE TIE, 1993

Krawatte mit aufgedruckter Kurzgeschichte «I saw him», Crêpe de Chine, braun mit blauem Text, hergestellt durch Fabric Frontline, Zürich, Ed. 150, signiert und numeriert, **sFr. 280.–**

THE TIE, 1993

Pure silk crepe-de-chine man's tie, printed with an autobiographical story, produced by Fabric Frontline, Zurich, Ed. 150, signed and numbered, **US$ 224**

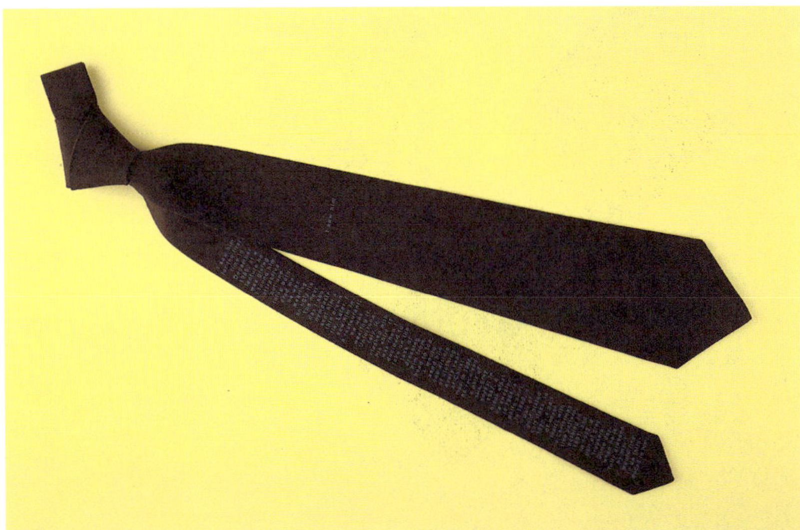

Über 500mal photographierte Charles Ray das Super-Model Tatjana Patitz für seine hobbyphotographische Subversion der Glamour-Technologie.

Between real and ideal. A relentless informal photo session with supermodel Tatjana Patitz yielded disarmingly familiar keepsake snapshots of an extraordinary girl next door.

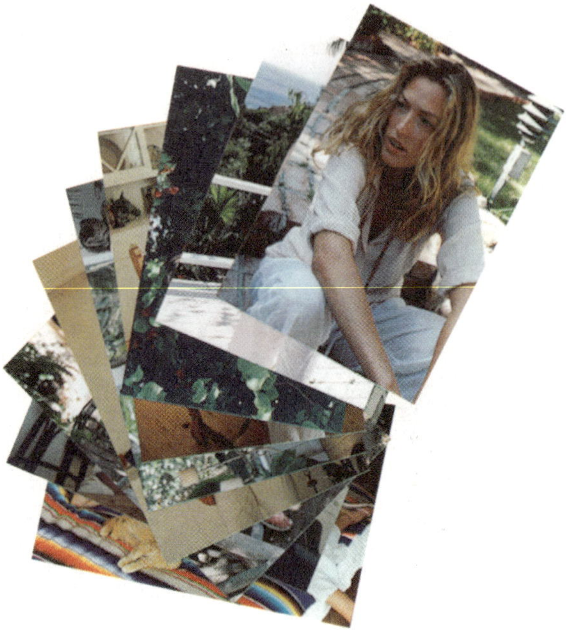

PARKETT 37

CHARLES RAY

DIE SCHÖNSTE FRAU DER WELT, 1993

Photoedition mit je neun Unikat-Farbphotos von Tatjana Patitz, 10 x 15 cm, Ed. 60, signiert und numeriert, **sFr. 1100.–**

THE MOST BEAUTIFUL WOMAN IN THE WORLD, 1993

Photo edition, each comprising a set of nine unique color snapshots of Tatjana Patitz, 4 x 6", Ed. 60, signed and numbered, **US$ 880**

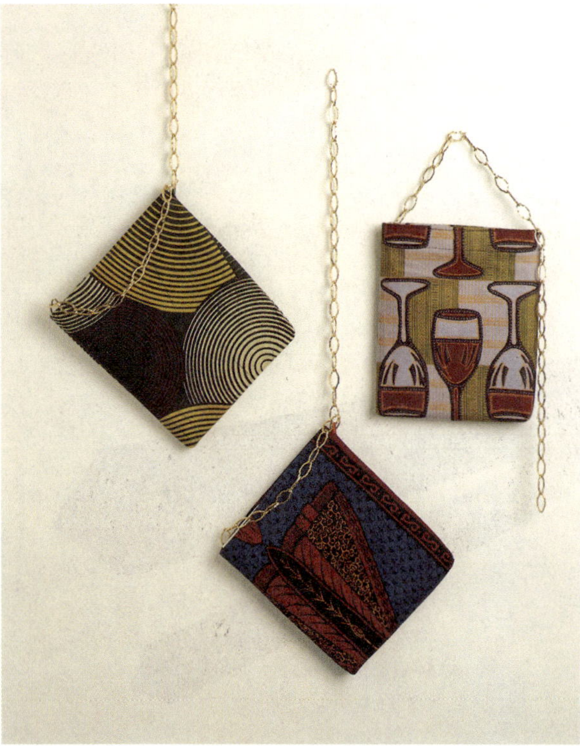

Franz Wests «Sackerl» bietet einen hintersinnigen Kommentar zum euroamerikanischen Zentrismus von Parkett.

Totem tote. A Parkett-sized pouch fashioned from hand-printed African fabric is a useful article for a specific purpose.

PARKETT 37

FRANZ WEST

ETUI FÜR PARKETT, 1993

Bedruckte afrikanische Baumwollstoffe, Kette, Ed. 180, numeriert und signiert, **sFr. 300.–**

POUCH FOR PARKETT, 1993

Printed African fabric, chain, Ed. 180, signed and numbered, **US$ 240**

Augenzwinkernde Vorurteilsbewältigung als drucktechnische Rhapsodie.

Archetypical exorcism. The crude silhouettes of street graffiti meet the painstaking processes of the handmade print, transforming familiar stereotypes into a luxurious triptych.

PARKETT 38

MARLENE DUMAS

THE BLACK MAN, THE JEW, AND THE GIRL, 1993

Gefaltetes Triptychon, hergestellt bei Marcel Kalksma, Amsterdam, in drei Durchgängen auf Arches (250 g): einfarbiger Holzschnitt (Silhouetten), zweifache Umdrucklithographie von einem Stein in zwei Farben, mit Tinte markiert, Augen und Geschlechtsteile ausgekratzt, handschriftlicher Text, 25,5 x 63 cm, Ed. 60, signiert und numeriert, **sFr. 1200.–**

THE BLACK MAN, THE JEW, AND THE GIRL, 1993

Triptych printed by Marcel Kalksma, Amsterdam, in three processes on 250 grs Arches: Blockprint in one color, two transfer lithographs from one stone rendered in two colors, inked and inscribed by hand, with eyes and organs scratched out, folded zigzag, 10 x 24¾", Ed. 60, signed and numbered, **US$ 960**

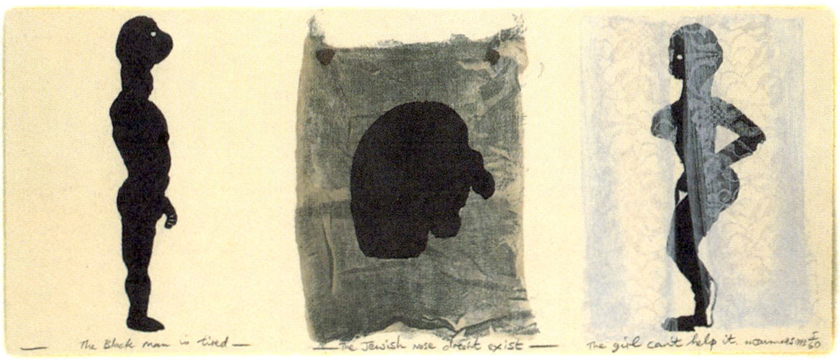

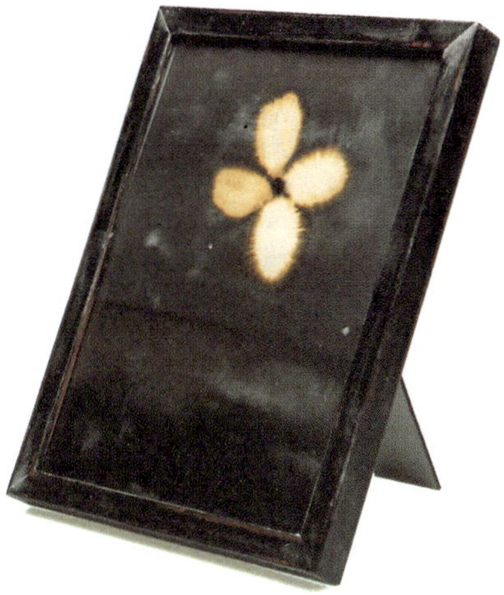

Ein Andachtsbild, eine lichte Blume im Dunkel, als gemalte Poesie einer indirekten Präsenz.

Forget me not. In handpainted portrait frames, a simple-petalled flower goes through a cycle of permutations, making each a unique and distinctive watercolor.

PARKETT 38

ROSS BLECKNER

OHNE TITEL, 1993

100 Originalblätter in Wasserfarbe, Tinte und Wachs auf Wasserfarbenpapier in handbemaltem, gewachstem Holzrahmen zum Aufstellen, 29 x 23 cm, Ed. 100, signiert und numeriert, **sFr. 1650.–**

UNTITLED, 1993

100 unique pieces, watercolor, inks, and wax on watercolor paper in handpainted and waxed wooden desktop picture frame, 11 x 9", Ed. 100, signed and numbered, **US$ 1320**

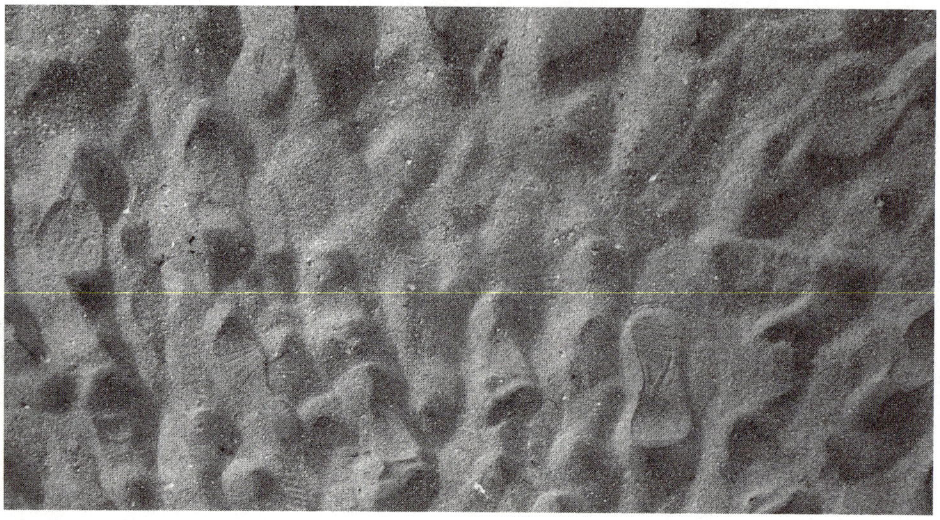

Wie durchlässig sind die Ränder unseres kollektiven Daseins? Felix Gonzalez-Torres hat ein gigantisches Bild geschaffen, das zugleich den Anspruch stellt, das stille «Bei-sich-Sein» wie das öffentliche «Nach-aussen-Dringen» zu symbolisieren.

Emotional propaganda. Ephemeral footprints in sand become an advertisement for the ineffable in a gigantic billboard.

PARKETT 39

FELIX GONZALEZ-TORRES

OHNE TITEL (FÜR PARKETT), 1994

Plakat in 8 Blätter unterteilt, Siebdruck auf imprägniertem (Appleton-)Papier, 317,5 x 690,9 cm,
Ed. 84, signiert und numeriert, **sFr. 1200.–**

UNTITLED (FOR PARKETT), 1994

8-sheet billboard, silkscreen on Appleton coated stock, 125 x 272",
Ed. 84, signed and numbered, **US$ 960**

Wolfgang Laib sucht sich einen Berg des europäischen Kontinents aus, um dort einen öffentlichen Ort der persönlichen Einkehr zu schaffen, und will ihn mit jenem «energetischen Gold überziehen, das Wachs heisst» (Jean-Marc Avrilla).

Trace elements. A delicate rendering in golden wax of a secluded place in the future, a mountain sanctuary to be built by the artist in the Pyrenees.

PARKETT 39

WOLFGANG LAIB

A WAX ROOM FOR A MOUNTAIN, 1994

Vom Künstler mit Ölstift überarbeiteter Siebdruck auf Rivoli SK2 (240 g), gedruckt bei Lorenz Boegli, Zürich, 49,3 x 41 cm,
Ed. 75, signiert und numeriert, **sFr. 900.–**

A WAX ROOM FOR A MOUNTAIN, 1994

Silkscreen, oilstick on Rivoli SK2 (240 g), printed by Lorenz Boegli, Zürich, 19½ x 16⅛",
Ed. 75, signed and numbered, **US$ 720**

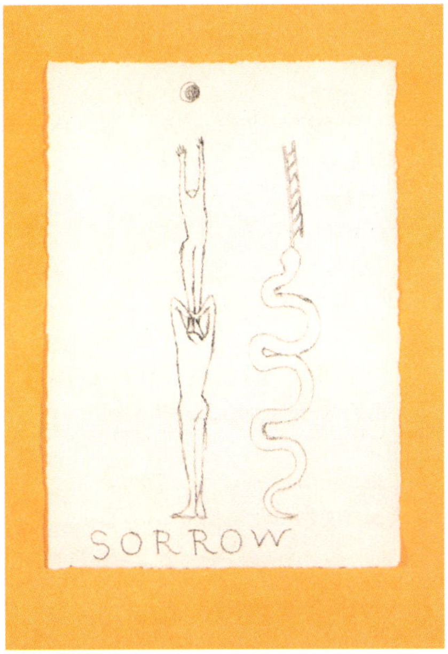

Im schwindelerregenden Balanceakt nach dem Mond greifen zu wollen und dabei zu scheitern ist die sich lohnende Wehmut aller.

Balancing act. A whimsical lyricism counter-weighted by an aura of impossibility haunts these simple figures.

PARKETT 40/41

FRANCESCO CLEMENTE

SORROW, 1994

Tiefdruck mit Photoätzung, 29 x 20,5 cm,
gedruckt bei Peter Kneubühler, Zürich,
auf handgeschöpftem Bütten-Papier,
Ed. 60, signiert und numeriert, **sFr. 1500.–**

SORROW, 1994

Photo-etching, printed by Peter Kneubühler
on handmade Vellum, 11⅜ x 8⅛", Ed. 60,
signed and numbered, **US$ 1200**

Der Spiegel und die Kupferplatte, beide im Parkettformat, stehen in einem der spannendsten Kunst-Diskurse: gespiegelte Realität des Betrachters und seiner Architektur versus abstrakte Malerei, versinnbildlicht durch die Oxydationsflecken des Kupfers.

Reality abstracted. Lightning strikes between mirrored reality and the abstract pattern of oxidation on a copperplate, both in Parkett format.

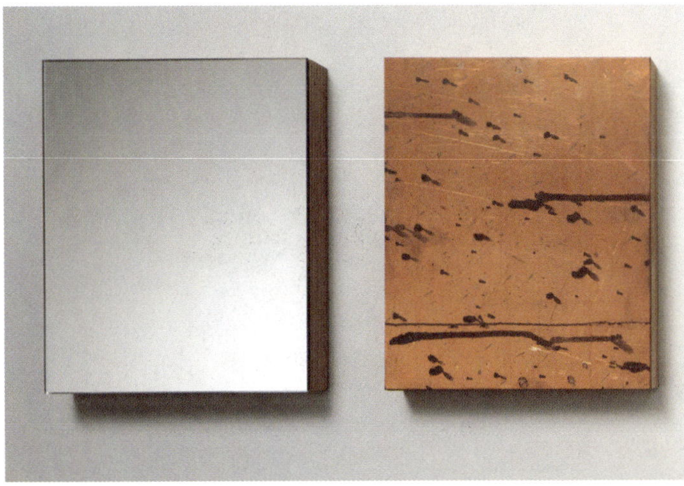

PARKETT 40/41

GÜNTHER FÖRG

OHNE TITEL (FÜR PARKETT), 1994

Zweiteiliges Objekt mit je einem Spiegel und
einer Kupferplatte, auf Holz montiert, im
Parkett-Format, je 25,5 x 21 x 3,2 cm,
Ausführung Jürgen Zimmermann, Karlsruhe,
Ed. 45, signiert und numeriert, **sFr. 2200.–**

UNTITLED (FOR PARKETT), 1994

Two-part object, consisting of one mirror and
one copperplate each mounted on wood in
Parkett format, each 10 x 8¼ x 1¼",
produced by Jürgen Zimmermann, Karlsruhe,
Ed. 45, signed and numbered, **US$ 1760**

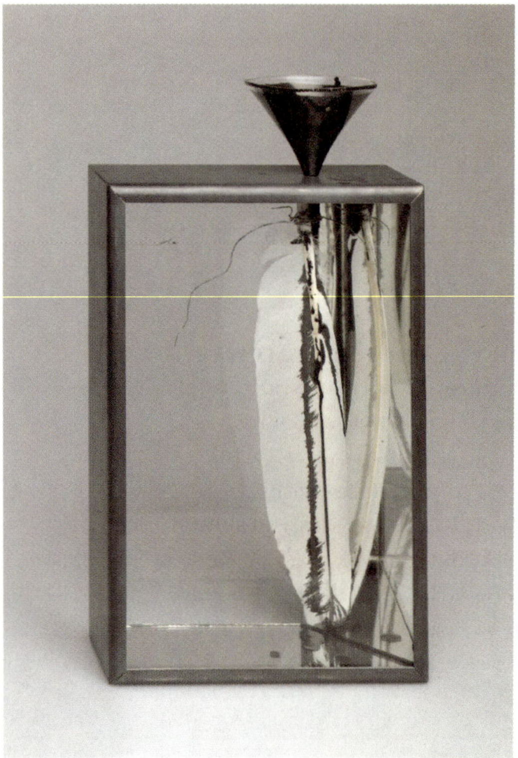

Die Welt, in der sich alles spiegelt, wo das Geschriebene jedoch nicht sichtbar und das Sichtbare nicht geschrieben ist.

Glass menagerie. Invisible written worlds, visible unwritten worlds reverberate in a cosmos of multiple reflections.

PARKETT 40/41

REBECCA HORN

SCHWANENLEITER, 1994

Schwanenfeder in Box mit Metallrahmen, Tinte, aufgesetzter Glastrichter, Glasfenster vorne und hinten, Spiegel. 31 x 21 x 8 cm, verpackt in Holzkasten mit Schaumstoff, 47,5 x 33 x 22,5 cm, Ed. 45, signiert und numeriert, **sFr. 5500.–**

SWAN LADDER, 1994

Swan's feather in metal-frame box with glass funnel, ink, glass windows front and back, mirror 12¼ x 8¼ x 3⅛", packed in wooden box with Styrofoam, 18¾ x 13 x 8⅞". Ed. 45, signed and numbered, **US$ 4400**

The meaning that comes away from the work of art. Berlin's historic street transforms—through the act of translation—into a metaphor of poetry and nature.

Bedeutungswandel. Der geschichtsträchtige Strassenname Berlins wird in der Übertragung zur romantisch poetischen Formel.

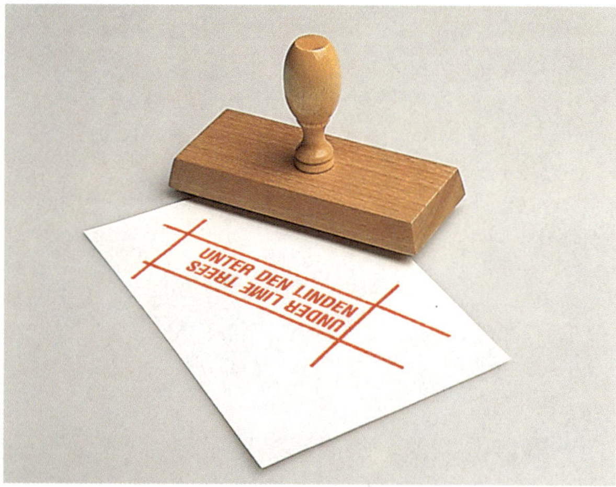

PARKETT 42

LAWRENCE WEINER

UNTER DEN LINDEN – UNDER LIME TREES, 1994

Stamp 7⅝ x 3¾ x 3½" with red ink pad in silkscreened cardboard box.
Ed. 80, signed and numbered, US**$ 680**

UNTER DEN LINDEN – UNDER LIME TREES, 1994

Stempel 19,5 x 9,5 x 9 cm mit rotem Stempelkissen in Kartonschachtel, Feinrastersiebdruck.
Ed. 80, signiert und numeriert, **sFr. 850.–**

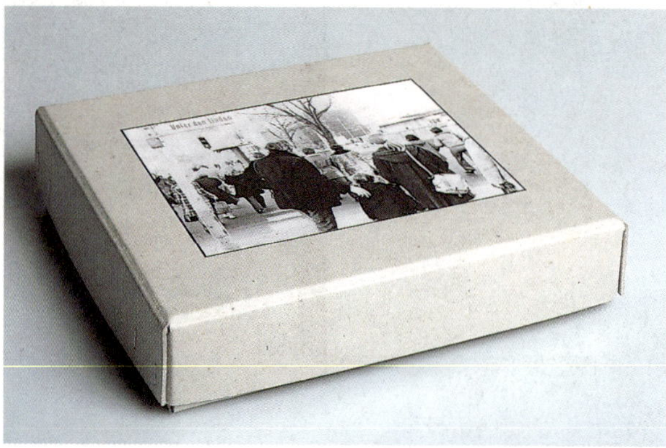

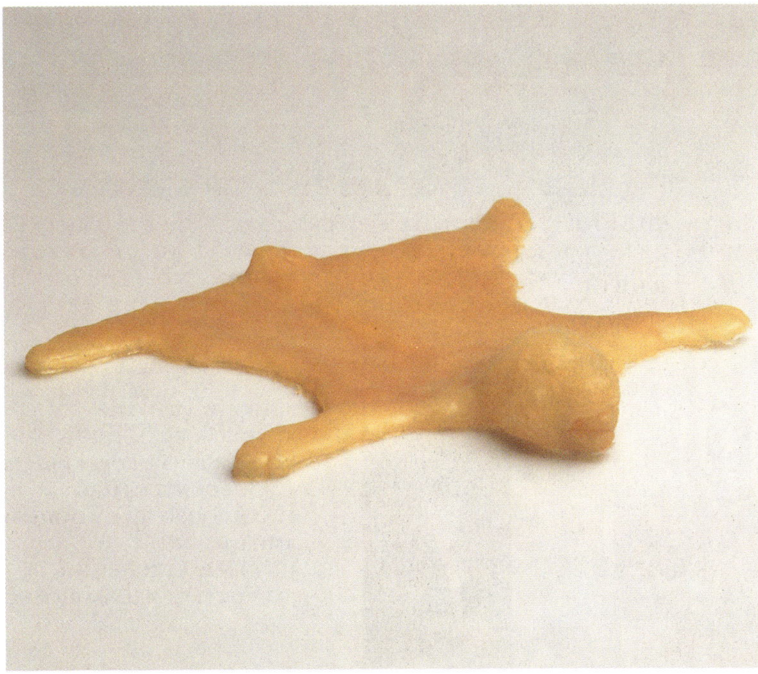

Ursa Minor. A miniature pelt as talisman rather than trophy.

Ursa minor. Vom Himmel geholt, Trophäe der Verletzlichkeit.

PARKETT 43

SUSAN ROTHENBERG

BEAR SKIN RUG 1995

Synthetic latex, 12¼ x 12½ x 2"

Ed. 70, signed and numbered, **US$ 790**

BÄRENHAUT TEPPICH, 1995

Synthetischer Latex, 31 x 32 x 5 cm

Ed. 70, signiert und numeriert, **sFr. 950.–**

Vanishing point. An image as tenuous and fugitive as breath on a pane of glass.

Conditio humana. Oh Augenblick, verweile, du bist so unergründlich.

PARKETT 43

JUAN MUÑOZ

AUGENBLICK (GLIMPSE), 1995

Hand-etched glass. The image becomes momentarily visible by breathing on the glass.

4¾ x 3½ x ⅛"

Ed. 70, signed and numbered, **US$ 790**

AUGENBLICK, 1995

Hand-Radierung auf Glas. Das Bild wird sichtbar durch Anhauchen des Glases. 12 x 9 x 0,3 cm

Ed. 70, signiert und numeriert, **sFr. 950.–**

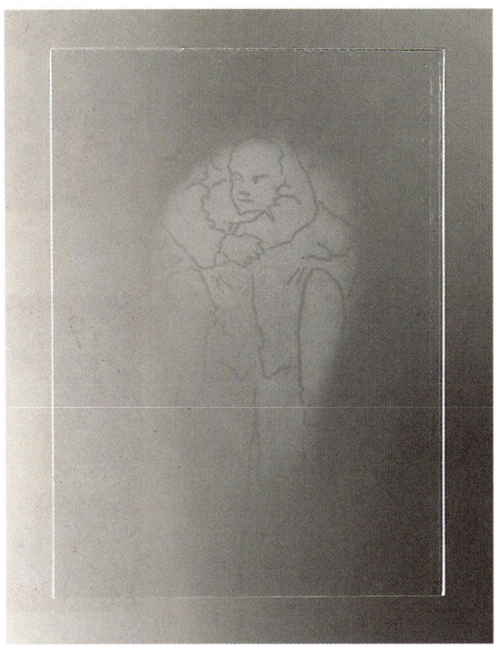

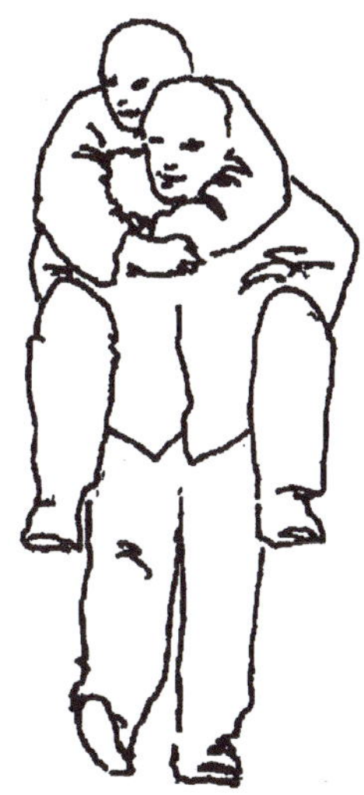

THE PARKETT SERIES WITH CONTEMPORARY ARTISTS
DIE PARKETT-REIHE MIT GEGENWARTSKÜNSTLERN

OUT OF PRINT / VERGRIFFEN: NO. 1 ENZO CUCCHI, NO. 2 SIGMAR POLKE, NO. 3 MARTIN DISLER, NO. 4 MERET OPPENHEIM, NO. 5 ERIC FISCHL, NO. 6 JANNIS KOUNELLIS, NO. 7 BRICE MARDEN, NO. 8 MARKUS RAETZ, NO. 9 FRANCESCO CLEMENTE, NO. 10 BRUCE NAUMAN, NO. 27 LOUISE BOURGEOIS, ROBERT GOBER, NO. 30 SIGMAR POLKE, NO. 31 DAVID HAMMONS, MIKE KELLEY

COLLABORATIONS

GEORG BASELITZ
REMO GUIDIERI, DIETER KOEPPLIN, ERIC DARRAGON, RAINER MICHAEL MASON, FRANZ MEYER, JOHN CALDWELL
INSERT: **BARBARA KRUGER**
GRAY WATSON: **DEREK JARMAN**
CAROL SQUIERS: **PHOTO OPPORTUNITY**
ROSETTA BROOKS: **TROY BRAUNTUCH**

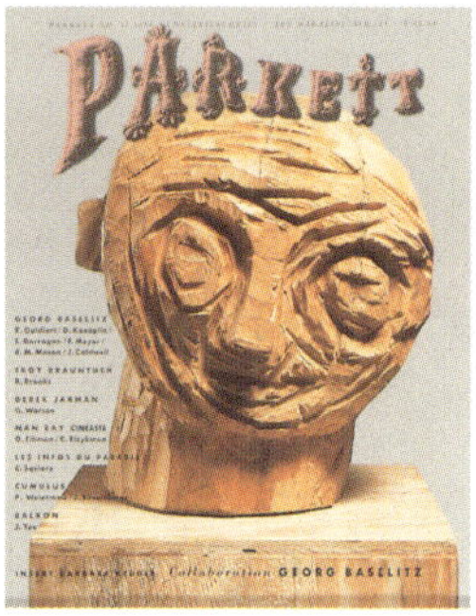

NO. 11

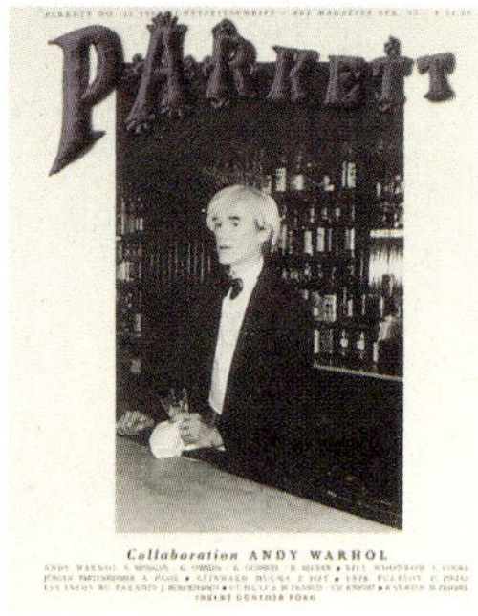

NO. 12

ANDY WARHOL
STUART MORGAN, GLENN O'BRIEN, REMO GUIDIERI, ROBERT BECKER
INSERT: **GÜNTER FÖRG**
LYNNE COOKE: **BILL WOODROW**
AMINE HAASE: **JÜRGEN PARTENHEIMER**
PATRICK FREY: **REINHARD MUCHA**

REBECCA HORN
BICE CURIGER, DEMOSTHENES DAVVETAS, MARTIN MOSEBACH, DANIEL SOUTIF
INSERT: **SIGMAR POLKE**
ALAIN CUEFF: **ALIGHIERO E BOETTI**
JEAN-PIERRE BORDAZ: **JENNY HOLZER**
JUTTA KOETHER: **KATHARINA FRITSCH**

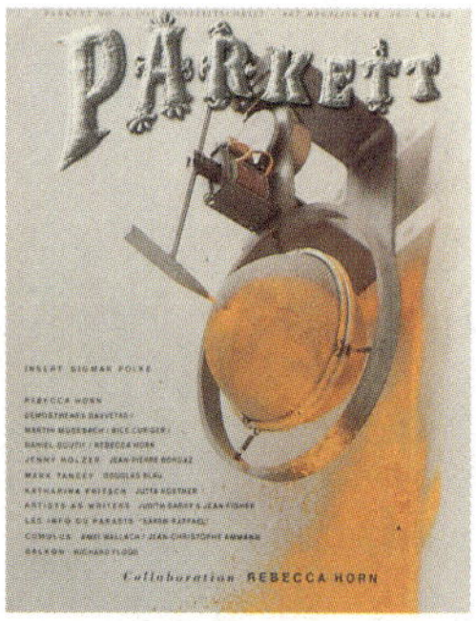

NO. 13

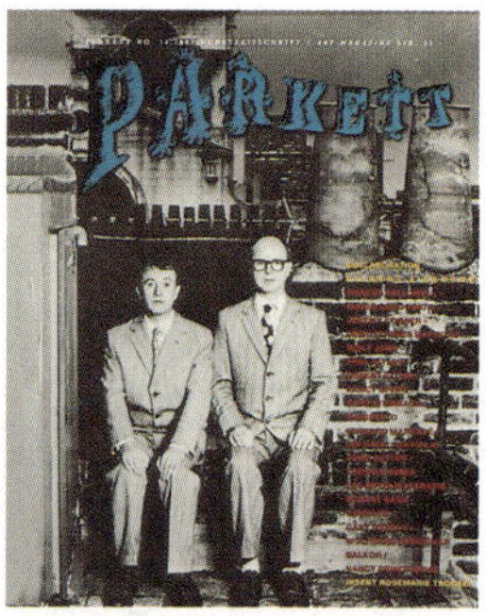

NO. 14

GILBERT & GEORGE
DUNCAN FALLOWELL, MARIO CODOGNATO, JEREMY COOPER, DEMOSTHENES DAVVETAS, WOLF JAHN
INSERT: **ROSEMARIE TROCKEL**
ROBERT STORR: **NANCY SPERO**
HAIM STEINBACH: **MANIFESTO**
JÖRG ZUTTER: **THOMAS HUBER**

MARIO MERZ
MARLIS GRÜTERICH, JEANNE SILVERTHORNE, DEMOSTHENES DAVVETAS, HARALD SZEEMANN, DENYS ZACHAROPOULOS
INSERT: **GENERAL IDEA**
MAX KOZLOFF: **GILLES PERESS**
FRIEDEMANN MALSCH: **GEORG HEROLD**
BRUNELLA ANTOMARINI: **FRANCESCA WOODMAN**

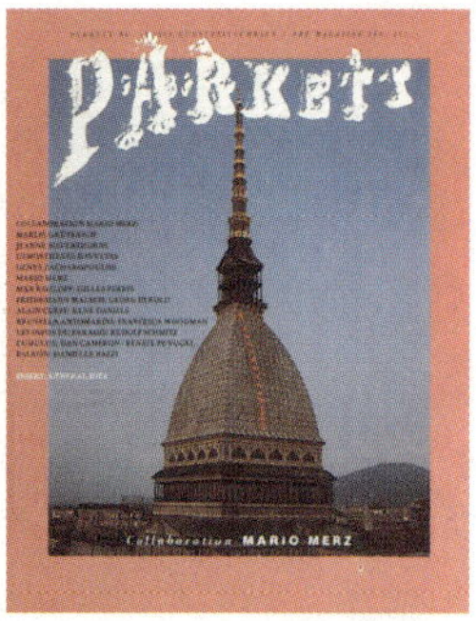

NO. 15

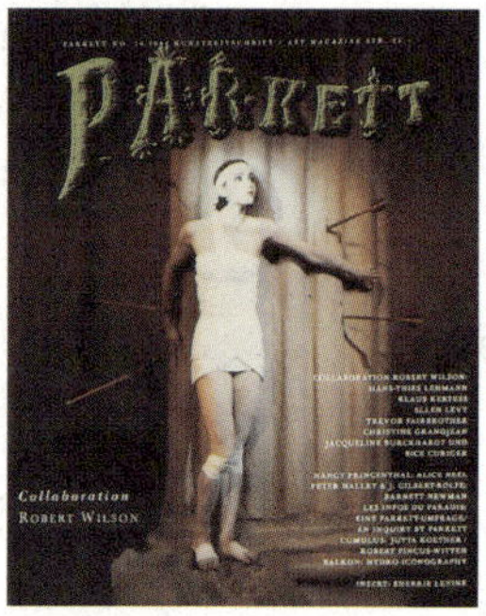

NO. 16

ROBERT WILSON
HANS-THIES LEHMANN, KLAUS KERTESS, ELLEN LEVY, TREVOR FAIRBROTHER, CHRISTINE GRAND-JEAN, JACQUELINE BURCKHARDT, BICE CURIGER
INSERT: **SHERRIE LEVINE**
NANCY PRINCENTHAL: **ALICE NEEL**
PETER HALLEY & JEREMY GILBERT ROLFE: **BARNETT NEWMAN**
SYMMETRIEN – EINE UMFRAGE/ SYMMETRIES – AN INQUIRY

SPECIAL EDITIONS FOR PARKETT SUBSCRIBERS

43

The PARKETT-Series is created in collaboration with artists, who contribute an original work especially made for the subscribers in the form of a signed limited SPECIAL EDITION. The work is also reproduced in the regular edition of the magazine.

Each SPECIAL EDITION is available by order from any one of our offices in New York, Zurich or Berlin. Just fill in the details below and send this card to the office nearest you. Once your order has been processed, you will be issued with an invoice and your personal edition number. Upon receipt of payment, you will receive the SPECIAL EDITION. (Please note that supply is subject to availability. Parkett does not assume responsibility for any delays in production of SPECIAL EDITIONS. Postage is not included.)

- As a subscriber to PARKETT, I would like to order the following Special Edition(s), signed and numbered by the artist.

PARKETT No.	ARTIST	NAME:
PARKETT No.	ARTIST	ADDRESS:
PARKETT No.	ARTIST	CITY:
PARKETT No.	ARTIST	STATE/ZIP:
PARKETT No.	ARTIST	COUNTRY:
PARKETT No.	ARTIST	TEL:

- I have indicated my way of payment on the backside of this form.

Send this form to the PARKETT office nearest you:

PARKETT PUBLISHERS 636 BROADWAY NEW YORK, NY 10012 PHONE (212) 673-2660 FAX (212) 673-2887
PARKETT VERLAG QUELLENSTRASSE 27 CH-8005 ZÜRICH TELEFON 01/271 81 40 FAX 01/272 43 01
PARKETT VERLAG ROSSERTSTRASSE 16 D-60323 FRANKFURT A. M. TELEFON (069) 17 27 79 FAX (069) 17 27 70

VORZUGSAUSGABEN FÜR PARKETT-ABONNENTEN

43

Die PARKETT-Buchreihe entsteht in Zusammenarbeit mit Künstlern, die eigens für die Abonnenten einen Originalbeitrag in Form einer limitierten und signierten VORZUGSAUSGABE gestalten. Diese Editionen sind auch in der Zeitschrift abgebildet und können mit dieser Bestellkarte in jedem unserer Büros in Zürich, Berlin oder New York bestellt werden. Sie erhalten dann Ihre persönliche Editionsnummer und eine Rechnung. Sobald wir Ihre Zahlung erhalten haben, schicken wir Ihnen die Vorzugsausgabe. (Lieferung nur solange vorrätig. PARKETT übernimmt keine Verantwortung für allfällige Verzögerungen bei der Herstellung der Vorzugsausgaben. Versandkosten zuzüglich.)

- Ich bin PARKETT-Abonnent(in) und bestelle folgende VORZUGSAUSGABE(N), numeriert und vom Künstler signiert:

PARKETT Nr.	KÜNSTLER/IN	NAME:
PARKETT Nr.	KÜNSTLER/IN	STRASSE:
PARKETT Nr.	KÜNSTLER/IN	PLZ/STADT:
PARKETT Nr.	KÜNSTLER/IN	LAND:
PARKETT Nr.	KÜNSTLER/IN	TEL:

- Meine Zahlungsweise habe ich auf der Rückseite angegeben.

Schicken Sie diese Bestellkarte an das PARKETT-Büro in Ihrer Nähe:

PARKETT VERLAG QUELLENSTRASSE 27 CH-8005 ZÜRICH TELEFON 01/271 81 40 FAX 01/272 43 01
PARKETT VERLAG ROSSERTSTRASSE 16 D-60323 FRANKFURT A. M. TELEFON (069) 17 27 79 FAX (069) 17 27 70
PARKETT PUBLISHERS 636 BROADWAY NEW YORK, NY 10012 PHONE (212) 673-2660 FAX (212) 673-2887

SUBSCRIBE OR SEND A GIFT SUBSCRIPTION TO THE UNIQUE BOOKSERIES ON CONTEMPORARY ARTISTS

43

- I subscribe to the PARKETT series starting with issue No.:
  - for 1 year (4 issues) at US$ 75 (USA/Canada), sFr. 115.– (Europe), sFr. 130.– (Rest of the world; by air mail: sFr. 210.–)
  - for 2 years (8 issues) at US$ 135 (USA/Canada), sFr. 205.– (Europe), sFr. 240.– (Rest of the world; air mail: sFr. 395.–)
  - for 1 year (4 issues) at a 20% student discount (US$ 60 for USA/Canada, sFr. 91.– for Europe). A copy of my student ID is enclosed.
- Send a gift subscription in my name starting with issue No.:
  - for 1 year (4 issues) at US$ 75 (USA/Canada), sFr. 115.– (Europe), sFr. 130.– (rest of the world; by air mail: sFr. 210.–)
  - for 2 years (8 issues) at US$ 135 (USA/Canada), sFr. 205.– (Europe), sFr. 240.– (Rest of the world; air mail: sFr. 395.–)

  to the following person:
  (I have printed my name and address on the upper right side. A gift card in my name will be sent to the recipient.)

Postage included. All prices subject to change.

- I wish to complete my PARKETT collection and order the following issue No.(s) of the PARKETT series: No. at sFr. 30.– each, postage not included. Within the USA and Canada US$ 22.50 each, postage included. (Sold out: No. 1–10, 27, 30, 31)

NAME:

ADDRESS:

CITY:

STATE/ZIP:

COUNTRY:

GIFT RECIPIENT:

ADDRESS:

CITY:

STATE/ZIP :

COUNTRY:

- Charge my Visa Card
- Mastercard
- AMEXCO

Card No. Expiration date

- Payment enclosed (US check or money order)
- Bill me

DATE SIGNATURE PRINT NAME

- As a PARKETT subscriber I would like to order the following Special Editions, signed and numbered by each artist. (See reverse side.)

Send this form to the PARKETT office nearest you:

PARKETT PUBLISHERS 636 BROADWAY NEW YORK, NY 10012 PHONE (212) 673-2660 FAX (212) 673-2887

PARKETT VERLAG QUELLENSTRASSE 27 CH-8005 ZÜRICH TELEFON 01/271 81 40 FAX 01/272 43 01

PARKETT VERLAG ROSSERTSTRASSE 16 D-60323 FRANKFURT A. M. TELEFON (069) 17 27 79 FAX (069) 17 27 70

ABONNIEREN ODER VERSCHENKEN SIE DIE UMFASSENDSTE BUCHREIHE MIT GEGENWARTSKÜNSTLERN

43

- Ich abonniere die PARKETT-Künstlerreihe ab Nr.:
  - für 1 Jahr (4 Ausgaben) zu: DM 122,– (BRD), sFr. 98. – (Schweiz), sFr. 115.– (übriges Europa).
  - für 2 Jahre (8 Ausgaben) zu: DM 222,– (BRD), sFr. 176.– (Schweiz), sFr. 205.– (übriges Europa).
  - für 1 Jahr (4 Ausgaben) mit 20% Studentenermässigung (BRD: DM 97,–/Schweiz: sFr. 78.–/Europa: sFr. 91.–). Eine Kopie meines Studentenausweises lege ich bei.
- Ich verschenke ein PARKETT-Abonnement ab Nr.:
  - für 1 Jahr (4 Ausgaben) zu: DM 122,– (BRD), sFr. 98.– (Schweiz), sFr. 115.– (übriges Europa).
  - für 2 Jahre (8 Ausgaben) zu: DM 222,– (BRD), sFr. 176.– (Schweiz), sFr. 205.– (übriges Europa). Meinen Namen habe ich rechts oben notiert. Das Geschenk-Abo geht mit einer Geschenkkarte in meinem Namen an:

Preise einschliesslich Versandkosten. Preisänderungen vorbehalten.

- Ich möchte meine PARKETT-Sammlung vervollständigen und bestelle die folgende(n) noch erhältlichen Ausgaben der Buchreihe zu je sFr. 30.–/DM 35,–, zzgl. Versandkosten:
  Nr. (vergriffen: Nr. 1–10, 27, 30, 31)

NAME:

STRASSE:

PLZ/STADT:

LAND:

BESCHENKTE(R):

STRASSE:

PLZ/STADT:

LAND:

- Ich zahle mit Visa
- Eurocard/Mastercard
- Amexco

Karten Nr. Gültig bis

- Mein Scheck über DM/sFr. liegt bei.
- Bitte schicken Sie mir eine Rechnung.

DATUM UNTERSCHRIFT NAME (in Blockschrift)

- Als PARKETT-Abonnent(in) bestelle ich die folgenden signierten Künstler-Vorzugsausgaben (s. Rückseite dieser Karte).

Schicken Sie diese Bestellkarte an das PARKETT-Büro in Ihrer Nähe:

PARKETT VERLAG QUELLENSTRASSE 27 CH-8005 ZÜRICH TELEFON 01/271 81 40 FAX 01/272 43 01

PARKETT VERLAG ROSSERTSTRASSE 16 D-60323 FRANKFURT A. M. TELEFON (069) 17 27 79 FAX (069) 17 27 70

PARKETT PUBLISHERS 636 BROADWAY NEW YORK, NY 10012 PHONE (212) 673-2660 FAX (212) 673-2887

PETER FISCHLI/ DAVID WEISS
PATRICK FREY, GERMANO CELANT, KAREN MARTA, BERNHARD JOHANNES BLUME, JEANNE SILVERTHORNE, SIDRA STICH
INSERT: **LOUISE BOURGEOIS**
MAX WECHSLER: **IMI KNOEBEL**
PAUL GROOT: **MATT MULLICAN**
KATHY HALBREICH: **WOOSTER GROUP**

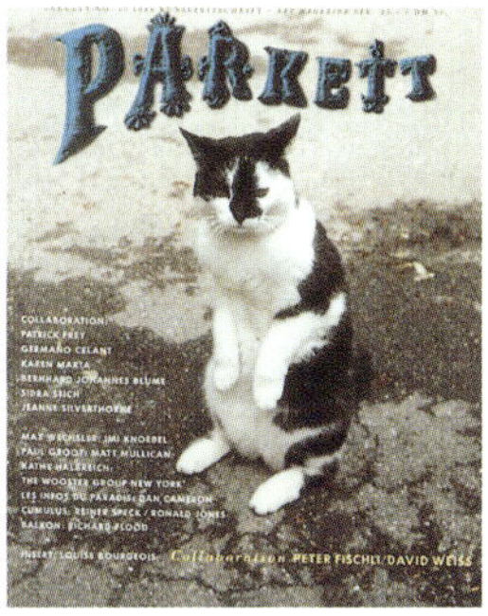

NO. 17

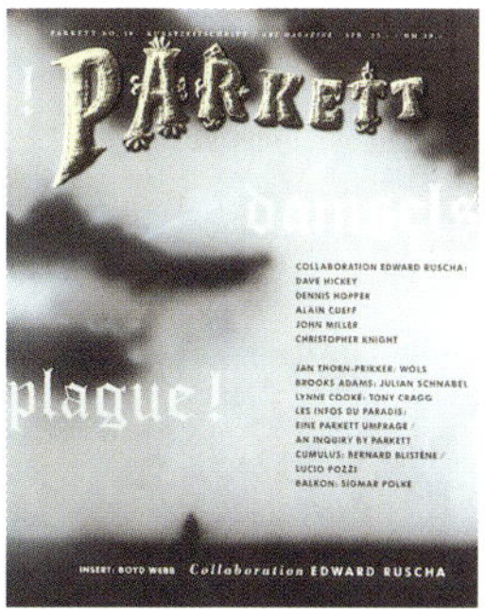

NO. 18

EDWARD RUSCHA
DAVE HICKEY, DENNIS HOPPER
ALAIN CUEFF, JOHN MILLER
CHRISTOPHER KNIGHT
INSERT: **BOYD WEBB**
JAN THORN-PRIKKER: **WOLS**
LYNNE COOKE: **TONY CRAGG**
BROOKE ADAMS: **JULIAN SCHNABEL**
DER KÜNSTLER ALS EXEMPLARISCH LEIDENDER?
EINE UMFRAGE / THE ARTIST AS A MODEL SUFFERER? AN INQUIRY

JEFF KOONS
MARTIN KIPPENBERGER
KLAUS KERTESS, BURKE & HARE, JEAN-CHRISTOPHE AMMANN, GLENN O'BRIEN, DIEDRICH DIEDERICHSEN, PATRICK FREY, MARTIN PRINZHORN/BICE CURIGER
INSERT: **ANSELM STALDER**
ANNEMARIE HÜRLIMANN: **BARBARA BLOOM,** HANNA HUMELTENBERG: **THOMAS RUFF,** FELIX-PHILIPP INGOLD: **RÉMY ZAUGG,** JAN-THORN PRIKKER: **GERHARD RICHTER**

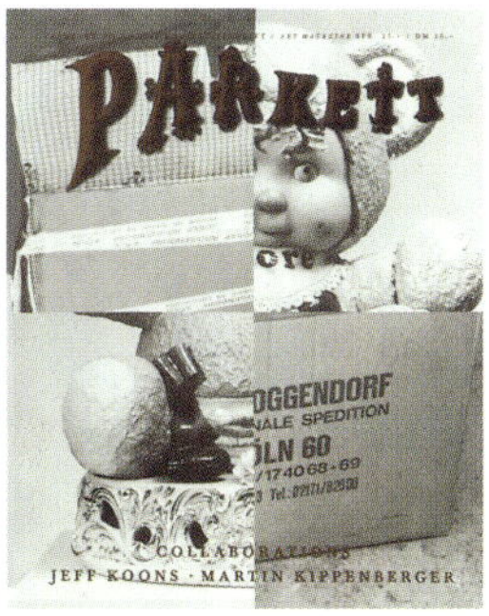

NO. 19

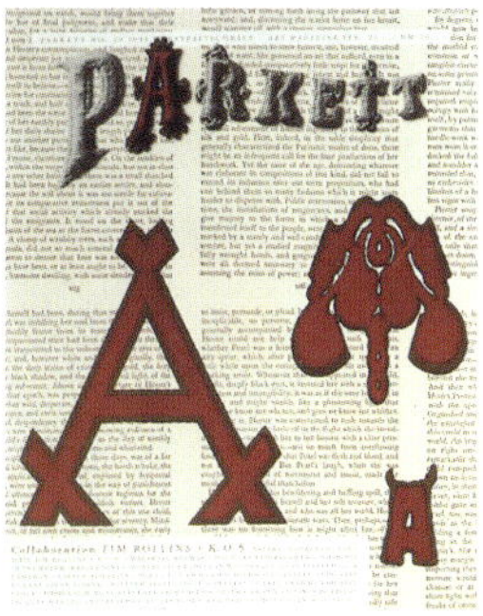

NO. 20

TIM ROLLINS + K.O.S.
MARSHALL BERMAN
TREVOR FAIRBROTHER
STATEMENTS, DIALOGUE 5
INSERT: **ANDREAS GURSKY**
MICHAEL NASH: **BILL VIOLA**
STEPHEN ELLIS: **ROSS BLECKNER**
KLAUS KERTESS: **TRISHA BROWN**

ALEX KATZ
JOHN RUSSELL, BROOKS ADAMS, DAVID RIMANELLI, FRANCESCO CLEMENTE, MICHAEL KRÜGER, RICHARD FLOOD, PATRICK FREY, CARL STIGLIANO, BICE CURIGER, GLENN O'BRIEN
INSERT: **WILLIAM WEGMAN**
LISA LIEBMAN: **ROBERT GOBER**
JACQUELINE BURCKHARDT: **GIULIO ROMANO**

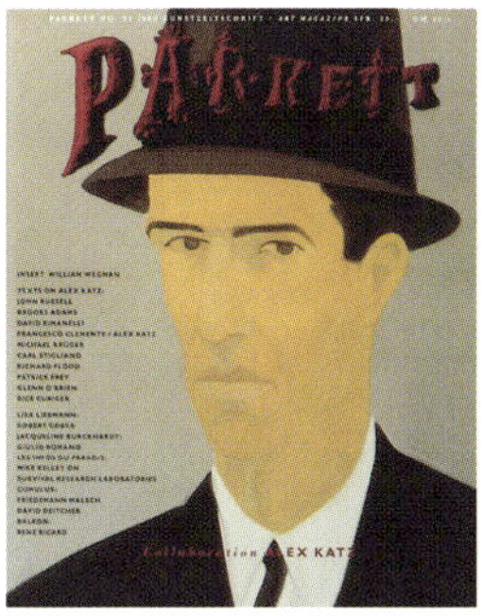

NO. 21

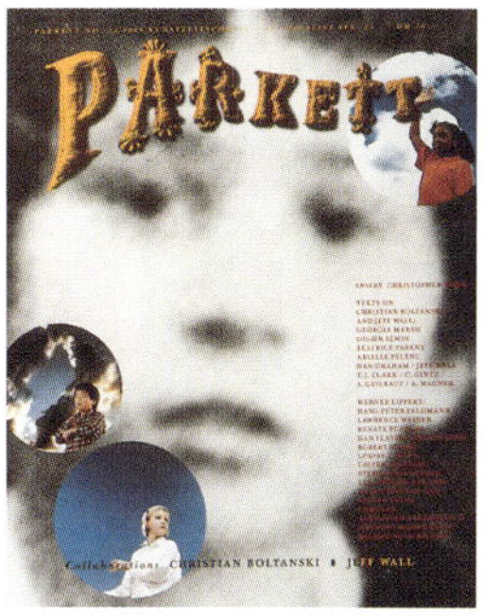

NO. 22

CHRISTIAN BOLTANSKI
JEFF WALL
DIDIER SEMIN, GEORGIA MARSH
BÉATRICE PARENT, DAN GRAHAM
JEFF WALL, ARIELLE PÉLENC
INSERT: **CHRISTOPHER WOOL**
DIETER KOEPPLIN:
STEPHAN BALKENHOL
RENATE PUVOGEL:
DAN FLAVIN, DONALD JUDD
WERNER LIPPERT: **VARIOUS SMALL FIRES IN THE GUTENBERG GALAXY**

RICHARD ARTSCHWAGER
ARTHUR C. DANTO, GEORG KOHLER, MARIO A. ORLANDO, JOYCE CAROL OATES, WERNER OECHSLIN, ALAN LIGHTMAN, PATRICK McGRATH, DANIEL SOUTIF, LASZLO F. FÖLDENYI, JEAN STROUSE
INSERT: **DAVID BYRNE**
RENATE PUVOGEL: **ANDRÉ THOMKINS**
ULRICH LOOCK: **THOMAS STRUTH**
NANCY SPECTOR: **MEREDITH MONK**

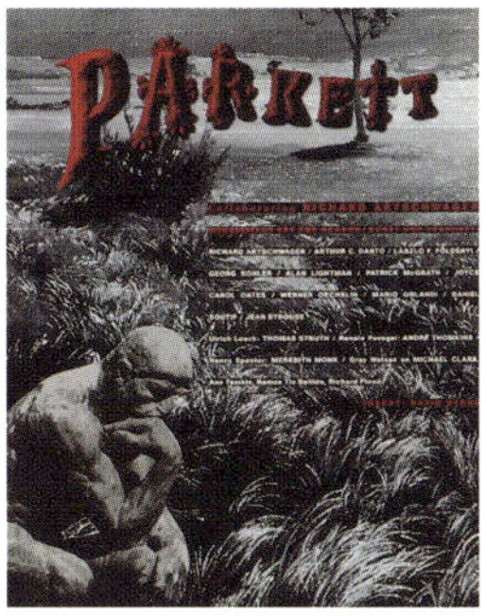

NO. 23

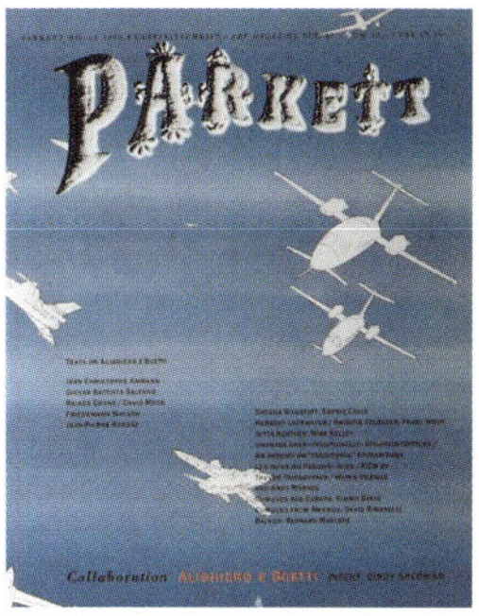

NO. 24

ALIGHIERO E BOETTI
JEAN-CHRISTOPHE AMMANN
GIOVAN BATTISTA SALERNO
RAINER CRONE & DAVID MOOS
FRIEDEMANN MALSCH
JEAN-PIERRE BORDAZ
ALAIN CUEFF
INSERT: **CINDY SHERMAN**
SHEENA WAGSTAFF:
SOPHIE CALLE
HERBERT LACHMEYER/
BRIGITTE FELDERER: **FRANZ WEST**
JUTTA KOETHER: **MIKE KELLEY**

KATHARINA FRITSCH
JAMES TURRELL
GARY GARRELS
JULIAN HEYNEN, DAN CAMERON,
JEAN-CHRISTOPHE AMMANN,
DAVE HICKEY, RICHARD FLOOD &
CARL STIGLIANO, TED CASTLE
INSERT: **BEAT STREULI**
PATRICK FREY:
JEAN-FRÉDÉRIC SCHNYDER
DIETER SCHWARZ: **JAMES COLEMAN**
LYNNE COOKE:
RICHARD HAMILTON

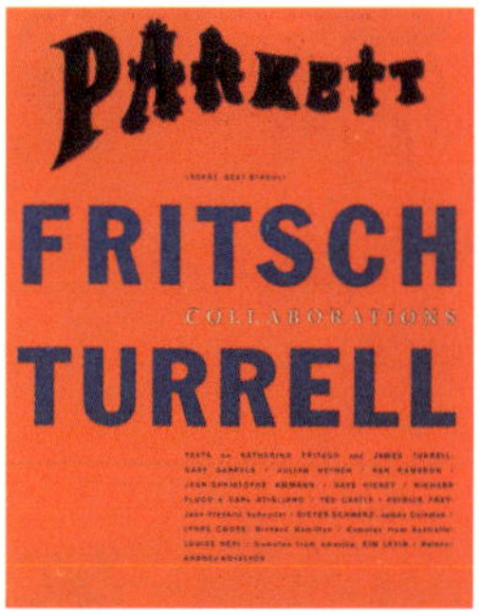

NO. 25

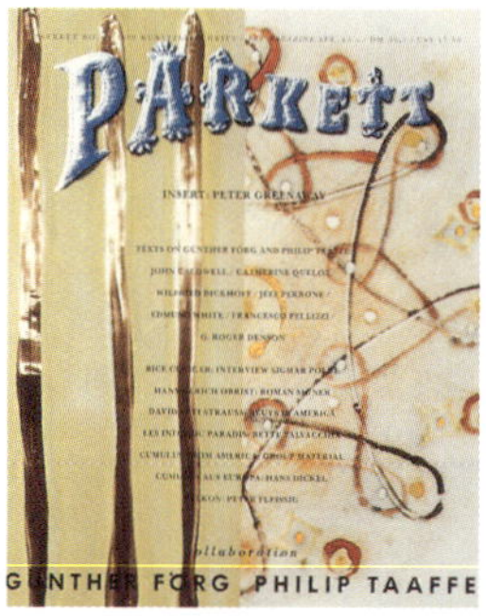

NO. 26

GÜNTHER FÖRG
PHILIP TAAFFE
JOHN CALDWELL, CATHERINE QUELOZ
WILFRIED DICKHOFF
JEFF PERRONE, EDMUND WHITE
FRANCESCO PELLIZZI
G. ROGER DENSON
INSERT: **PETER GREENAWAY**
BICE CURIGER: **SIGMAR POLKE**
HANS-ULRICH OBRIST:
ROMAN SIGNER
DAVID LEVI STRAUSS:
JOSEPH BEUYS

LOUISE BOURGEOIS
ROBERT GOBER
JOSEF HELFENSTEIN, CHRISTIANE
MEYER-THOSS, MIGNON NIXON,
MANUEL J. BORJA-VILLEL, HARALD
SZEEMANN, NANCY SPECTOR,
NED RIFKIN/THERESIA BUSH/
ROBERT GOBER, GREGG BORDOWITZ
INSERT: **ERNST CARAMELLE**
MARINA WARNER: **BUSH NATURAL**
CLAUDE RITSCHARD:
JOHN M ARMLEDER
HANS-ULRICH OBRIST:
DAVID RABINOWITCH

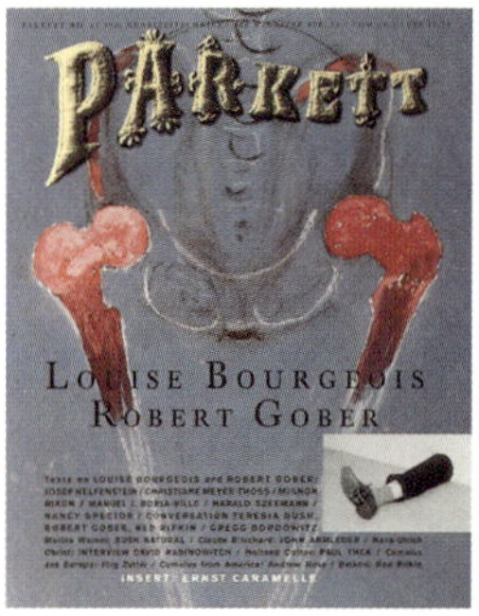

NO. 27

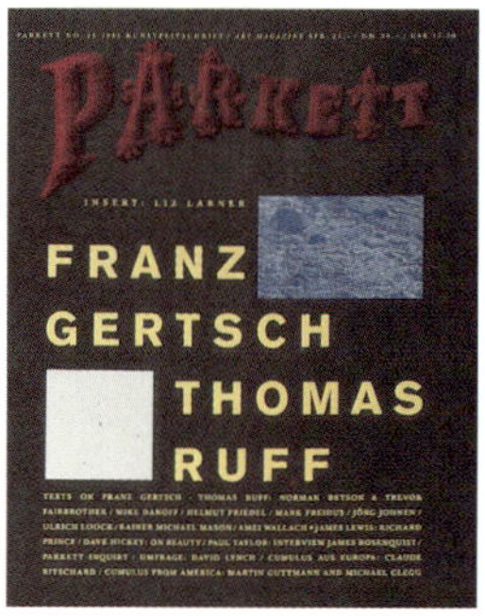

NO. 28

FRANZ GERTSCH
THOMAS RUFF
HELMUT FRIEDEL, ULRICH LOOCK
I. MICHAEL DANOFF, AMEI WALLACH
RAINER MICHAEL MASON
MARC FREIDUS, JÖRG JOHNEN
TREVOR FAIRBROTHER/NORMAN BRYSON
INSERT: **LIZ LARNER**
JAMES LEWIS: **RICHARD PRINCE**
DAVID HICKEY:
THE INVISIBLE DRAGON/
DER UNSICHTBARE DRACHEN
PAUL TAYLOR: **JAMES ROSENQUIST**

JOHN BALDESSARI
CINDY SHERMAN
HOWARD SINGERMAN, DAVE HICKEY;
THOMAS LAWSON, PATRICK FREY,
JAMES LEWIS, SUSAN DAVIS,
URSULA PIA JAUCH, NORMAN
BRYSON, ELFRIEDE JELINEK,
WILFRIED DICKHOFF, ABIGAIL
SOLOMON-GODEAU, RUDOLF
SCHMITZ, THEODORA VISCHER/
MARIA NORDMAN, CLAUDE
RITSCHARD, INSERT: **NIELE TORONI**

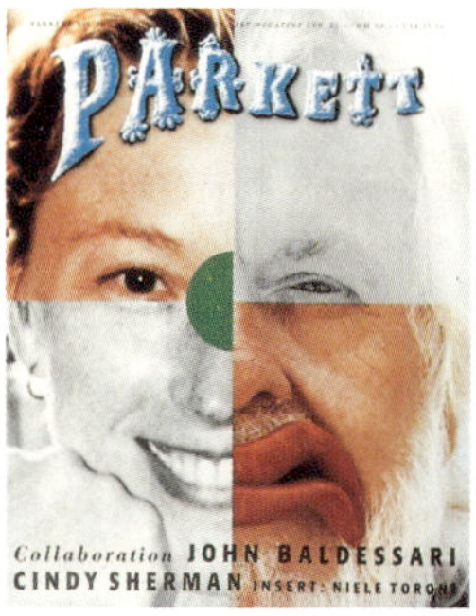

NO. 29

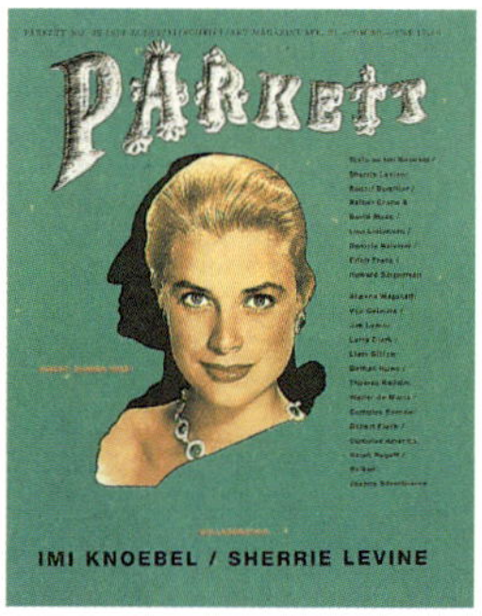

NO. 32

IMI KNOEBEL
SHERRIE LEVINE
RUDOLF BUMILLER
RAINER CRONE/DAVID MOOS
LISA LIEBMANN, DANIELA SALVIONI
ERICH FRANZ, HOWARD SINGERMANN
INSERT: **DAMIEN HIRST**
SHEENA WAGSTAFF: **VIJA CELMINS**
JIM LEWIS: **LARRY CLARK**
LIAM GILLICK: **BETHAN HUWS**
THOMAS KELLEIN: **WALTER DE MARIA**

ROSEMARIE TROCKEL
CHRISTOPHER WOOL
VERONIQUE BACCHETTA,
BARRETT WATTEN,
ANNE WAGNER, JIM LEWIS,
GREIL MARCUS, JEFF PERRONE,
DIEDRICH DIEDERICHSEN
INSERT: **ADRIAN SCHIESS**
MARINA WARNER: **PENIS PLENTY**
G. ROGER DENSON:
DENNIS OPPENHEIM
CAMIEL VAN WINKEL

PARKETT

WOOL
TROCKEL

33

NO. 33

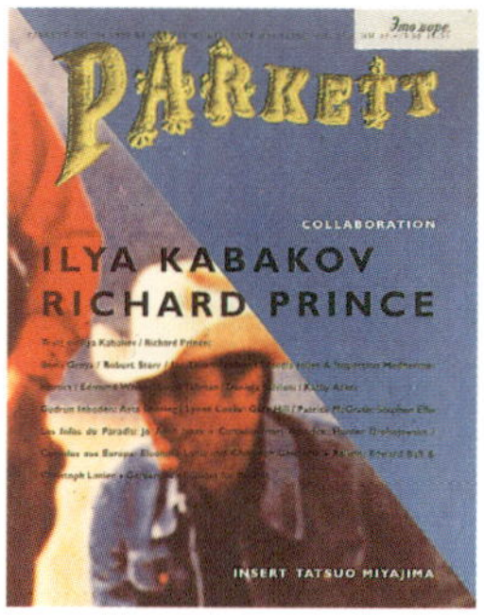

NO. 34

ILYA KABAKOV
RICHARD PRINCE
BORIS GROYS, ROBERT STORR
JAN THORN-PRIKKER
CLAUDIA JOLLES, EDMUND WHITE
SUSAN TALLMAN, DANIELA
SALVIONI, KATHY ACKER
INSERT: **TATSUO MIYAJIMA**
GUDRUN INBODEN: **ASTA GRÖTING**
LYNNE COOKE: **GARY HILL**
PATRICK McGRATH: **STEPHEN ELLIS**

GERHARD RICHTER
JEAN-PIERRE CRIQUI
PETER GIDAL, BRIGIT PELZER
GERTRUD KOCH, DAVE HICKEY
INSERT: **BARBARA BLOOM**
RICHARD NOBLE: **JANA STERBAK**
DORIS VON DRATHEN: **MAX NEUHAUS**
TREVOR FAIRBROTHER:
MEYER VAISMAN
PETER FLEISSIG: **LÈCHE VITRINE**
PATRICK FREY: **DIETER ROTH**

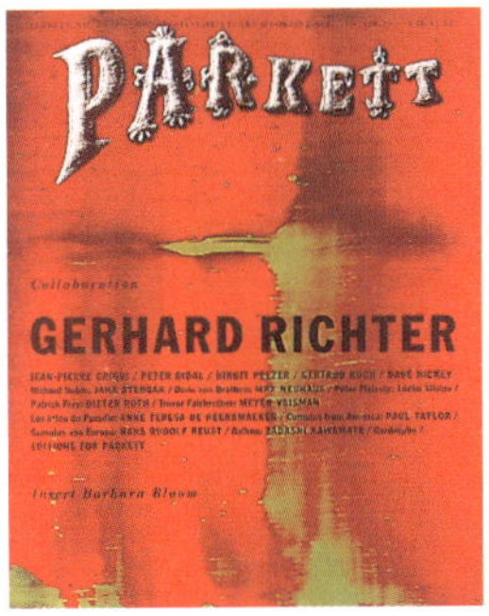

NO. 35

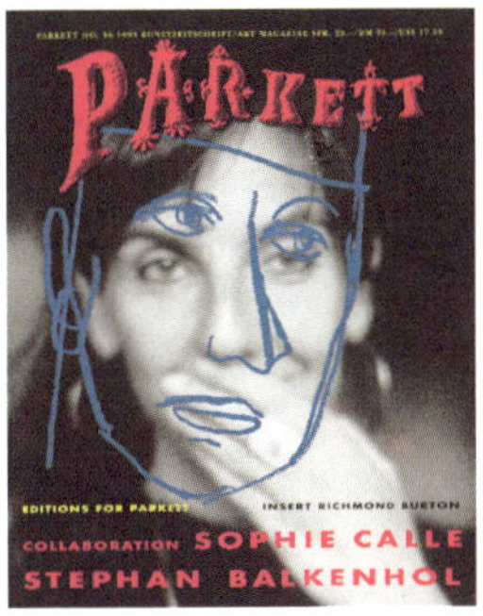

NO. 36

STEPHAN BALKENHOL
SOPHIE CALLE
NEAL BENEZRA, VIK MUNIZ, MAX KATZ
JEAN-CHRISTOPHE AMMANN
LUC SANTE, JOSEPH GRIGELY
PATRICK FREY, ROBERT BECK
INSERT: **RICHMOND BURTON**
URSULA PANHANS-BÜHLER: **EVA HESSE**
DOUGLAS BLAU: **JON KESSLER**
KIRBY GOOKIN: **LIZ LARNER**
LÁSZLÓ FÖLDÉNYI:
RUDOLF SCHWARZKOGLER

CHARLES RAY
FRANZ WEST
KLAUS KERTESS, CHRISTOPHER KNIGHT
PETER SCHJELDAHL, ROBERT STORR
JAN AVGIKOS, AXEL HUBER
MARTIN PRINZHORN, ELISABETH
SCHLEBRÜGGE, HARALD SZEEMANN,
DENYS ZACHAROPOULOS
INSERT: **PIPILOTTI RIST**
JEAN BAUDRILLARD
HANS RUDOLF REUST: **LUC TUYMANS**
PARKETT INQUIRY:
CHERCHEZ LA FEMME PEINTRE!

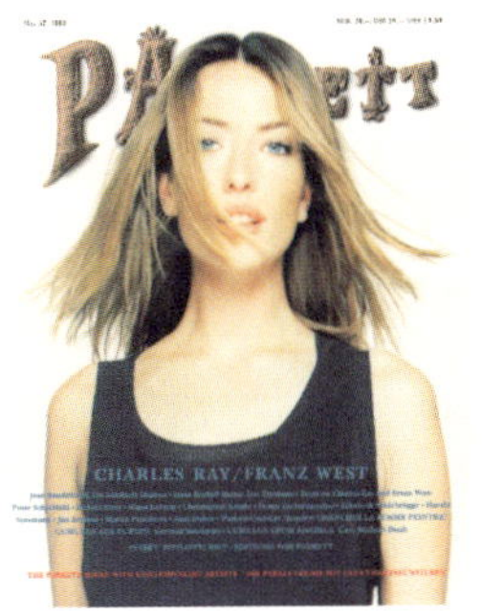

NO. 37

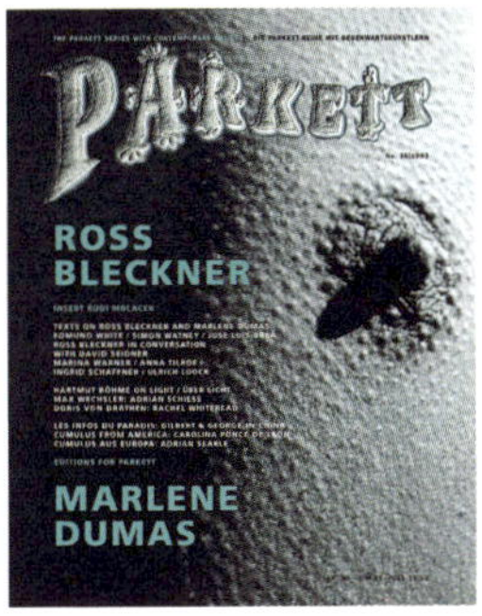

NO. 38

ROSS BLECKNER
MARLENE DUMAS
EDMUND WHITE, SIMON WATNEY
JOSE LUIS BREA, MARINA WARNER
ANNA TILROE, INGRID SCHAFFNER
ULRICH LOOCK
INSERT: **RUDI MOLACEK**
HARTMUT BÖHME
MAX WECHSLER: **ADRIAN SCHIESS**
DORIS VON DRATHEN:
RACHEL WHITEREAD

FELIX GONZALEZ-TORRES
WOLFGANG LAIB
NANCY SPECTOR, SIMON WATNEY,
SUSAN TALLMAN, DIDIER SEMIN,
CLARE FARROW, JEAN-MARC AVRILLA,
THOMAS McEVILLEY
CLAUDE GINTZ: **GABRIEL OROZCO**
WALTER GRASSKAMP: **AXEL KASSEBÖHMER**
NEVILLE WAKEFIELD: **MATTHEW BARNEY**
INSERT: **RONI HORN**
LES INFOS DU PARADIS: **BURT BARR**
CUMULUS: **MEYER VAISMAN**

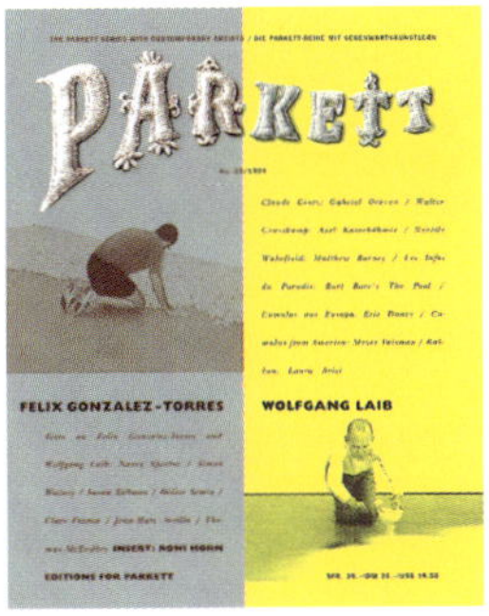

NO. 39

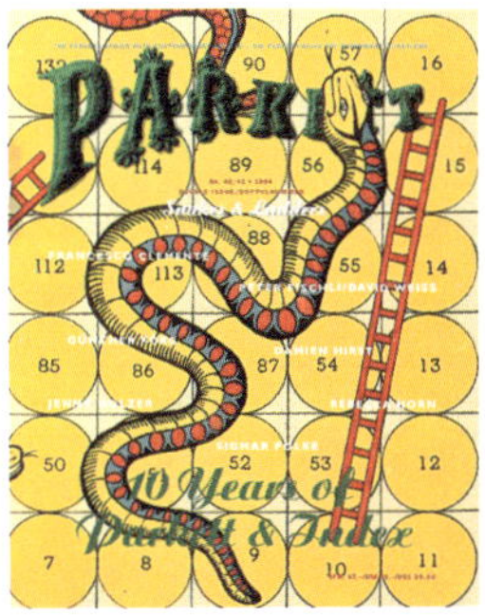

NO. 40/41

FRANCESCO CLEMENTE
GÜNTHER FÖRG
PETER FISCHLI/DAVID WEISS
DAMIEN HIRST
JENNY HOLZER
REBECCA HORN
SIGMAR POLKE
HOLLAND COTTER, BORIS GROYS
MAX WECHSLER, DAVID RIMANELLI
JOAN SIMON, GORDON BURN
GILBERT LASCAULT, WERNER SPIES
BICE CURIGER, JEFF PERRONE
G. ROGER DENSON, VIK MUNIZ
DAVE HICKEY

LAWRENCE WEINER
RACHEL WHITEREAD
BROOKS ADAMS, FRANCES RICHARD
DIETER SCHWARZ, DANIELA SALVIONI
ED LEFFINGWELL, LANE RELYEA
NEVILLE WAKEFIELD, RUDOLF SCHMITZ
TREVOR FAIRBROTHER, SIMON WATNEY
INSERT: **NAN GOLDIN**
VINCE LEO: **ROBERT FRANK**
CLAUDE RITSCHARD: **MARKUS RAETZ**

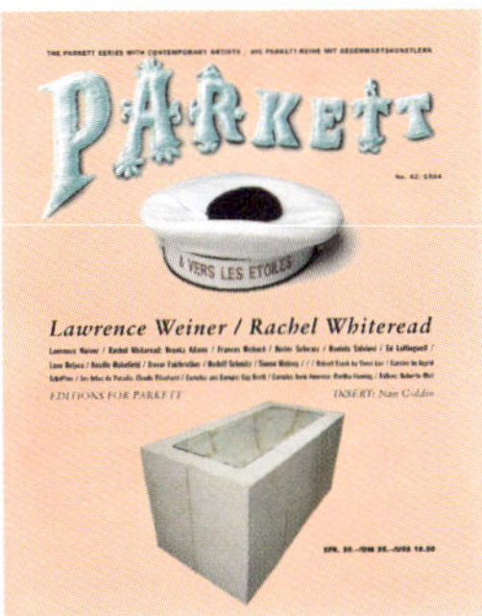

NO. 42

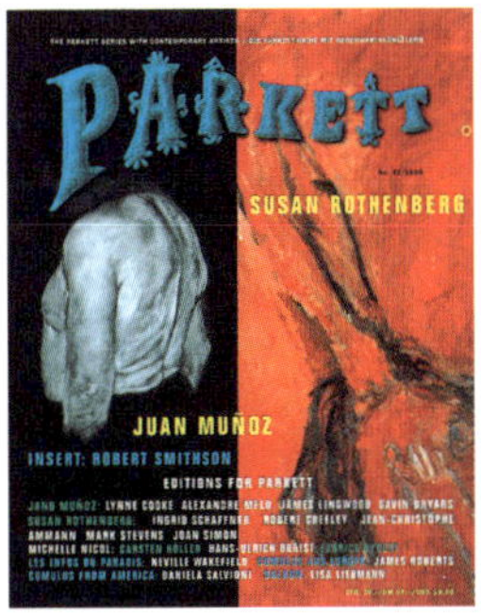

NO. 43

JUAN MUÑOZ
SUSAN ROTHENBERG
LYNNE COOKE, ALEXANDRE MELO
JAMES LINGWOOD, GAVIN BRYARS
ROBERT CREELEY, INGRID SCHAFFNER
JEAN-CHRISTOPHE AMMANN
MARK STEVENS, JOAN SIMON
INSERT: **ROBERT SMITHSON**
NEVILLE WAKEFIELD
MICHELLE NICOL: **CARSTEN HÖLLER**
HANS-ULRICH OBRIST: **FABRICE HYBERT**

PARKETT IN BUCHHANDLUNGEN / *BOOKSHOPS*

AUSKUNFT UND ABONNEMENTS / *INFORMATION AND SUBSCRIPTIONS:*

«PARKETT»-VERLAG AG, QUELLENSTRASSE 27, CH-8005 ZÜRICH, TEL. 01/271 81 40, FAX 272 43 01; ROSSERTSTR. 16, D-60323 FRANKFURT A. M., TEL. 069/17 27 79, FAX 069/17 27 70

***PARKETT**, 636 BROADWAY, NEW YORK, N.Y. 10012, PHONE (212) 673-2660, FAX 673-2887*

SCHWEIZ

VERTRIEB
B + I BUCH UND INFORMATION AG
OBFELDERSTR. 35
8910 AFFOLTERN A. A.

BASEL
BUCHHANDLUNG STAMPA, SPALENBERG 2
BÜCHERSTAND STAMPA, KUNSTHALLE BASEL
W. JAEGGI AG, FREIESTR. 32

BERN
HANS HUBER AG, MARKTGASSE 59
BUCHHANDLUNG SCHERZ, MARKTGASSE 25
BUCHHANDLUNG STAUFFACHER, NEUENGASSE 25
BUCHHANDLUNG STAUFFACHER
IM KUNSTMUSEUM BERN, HODLERSTR.12

GENÈVE
LIBRAIRIE DESCOMBES, 6, RUE DU VIEUX-COLLÈGE
LIBRAIRIE PAYOT, 5, RUE DE CHANTEPOULET
LIBRAIRIE WEBER, 13, RUE DE MONTHOUX

LAUSANNE
LIBRAIRE BERNARD LETU,
MUSÉE D'ART CONTEMPORAIN
LIBRAIRIE PAYOT, 1, RUE DE BOURG

SCHAFFHAUSEN
BÜCHER-FASS, WEBERGASSE 13

ST. GALLEN
BUCHHANDLUNG COMEDIA, KATHARINENGASSE 20

ZÜRICH
BUCHHANDLUNG ZUM ELSÄSSER, LIMMATQUAI 18
BUCHHANDLUNG CALLIGRAMME, HÄRINGSTR. 4
SCALO BOOKS & LOOKS, WEINBERGSTRASSE 22 A
HEINIMANN & CO, KIRCHGASSE 17
BUCHHANDLUNG HOWEG, WAFFENPLATZSTR. 1
BUCHHANDLUNG AM KUNSTHAUS AG, RÄMISTR. 45
BUCHHANDLUNG KRAUTHAMMER, OBERE ZÄUNE 24
KUNSTKIOSK, LIMMATQUAI 31/HELMHAUS
ORELL FÜSSLI, FÜSSLISTR. 4
SEC 52, JOSEFSTR. 52

DEUTSCHLAND

VERTRIEB
GWP VERLAGSAUSLIEFERUNG
BEIENRODER HAUPTSTR. 3
38154 KÖNIGSLUTTER

BERLIN
BÜCHERBOGEN, AM SAVIGNYPLATZ
GALERIE 2000, KNESEBECKSTR. 56–58
WASMUTH GmbH & CO., HORDENBERGSTR. 9A
WERNER GmbH, EHRENBERGSTR. 29

BONN
CARL KAYSER, POSTSTR. 16
GALERIE PUDELKO, HEINRICH-VON-KLEIST-STR.

BREMEN
ANTIQUARIAT, BEIM STEINERNEN KREUZ 1
JOHS. STORM, LANGENSTR. 10
KUNSTBUCH, SPITZENKIEL 16/17
B. SIEBRECHT, PANORAMA, VOR DEM STEINTOR 136
KUNST UND BUCH,
AM NEUEN MUSEUM, WESERBURG, TEERHOF 20

BREMERHAVEN
KABINETT FÜR AKTUELLE KUNST, KARLSBURG 4

DÜSSELDORF
M. + R. FRICKE, POSTSTR. 3
WALTHER KÖNIG, HEINRICH-HEINE-ALLEE 15
MÜLLER & TILLMANNS, NEUSTR. 38

FRANKFURT
HUGENDUBEL, STEINWEG 12
KARL MARX BUCHHANDLUNG, JORDANSTR. 11
PETER NAACHER, SCHWEIZERSTR. 57
SCHUMANN & COBET, BÖRSENSTR. 2–4
WALTHER KÖNIG, DOMSTR. 6

HAMBURG
H. VON DER HÖH, GROSSE BLEICHEN 21
SAUTTER UND LACKMANN
ADMIRALITÄTSSTRASSE 71/72
PPS, FELDSTR./ HOCHHAUS

HANNOVER
BUCHHANDLUNG IM SPRENGELMUSEUM
KURT-SCHWITTERS-PLATZ

HEIDELBERG
KUNSTHANDLUNG W. WELKER, HAUPTSTR. 106

KARLSRUHE
KUNSTBUCHHANDLUNG JUST, WALDSTR. 85

KIEL
GALERIE + EDITION KOCH, HOLSTENTÖRNPASSAGE

KÖLN
WALTHER KÖNIG, EHRENSTR. 4

MÜNCHEN
ILKA KÖNIG, AM KOSTTOR 1
H. GOLZ, TÜRKENSTR. 54
L. WERNER, RESIDENZSTR. 18
INT. BAHNHOFSBUCHHANDLUNG, BAHNHOFSPLATZ 2
MAX SUSSMANN GmbH, ARNULFSTR. 1/II
BASIS ANTIQUARIAT, ADALBERTSTR. 43

MÜNSTER
HEINRICH POERTGEN
HERDERSCHE BUCHHANDLUNG, HÖLTENWEG 51

NÜRNBERG
HEINRICH HUGENDUBEL, LUDWIGSPLATZ 1

OSNABRÜCK
H. TH. WENNER GmbH, GROSSE-STR. 69

SAARBRÜCKEN
BOCK & SEIP, FUTTERSTR. 2

STUTTGART
WENDELIN NIEDLICH, SCHMALESTR. 9
GALERIE VALENTIEN, KÖNIGSBAU

TÜBINGEN
HUGO FRICK, NAUKLERSTR. 7

ULM
BUCHHANDLUNG UND GALERIE HOLM
HAFENBAD 11

ÖSTERREICH

VERTRIEB
LECHNER + SOHN, HEIZWERKSTRASSE 10, 1232 WIEN

GRAZ
BUCHHANDLUNG GALERIE
VERLAG DROSCHL, BISCHOFPLATZ 1

INNSBRUCK
PARNASS, SPECKBACHERSTR. 21
WAGNERSCHE UNIVERSITÄTSBUCHHANDLUNG
MUSEUMSTR. 4

LINZ
ALEX STELZER, HAUPTPLATZ 17

WIEN
JUDITH ORTNER, SONNENFELSGASSE 8
SHAKESPEARE & COMPANY
BOOKSELLERS, STEINGASSE 2

HOLLAND

DISTRIBUTION
IDEA BOOKS
NIEUWE HERENGRACHT 11
1011 RK AMSTERDAM

AMSTERDAM
ART BOOK, PRINSENGRACHT 645
ATHENAEUM NIEUWSCENTRUM, SPUI 14–16
MENEER KEES, PC HOOFSTRAAT 64-66
NIJHOF & LEE, STAALSTRAAT 13 A
PREMSELA, VAN BAERLESTRAAT 78
VERBEELDING, UTRECHTSESTRAAT 40

ARNHEM
HIJMAN, GROTE OORD 15
ARNHEMS GEMEENTEMUSEUM, UTRECHTSEWEG 87

BREDA
VAN KEMENADE & HOLLAERS, GINNEKENWEG 330

DORDRECHT
BENGEL, VOORSTRAAT 283

EINDHOVEN
MOTTA BERGSTRAAT 35
VAN ABBEMUSEUM, BILDERDIJKLAAN 10

ENSCHEDE
BROEKHUIS, MARKTSTRAAT 12

GRONINGEN
SCHOLTENS/WRISTERS, GULDENSTRAAT 20

HENGELO
BROEKHUIS, ENSCHEDESTRAAT 19

LEIDEN
GINSBERG, BREESTRAAT 127

MAASTRICHT
TRIBUNE, KAPOENSTRAAT 8
VELDEKE, KLEINE STAAT 14

ROTTERDAM
DONNER, LIJNBAAN 150
VAN GENNEP, OUDE BINNENWEG 131B

THE HAGUE
ULYSSES, DENNEWEG 108

TILBURG
DE PONT STICHTING, WILHELMINAPARK 1

UTRECHT
CENTRAAL MUSEUM, AGNIETENSTRAAT 1

BELGIQUE

ANTWERPEN
BRAMANTE, KOEPORTBRUG 4
F.N.A.C. GROENPLAATS
LANDSCHAP, WIJNGAARDSTRAAT 12
STANDAARD, HUIDEVETTERSTRAAT 57

BRUXELLES

PEINTURE FRAÎCHE, 10 RUE DU TABELLION
POST-SCRIPTUM, 37 RUE DES ÉPERONNIERS
TROPISMES, GALERIE DES PRINCES 11

GENT

COPYRIGHT JAKOBIJNENSTRAAT 8
INTELLECT, KALANDESTRAAT 1

KORTRIJK

THEORIA, ONZE LIEVE VROUWESTRAAT 22

ESPAÑA

BARCELONA

NOA NOA, CENTRE CULTURAL DE LA FUNDACIÒ
CAIXA, PASSEIG DE SANT JOAN, 108
NOA NOA LIBRES D'ART
CENTRE D'ART STA. MONICA
RAMBLA STA. MONICA 7

MADRID

LIBROS ARGENSOLA, DOCTOR MATA, 1
CENTRO REINA SOFIA, STA. ISABEL 52

FRANCE

AIX-EN-PROVENCE

LIBRAIRIE VENTS DU SUD, 7, RUE MARÉCHAL FOCH

BORDEAUX

LIBRAIRIE DU MUSÉE CAPC, ENTREPÔT LAINÉ
LIBRAIRIE MOLLAT, 9–15, VITAL CARLES

LYON

LIBRAIRIE LE RÉVERBÈRE, 4, RUE NEUVE

PARIS

LA HUNE, 170 BLVD ST-GERMAIN
«FLAMMARION 4», CENTRE GEORGES POMPIDOU
PLATEAU BEAUBOURG
LIBRAIRIE DU MUSEE D'ART MODERNE
9, RUE FERRIÈRE
GALERIE NATIONALE DU JEU DE PAUME
PLACE DE LA CONCORDE

TOULOUSE

LIBRAIRIE OMBRES BLANCHES, 50, RUE GAMBETTA

ISRAEL

TEL AVIV

BOOKWORM, 30 BASEL ST.

ITALIA

MILANO

A&M BOOKSTORE, VIA PLINIO 15
MILANO LIBRI, VIA G. VERDI 2

MODENA

LOGOS IMPEX
VIA CURTATONA, 5/F, 41010 SAN DAMASO/MODENA

ROMA

FELTRINELLI, VIA DEL BABUINO 41
GALLERIA PRIMO PIANO, VIA PANISPERNA 203

PORTUGAL

LISBOA

COMICOS ESPAÇO INTER-MEDIA
RUA TENENTE RAUL CASCAIS 1B

SVERIGE

STOCKHOLM

BOK & BILD, KULTURHUSET, SERGELSTORG 3
NORDENFLYCHTSVÄGEN 70

GREAT BRITAIN

DISTRIBUTOR

CENTRAL BOOKS, 99, WALLIS RD. LONDON E9 5LN

LONDON

HAYWARD GALLERY BOOKSHOP, SOUTH BANK
ICA BOOKSHOP, NASH HOUSE
12, CARLTON HOUSE TERRACE
LIBERTY, BOOK DEPT., 210 REGENT STREET

USA

DISTRIBUTOR

D. A. P. (DISTRIBUTED ART PUBLISHERS)
636 BROADWAY, RM 1208 NEW YORK, NY 10012

BOSTON, MA

RIZZOLI INTERNATIONAL BOOKSTORES
100 HUNTINGTON AVE.
TRIDENT BOOKSELLERS & CAFE, 338 NEWBURY ST.

BERKELEY, CA

MOE'S BOOKS, 2476 TELEGRAPH
UNIVERSITY ART MUSEUM
2625 DURANT AVE.

BLOOMINGTON, IN

MORGENSTERN BOOKSELLERS, 2650 E. 3RD. ST.

CHICAGO, IL

MUSEUM OF CONTEMPORARY ART
237 EAST ONTARIO ST.
RIZZOLI INTERNATIONAL BOOKSTORES
835N. MICHIGAN AVE.

COLUMBUS, OH

WEXNER CENTER FOR THE ARTS
UNIVERSITY OF OHIO, 30 W. 15TH ST.

LOS ANGELES, CA

ART CATALOGUES, 625 N. ALMONT DR.
MUSEUM OF CONTEMPORARY ART
152 N. CENTRAL AND 250 S. GRAND
BOOK SOUP, 8818 SUNSET BLVD.
RIZZOLI INTERNATIONAL BOOKSTORES
3333 BRITSOL AVE., COSTA MESA

HOUSTON, TX

BRAZOS, 2421 BISSONNET ST.
MUSEUM OF FINE ARTS, 1001 BISSONET

KANSAS CITY, MO

WHISTLER'S BOOKS, WESTPORT SQUARE
427 WESTPORT ROAD

MINNEAPOLIS, MN

WALKER ART CENTER, VINELAND PLACE

NEW YORK, NY

149 PARKETT BOOKS, 149 WOOSTER STREET
BOOKS AND COMPANY, 939 MADISON AVE.
JAAP RIETMANN, 134 SPRING STREET
MUSEUM OF MODERN ART, 11 W. 53RD ST.
PRINTED MATTER BOOKSTORE AT DIA,
77 WOOSTER ST.
RIZZOLI INTERNATIONAL BOOKSTORES
31 W. 57TH AND 454 WEST BROADWAY
ST. MARK'S BOOKSHOP, 12 ST. MARK'S PLACE
WHITNEY MUSEUM OF AMERICAN ART
945 MADSION AVE.

OAK PARK, MI

BOOK BEAT, LTD., 26020 GREENFIELD

PHILADELPHIA, PA

PAUL CAVA GALLERY & FINE ART BOOKS,
22 N. 3RD ST.

SAN FRANCISCO, CA

SAN FRANCISCO MUSEUM OF MODERN ART
BOOKSHOP, VAN NESS AVE. AT MCALLISTER ST.
CITY LIGHTS BOOKSTORE, 2625 DURANT AVE.
JACK HANLEY GALLERY, 41 GRANT AVE.
ARIEL, 2901 LEAVENWORTH ST.

SANTA MONICA, CA

ARCANA, 1229 3RD ST. PROMENADE
HENNESSEY + INGALLS BOOKS
1254 SANTA MONICA MALL

SEATTLE, WA

ELLIOT BAY BOOKS, 1ST AND MAIN ST. S SOUTH
HENRY ART GALLERY BOOKSTORE
UNIVERSITY OF WASHINGTON

WASHINGTON, DC

BOOKWORKS – WPA, 400 7TH ST. NW
NATIONAL GALLERY, 6TH STREET
AND CONSTITUTION AVENUE NW

CANADA

CALGARY

TREPANIER BAER GALLERY, 999 8TH STREET

MONTREAL

ARTEXTE, 3575 ST. LAURENT

TORONTO

ART METROPOLE, 788 KING STREET WEST
ART GALLERY OF ONTARIO, BOOKSTORE
317 DUNDAS ST. WEST
EDWARDS BOOKS & ART, 356 QUEEN ST. WEST
DAVID MIRVISH BOOKS ON ART, 596 MARKHAM ST.

VANCOUVER

ART GALLERY STORE, 750 HORNBY ST.

AUSTRALIA

DISTRIBUTORS

MANIC EX-POSEUR, WORLD TRADE CENTER
MELBOURNE 3005
THE ARTS BOOKSHOP, 1067 HIGH STREET
ARMADALE, VICTORIA 3143

VICTORIA

HARTWIGS BOOKSHOP
245 BRUNSWICK STR., VICTORIA 3182

NEW ZEALAND

DISTRIBUTOR

PROPAGANDA, 44 COLLEGE HILL, AUCKLAND

HONG KONG

PUBLISHERS MARKETING LTD.
TUNG ON BUILDING, 171, PRINCE EDWARD ROAD
KOWLOON
TAI YIP ART BOOK CENTRE
HONG KONG MUSEUM OF ART
TSIM SHA TSUI, KOWLOON

JAPAN

TOKIO

EUROPA ART GmbH, KAMIOGI 4-16-4, SUGINAMI-KU
ON SUNDAYS, 3-7-6 JUNGUMAE, SHIBUYA-KU
AOYAMA BOOKCENTER, ROPPONGI STORE
MINATO-KU
HAKUO TRADING COMPANY
KOJIMACHI SHINE BLD., 8F, CHIYODA-KU
SANSEIDO BOOKSTORE, 7-11-8 KOHAKU, ADACHI-KU
MY BOOK SERVICE, AOI BLD. 5-8, SARUGAKU-CHO

E X H I B I T I O N S

BASEL

FILIALE BASEL	Kannenfeldstrasse 22 4056 Basel Tel./Fax 061 692 59 06	**MARKUS SCHWANDER**	**–4.3.95**
		ATTITUDES GENÈVE PRÉSENTE: A. BLANCHINI, CH. DRAEGER, G. MOTTI, J. MUTZENBERG	**15.3.–13.4.95**
		DOKUMENTATIONSSTELLE	**PERMANENT**

BERN

ERIKA + OTTO FRIEDRICH	Junkerngasse 39 3011 Bern Tel. 031 311 78 03 Fax 031 312 13 45	**KAY ROSEN**	**5.5.–7.7.95**
		ART 26'95 BASEL STAND NR. 214.B16	**14.6.–19.6.95**
SUSANNE KULLI	Nydeggstalden 30 3011 Bern Tel. 031 312 06 40	**JÜRG LEISER**	**–15.4.95**
		FRANZISKA MEGERT	**20.5.–2.7.95**

GENÈVE

DANIEL VARENNE	8, Rue Toepffer 1206 Genève Tel. 022 789 16 75 Fax 022 789 16 88	**PAINTINGS AND DRAWINGS 19TH AND 20TH CENTURY**	

ST. GALLEN

WILMA LOCK	Schmidgasse 15 9000 St. Gallen Tel. 071 22 62 52 Fax 071 22 62 24	**IMI KNOEBEL «ROT GELB BLAU» NEUE BILDER**	**18.3.–13.5.95**

E X H I B I T I O N S

ZÜRICH

THOMAS AMMANN FINE ART	Restelbergstrasse 97 P.O. Box 922 8044 Zürich Tel. 01 252 90 52 Fax 01 252 82 45	**IMPRESSIONISTS & 20TH CENTURY MASTER**	**BY APPOINTMENT ONLY**
ARS FUTURA	Bleicherweg 45 8002 Zürich Tel. 01 201 88 10 Fax 01 201 88 11	**ELISE TAK MICHAEL OKADA: THE MAN WHO LOVES TO HATE YOU!**	**–25.3.95**
		MARTIN HODEL/ERIC SCHUMACHER ANDREA CLAVADETSCHER	**APRIL/MAI 95**
MAI 36	Dufourstrasse 137 8034 Zürich Tel. 01 381 55 35 Fax 01 381 55 36	**TROY BRAUNTUCH**	**3.2.–18.3.95**
		MATT MULLICAN	**24.3.–27.5.95**
		ANDREAS GURSKY	**2.6.–24.7.95**
ANNEMARIE VERNA	Neptunstrasse 42 8032 Zürich Tel. 01 262 38 20 Fax 01 262 38 26	**AGNES MARTIN, ROBERT MANGOLD**	**–11.3.95**
		JERRY ZENIUK – RECENT PAINTINGS	**14.3.–13.5.95**
		ROBERT RYMAN – PRINTS 1969–1993	**19.5.–15.7.95**
JAMILEH WEBER GALLERY	Waldmannstrasse 6 8001 Zürich Tel. 01 252 10 66 Fax 01 252 11 32	**ERÖFFNUNG DER NEUEN GALERIERÄUME INAUGURATION OF THE NEW GALLERY SPACE GEORG BASELITZ**	**17.3.–13.5.95**

GERHARD RICHTER

EDITIONEN 1965 – 1993

4. März bis 29. April 1995
Freitag 14 – 19 Uhr und Samstag 12 – 16 Uhr

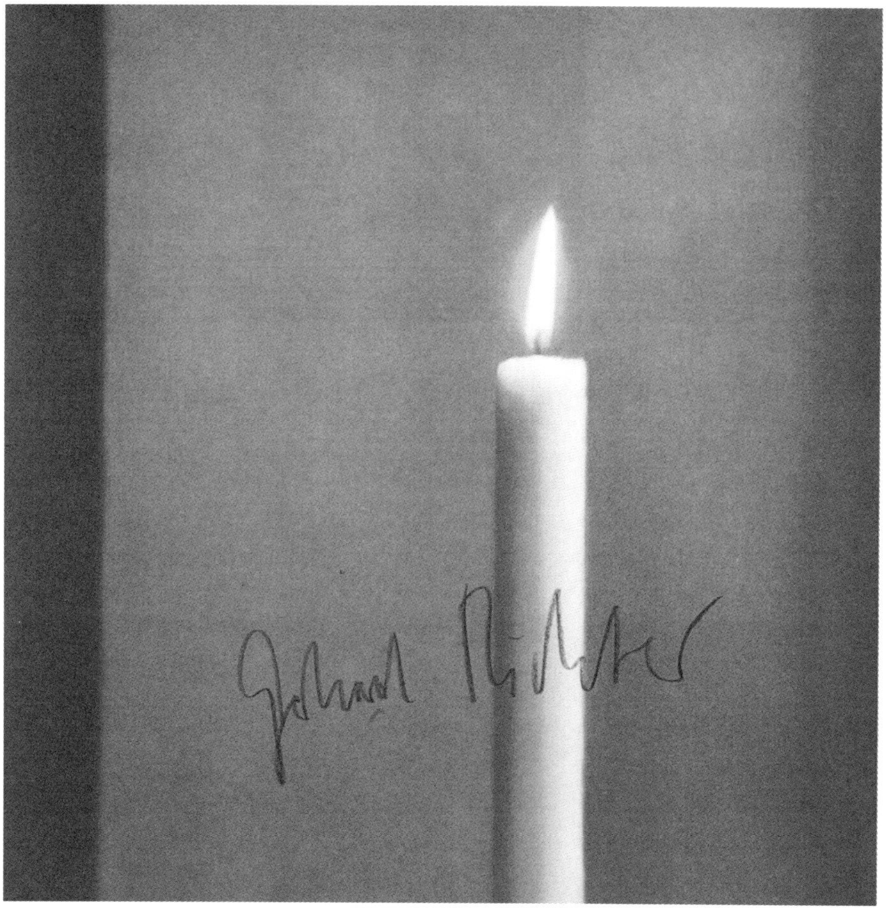

Kerze, 1988, Offsetdruck, 89,5 x 94,5 cm
Auflage 250 Exemplare, signiert

SAMMLUNG HAUSER & WIRTH

Hardturmstrasse 127, CH-8005 Zürich, Telefon 01/364 01 41, Telefax 01/364 01 44

GIUSEPPE PENONE

MARCH 22 – APRIL 22

NORTH GALLERY

DAN GRAHAM

MARCH 22 – APRIL 22

SOUTH GALLERY

JEFF WALL

MAY – JUNE

CARL ANDRE

APRIL 6 – 29

ZOE LEONARD

APRIL 9 – MAY 7

AT 131 ESSEX STREET NEW YORK

JENNIFER BARTLETT

MAY 3 – 31

S.E.M. ENSEMBLE

CONCERT, TUESDAY MAY 9, 7 PM

SUSAN ROTHENBERG

PARTS

An artist book collaboration with

Robert Creeley

Nine nezzotints, one drypoint, and nine poems

Limestone Press

357 Tehama Street, San Francisco, California 94103 Phone 415 777 2214 Fax 495 2665

Published by Greve / Hine

HARDTURM GALERIEN ZÜRICH

Hardturmstrasse 127
vis-à-vis kunsthalle

PETER FISCHLI/DAVID WEISS
Permanente Rauminstallation

hardturmstr. 127
tel. 01 273 50 70
fax 01 273 50 72
Sammlung Hauser & Wirth
fr 14–19 uhr
sa 12–16 uhr

GERHARD RICHTER
Editionen 1965–1993 5.5.–29.6.

hardturmstr. 127
tel. u. fax 01 271 39 57
Peter Kilchmann
mi–fr 13.30–18 uhr
sa 11–16 uhr

WILLIE DOHERTY 4.3.–8.4.
SYLVIA BÄCHLI & ERIC HATTAN 22.4.–27.5.
STEFAN ALTENBURGER Juni/Juli
GRAMERCY ART FAIR, NEW YORK 28.4.–1.5.

hardturmstr. 124
tel. 01 273 01 12
fax 01 273 01 81
Mark Müller
mi–fr 12–18 uhr
sa 11–17 uhr

MALEREI AUF PAPIER 4.3.–15.4.
KATHARINA GROSSE: MALEREI 22.4.–27.5.

hardturmstr. 124a
tel. u. fax 01 273 11 00
Bob van Orsouw
mi–fr 12–18.30 uhr
sa 11–16 uhr

BERNARD VOÏTA 25.2.–1.4.
ANNELIES STRBA 8.4.–13.5.
CALLUM INNES 20.5.–8.7.

Galerie Max Hetzler   Berlin-Mitte   Zimmerstraße 88

Albert **Oehlen** Gemälde Februar–März

Günther **Förg** Fotografie April–Mai

Cy **Twombly** Skulptur Juni–Juli

Jeff **Koons** Skulptur September–Oktober

Thomas **Struth** Fotografie November

Robert **Gober** Objekte Dezember–Januar

Galerie Max Hetzler   Berlin-Charlottenburg   Schillerstraße 94

Hans **Kollhoff** Architektur April–Mai

Robert **Grosvenor** Skulptur Juni–September

Max **Dudler** Architektur Oktober–Dezember

Gerhard **Merz** permanente Installation

PETER BLUM

an installation

ALIGHIERO E BOETTI

and

RICHARD LONG

BLUMARTS INC.

99 Wooster Street
New York, N.Y. 10012
Tel (212) 343-0441
Fax (212) 343-0523

By Allen Barra

Interview With The Vampire is so startlingly original that it's going to test and probably stretch the mass audience's capacity to accept innovation. For that matter, it's going to test critics. Irish director Neil Jordan is best known for a handful of independent films made in Ireland and the U.K., only one of which, *The Crying Game*, had box office success in this country. Jordan's American-made films have all been flops. *Interview With The Vampire* is much like Jordan's 1983 cult film, *The Company of Wolves*, only on a vastly larger canvas.

Jordan has stated that *Vampire* is "like a $60 million independent movie," and, incredibly, he's right. You keep waiting for the compromises in tone and content that a Hollywood committee would inflict on a film with this kind of budget, yet they never come.

What's so startling about *Interview With The Vampire* is its absolute disregard for movies that have come before it. In a time when the most talked about American directors are making films that are almost indecipherable without references to the accumulated film and video memories of their audiences, Jordan, whose influences were painting and early 20th-century literature, has reconceived this genre from the ground up.

Thus, we have two sharply contrasted characters: Brad Pitt's Louis, who died in a moment of despair, has a reticent, melancholy air, while Tom Cruise's Lestat, a remorseless, unrepentant predator, seems to have an eternal resentment over the fact that he was never offered the "choice" of becoming a vampire. Pitt is superb and gains stature as the story goes on, but Tom Cruise,

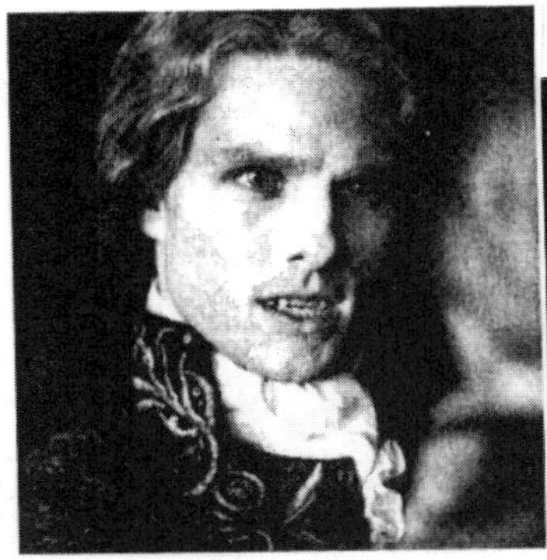

Tom Cruise stars as Lestat in Neil Jordan's *Interview with the Vampire*.

who has walked through most of his films with a sneer or a clench-jawed scowl, is a kinetic marvel here. For the first time in a screen career that includes work with Martin Scorsese, Cruise acts as if he's got his eye on the director's vision and not on the cover of *Entertainment Weekly*. His diction is polished, and his movements seem more assured. He seems to revel in the very fact that he is *so* blatantly miscast, and when we see him start to soar in the part, the controversial gamble seems to pay off double. Remarkably, Cruise gives a star performance.

KAREN KILIMNIK

January 13 - February 25

GALERIE WALCHETURM

EVA PRESENHUBER

Walchestrasse 6, Am Stampfenbachplatz, CH 8006 Zürich

Tel. 01 - 252 10 96, Fax. 01 - 252 10 97

Di - Fr 12 - 18.30, Sa 11 - 16

UGO RONDINONE

13. März - 28. April 1995

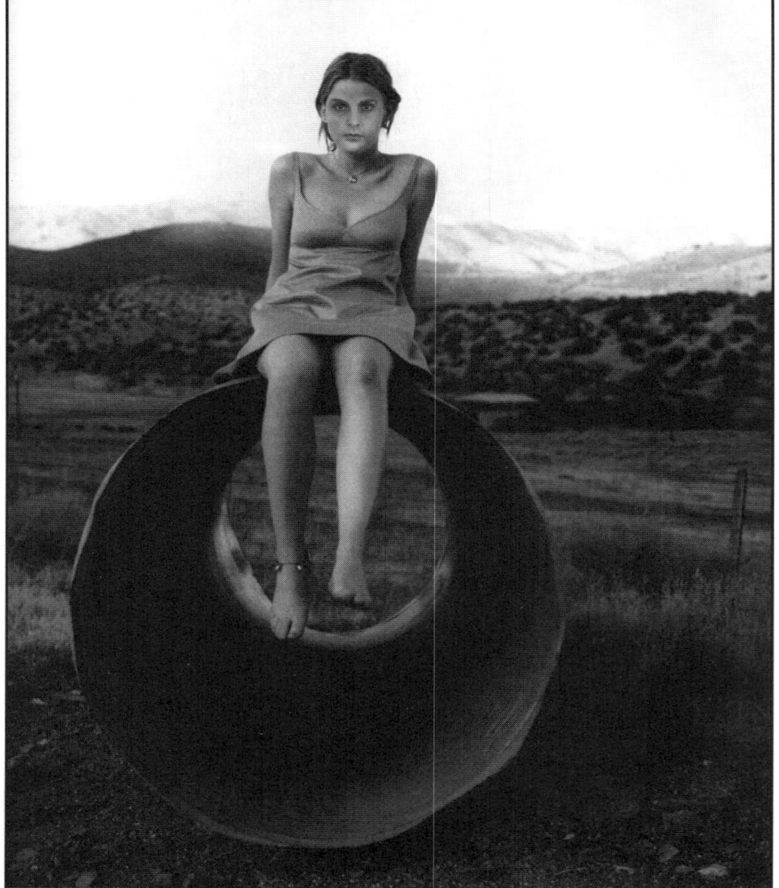

GALERIE WALCHETURM

EVA PRESENHUBER

Walchestrasse 6, Am Stampfenbachplatz, CH 8006 Zürich

Tel. 01 - 252 10 96, Fax. 01 - 252 10 97

Di - Fr 12 - 18.30, Sa 11 - 16

Ugo Rondinone "I don't live here anymore"/ Bildbearbeitung Bruno Mancia

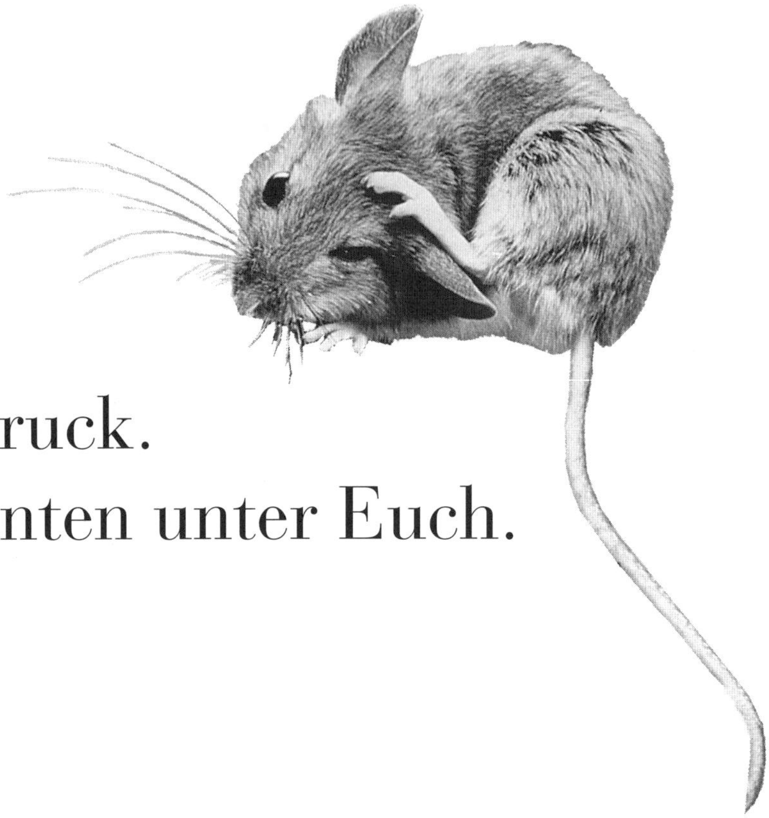

Wir machen Druck.
Auf die Ignoranten unter Euch.

We do presswork – pressurizing
the ignorants among you.

foire d'art actuel

14e

aktuele kunstmarkt

21-25/04/95

contemporary art fair

brussels/heysel-hall 12

Organization: Vereniging van Galerijen voor Aktuele Kunst van België / Association des Galeries d'Art Actuel de Belgique
Information: Brussels International Trade Fair / Belgiëplein 1020 Brussel Phone: +32-(0)2-477.02.77 Fax: +32-(0)2-477.03.90

ART 1995 CHICAGO

A T N A V Y P I E R

MAY 11 - 16, 1995

Festival Hall, Navy Pier, Chicago

The Third Annual Exposition of Modern and Contemporary Art featuring 150 International Galleries

Vernissage '95
Opening Night Benefit for the
Museum of Contemporary Art
Thursday, May 11, 1995
For Information call 312.280.2660

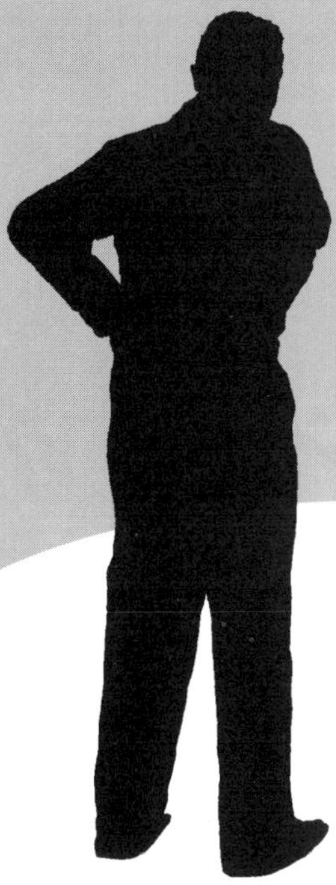

A project of
Thomas Blackman Associates, Inc.
230 West Huron Street, Chicago IL 60610

For information phone 312.587.3300
fax 312.587.3304

Participating Dealers
A/D, *New York*
Robert Henry Adams Fine Art, *Chicago*
Galerie Akinci, *Amsterdam*
Brooke Alexander, *New York*
Alpha Gallery, *Boston*
Galeria Altair, *Palma de Mallorca*
Ambrosino Gallery, *Coral Gables*
Angles Gallery, *Santa Monica*
Galerie A'pert, *Amsterdam*
Galerie Ariadne, *Vienna*
Galeria Bat-Alberto Cornejo, *Madrid*
Stuart B. Baum Photography, Inc., *Chicago*
Baumgartner Galleries, Inc., *Washington*
David Beitzel Gallery, *New York*
Berkeley Square Gallery, *London*
Claude Bernard Gallery, Ltd., *New York*
Galerie Bhak, *Seoul*
Aele-Evelyn Botella, *Madrid*
Roy Boyd Gallery, *Chicago*
Brighton Press, *San Diego*
Gilbert Brownstone & Cie, *Paris*
Browse & Darby, *London*
Galeria Camargo Vilaça, *São Paulo*
Campbell-Thiebaud Gallery, *San Francisco*
Galeria Ferran Cano, *Palma de Mallorca*
Laura Carpenter Fine Art, *Santa Fe*
Galerie Louis Carré, *Paris*
Leo Castelli Gallery, *New York*
Centro de Arte Euroamericano, *Caracas*
W.E. Channing & Company, Inc., *Santa Fe*
Connaught Brown, *London*
Charles Cowles Gallery, *New York*
Curwen Gallery, *London*
Anthony d'Offay, Gallery *London*
Douglas Dawson, *Chicago*
Galeria Juana de Aizpuru, *Madrid*
Galerie de France, *Paris*
Galeria Der Brücke, *Buenos Aires*
Deson-Saunders Gallery, *Chicago*
Linda Durham Gallery, *Santa Fe*
Galleria Durini, *New York*
Richard Eagan Fine Art, *New York*
Echo Press, *Bloomington*
Catherine Edelman Gallery, *Chicago*
Ehlers Caudill Gallery Ltd., *Chicago*
Eigen + Art, *Leipzig*
Andre Emmerich Gallery, *New York*
Espacio Minimo, *Murcia*
Galerie Barbara Farber, *Amsterdam*
Fawbush, *New York*
Feigen Gallery, *Chicago*
Peter Fetterman Photographic Works of Art, *Santa Monica*
Galerie Jennifer Flay, *Paris*
Janet Fleisher Gallery, *Philadelphia*
Angela Flowers Gallery, *London*
Oskar Friedl Gallery, *Chicago*
Marianne Friedland Gallery, *Toronto*
Frumkin/Adams Gallery, *New York*
Gimpel Fils, *London*
James Goodman Gallery, *New York*
Richard Gray Gallery, *Chicago*
Greenberg Van Doren Gallery, *St. Louis*
Howard Greenberg Gallery, *New York*
Christopher Grimes Gallery, *Santa Monica*
Carl Hammer Gallery, *Chicago*
Gallery Ernst Hilger, *Vienna*
Nancy Hoffman Gallery, *New York*
Rhona Hoffman Gallery, *Chicago*
Galerie Ghislaine Hussenot, *Paris*
Gallery Hyundai, *Seoul*
Galerie Grita Insam, *Vienna*
Bernard Jacobson Gallery, *London*
Marc Jancou Gallery, *London*
Jason & Rhodes Gallery, *London*
R.S. Johnson Fine Art, *Chicago*
Jay Jopling/White Cube, *London*
Annely Juda Fine Art, *London*
Galerie Kaess-Weiss, *Stuttgart*
Kerlin Gallery, *Dublin*
Galerie Rudolf Kicken, *Cologne*
Klein Art Works, *Chicago*
Hubert Klocker, *Vienna*
Kohn Turner Gallery, *Los Angeles*
Alan Koppel/SAG Fine Art & Photography, *Chicago*
Barbara Krakow Gallery, *Boston*
Greg Kucera Gallery, *Seattle*
Landfall Press Inc., *Chicago*
Galerie Yves Le Roux, *Montreal*
Elizabeth Leach Gallery, *Portland*
Galerie Lelong, *New York*
Richard Levy Gallery/21 Steps Editions, *Albuquerque*
Galerie Limmer, *Freiburg*
Lisson Gallery, *London*
Locks Gallery, *Philadelphia*
Michael H. Lord Gallery, *Milwaukee*
Robert Mann, *New York*
Thomas McCormick Works of Art, *Chicago*
Anthony Meier Fine Arts, *San Francisco*
Mercury Gallery, *London*
Mongerson Wunderlich Gallery, *Chicago*
Linda Moore Gallery, *San Diego*
Galeria Emilio Navarro, *Madrid*
Galerie Nelson, *Paris*
Marco Noire, *Torino*
Galerie Nathalie Obadia, *Paris*
P.P.O.W., *New York*
Pace Prints, *New York*
Perimeter Gallery, Inc., *Chicago*
Galerie Gerald Piltzer, *Paris*
Poligrafa, *Barcelona*
Maya Polsky Gallery, *Chicago*
Marc Pottier, *New York*
Galeria Joan Prats, *Barcelona*
Galeria Antonia Puyo, *Zaragoza*
Raab Galerie, *Berlin*
Regen Projects, *Los Angeles*
Ribbentrop Gallery, *Eltville am Rhein*
Ricco/Maresca Gallery, *New York*
Gallery Ritter Klagenfurt, *Klagenfurt*
Riverhouse Editions, *Clark*
Arthur Roger Gallery, *New Orleans*
Galerie Thaddaeus Ropac, *Salzburg/Paris*
Galeria Alejandro Sales, *Barcelona*
Galerie Scheffel GmbH, *Bad Homburg*
Schneider Gallery, *Chicago*
Galerie Karin Schorm, *Vienna*
Thomas Segal Gallery, *Boston*
Segura Publishing, *Tempe*
Lisa Sette Gallery, *Scottsdale*
Jack Shainman Gallery, *New York*
Shark's Inc., *Boulder*
Shoshana Wayne Gallery, *Santa Monica*
Carl Solway Gallery, *Cincinnati*
Space Gallery, *Chicago*
Galerie Springer Berlin, *Berlin*
Springer & Winckler Galerie, *Frankfurt am Main*
Struve Gallery, *Chicago*
Tandem Press, *Madison*
Galerie Daniel Templon, *Paris*
Textile Arts Gallery, *Santa Fe*
Galeria Trinta, *Santiago de Compostela*
Tyler Graphics, Ltd., *Mt. Kisco*
Uncomfortable Spaces, *Chicago*
Galerie Dorothea van der Koelen, *Mainz*
Galerie Paul Van Esch, *Eindhoven*
Daniel Varenne, *Geneva*
Galerie Michel Vidal, *Paris*
Vivita, *Florence*
Waddington Galleries, *London*
Theo Waddington Fine Art, *London*
Joan T. Washburn Gallery, *New York*
Elga Wimmer Gallery, *New York*
Worthington Gallery, *Chicago*
Yoshii Gallery, *New York*
Donald Young Gallery, *Seattle*
Galerie Susanne Zander, *Cologne*
Zolla/Lieberman Gallery, *Chicago*

swissôtel

A R T
Y E A R

THE INTERNATIONAL EXHIBITION GUIDE

1 9 9 5

ARTYEAR

is published twice yearly:
a *Spring/Summer* edition and
an *Autumn/Winter* edition

ARTYEAR

two special sections:
Previews
focuses on the most
important international events;
Profiles
takes a close look
at new museums

ARTYEAR
is distribuited by
D.A.P. Distributed Art Publishers - New York
Shaunagh Heneage Distribution - London

ARTYEAR

the *international*
guide
to exhibitions of art
and architecture
in museums

ARTYEAR

keeps you in touch with
1000 museums
the world over
reporting on
exhibitions
addresses
collections
curatorial staff
opening hours...

ARTYEAR
is published by
hopefulmonster editore - Torino
Phone 39-11-4367197

A R T
Y E A R
THE INTERNATIONAL EXHIBITION GUIDE
1 9 9 5

Gernot Schauer

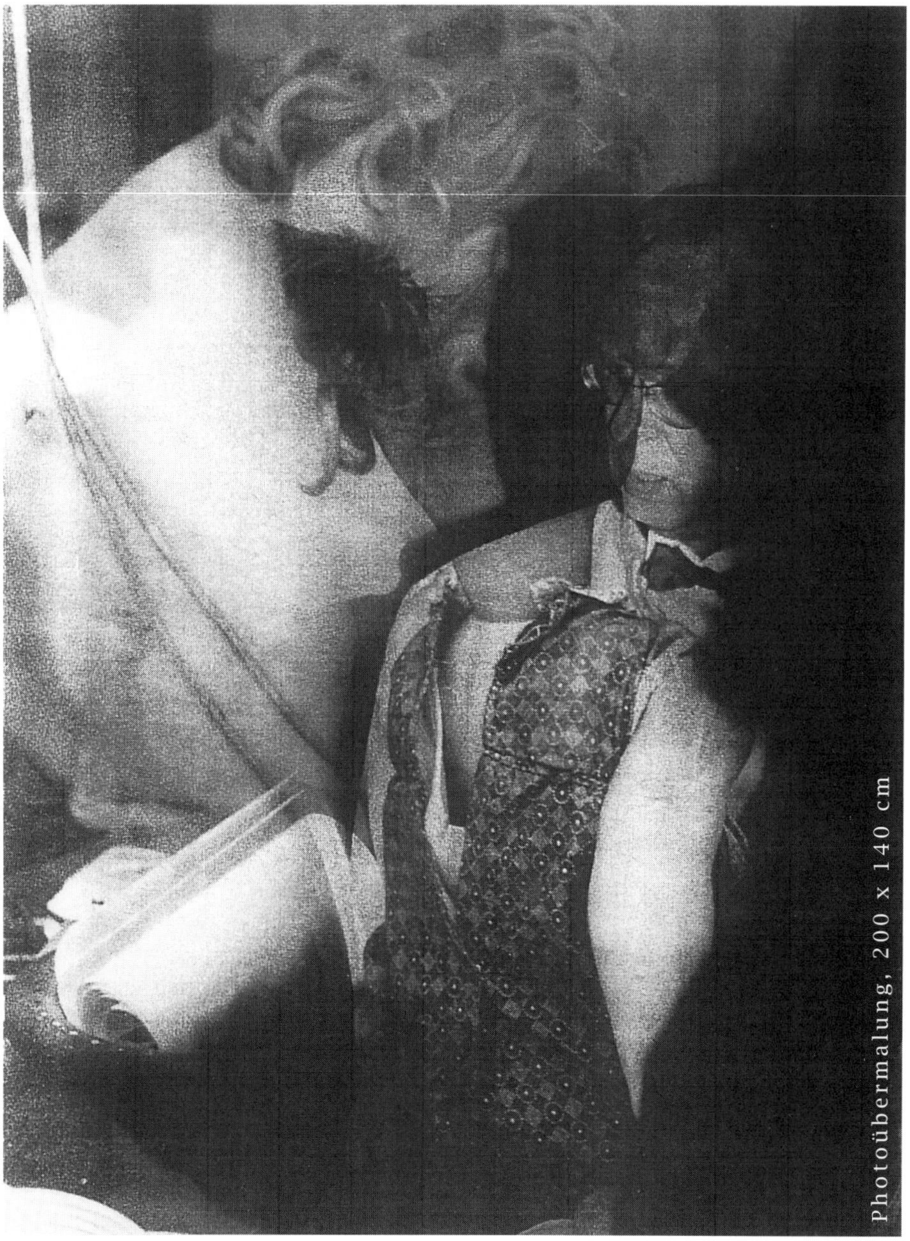

Photoübermalung, 200 x 140 cm

Stadtgalerie Museum

A-Wolfsberg, Minorittenplatz, Tel. 04325-537275

Ausstellung 20.4.-13.5.1995

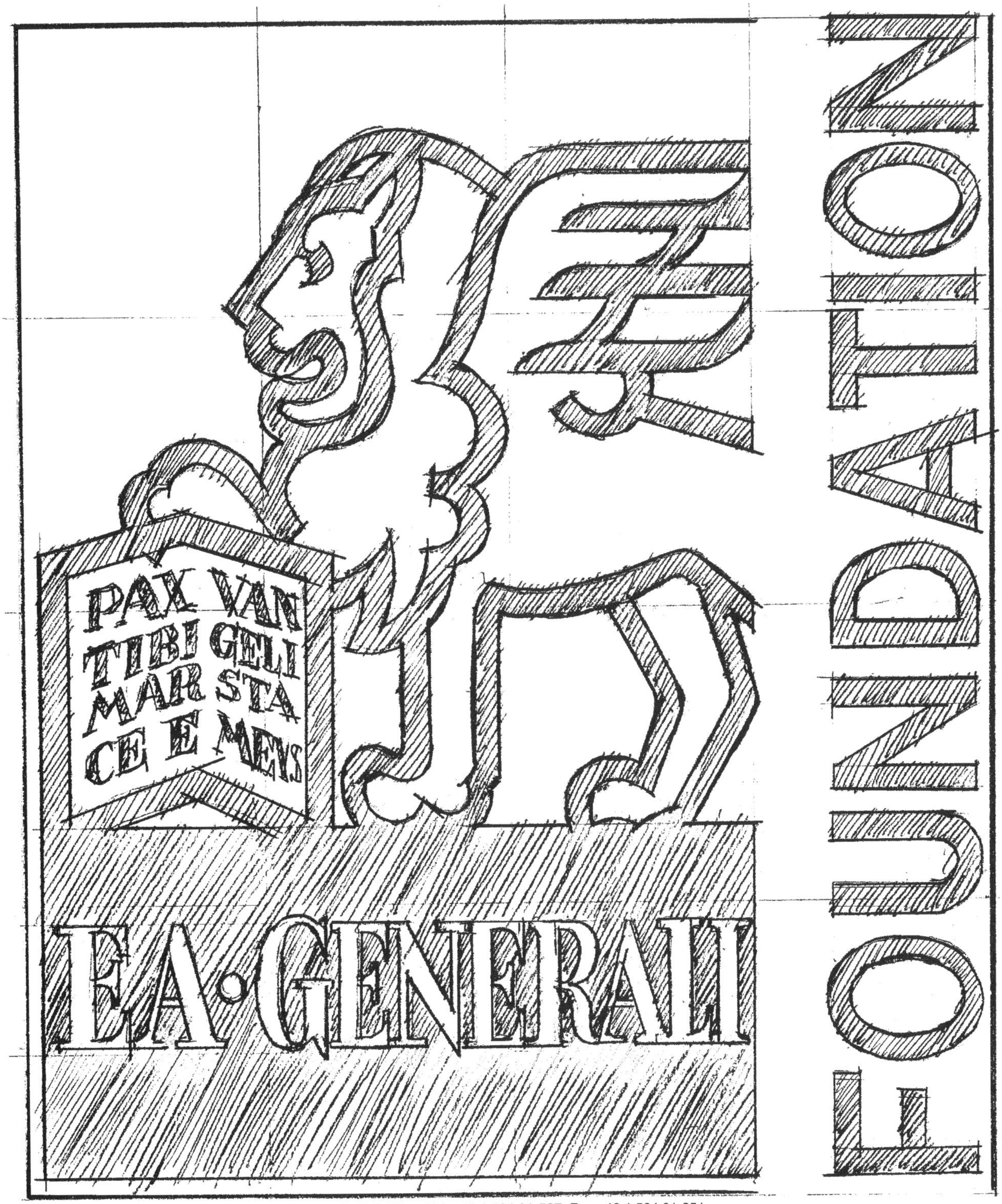

EA-Generali Foundation, Wiedner Hauptstraße 15, A-1040 Wien, Tel. +43 1 534 01-507, Fax +43 1 534 01-851
Eröffnung des neuen Hauses: 26. März 1995
Andrea Fraser: ein Projekt in zwei Phasen, 1. April 1994 bis 12. Mai 1995; eine Präsentation der Sammlung der EA-Generali Foundation, 14. Mai bis Juli 1995

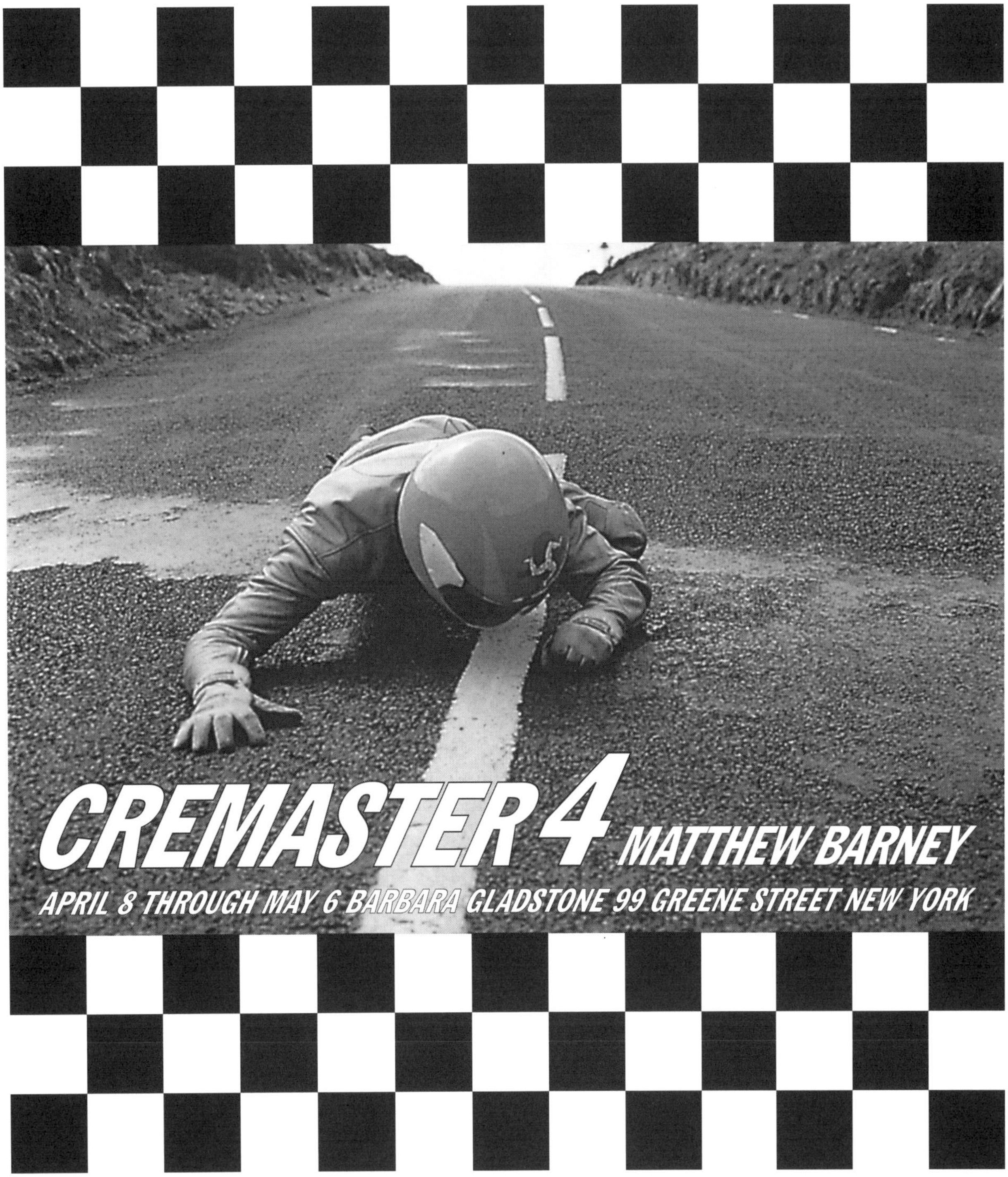
CREMASTER 4
MATTHEW BARNEY
APRIL 8 THROUGH MAY 6 BARBARA GLADSTONE 99 GREENE STREET NEW YORK

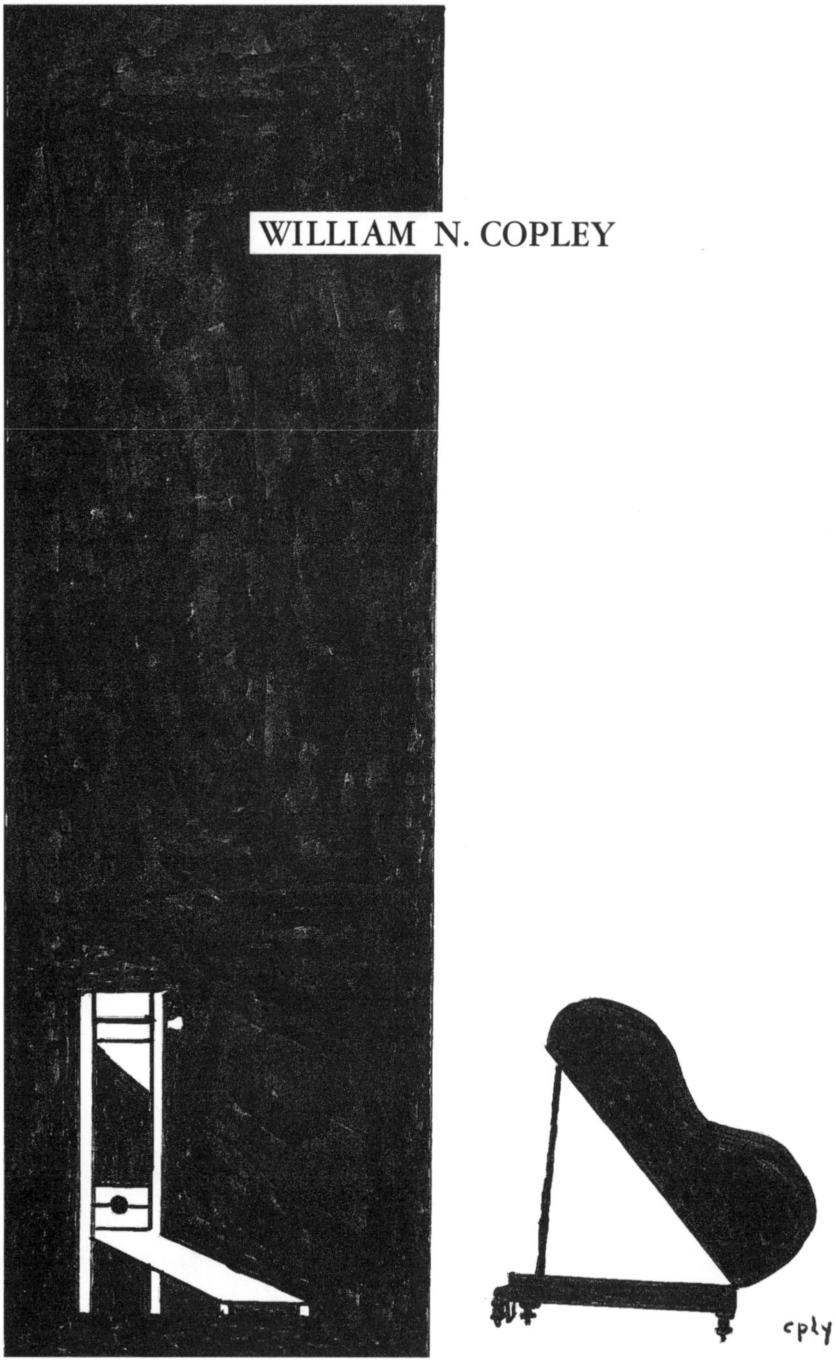

SELECTED PAINTINGS AND DRAWINGS

4. März bis 6. Mai 1995

GALERIE LELONG ZÜRICH

Predigerplatz 2
8001 Zürich
Tel.: 01-251 11 20
Fax: 01-262 52 85

Öffnungszeiten: Dienstag–Freitag 11–18 Uhr, Samstag 11–16 Uhr